# 민중의 시대

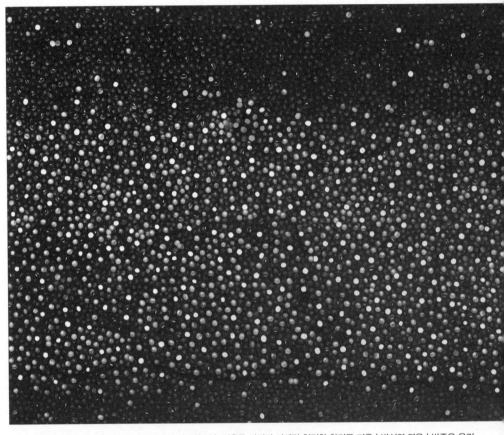

김재용 김창남 루스 배러클러프 박선영 어경희 이남희 이솔 이윤종 이진경 이혜령 천정환 황경문 지음 | 박선영 엮음 | 박종우 옮김

# 민중의 시대

## 1980년대 한국 문화사 다시 쓰기

빨간소금

## 한국어판 감사의 말

이 책은 각각 한국, 미국, 오스트레일리아에 기반을 두고 있는 기고자들
이 4년간에 걸친 학회 활동과 공동 연구 끝에 맺어 낸 결실이다. 2013년
11월 성균관대에서 열린 '아래로부터의 글쓰기' 학회에서 시작된 구상
은, 2014년 5월 필라델피아에서 개최된 북미아시아학회에서의 프롤레
타리아 문화 관련 패널과 그해 11월 성균관대에서 열린 1980년대 문화
사 연구 모임에서의 연구자들 협업으로 이어졌다. 그리고 2015년 11월
서던캘리포니아대학교(University of Southern California)에서의 이틀에 걸
친 학회 끝에 영문판 논문집을 내는 계획으로 구체화되었다. 이 학회에
는 1980년대의 정치·문화운동에 직접 관여했던 김재용, 김창남, 루스
배러클러프 등의 연구자도 참여했는데, 그들의 기고문은 독자에게
1980년대에 대한 더욱 깊은 통찰을 제공한다.

　　12개 논문 가운데 3, 6, 7, 8장은 엮은이인 박선영이 영역한 바 있다.
그중 3개는 한국어로 이미 출판된 논문의 수정본이다. 6장은 천정환의
〈그 많던 '외치는 돌맹이'들은 어디로 갔을까: 1980-90년대 한국 노동
자문학회와 노동자 문학〉(《역사비평》 106호, 2014, 173-205), 7장은 김창남의
〈민중가요의 대중음악사적 의의〉(《민족문화논총》 35호, 2007, 55-81), 그리고
8장은 이혜령의 〈"빛나는 성좌들" 1980년대, 여성해방문학의 탄생〉(《상

허학보》47호, 2016, 411-57)을 영미 독자에게 맞춰 일부 수정해서 실었다. 이 한국어판에서는 현지 독자를 고려한 저자들의 제안에 따라 이 논문들과 3장 김재용의 〈반제국주의적 초근대로서의 1980년대〉, 10장 이윤종의 〈진보와 퇴행 사이: 역진하는 영화, '에로방화'〉는 일부 재수정을 거쳤음을 명기해 둔다.

연구자들의 학회 활동을 후원해 준 다음의 기관들에 감사의 뜻을 전한다. 북미아시아학회 동북아시아위원회, 한국국제교류재단, 성균관대 동아시아학술원, 그리고 서던캘리포니아대학교의 여러 학과와 연구소들—동아시아학과, 역사학과, 영화예술대(School of Cinematic Arts), 한국학도서관 (Korean Heritage Library), 한국학연구소, 동아시아학연구소, 페미니스트연구센터—의 후원에 감사한다.

영문판이 나오기까지 힘을 보탠 많은 동료에게도 고맙다는 인사를 전하고 싶다. 서던캘리포니아대학교 학회 조직을 도와 준 앨리스 에콜스(Alice Echols), 비엣 누엔(Viet Nguyen), 아키라 리핏(Akira Lippit) 선생님, 한국학도서관의 김정현과 고 이선윤 사서님, 동아시아학과의 살림을 맡고 있는 크리스틴 쇼(Christine Shaw), 브리아나 코레아 (Brianna Corea) 씨에게 많은 신세를 졌다. 미시간대학교의 곽노진, 류영주 선생님께서 책의 출판을 아낌없이 후원해 주셨고, 그 대학 출판사의 크리스토퍼 드레예(Christopher Dreyer) 편집장님은 출판 과정 동안 내내 한결같은 인내심으로 도와 주셨다. 미시간대 존 레이몬드 씨와 트위드 아카데믹 에디팅 서비스의 케이티 반 히스트 씨께서 정성껏 교열을 맡아 주셨다. 끝으로, 책을 감수해 주신 두 학자분께도 깊은 감사를 드린다.

한국어판의 출간에 기여한 분들께도 감사의 뜻을 전한다. 출판을 선뜻 제의해 주신 빨간소금 출판사의 임중혁 대표는 처음부터 끝까지 여러모로 보살펴 주셨다. 박종우 번역자께서는 여러 학술 분야의 논문들을 한역하시느라 수고가 정말 많으셨다. 이분들의 노고와 정성 어린 돌봄이 이 책의 출간을 가능하게 했다. 이분들께 진심으로 감사드린다. 마지막으로 책의 표지 그림인 〈광장 5〉의 사용을 허락해 주신 정정엽 선생님과 디자이너 신병근 님께도 감사드린다.

2023년 8월 30일

박선영

# 차례

들어가며

박선영

냉전의 종식이라는 세계사적 전환으로 특징지을 수 있는 1980년대는 한국 사회에서도 변화의 시기였다. 긴 세월 지속된 군사독재가 끝나고 생동감 넘치는 민주주의의 시대가 열린 것이다. 박정희가 1961년에 수립한 통치 질서는 1987년에 비로소 종식되었다. 1987년 6월 29일 여당의 대통령 후보 노태우가 거리를 가득 채운 시민들의 압박 아래 대통령 직선제 수용, 시국사범 석방, 언론 자유 증대 등이 담긴 일련의 회유책을 공표하면서였다. 이 승복을 받아 내는 과정에서 노동자, 학생, 지식인, 종교 활동가, 야당 정치인 등을 포함하는 광범위한 연합체인 '민중' 세력은 한국의 정치와 공적 문제에서 시민 사회의 중심 역할을 자처했다. 이들의 정치적 승리는 1970년대 이래 격렬히 진행되었던 사상적 투쟁을 통한 합법성의 쟁취로 얻은 결과이자 문화운동의 성과였다. 1980년대 말 즈음에는 훗날 '민중문화운동'으로 알려지게 될 대항문화가 융성했고 이는 정치적 이행을 불가피하게 만들었다.[1]

'민중'이라는 용어는 아나키스트 민족주의 혁명가이자 식민지 조선에서 근대 역사학을 개척한 학자인 신채호 등에 의해 1920년대에 처음 대중화되었다.[2] 그러나 이 용어는 반체제 지식인들이 '프롤레타리아'라는 보다 협소하고 이론적인 개념을 대체하기 위해 사용하기 시작한 1980

년대에 이르러서야 사회운동적 함의를 띤 현재의 의미로 통용되었다. 오늘날까지도 민중은 한국의 공적 담론장에서 헤게모니에 반하는 대중이라는 뜻을 가진다. 이남희에 따르면 민중은 "사회정치 체제에 억눌렸으나 이에 맞서 들고 일어날 수 있는 자들"이다.[3] 경쟁어인 '시민'은 19세기 조선 말기 국가 개혁운동의 맥락에서 서양 공화주의 개념과 함께 소개되었다. 그러나 이 용어는 프랑스어 시투아앵(citoyen)이 지닌 개혁적 함의를 잃은 채, 민주화의 물결과 함께 시민 단체와 비정부 기구가 성립되던 1990년대 초까지 공적 담론의 주변부에 머물렀다. 이 단체들과 기구들은 '시민'이라는 용어를 사용하며 자신의 사회운동을 민중운동과 구별했고, 민중이라는 말이 민족국가주의적이며 마르크스주의적 색채가 지나치다고 비판했다.

그러나 이 같은 성쇠를 차치하면 민중정치와 민중문화 패러다임은 1980년대 민주화에 결정적인 역할을 했다. 1980년대는 1979년 10월 26일 일어난 박정희 대통령의 암살과 뒤이은 전두환 군부의 12월 12일 쿠데타와 함께 시작되었다. 쿠데타는 민주주의를 요구하는 전국적인 시위를 불러일으켰는데, 이 긴장은 1980년 5월 18일 광주에서 그 정점에 이르렀다. 쿠데타 세력이 광주에 투입한 공수특전단은 시민들을 잔혹하게 탄압했고, 그 결과 200명가량의 민간인 사망자와 3,000여 명의 부상자를 냈다.[4] 유혈 사태로 인한 대중의 저항을 억압하기 위해 정권은 "순화"와 "숙청" 조치를 시행했다. 수만 명의 시민이 끌려간 악명 높은 삼청교육대(1980-81)도 그 일환이었다. 검열이 강화되고 기자들은 강제로 해고되었으며 야당 지도자들은 투옥되었다. 이런 조치들은 일시적인 현황 유지에는 성공적이었지만 장기적인 관점에서는 저항을 키우는 데 일조할 뿐이었다. 사건 발발 후 40여 년이 지난 현재, 광주에서의 학살과 그 여파는 한국에서 민주화운동이 촉발한 결정적 계기로 여겨진다. 진보운동은 분명 광주항쟁 이전부터 힘을 모아 가고 있었고, 1970년대에는 반독재 지식인과 노동조합 노동자의 인권수호운동에서 큰 진전을 이뤄냈다. 그러나 민주화 세력은 1980년대 이후에서야 전국민적인 민중운동으로 성장할 수 있었다.[5]

1987년에 연쇄적으로 일어난 각기 다른 사건들에 의해 1980년대의 민주화운동은 그 결실을 맺게 되었다. 1987년 1월에는 대학생운동가 박종철이 치안본부 대공분실에서 심문 중 고문당해 사망했다. 박종철의 죽음을 비밀로 덮으려는 시도들은 사건이 언론에 유출되면서 도리어 역효과를 낳았는데, 언론의 성토는 몇 주 동안 전혀 수그러들지 않았다. 이미 상당히 보편화되었던 반정부 대중 시위는 점점 더 규모가 커졌으며 더욱더 민주화 요구에 집중했다. 대중의 분노는 1987년 4월 13일 대통령 간선제에 대항해 야당과 재야가 제안한 직선제 요구를 전두환이 거절하면서 더욱 거세졌다. 6월 5일에는 연세대생 이한열이 연세대학교에서 시위 중 전투경찰이 쏜 최루탄에 직격되어 사망하는 일이 발생했다. 이후 전국의 주요 도시에서 3주 동안 역사적인 시위가 일어나는데, 그 정점은 6월 10일로 250만 명이 전국 각 시에서 집결했다. 전두환은 군대 파견을 명령하면서 응수하려 했지만, 미국의 반대로 저지되었다.[6] 전두환 정권은 힘을 잃었고, 6월 29일 대선 후보 노태우가 시국사범 석방과 함께 직선제 개헌을 발표했다.

이 같은 정치적 발전이 있기까지 다양한 사회 계층에서 많은 시위와 동요가 있었다. 1985년에는 구로동맹파업이 일어나 구로공단의 공장 노동자 2,500여 명이 전례 없던 6일간의 총파업을 위해 연장을 손에서 내려놓았다. 학생과 민주화 세력도 파업에 함께했는데, 노동자의 권익을 위한 투쟁은 민주화의 또 다른 이유였기 때문이다. 1986년 6월 대학생 출신 노동운동가 권인숙이 경찰에 구금돼 당한 성고문을 공개적으로 비판했다. 뒤이은 사건들과 재판은 페미니즘운동이 성장하는 계기가 되었고 1987년 2월 한국여성단체연합이 결성되었다. 더 이른 시기의 민중 결집으로는 1984년 전라도에서 농민들이 정부의 방치와 시장 자유화에 항의해 들고 일어난 사건과, 같은 시기에 정부의 일방적인 "도시 미화" 정책에 도시 빈민들이 집단으로 저항한 사건을 꼽을 수 있다. 특히 서울올림픽을 앞두고 도시 개발 구역으로 정해진 서울 목동 지역에서는 이십여 년간 살아온 삶의 터전을 지키려는 주민들의 시위가 1983년부터 1986년까지 지속되었다. 많은 이들이 결국 떠나야 했지만, 그 과정에서 정부가 행사한 폭력은 다시금 정권의 비민주적인 성격을 각인시켰다.[7]

소위 '민중문화'란 시대가 직면한 지극히 특수한 문제들에 대한 응답이었다. 거리에서 독재, 노동 착취, 성폭력, 경찰권 남용에 맞서 싸우기 시작하면서 시민들은 상징적인 의미에서 자신을 국가 역사의 정당한 주체로 여기게 되었다. 따라서 주권에 대한 요구가 민중운동의 중요한 부분을 차지했으며, 이는 문학, 시, 영화, 연극 등 다양한 영역의 문화적 창작물에서 공통 주제로 활용되었다.[8] 조정래의 대하소설 《태백산맥》(1983-89)과 박노해의 시집 《노동의 새벽》(1984)에서부터 박광수의 풍자 영화 《칠수와 만수》(1988)에 이르기까지 민중문화를 대표하는 작품 대다수가 민족의 과거와 현재의 여러 국면을 재조명했다. 이런 작품들은 서서히 무너져 가는 정권의 억압적 질서에 맞서 평범한 한국인들이 역사의 재전유 과정을 통해 도달한 대안적 현실을 엿보게 해 주었다.

1987년의 정치적 민주화 이후 어떤 민중문학 및 영화는 민주화운동을 대표하는 상징성을 띠고 국가적인 명성을 얻었다. 역설적으로, 이런 정전화(canonization) 과정에서 한때 변화에의 의지와 시의성을 담아냈던 작품들은 민주화라는 획기적인 국가적 전환의 기념비로 설정되어 기리는 대상이 되었다. 당연히 민중문화도 논쟁의 대상이 되었고, 뉴라이트 세력이 주도한 보수 진영의 반발로 격론에 휘말렸다. 다시 말해 1980년대 문화는 이후 몇십 년 동안 놀랍게도 더욱 더 정치적인 의미와 중요성을 갖게 되었다. 작가들, 영화 제작자들, 예술가들은 자신이 1980년대 운동에 대한 기억을 수호하는 역할을 부여받았다고 여겼으며, 그에 따라 민주화 정신의 '계승자'가 되었다. 오늘날에도 1980년대에 관한 기억은 여전히 논란거리와 역사적 비난의 대상이 되며 정치적 논쟁에서 벗어나지 못한다. 현대 한국인이 여전히 여러 방식으로 1980년대에 갇혀 있거나 사로잡혀 있는 것이야말로 그 시대의 중요성을 잘 보여 준다. 또한 시간이 흘러 역사적 연구가 가능해진 1980년대를 되돌아보는 일이 얼마나 흥미롭고, 긴급하며, 복잡한 일인가를 고려할 때 당대 문화의 지속적인 중요성을 알 수 있다.

## 1980년대 문화를 재조명한다는 것

오늘날 1980년대의 문화를 재조명하는 것은 한국 역사의 가장 중요한 시대 중 하나에 대한 새로운 주제, 주체성, 이론적 관점의 제공을 의미한다. 1980년대는 한국에서 평범한 시민들이 공동의 노력으로 민주화를 성취한 중요한 전환점으로 마땅히 기념되고 있다. 하지만 그러한 정치적 주제의 중요성 때문에 이 시기에 관한 학술 연구는 주로 격변과 해방의 서사에 집중했고, 그 결과 당대의 복잡하고 모순된 모습을 살피는 데는 미흡했다. 그리고 정치적 변동에 주목하다 보니 경제 발전, 사회 변화, 새로운 미디어와 테크놀로지의 유입, 그리고 그를 통해 발전한 문화 형태 등의 주제는 소외되었다. 또한 민주화의 주체로서 민중지식인에 주목함으로써 노동자, 여성, 일반 시민, 비주류 예술가처럼 함께 동시대를 만든 집단을 소홀히 다루었다. 그 결과 1980년대는 한국사에서 이념으로 가득 찬 위기의 시대로 분류되어, 세계화와 포스트 민주주의로 설명되는 이후 시대와는 사회적·문화적으로 아무 연관성이 없는 이례적인 시대로 여겨졌다. 환멸을 느낀 진보주의자들과 보수주의자들 양측 모두 여러 층위에서 1980년대를 "불연속 체제(regime of discontinuity)"로 보았다. 이러한 사고는 1980년대에 대한 문화 연구자들의 관심을 저조하게 했고, 그 과정에서 1980년대는 한국 문화사 연구의 일종의 사각지대가 되었다.[9]

이 책에 실린 글들은 1980년대의 한국 문화라는 풍성한 생태계를 구성했던 사회적·지성적·예술적 형성물을 각기 다양한 방식으로 평가하고 그 가치를 재고한다. 이 책은 그 소재들을 아래의 세 가지 방법으로 확장하고 재해석하려고 노력했다. 첫째, 1980년대를 오늘날처럼 기억하게 만든 불연속적이고 과도하게 목적론적인 역사 서술의 틀을 문화사를 통해 재고한다. 둘째, 초국가주의(transnationalism), 새로운 노동문화, 상호교차성(intersectional) 페미니즘, 대중문화라는 새로운 이론적 렌즈를 사용해 대안적인 서사를 제시하고 1980년대에 대해 지금까지 탐구하지 않았던 새로운 측면을 밝힌다. 셋째, 다중이론적 접근 방식과 학제 간 연구 관점을 결합해 문화사, 사회사, 문학, 영화, 미술, 음악, 젠더학 및 사학사와 같이 다양한 분야에서 비판적인 통찰을 얻고자 한다. 이러한 방향을 추구하면서 이 책의 글들은 1970년대와 1980년대, 그리고 1980년대와 1990년대 및 그 이후의 문화가 가지는 연속성과 변화와 균열을 추적한다. 그 결과 1980년대 한국 문화의 다양성과 함께 현대와의 생생한 관련성을 드러낸다. 1980년대는 이례적인 시대가 아니다. 쇠퇴해 버린 사회운동의 시대, 세계화와 무관하고 현대인의 삶과 동떨어진 그런 시대도 아니다. '민중의 시대'는 한반도에 민주적인 문화와 사회를 꽃 피운 정치적·문화적 에너지로 넘쳐 나던 시대다.[10]

이 책은 다섯 개 부로 나눠 한국 문화사에 개입한다. 1부는 1980년대의 문화와 민중의 현재 위치를 당대의 공적 기억과 대중문화 속에서의 기억을 통해 검토하면서 분석적·역사적 토대를 제공한다. 1장에서 이남희는 1980년대 이후 사회적 기억 안에서 민중운동이 잊히고 고정화되어 가는 모습에 집중한다. 1980년대와 한국사의 다른 시기들 사이에 규정된 "불연속 체제" 개념을 검토한 이남희는 광범위한 분석을 통해 보수 세력의 문화정치를 민주화운동의 가치에 대한 반발로 고찰한다. 이 문화정치의 중심 요소로는 북한을 향한 냉전적 적대감의 지속, 박정희의 준-성인적(quasi-hagiographic) 위상 회복, 그리고 그들의 주장에 따르면 "더욱 객관적인" 한국사 서술을 담은 대안적인 수정주의 교과서를 만들려는 이념적 시도가 있다. 이남희의 분석에 따르면, 이 강력한 이념적 체제를 만들어 유지하는 바탕에는 작가, 정치평론가, 보수 언론의 언론인과 같은 문화적 게이트키퍼들이 있다. 이들의 지지 아래 "불연속 체제"라는 개념은 오랫동안 한국의 정치적·문화적 논의에서 1980년대를 소외시키는 사회적 건망증을 만들어 냈다.

1980년대에 대한 '역사 서사적' 기억을 분석한 황경문의 2장은 한국의 1980년대에 대한 영어권과 한국의 연구들을 돌아본다. 그의 분석에 따르면, 좌파 성향의 역사학자들은 사회적·정치적 기회를 상실한 시기라는 비관적인 시선으로 1980년대를 바라보는 경향이 있다. 이러한 경향은 한국 사회가 가진 다양한 층위에서의 불평등에 대한 현재의 논의에 많은 영향을 받았다. 이와 반대로 우파 성향의 학자들은 오히려 그 시기를 승리주의적으로 묘사하는데, 한국에서 신자유주의적 가치와 자본주의의 발전이 어느 변곡점에 다다른 시기였다는 것이다. 이처럼 양극화된 역사 서술을 살피면서 황경문은 양쪽 진영 모두 이 시기의 핵심적인 사건들을 분석하는 데 대안적이고 목적론적인 관점을 견지한다고 지적한다. 그러나 한국의 정치적 분위기에서 1980년대에 대한 공적 기억이 현재에도 계속해서 중요하다는 사실을 고려하면, 역사학적 방법론의 원칙을 위반하는 이 같은 모습이 이해할 만하다고 설명한다.

1장과 2장이 1980년대 문화를 바라보는 새로운 틀을 제공한다면, 2부는 문화사 연구를 통해 민중운동의 종족민족주의적(ethnonationalist) 성격에 이의를 제기하고 민중운동을 가능케 한 국경을 가로지른 인적·문화적 교류를 살핀다. 3장에서 김재용은 한국 진보 사상의 진화를 추적하며 이를 형성한 초국가적 연계에 주목한다. 20세기 중반 한국의 지식인들은 미국과 소련이 19세기 유럽의 특징이었던 제국주의 정책으로부터 멀어질 것이란 희망을 품고 있었다. 하지만 대안적인 반제국주의적 근대를 향한 탐색이 좌절되면서 많은 한국의 지식인은 1980년대에 아프리카·아시아·라틴아메리카발 비동맹주의 노선과 제3세계문학론으로 전향했다. 김재용은 개인적 또 세대적인 경험에 비추어, 제3세계 담론이 1980년대 초반에 소개된 이후 한국인에게 유망한 이념적 재건의 길을 제시했음을 보여 준다.

　김재용의 글은 보기 드물게 민중 이념에 대한 국제적 영향력을 평가하는데, 루스 배러클러프(Ruth Barraclough)의 4장 역시 이를 공유한다. 문화사적 접근을 시도하는 배러클러프의 글은 흥미롭게도 자서전과 회상의 렌즈를 통과한 성찰의 형태를 띤다.[11] 배러클러프가 한국에서 정치적 여정을 시작한 1989년 여름을 중심에 둔 이 글은 지금까지 거의 공개되지 않았던 국제 여행의 경로와 오스트레일리아, 남한, 북한, 그 외 여러 곳에 있는 진보적 기독교 조직 간의 네트워크를 조망한다. 배러클러프는 "아래로부터의 세계시민주의(cosmopolitanism from below)", "수평적 연대(horizontal solidarity)"와 같은 개념을 사용해 냉전이 끝나고 세계화가 시작되던 시기에 비밀리에 활동하던 국제 시민운동을 특징짓는다. 또한 영국의 젊은이들이 경험한 아파르트헤이트 치하의 남아프리카공화국 여행과 1989년 8월 평양에서의 세계청년학생축전을 서술한다. 이 같은 학생 교환 활동은 그 당시의 문화정치에서 강력한 상징적 기능을 가지고 있었다. 배러클러프는 또한 남한의 여학생운동가로서 1989년 평양축전에 참가한 임수경을 둘러싼 논란을 다룬다.

　1980년대 문화에 대한 초국가적 관점을 더욱 확장하는 이솔의 5장은 1986-89년에 일본, 미국, 북한에서 열린 민중미술 전시회를 논평하는 보기 드문 글이다. 이솔은 국내를 중심으로 한 기존 서술을 새롭게 다시 쓰면서 민주화운동의 예술은 처음부터 강한 국제적 소명 의식을 가지고 있었으며, 예술가와 운동가가 해외 관객에게 작품을 노출하는 것이 얼마나 중요한 문화적·정치적 전략이었는지를 보여 준다. 이 글은 도쿄, 뉴욕, 평양에서의 전시회를 둘러싼 논쟁을 생생하게 재구성하며, 이를 통해 냉전 말기 세계적 예술 논쟁의 조류와 빠르게 세계화되고 있던 국내의 예술 논쟁에 대한 통찰을 제공한다. 이솔의 주장처럼, 민중미술의 국제적 조우는 종종 문화 번역의 지난함과 그로 인한 오해로 난관을 겪기도 했다. 그러나 그 시기는 전반적으로 민주화운동의 성장을 보여 주는 시기였으며, 그 전시회들을 통해 작품들은 새로운 의미를 획득하고 국내뿐만 아니라 세계적으로 강한 반향을 불러일으켰다.

3부에는 최근 한국의 문학문화사 연구 경향을 반영한 글 두 편을 "신노동 문화(new labor culture)"라는 주제로 묶었다. 두 저자는 지금도 한국에서 노동자 문화를 복원하는 작업에 활발히 참여하고 있다. 공장과 노동 단체의 자료를 바탕으로 쓴 천정환의 6장은 1970–90년대에 노동자들이 쓴 문학에 관한 획기적인 연구다. 천정환이 주장하듯이 이 시기는 산업 노동자와 대학생운동가의 동맹으로 특징지을 수 있는데, 이 동맹에서 이루어진 노동자 문학운동은 한국 문화계에 큰 영향을 주었다. 노동자 독서 모임의 급증, 글쓰기 워크숍, 야학, 문학회는 정규교육을 제대로 받지 못한 다수의 노동자가 문학의 세계에 발을 들일 수 있게 되었음을 의미한다. 천정환의 글은 노동자 문학운동의 역사적 진전을 단계별로 보여 준다. 1970년대 노동자 단체에서 자체적으로 시작한 문학운동은 1980년대 노동자와 지식인 간의 협력이 본격화되면서 정점에 이르고, 민중운동의 정신이 급격히 쇠퇴한 포스트 민주화 시기에 이르러 쇠퇴하기 시작한다.

김창남의 7장 또한 "예술적 전유"라는 주제를 민중음악을 중심으로 다룬다. 1970년대 후반, 민중가요는 노동 파업장과 학생 집회를 중심으로 창성해 나갔다. 김창남은 이 장르의 진화 과정을 한국의 대중음악사라는 보다 넓은 맥락에서 분석한다. 민중가요와 대중가요는 비즈니스 모델이 비슷했고, 청중을 공유했으며, 서로 같은 음원에서 리듬과 멜로디를 끌어다 쓰고 있었다는 사실을 밝힌다. 이렇게 이 둘의 맥락적·음악적 특징들을 나란히 비교함으로써 두 장르를 서로 대척적으로 바라보던 기존의 생각이 잘못되었음을 보여 준다. 김창남에 따르면, 민중가요는 주류 대중음악사의 주요한 일부이다. 한국의 민주화운동과 함께한 문화적 자유를 확보하기 위한 투쟁에서 민중가수는 국가의 검열에 가장 먼저 도전했고 대중음악에 사회 비판적 가사를 처음으로 도입했다.

여성은 1980년대 한국 사회에서 왕성하게 활동했지만, 시대의 문화상에 대한 이들의 기여는 아직까지 거의 알려지지 않았다. 4부는 상호교차성 페미니즘을 분석의 틀로 사용해 여성의 문화적 행위주체성(agency)과 이 시기 여성들이 이루어 낸 성과를 재검토한다.[12] 8장에서 이혜령은 1980년대 여성의 사회·문화적 운동을 종합적이고 광범위하게 개관하면서 1980년대를 한국의 여성 문학이 거듭난 시기로 규정한다. 여성 작가와 지식인, 학생, 노동자는 전통적으로 성 편향적이었던 "여류문학"을 더욱 운동가적인 형태의 "여성해방문학"으로 바꾸어 나갔다. 박완서의 〈저문 날의 삽화〉를 통해 이혜령은 매 맞는 주부에 대한 끔찍한 이야기가 얼마나 성공적으로 가정폭력의 문제를 한 집안의 문제에서 인권 문제로 재정의했는지를 보여 준다. 이 중편소설은 1980년대 여성의 문화 창작물이 지닌 정치의식의 증대를 보여 주는 사례이면서, 동시에 남성 중심적인 민주화운동에 헌신하는 여성 주인공을 생생하게 묘사함으로써 민중여성운동가의 다중적 주체성을 재현했다.

여성의 행위주체성에서 재현(representation)으로 시선을 옮겨가면서 9장은 1980년대 베트남전 소설, 기지촌 문학, 에로영화라는 다양한 장르를 가로질러 등장했던 미국 흑인 여성과 동남아 여성을 통찰력 있게 분석한다. 어경희가 보여 주듯이, 제3세계 반식민주의 동맹에 대한 당시의 민중 이론화 작업은 제3세계 여성을 에로틱한 성적 재화로 바라보는 종족민족주의적이자 남성적인 기조와 내적 긴장 관계에 있었다. 어경희는 다른 인종, 젠더, 섹슈얼리티를 존중하고 소수자의 주체성을 북돋는 방식의 재현이 본격 민중문학이나 학계 담론보다 역설적으로 대중문화에서 더 발견된다는 것을 보여 준다. 9장은 두 흑인 여성 캐릭터— 레즈비언 미군과 거친 성격의 나이트클럽 호스티스—를 분석하는 선구적 작업이다. 당대 주류 문화에서는 그 재현을 찾아보기 어려운 이 희귀한 인물들은 타자성의 전형을 보여 주는 동시에, 1980년대 한국 문화에 견고하게 자리 잡고 있던 인종차별적이고 가부장적이며 이성애 중심적인 모습을 파괴하고자 하는 욕망을 상징한다.

민중문화를 재조명하는 이 책에서 흔히 대척 관계로 알려진 주류 대중문화를 들여다보는 작업은 기존의 견해에 비춰 볼 때 의외인 몇 가지 점을 밝혀 준다. 5부의 글들은 운동권의 저항 문화와 "순응적"인 대중문화가 통상적인 인식과 달리 완전히 구분된 적이 한 번도 없었다는 사실을 드러낸다. 이윤종의 10장은 1980년대 초부터 1990년대 중반까지 한국 대중문화에 풍미했으나 이제는 잊힌 "에로방화"를 새롭게 읽어 낸다.

1980년대 에로방화의 위치를 국제적 트렌드였던 소프트 포르노와 1970년대 호스티스 영화의 연속선상에 설정하면서 에로방화를 "역진하는 영화"로 다시 정의할 것을 제안한다. 이윤종은 이 장르의 역사와 주제를 개괄하면서, 정치적 검열의 시대에 영화계의 생존 전략이기도 했던 에로방화의 성적 판타지가 어떻게 한국의 군사화된 근대화가 일으킨 비인간적 경험으로부터 도피하려는 사회적 욕망을 반영했는지 보여 준다. 이런 점에서 1980년대의 에로방화는 민중문화를 만들어 낸 문화적·정치적 환경의 한 부분으로서 징후적 의의가 있다. 이윤종은 이 성적 스펙터클의 하위문화는 참여 문화의 대척점에 놓이는 체제 순응적인 문화 형태가 아니었으며, 남성과 여성의 삶 모두를 침해하는 권위주의에 대한 개인적 차원에서의 저항으로 더 잘 독해될 수 있음을 보여 준다.

5부를 끝맺음하는 박선영의 11장은 대중문화 장르인 SF와 1980년대 한국의 민주화운동 간의 관계라는, 지금까지 연구되지 않았던 주제를 탐구한다. 당시의 가장 대표적인 SF 소설인 복거일의 《비명을 찾아서》(1987)를 중심으로 박선영은 1980년대 한국의 SF를 서구, 특히 영미권의 장르를 적극적으로 재전유함과 동시에 현지의 문화 전통과 조건에 따라 자생한 창작물로 본다. 박선영이 지적하듯이 복거일의 소설은 민중운동과 문화라는 당시의 시대적 배경을 고려해 읽으면 특히 흥미로운데, 그 정기와 가치를 사변적 양식으로 재현한 드문 문학작품이라고 볼 수 있다. 박선영은 복거일의 작품이 민주화운동의 이상을 확인해 주었다면, 그때까지 문학계뿐만 아니라 일반 독자에게도 거의 존중받지 못했던 SF 장르에 중대성과 절박함을 부여한 건 당시의 치열한 정치적 사회운동이라고 설명한다.

마지막으로 이진경은 〈나가며〉에서 1980년대를 그가 "1960-80년대 권위주의 시대"라고 명명한 맥락에서 바라보면서 당시에 관한 관심을 확장한다. 그리고 이를 통해 그 시기의 이념적 역동성을 다시 읽어 내는 흥미로운 작업을 전개한다. 초기 권위주의 시기의 국가와 민족 간의 연결고리는 민족/민중 반정부운동에 깊은 영향을 미쳤다. 이 운동은 운동 주체들을 국가민족주의에 반대하는 세력으로 위치 지었지만, 민족은 계속해서 강조되었다. 그에 따라 민중은 새로운 지적 패권(intellectual hegemony)을 구성했는데, 이는 계급, 인종, 젠더, 이주 노동자 등과 같은 범주와 사회적 구성체를 보이지 않게 만들었다. 이진경은 현재와 미래에 진보적인 문화정치학으로 가는 길을 닦기 위해서는 기존의 생략과 배제에 대한 성찰을 기반으로 한 문학적 재정전화(recanonization) 작업이 필요하다고 결론 맺는다.

2016년 11월 12일 수십만 명의 시민이 서울 중심부에 결집했다. 아버지 박정희의 아우라를 등에 업고 3년 전 집권한 박근혜 대통령의 사임을 요구하기 위해서였다. 이는 미증유의 전환을 이뤄 낸 1987년 6월 이후 한국 역사상 최대 규모의 집회였다.[13] 한 뉴스 웹사이트가 논평하듯이, 이 사건과 이후 몇 달간 이어진 시위는 한국 시민뿐만 아니라 국제 사회의 관찰자에게 역사는 종종 스스로 반복된다는 심오하면서도 상투적인 문장을 되새기게 했다.[14] 이러한 집회들은 1980년대의 정치적 경험이 지닌 지속적인 관련성을 보여 주는 걸 넘어 한국 사회에 깊이 뿌리내려 작동하는 민주주의 문화에 대해서 많은 것을 말해 준다. 구해근의 말처럼, 한국 민주주의의 강점은 "독립적인 시민 단체가 다수 존재하거나 강력한 사회 계급이 존재한다는 사실보다도 완고하게 저항하는 정치 문화와 시민 사회 속에 잠재한 동원 가능성"에 있다.[15] 신구의 사상들과 생각들이 끊임없이 충돌하며 만들어 내는 내적 갈등과 긴장 없이는 이렇게 영속적인 대안 문화나 대중 동원은 가능하지 않으며 가능했던 적도 없다. 만약 이 책 저자들의 공통적인 염원이 있다면 1980년대에 대한 어떠한 상투적이고 확정적인 판단에 대해서도 회의 없이 지나치지 않는 것이다. 그 대신 현대 한국사의 중요한 시기 중 하나를 재고하고 연구하는 새로운 길을 활짝 열기를 염원한다. 그리고 그 과정에서 민주주의를 위한 끊임없는 투쟁과 한국의 민주주의 문화에 지속해서 활력을 불어넣는 일에 조금이라도 기여할 수 있기를 바란다.

## 1부

# 1980년대 한국의 역사와 기억

# 1

# 1980년대에 대한 사회적 기억

## 불연속 체제의 해부

이남희

1980년대 한국 민중운동의 역사는 30주년을 훌쩍 넘기고 있지만, 한국 사회에서 민중운동은 지금까지 그것을 재현하는 것들에 의해 규정되어 왔다. 주도적이고 공식적인 역사는 여전히 없을 뿐 아니라 결정적이고 객관적인 의미를 부여하려는 적극적인 시도도 없는 것이 사실이다. 어쩌면 최소한 역사가들 사이에서 1980년대 민중운동은 아직 역사 대상이 되기에는, 즉 역사 탐구와 연구에 열려 있기에는 현재와 충분히 거리가 확보되지 않았다는 정서가 있는지도 모른다. 그러나 이전 권위주의 정권들에 대한 기억은 그동안 확산되어 왔고, 이러한 확산은 그 권위주의 정권들을 구성하는 일부로서의 반대 세력―1980년대 민중운동―에 대해 특정한 윤곽을 그려 왔다.

한국에서 대중문화를 통해 일어나는 이전 시기에 대한 기억의 확산과 집착은 우경화 현상의 일부로서 역사 재인식 과정으로 나타났는데,

이는 피에르 노라(Pierre Nora)가 다른 맥락에서 말한 "불연속 체제"를 구성한다.[1] 즉 우경화와 더불어 학자들, 사회 평론가들, 그리고 영향력 있는 문화예술인들이 한국은 새로운 시대에 진입했고, 한국 사회는 과거와 단절 중이라고 주장하기 시작한 것이다. 이들이 주장하는 한국의 불연속 체제는 여러 층위의 역사적 현상을 참조하고 있지만, 나는 이 글의 목적에 맞춰 핵심적인 세 가지만을 다루고자 한다.

첫째는 당연히 1980년대 말에서 1990년대 초에 일어난 민주주의로의 전환이다. 문민정부와 시민 사회 모두 이전 권위주의 체제로부터의 단절과 새 시대의 여명을 강조했다.

둘째는 선명하진 않지만 좀 더 만연한 불연속 체제로서, 1990년대가 1980년대로부터 단절을 나타낸다는 주장이다. 이러한 주장은 때론 노골적으로, 때론 암묵적으로 표현되었다. 이 불연속 체제는 1980년대 민중 운동에 대한 몇몇 관념적이고 도식적인 재현을 통해 확산한 담론으로, 1980년대를 "감상적 후회 혹은 무자비한 청산"의 대상으로 만들었다. 이 단절 담론의 핵심은 — 그것이 "결핍의 시대"에서 "욕망과 환희의 시대"로 전환을 축하하는 것이든,[2] 고미숙의 절묘한 표현처럼 "참을 수 없는 존재의 가벼움이 (전 시대의 과도한) 이념의 족쇄로부터 벗어난"[3] 것이든, 혹은 그 외 다른 무엇이든 — 1980년대와 그것이 표상하는 모든 것으로부터의 단절이었다.

셋째 층위의 불연속은 뉴라이트의 출현과 좀 더 구체적으로는 역사 교과서를 둘러싼 논쟁이다. 한국에서 중대한 지적 위기를 몰고 온 역사 교과서 논쟁은 지식인들 사이에서 내전이라고까지 불릴 만한 것이었다. 냉전 체제 해체와 김대중·노무현 정부가 추구한 일련의 개혁 정책은 한국에서 과거로부터 단절이라는 담론을 추동시켰는데, 이 담론은 내가 "승리주의 담론"이라 부르는 것으로 특징지어진다. 그렇다면 어떤 사회적·정치적 상황들이 이 불연속 체제를 초래했고, 이는 어떻게 서술되고 있는가? 또 전반적으로 이 서사의 지적 패턴은 무엇이고, 이 서사를 통해 나타나게 될 1980년대 민중운동에 대한 사회적 기억은 어떤 윤곽을 띨까? 현재 한국에서 구성되는 기억은 어떤 역사적·정치적 함의를 가질까? 이 글은 이런 질문들을 탐구하기 위한 예비 작업이다. 이를 위해 나는 성명서, 문학작품, 역사 서술 등을 포함해 학자, 주사파 리더와 같은 과거 운동가, 소설가와 같은 문화·예술계 인사, 주류 언론사 등을 포함한 한국 사회의 다양한 주체가 생산해 낸 텍스트를 검토한다. 사회적 기억의 구축에 대한 나의 분석은 냉전 체제가 지속되고 있는 한국적 맥락과 최근 30여 년 동안 혁명의 역사에 수정 작업이 이루어지고 있는 세계적 맥락을 배경으로 한다.

한국에서 1980년대와 1990년대를 양분하는 이분법적 묘사는 패러다임 전환에 관한 여러 담론을 수반하는데 민중에서 시민으로, 집단에서 개인으로, 정치적인 것에서 문화적인 것으로 전환이라는 담론을 예로 들 수 있다. 이 담론들은 또한 신자유주의로 전환이라는 세계적인 변화의 맥락과 그 궤를 함께했다. 내가 여기서 지적하고자 하는 것은 이러한 담론들에서 1980년대 민중운동은 역사적으로 두 번 추방당한다는 점이다. 첫 번째는 이러한 담론들이 1980년대 전부를, 즉 모든 성취와 실패를 온전하게 평가하지 못하거나, 평가하려 하지 않거나, 심지어 평가하기를 거부하는 것이다. 두 번째는 그래서 결과적으로 1980년대를 "골화(骨化)"하는 것이다.[4] 뉴라이트의 단절 담론 또한 사회·경제·정치적 역학에 따라 추동되는 기억상실 형태로 실천되고 기능한다. 더욱이 앞서 언급한 권위주의 시대에 대한 기억의 확산은 한편으로는 역사의 파편화, 혹은 과거 주도권의 쇠퇴를 나타내는 것일 수 있다. (피에르 노라는 이를 "단일 설명 원리의 상실"이라 불렀다.) 하지만 이 기억의 재구성은 승리주의 담론과 밀착되어 있고 현재의 동향에 순응하는 경향이 있으며, 동시대 권력 배열의 발화를 의미한다.

## 냉전 체제의 지속

1987년 이후 남한을 제약하는 가장 주요한 사회·정치적 조건이면서 불연속 체제를 가능하게 한 요소는 한반도에서 지속되고 있는 냉전 체제의 지리정치다. 과거로부터 완전히 벗어났다는 주장에도 불구하고 한국은 여전히 국가보안법을 유지하고 있다. 무차별적으로 적용되었던 이 가혹한 법은 이전 권위주의 정권에서 사회를 통제하고 규제하는 주된 메커니즘으로 작동했을 뿐만 아니라, 더 많은 자유를 표방하는 현재 정권에서도 여전히 작동하고 있다.[5] 권위주의 시대 내내 민주화운동은 국가보안법 폐지를 지속해서 요구했고, 1987년 이후 한국 대중 사이에도 국가보안법 폐지의 필요성에 대한 광범위한 동의가 있었다. 그러나 진보적 의제를 국민의 명령으로 받아들인 정부라고 여겨졌던 김대중과 노무현 정부에서조차 국가보안법을 철폐하지 못했다는 사실은 한국 보수 세력의 굳건한 힘에 대해 많은 것을 시사한다.

2003년까지도 한국에서 카를 마르크스의 《자본론》을 소지하고 인용하는 것은 국가보안법 위반이었다.[6] 하지만 그로부터 10년이 지나 서울에서 공산주의와 마르크스주의 분야의 스타 지식인들을 초청해 대규모 국제회의를 개최한 일은 국가보안법 위반이 아니었다. 2013년 9월 프랑스 철학자 알랭 바디우(Alain Badiou)와 슬로베니아 출신이면서 정신분석학에 기반한 철학자 슬라보이 지제크(Slavoj Žižek)와 같이 저명한 좌파 사상가들이 참가해 좌파적 철학과 정치, 예술을 주제로 토론했고 바디우는 개회사를 했다. 글로벌하고 하이퍼모던한 한국의 이미지와 어울리게 국제회의가 열린 장소는 "싸이에 의해 유명해진 호화찬란한 소비지상주의 구역"[7]인 강남의 군용 벙커 겸 예술 공간 '플래툰 쿤스트할레'였다. 지제크는 폐회사에서 "이곳 한국에서 공산주의에 관해 이야기하는 것은 미친 것처럼 보일 수도 있습니다. 분단된 한국이야말로 냉전이 종식된 이후 오늘날 우리가 서 있는 곳이 어디인지 가장 명확하게 상상할 수 있는, 거의 임상적인, 사례가 아니겠습니까?"[8]라고 말했다. 지제크는 경희대학교의 "글로벌 에미넌트 스칼러(ES)"라는 방문학자 명칭에 걸맞게 짧은 시간을 한국에서 체류했지만, 회의 참석자 대부분은 한국의 끝나지 않은 냉전의 현실과 함께 살았고 지금도 살고 있다. 심지어 회의가 열린 서울은 남·북한이 여전히 대치하고 있는 비무장지대로부터 불과 56km밖에 떨어져 있지 않다.

한반도에서 냉전은 끝나지 않았다. 그뿐 아니라 한반도를 둘러싼 여러 사건이 거의 매일 상기시키듯이, 그리고 인류학자 권헌익이《또 하나의 냉전(The Other Cold War)》에서 지적하듯이 북아메리카와 유럽이 아닌 곳에서 살아가는 압도적 다수의 사람에게 냉전 시기 냉전은 전혀 차갑지 않았다. 한국과 베트남처럼 집단 매장지와 전쟁기념비의 풍경이 냉전 시기 열전(熱戰)의 기억을 끊임없이 상기시키는 곳에서는 특히 그렇다. 전쟁에 대한 기억은 전쟁을 겪은 세대들의 가슴속에 깊게 새겨졌고, 이 기억은 열전이 요구하는 양극적 충성에 영향받은 후속 세대에게도 계속 남아 있다.

지제크의 발언이 시사하듯이, 그런데도 북아메리카와 유럽에 거주하는 많은 사람에게 냉전은 실질적으로 1989년에 종식되었다. 그뿐만 아니라 그 정치적 긴장의 시대는 리버럴 자본주의가 공산주의에 결정적으로 승리한 것으로 막을 내림으로써, 그 긴장이 미친 영향에 대한 다양한 분석은 차단되고 말았다. 다시 권헌익의 말을 빌리면 "우리가 냉전이 끝났다고 할 때 그 냉전은 누구의 냉전이며 어떤 관점에서 본 냉전인가? 냉전이 끝나는 방식은 모든 곳에서 같았는가, 혹은 '세계를 위한 투쟁'은 모든 곳에서 같았는가?"⁹ 권헌익이 상기시키듯이 냉전 시기 냉전은 절대로 하나의 단일한 전쟁으로 존재하지 않았다. 이 시기 세계 곳곳의 포스트 식민주의 국가들에서 잔혹한 내전과 잔악한 형태의 정치적 폭력으로 인해 총 4,000만여 명의 사상자가 나왔다는 사실이 이를 대변한다.

세기의 전환기에 한국에서 냉전 체제가 지속되고 있음을 부분적으로 보여 주는 것으로 '종북좌파'라는 용어의 등장을 꼽을 수 있다. 이 용어는 북한 간첩이라고 의심받는 자뿐만 아니라, 북한을 옹호하거나 북한에 경의를 표하거나 북한과 함께 일할 의지가 있다고 여겨지는 자라면 모두 대상이 된다. 제이미 듀셋(Jamie Doucette)과 구세웅이 지적한 것처럼, 현대 보수 담론에서 '종북'이 '좌파'와 짝을 이뤄 복합어로 쓰이는 것은 "원래 서로 다른 두 개념 사이의 구분을 없애려는 시도이다." "그렇게 함으로써 현재의 정치 풍토에서 좌파와 종북은 서로 동의어가 되어 버린다."[10] 한반도에서 냉전의 지리정치가 계속되고 한국전쟁의 종전 체결이 이루어지지 않은 상황에서 종북좌파라는 딱지는 이전 공산주의자 딱지와 마찬가지로 그 의미와 사용의 비정형성이 음흉하기 짝이 없다. 종북좌파에는 특정한 대상이나 분명한 지리적 경계가 없다. 누구라도, 어디에서라도 대상이 될 수 있다. 일례로 한국계 미국인인 신은미의 경우가 그렇다.[11]

한국의 반공 정치는 북한과 치열하게 경쟁하는 과정, 그리고 반대 세력을 제거하며 국가를 건설하는 과정에서 탄생했다. 민주화 이후 나타난 '종북좌파' 몰이 정치는 처음엔 김대중·노무현 정부와 관련한 개인이나 단체를 깎아내리는 역할을 하면서 시작됐다는 점에서 반공 정치 탄생과 그 과정이 닮았다.[12] 김대중은 경제 원조와 협력을 통한 '햇볕정책'으로 북한과 관계 형성을 시도하며 냉전 정치를 극복하고 민족 화해를 도모했다. 후임자 노무현은 햇볕정책을 이어 갔다. 또한 광범위한 사회경제적 평등과 역사적으로 불균형하게 이뤄진 발전 양상의 균형을 위한 개혁을 실행했다. 또한 노무현은 미국과 관계에서 좀 더 독립적인 태도를 보였다. 그가 보인 이 모든 태도는 그를 '386세대'의 상징, 혹은 그 세대가 열망하고 관심을 기울이는 모든 것의 상징으로 만들었다.[13]

종북좌파 몰이 정치와 뉴라이트가 대두한 데에는 대한민국 건국부터 국가권력을 독점해 온 보수 세력이 그 독점을 상실했다는 자각에서 일부 원인을 찾을 수 있다. 이 현상의 역학은 부분적으로 세대 갈등의 양상을 띠는데, 그것은 바로 한국전쟁의 폐허에서부터 남한이 부를 축적해 가는 과정을 함께 살아온 세대와 민주화의 전환이 일어난 1980년대에 성년이 된 세대와의 갈등이다. 후자는 정치·사회·경제적 이슈에서 더욱 진보적이고, 북한에 대해 더욱 화해적이며, 미국과 관계에서 좀 더 독립적인 의견을 가지고 있다. 다른 한편, 이 종북좌파 몰이 정치와 뉴라이트의 출범은 승리주의 담론의 일부로 개진되었다. 승리주의 담론은 분배의 정의보다 경제 발전을 우선하고, 집단의 미래보다 개인적 부의 습득을 우선하며, 가장 심각하게는 특정 집단의 의지대로 북한은 없어져야 하며 없어질 것이라 믿는다. 또한 승리주의 담론에서는 남한과 다른 길을 간 북한은 그 자체로 문명적 실패를 입증한 것이고, 이는 북한의 예정된 몰락을 정당화하는 것이다.

보수 진영에 속하거나 스스로 뉴라이트라고 부르는 정치인과 지식인은 1987년 이후의 개혁 정치, 특히 김대중과 노무현 정부의 개혁 정치를 좌파가 저지른 일탈로 간주하며 이 시기를 "잃어버린 10년"이라 부른다. 보수가 1987년 직후를 포함해서 1945년 이후 대부분 시기에 국가 권력을 장악해 왔다는 것을 생각하면, 두 번의 대선에서 "좌파"에게 연속 패배한 것은 충격이고 환멸이었다. 하지만 이전 개혁 정부의 좌파적 유산을 국가적으로 제거하고자 하는 뉴라이트의 계획은 패배주의나 절망에서 나온 단순한 통탄이 아니었다. 그것은 오히려 신자유주의에 대한 승리주의의 외침이었다. 이 점에 대해서는 뒤에서 다시 다룰 것이다.

## 혁명들의 "실패"

한국 뉴라이트의 전개와 여기에 수반된 승리주의 담론은 권위주의에서 의회 민주주의로 전환이라는 보다 넓은 문화 체제의 등장, 그리고 사회주의의 몰락이라는 배경과 맞닿아 있다. 한국의 뉴라이트는 이 맥락을 배경으로 태동했다. 남한에서 권위주의 독재 체제가 의회 민주주의로 전환한 1980년대 후반은 동유럽 사회주의가 무너지는 시기이기도 했다. 이러한 세계적 변화는 좌파주의와 마르크스 사회 이론, 정치적 마르크스주의의 몰락을 가져왔다. 이는 근대를 형성한 전제들을 뿌리째 흔들었고 탈근대의 본격적 시작을 알렸다. 내가 여기서 말하는 탈근대는 좀 더 구체적으로 '사회철학'으로서의 탈근대이다. 내가 다른 글에서 지적한 것처럼,[14] 탈근대는 여러 사회운동이나 이론가에게 "가공할 도전"이었다.[15] 근대 정치사상과 사회사상에서 사회주의와 진보주의가 가졌던 중심적 지위를 생각한다면 특히 그러했다. 20세기에 사회주의는 지식인들을 매료시키고 대중의 지지를 얻는 데 성공했다. 사회학자 제프리 알렉산더(Jeffrey Alexander)는 "1960년대 후반과 1970년대 초의 도취가 수그러들면서 좌파가 맞닥뜨린 의기소침과 불확실성"에서 좌파가 탈근대에 매료되는 원인을 찾았다. 즉, 탈근대주의를 수용한 다수의 과거 좌파는 탈근대를 "60년대에 경험한 실패가 만들어 낸 의미의 문제를 바로잡는 시도"로 여겼다.[16]

1960년대의 실패가 만들어 낸 이 "의미의 문제"는 또한 그 "실패"에 대한 담론이 키웠다. 이 실패 담론은 학계가 혁명 경험과 혁명 담론을 깎아내리는 것을 의미하는데, 이는 어느 한 국가나 혁명에 국한되지 않는다. 프랑스혁명에 관한 프랑수아 퓌레(François Fure)의 수정주의 작업으로부터 시작해 "1968년 프랑스에서는 아무 일도 일어나지 않았다"라는 한 독일 사회학자의 주장, 중국 문화혁명이 "과도"했다는 혐의(이런 혐의는 중국혁명 전체에도 적용된다)까지 실패 담론은 혁명 역사와 그 역사가 불가분의 관계에 있는 근대를 평가하는 데 엄청난 결과를 낳았다. 역사학자 아리프 디를릭(Arif Dirlik)이 주장하듯이 이 실패 담론은 "근대를 탄생시킨 순간 중 하나에 의문을 제기할" 뿐만 아니라 "정치적 성향과 상관없이 모든 혁명에, 그리고 혁명적 변화에 의미를 부여하는 그 열망들과 비전에 의구심을 제기했다."[17] 그 결과 가운데 하나는 "혁명의 사회적 정당성을, 즉 혁명은 사회적 힘의 결집이며 사회에서 억압받는 자들의 열망을 대변한다는 주장을 박탈한 것이다. 이제 혁명은 가장 깊은 사회적 열망을 어쩌면, 심지어 위배한 하나의 정치적 행위처럼 보인다."[18]

실제로 강력한 "반(反)1968" 담론과 함께 기득권에 의한 조직적인 기억 억압이 전반적으로 증가했다. 프랑스, 독일, 미국에서는 1968년 비전이 국가의 도덕적 침체, 사회적 쇠퇴와 관련 있으며, 현대사회를 괴롭히는 여러 사회악도 1968년 비전에 기인한다는 주장이 있다. 이 주장에 따르면, "전후 시대의 도덕적 확신은 새로운 단계의 도덕적 퇴폐, 성적 방임, 사회적 폭력으로 추락"했으며 이 쇠퇴의 소용돌이를 1968년 비전이 촉발했다.[19] 미국 보수주의자들은 "정체성 정치, 정치적 올바름, 핵가족의 몰락, 성 풍습의 왜곡, 시민의식의 쇠퇴, 법 경시"[20]와 같은 모든 사회 문제가 1960년대에 시작됐다고 한탄한다. 이는 보수주의자들이 그토록 맹렬하게 비난하는 1960년대 반문화운동의 핵심이 민권운동과 반전운동이었고, 이 운동들이 제도적인 인종차별과 사회적 불평등으로 추동되었다는 사실을 편리하게 간과한다.

정계는 기득권의 정치적 이익을 위해 1968년의 기억을 전유하려 해왔다.[21] 미국 공화당은 1984년 이후 모든 민주당 대선 후보들에 대해서 그들은 1960년대의 후예이고, 따라서 이들의 진보적 관점이 국가에 해만 끼칠 것이므로 공직을 맡기에는 부적합하다고 묘사했다.[22] 2007년 프랑스 대선에서 니콜라 사르코지 후보는 1968년 5월의 "도덕적 방임과 지성적 방임"에 대해 맹렬히 공격했다. "전통의 몰락, 권위의 훼손, 더나아가 '비윤리적인 자본주의'의 형성"과 같은 프랑스 사회가 지닌 모든 병폐의 책임이 68년 계승자들에게 있다고 비난했다.[23]

학계에서도 다시 불붙은 반(反)볼셰비즘 목소리가 높아졌다. 소련과 "실제로 존재하는 사회주의"의 실패를 목도한 1990년대 초의 승리주의적 신자유주의 풍조 속에서 다시 힘을 얻은 것이다. 1917년을 철저히 정치적으로 해석하는 논문들도 부활했다. 그 해석에 따르면 볼셰비즘이 1차 세계대전이 가져온 거대한 혼란의 기회주의적 결과물이라 하더라도, 이후 소련 역사가 목격한 폭력은 오직 볼셰비즘의 독재적 유토피아주의에서 비롯한다. 그 유토피아주의는 "애초부터 혁명하겠다는 시도 자체, 즉 사회가 새롭게 만들어질 수 있다는 혁명주의자들의 상상에 불과한 믿음에 이미 새겨져 있다"[24]는 것이다.

프랑수아 퓌레의 《프랑스혁명의 해부(Penser la Révolution rançaise)》(1978) 역시 논조가 같다. 프랑스혁명에 대한 그의 분석은 소비에트 강제노동 수용소에 관한 충격적인 소식이 서구 사회를 강타한 뒤의 여진 속에서 이루어졌다. 그가 자코뱅주의를 해석하는 방식은 전체주의에 빗댄 것이었고, 이는 전후 프랑스 지식인들 사이에서 일어난 극단주의적 정치에 대해 암묵적인 설명을 제공했다. 이 책이 당대 정치 논쟁에서 반향을 일으킨 이유는 다른 이유와 더불어, 바로 이것 때문이다. 마이클 스콧 크리스토퍼슨(Michael Scott Christofferson)에 따르면, 이 책은 전후 프랑스 좌파 지식인이 몰락하는 데 중요한 역할을 했다.[25] 잘 알려진 1980년대의 '역사가 논쟁'에서 서독의 뉴라이트 수정주의도 같은 논조의 영향을 받았다. 에른스트 놀테(Ernst Nolte)는 프랑스혁명을 "레닌의 적색 테러를 위한 무대 연습"으로 보았고 "레닌의 적색 테러는 홀로코스트를 위한 무대 연습, 홀로코스트 그 자체는 '아시아발 공포'에 대한 방어적 반응"으로 보았다.[26]

역사학자 제프 일리(Geoff Eley)가 설명하듯 이런 서사에서 혁명은 어떠한 긍정적인 것도 제공하지 못한다. 즉 "혁명은 전적으로 파괴적이고 해로운 사건으로 취급되고 역기능, 붕괴, 비이성의 발발, 잘못 인도된 민중의 폭발, 권력에 굶주린 자들의 거짓된 음모로 취급된다."[27] 하지만 일리에 따르면 혁명에 대한 이러한 관점은 혁명을 애당초 "정치적 사건"으로 보는 것에서 기인한다. 그리고 이는 1970년대부터 사회사학이 쌓아온 성과, 즉 행위자를 움직이게 하고 위치 짓는 이념은 담론적 환경에 의해 생산된다는 관점을 간과한 데서 비롯한다. 일리는 혁명에 대한 이런 적대감은 실제로 오랜 전통을 가진 사고로 회귀하는 것이라고 지적한다. 1960년대와 1970년대에 걸쳐 등장한 사회사 이전에, 역사학에서 혁명은 대부분 "비이성주의와 과도함이라는 보다 넓은 서사의 틀 안에서 혁명주의자들의 무자비함의 표출"로 다루어져 왔고 "이는 평범한 참여자의 동기와 행위주체성을 깎아내리는 것"이었다.[28] 사회 저항과 집단행동에 대한 새 역사기록학은 이런 전통에 도전했고, 이 새 역사기록학은 프랑스혁명에 대거 집중했다. 조지 루데(George Rudé), 에릭 홉스봄(Eric Hobsbawm), 찰스 틸리(Charles Tilly), E. P. 톰슨(E. P. Thompson)과 같은 역사가들이 "식량 폭동, 기계 파괴 운동, 도시 군중, 민중 봉기 등 온갖 종류의 집단행동에 대한 기존의 인식을 바꾸어 놓음으로써 혁명과 같은 위기 상황에 수반되는 혹은 그 상황을 촉발하는 대중의 폭력이 이

성적 근거가 있고, 사회적으로 설명할 수 있으며, 도덕적으로도 정당하다고 여길 수 있게 되었다."[29]

한국에서 민중운동 이후 시기에 "민족·민주·민중"이라는 문구로 요약되던 이전 시기의 공동체는 무효가 되었다. 자본주의의 발달과 그에 따른 계급 구조의 분화, 그리고 새로운 형태의 정체성, 의식, 욕망의 탄생을 불러온 민주주의로의 전환 때문이었다. 마누엘 카스텔스(Manuel Castells)의 지적처럼 주요 사회운동들이 광범위하게 사라지고 문화적 표현들이 순식간에 생성되고 소멸하는, 바야흐로 이념 이후 시대에 "정체성은 의미의 주된, 때로는 유일한 원천이 되어 가고 있다. (…) 사람들은 점점 자신이 무엇을 하는가에 따라 의미를 정리하지 않고, 자신이 무엇인지 혹은 자신이라고 믿는 것이 무엇인지에 기반해 의미를 정리한다."[30] 이전 시대에 사회적 모순은 급진적 변화를 가져올 전조로, 다양한 사회운동은 다른 미래를 가져올 매개체로 여겨졌다면, 1990년대에 이르러 이러한 운동의 전 세계적 몰락과 경제의 재구축은 미래에 대한 믿음을 산산이 부서뜨렸다. 페리 앤더슨(Perry Anderson)이 2007년에 비관적으로 지적했듯이, "소소하게 이의를 제기하는 몇몇 노력"이 있다지만 진정한 대안은 없다고 받아들이는 것이 세계적 문화 현상이 되었다.[31]

한국에서 민주주의는 1987년 이후 공고화되었지만, 그것은 민주화운동이 이뤄낸 실제 성과가 무엇인지 의구심을 품기에 충분할 정도로 양가적이었다. 김영삼 문민정부의 만족스럽지 않은 개혁에 대한 실망감은 1987년 이후 한국인이, 특히 중산층이 '민주주의'를 중요하지 않게 여기도록 만들었다. 이들에게 민주주의는 사회적으로 무관한 것이거나 케케

묵은 용어에 불과했다. 1997년 경기 침체가 한국을 덮쳤다. 이는 한국인이 한국전쟁 다음으로 가장 힘들었던 시기로 기억하는 'IMF' 위기로 이어졌다. 한편 북한은 정치·경제 위기를 연속해서 겪으며 추락했고 국제적으로 버림받았다. 그 와중에 2002년 미국의 조지 W. 부시 대통령이 이란, 이라크와 함께 북한을 "악의 축"으로 규정한 것은 너무나 유명하다. 이 모든 현상은 '권위주의 대 민주주의', '경제 개발과 번영 대 경제 침체와 사회 혼란' 등의 대립 항에서 볼 수 있듯이 공론의 용어들을 단순한 이분법적 표식으로 국한했다.[32] 그러한 환경에서 과거 권위주의 정부의 수장이었던 박정희에 대한 기억이 재구성되기 시작했다. 소위 "박정희 신드롬"이 일면서 박정희는 민족의 영웅으로 그려졌고, 이후 등장한 뉴라이트 세력은 박정희 신드롬의 지적·정치적 기반을 공유했다.

## 박정희 신드롬

1997년에 시작된 "박정희 신드롬"은 평범한 한국인이 거의 20년 동안 한국을 철권 통치했던 권위주의 정권의 수장 박정희를 긍정적으로 재평가하거나 존경한다고 고백하는 현상을 말한다. 박정희 신드롬은 상당히 유머러스하고 악의 없이 시작되었는데, 바로 대학생들이 가장 닮고 싶은 지도자로 박정희를 꼽은 일이었다. 그건 딱히 박정희라는 인물에 대한 긍정적인 평가라기보다 당시의 김영삼 정부에 대한 불만의 표시였다. 그러나 많은 신문사와 여론 기관이 실시한 조사가 박정희에 대한 지속적이고 긍정적인 재평가가 사회에 나타나고 있음을 보여 주었고, 대중매체는 신속하게 그 현상을 "박정희 신드롬"이라고 불렀다.[33]

박정희의 고향인 경상북도 구미시에 있는 박정희 동상. 《오마이뉴스》 제공.

이 신드롬은 리처드 슬롯킨(Richard Slotkin)이 지적한 "역사적 연상의 복합 시스템"의 확실한 사례로서, 이 시스템은 "역사, 기억, 정치가 — 현재와 미래를 위해 과거를 기억하는 방법과 관련해 벌어지는 국가 정체성 또는 공공 정책에 대한 — 당대 논쟁과 교차하고 경쟁하는 곳"이다.[34] 1990년대 초부터, 특히 1997년의 경제 위기 이후 그리고 그의 딸이 대통령직을 시작한 2013년 이후 박정희는 현재 한국의 무엇을 대표하느냐는 질문, 그가 남긴 상충하는 유산과 그의 통치에 부여된 다양한 의미에 관한 질문은 중요해졌고 동시에 논란을 일으켰다. 박정희 신드롬은 대중적 논쟁으로 이어졌는데 이 논쟁에서 쟁점은 다음과 같다. 민주화 이후 개혁 정치는 구조 조정을 위한 극단적 경제 정책적 조치를 수반했는데, 이러한 맥락에서 박정희의 권위주의와 박정희 시대 경제 발전은 어떻게 기억되고 있는가? 유신 시대(1972-79)에 대한 기억은 민주주의 재건과 관련한 반응에 어떤 영향을 미치는가? 이 사회적·심리적 (즉 집단적·개인적) 기억이 어떻게, 넓은 의미에서는 사회적 변화로, 그리고 정치적 변화로 재구축되었는가?

헤이든 화이트(Hayden White), 폴 리쾨르(Paul Ricoeur), 라인하르트 코젤렉(Reinhart Koselleck)과 같은 역사철학자들은 "역사적 사건은 일어난 것이 아니라 서술된 것이다"라는 취지의 주장을 했다.[35] 이들의 주장은 역사 서술이 가지는 일반적 한계를 지적할 뿐 아니라, 역사를 쓰고 역사 지식을 획득하는 데 사회적·정치적 조건이 매우 중요하게 작동한다는 사실을 깨닫게 한다. 이들의 주장에 따르면, 과거에 대한 묘사는 "의미를 제한하기도 하고 만들어 내기도 하는 사회적이고 개인적인 관점, 시각, 입장을 통해서만 실현된다. 즉 장소, 시간, 사람이 삼위일체가 되어 만들어 내는 역사적 관점은 끊임없이 변화하고 다중적이다."[36]

같은 맥락에서 사회적 기억 이론가들은 사회적 기억을 "정치 기술"로 보는 경향이 있다. 다시 말해 사회적 기억은 문화적으로 재생산되는데 이 과정에 위에서 언급한 삼위일체가 중요한 역할을 한다. 즉 기억의 주체, 집합적으로 기억하는 행위, 그리고 이러한 기억이 구체화하고 전달되는 장소의 창출이 중요한 역할을 한다. 특히 폴 코너튼(Paul Connerton)은 기억의 사회적 측면을 강조하면서 사회적 행위자의 의도와 그들의 중개 역할에 주목한다. 그에게 기억은 "현재의 의미 체계에 개입할 수 있는 행위 실천"이다.[37] 앨런 펠드먼(Allen Feldman)의 지적처럼, 역사철학자와 문화적 기억을 다루는 이론가 모두 사회적·정치적 조건을 매우 중요하게 본다. 그 조건들이 과거를 서술하는 사회적 역량을 제약하거나 혹은 가능하게 만들기 때문이다.[38]

박정희 신드롬을 만드는 데 있어서 대중매체는 기억에 관한 가장 중요한 행위자였다. 중요한 이슈와 관련해 한국에서 일어난 대부분의 대중적 논쟁은—세계 각지의 다른 곳에서도 그런 것처럼—대중매체, 그중에서도 당시 김영삼 정부의 개혁에 공개적으로 적대적이었던 보수매체들이 논쟁의 방식과 내용을 정하는 데 의도적으로 개입해 중심적인 역할을 함으로써 대중의 사회적 기억을 재구성했다. 박정희 신드롬에 대해 비평가들은 대중매체가 실시한 수많은 여론조사에 주목한다. 박정희 신드롬이 본격적으로 등장하기도 전인 1997년 이전부터 실시된 여론조사는 사실상 박정희 신드롬의 형성에 크게 기여했다.

## 역사기록학적 장치로서의 대중매체

과거를 생산하고 서술하는 데는 다양한 방법이 쓰인다. 그중 대중매체는 점점 더 펠드먼이 말한 "역사기록학적 장치(historiographical apparatus)"가 되었는데, 이 장치는 전문 역사가가 서술하는 역사의 "의족"[39]으로 충분히 기능할 수 있다. 박정희 신드롬의 정점에서 한국의 대중매체는 앞서 언급한 삼위일체 중 두 가지 역할을 했다. 기억 행위자로서의 역할과 기억이 발화되고 전달되는 장소로서의 역할이다. 실제로 대중매체는 그람시가 촉구한 "진지전", 말하자면 "문화 전쟁"을 가장 충실히 수행한 수제자였다.[40]

1990년대 후반에 들어서면서, 특히 보수 성향의 신문들은 박정희에 대한 수정주의적 시각을 발표하고 전파하는 주요 매체가 되었다. 극보수 성향의 〈조선일보〉는 박정희 전기를 연재했는데, 이는 유명한 저널리스트이자《월간조선》의 편집자인 조갑제가 쓴 것이었다. 조갑제는 1987년 이후의 변화가 불러온 것들에 대해 매우 비판적임을 분명히 밝히면서 "지난 10년의 민주화는 지역 이익, 개인 이익, 당파 이익을 민주, 자유, 평등, 인권이란 명분으로 위장해 이것들을 끝없이 추구함으로써 국익과 공익을 파괴해 간 과정이기도 했다"[41]라고 썼다. 〈중앙일보〉는 〈조선일보〉, 〈동아일보〉와 함께 "조중동"으로 불리는 보수언론의 삼두마차 중 하나로, 박정희 정부에서 10년 동안 재무부 장관과 대통령 비서실장을 역임한 김정렴의 회고록을 연재했다.[42] 이러한 개인적 추억담, 회고록, 전기는 박정희 시대에 대한 수정주의적 역사를 효과적으로 선전했고, 보수 매체가 이름 붙인 "한국 역사의 새 시대"를 고취했다.

새롭게 쓰인 이 이야기들에서 박정희는 산업화와 근대화라는, 해방 이후 한국에서 가장 시급한 두 가지 과제를 완수한 유능한 정치인으로 그려졌다. 그뿐만 아니라 "정의의 화신"으로서 최고의 인격을 갖춘 혁명적 인물이자, 동시에 비극적 인물로 그려졌다. 이런 서술에서는 무엇보다 박정희가 국민의 한을 체현한 열렬한 민족주의자로서 "서민적이지만 민족주의적인 대의를 향해 불굴의 정신을 드높이는 데" 삶을 바친 사람으로 재현되었다. 믿었던 조력자의 손에 의해 암살당한 그의 죽음은 혁명적 순교로 여겨졌다.

정치인이자 대통령으로서의 성과에 주목하던 이전의 평가와 달리 새로 출판된 책들에서 박정희는 거의 초인으로 격상된다. 조갑제가 오랜 시간 기다려 출판한 박정희 연작 전기《내 무덤에 침을 뱉어라》(1998-2001)가 모범 사례다. 조갑제가 1987년 출판한《유고》와 1992년 출판한《박정희》는 박정희에 대한 그의 관심이 어떻게 시작되었는지 보여 준다. 정치학자 전재호가 언급한 것처럼 박정희에 대한 조갑제의 평가는 해가 갈수록 점점 성인전화한다. 예를 들어 조갑제는《유고》에서 박정희를 "유교적 실용주의자"이자 그 업적이 "우리의 역사에서 굵은 고딕 활자로 길게 기록될" 중요한 역사적 인물로 묘사했다.[43] 하지만 박정희는 "쓸쓸함을 채우고 허무해지는 자신을 지탱해 줄 철학적 신념이 부족했다"라고도 썼다.[44]《내 무덤에 침을 뱉어라》에서 조갑제는 박정희에게 끝없는 찬사를 보낸다. 박정희를 "자신의 정신을 맑게 유지했던 초인", "1급 사상가", "부끄럼 타는 영웅", "눈물이 많은 초인", "소박한 서민", "토종 한국인", "민족의 한을 자신의 에너지로 승화시켜 근대화로써 그 한을 푼 혁명가"로 표현했다.[45] 철학자 홍윤기가 언급하듯이, 조갑제는 효과적으로 남한의 현대사를 헤겔주의적 역사 발전 과정에 맞추어 재구성한다. 즉, 그의 글에서 민족의 역사는 박정희 개인의 의지와 민족 운명사의 결합으로 나타난다.[46]

저자의 의도가 무엇이었든 조갑제가 출판한 박정희 전기는 프리드리히 니체(Friedrich Nietzsche)가 언급한 "기념비적" 역사로 기능했다. 니체는, 역사기록이 마치 과학적 원리에 따라 역사를 분석한 것처럼 제공됨으로써 실제 역사기록이 가진 가치 판단적이고 선택적인 성격을 보기 어렵게 한다고 말했다. 역사가들이 그의 선대가 저지른 오류와 자신은 상관없다고 여기거나 그런 오류를 반복하지 않는다고 믿는 것만큼 위험한 일은 없다고 니체는 강력히 충고했다. "기념비적 역사는, 역사가들이 현재의 권력과 위대함에 대한 증오를 과거에 대한 극단적 찬양으로 둔갑시킬 때 걸치는 망토다. 이런 방식으로 역사를 바라보는 방식의 진정한 의미는 그 반대로 위장되어 있다. 그것이 그들이 원하는 것이든 아니든, 그들은 자신들의 신조가 마치 '죽은 자에게 산 자를 묻게 하라!'인 것처럼 행동한다."[47] 개인이 점점 더 역사에서 자신이 차지하는 위치에 대한 소속감을 상실해가면서 1990년대의 유명한 소설가들도 현재보다 더 이상적이고 매력적인 대안을 과거에서 찾았다. 문학비평가 한만수는 1990년대의 베스트셀러들은 대부분 과거 지향적이며, 이는 1980년대에 주목받은 소설 대다수가 미래를 지향하는 것과 대조를 이룬다고 설명한 바 있다.[48]

사실 1990년대에 조갑제가 쓴 전기와 마찬가지로 박정희의 삶에 느슨하게 기반해 집필된 문학작품 대부분이 "기념비적" 역사로 작동했다. 1997년 출판한 이인화의 《인간의 길》은 박정희와 그의 시대를 문학적으로 재현한 국내 첫 작품이었다. 이인화는 박정희를 민족의 역사적 책무라는 높은 사명을 위해 개인을 초월한 위대한 정치가이자 민족의 영웅으로 그려냈다. 이는 조갑제가 박정희를 헤겔적 절대정신의 현현으로 표현하는 걸 연상시킨다.

최소한 신드롬 초기에 지성계는 박정희에 대해 그다지 우호적이지 않았다. 이런 맥락에서, 박정희의 위대함을 강조하기 위해 신화까지 서슴없이 빌린 이인화의 작품에 대해 한 문학비평가는 "용기 있는" 행위라고 평가했다. 소설에서 박정희의 아버지는 한 마리 규룡(虯龍)이 자기 몸에서 튀어나오는 태몽을 꾼다. 이 규룡은 중국 고대의 전설적인 황제인 대우(大禹)를 떠오르게 한다. 이인화는 이 꿈에 관해 이야기하는 장의 이름을 "대우현신(大禹顯身)"으로 지음으로써 박정희가 대우의 환생이라는 것을 암시한다.[49] 박정희의 어머니 역시 신령들과 대화할 수 있는 특별한 능력을 지니고 있다. 그런데 그녀가 박정희를 임신하자 모든 신령이 달아난다. 더욱 극적인 것은 그녀가 가는 곳마다 그곳에 살던 신령들까지 모두 달아난다![50]

이인화는 여러 뉴스 미디어와 인터뷰에서 이 소설을 쓰기 위해 얼마나 심혈을 기울였는지를 반복해서 언급했다. 만약 그가 죽은 뒤 신이 이승에서 무엇을 했냐고 물으면 이 소설을 썼다고 답하겠다고 말할 정도였다. 이러한 편집광적인 모습은 박정희야말로 그가 자신을 전부 바칠 만큼 가치 있는 진정한 위인이라는 믿음과 확신에서 나온 것이었다.[51] 이인화는 "어떤 천재성을 지닌 개인이 길을 제시하고 모범을 보이면 다른 많은 사람이 그 길을 선택하고 그 뒤를 따르는 것"인데, "어쩌면 이것이 인간에게 있어서 진보의 유일한 요소"라고 말한다.[52]

1966년생인 이인화는 1980년대에 민주화운동을 이끌었고 이후 수많은 논쟁과 비난의 대상이 된 386세대다. 이인화가 박정희를 "시대가 요구하는 것을 참으로 꿰뚫어 보는 예지를 지니고 온갖 고난을 무릅쓰고 시대를 그것으로 인도하는"[53] 사람으로 묘사한 것은 그가 속한 세대가 공유하는 기억에 "반(反)"하는 첫째 사례였다. 이인화는 시바 료타로의 《료마가 간다》와 같은 정도의 "국민 문학"을 쓰고 싶었다고 한다.[54]《료마가 간다》에서 도쿠가와 막부를 무너뜨리는 데 중요한 역할을 한 사카모토 료마의 인생이 메이지 일본의 국가 건설 과정과 병치되어 그려지는 것처럼, 이인화는 박정희의 개인사를 대한민국의 건설이라는 과업 옆에 나란히 놓는다.[55] 다른 인터뷰에서 이인화는 국민국가에 대한 소설을 써야겠다고 생각했을 때 "자유니 민주니 하는 그런 게 아니라" 박정희라는 이름만을 떠올릴 수 있었다고 한다.[56]

박정희는 사람들에게 한국 근대화와 산업화의 유일한 공로자이거나,

아니면 깊숙이 뿌리 내린 권위주의의 원흉으로 여겨진다. 따라서 박정희의 관점에서 산업화와 근대화 시대를 말하는 "국민 문학"을 쓰기 위해 박정희의 삶을 재구축한 이인화의 선택은 (의도가 아닐지라도) 다수의 역사적 추방을 수행한다. 이인화가 박정희의 성취를 정면에 내세움으로써 "기적의 어두운 면"—빠르게 이뤄 낸 산업화의 여러 부정적인 부작용들—뿐만 아니라, 산업화 과정에 참여한 국민과 그들의 희생은 자연스럽게 배경으로 밀려 버렸다. 좀 더 구체적으로, 한국이 이룩한 성취가 모두 박정희의 신화적 자질로 환원됨으로써 한국의 미국에 대한 군사적 의존을 경제적 원조, 정치적 지원과 교환하게 된 냉전의 자유주의와 같은 중요한 역사적 맥락은 모두 배경으로 물러났다. 더욱이 이인화와 같은 세대의 사람들이 참여해 스스로 희생하면서 30여 년 동안 유지했던 민주화운동 역시 배경으로 전락했다.

실제로 이러한 소설들은 대중의 상상력을 사로잡았고 직간접으로 박정희의 유산에 대한 대중적 토론을 부화시켰다. 이 소설들은 한국의 유명 소설가와 문학평론가 같은 문화 "문지기"들의 우경화 신호이기도 했다. 그리고 대중매체, 특히 앞서 언급한 보수 성향 신문사 세 곳은 저자들을 홍보하는 데 중요한 구실을 했다. 유명 인사들이 책의 서평을 쓰도록 후원하고 저자들과 다방면에 걸친 인터뷰를 했으며, 저자들을 토크쇼 및 각종 다른 계획에 초대했다. 특히 이인화의 소설은 책이 출판됨과 동시에 지나칠 만큼 많은 관심을 대중매체로부터 받았고, 저자는 박정희에 대한 수정주의적 평가의 대표적인 인물로 떠올랐다. 1993년에 이인화가 18세기를 배경으로 한 소설 《영원한 제국》을 출판했을 때 저명한 소설가이자 보수주의 평론가인 이문열은 〈조선일보〉에 서평을 실었다. 그는 여기서 이전에는 주로 붕당 간의 싸움으로만 다루어지던 당쟁을 이 소설은 "세계관과 세계관의 충돌이자 이상 사이의 대립"으로 끌어올렸다고 극찬했다.[57]

　1997년 7월 출판한 김진명의 《무궁화꽃이 피었습니다》는 1년 만에 300만 부가 팔렸다고 알려졌는데, 이는 당시 판매 부수로는 한국에서 역사상 가장 많은 것이었다. 이 책은 미국에서 활동하던 한국계 핵물리학자가 노벨상 받을 기회를 포기하면서까지 한국으로 돌아와 박정희의 핵 개발 프로젝트를 돕는 내용으로 이루어져 있다. 이인화의 《인간의 길》처럼 이 책의 박정희도 그 무엇보다 국가의 이익을 중시하는 영웅적 인물로 그려진다. 핵무기를 소유하려는 박정희의 노력 역시 민족주의적으로 그려지는데, 두 강대국의 틈바구니에서 미국의 잦은 간섭을 견디며 핵무기 개발을 추진하는 박정희의 굳은 의지가 강조된다. 이 책 역시 한국 경제 발전이 오로지 박정희 한 사람에 의해 이뤄진 것으로 그린다. 경제 개발 5개년 계획, 새마을운동, 경부고속도로 건설 등 박정희 집권 초기에 세워진 다수의 계획 및 사회 기반 시설은 국가의 번영을 위하는 박정희의 천재적이고 비할 데 없이 강한 의지에 따른 것으로 그려졌다.[58]

　1996년에 출간된 김정현의 《아버지》는 "지치고 버림받은 아버지들의 자화상"[59]이다. 소설에서 아버지를 버린 것으로 추정되는 자들은 자신만만하고 무례한 1980년대 세대로, 이들은 권위주의와 억압적인 정권에 반기를 들고 일어난 세대다. 《아버지》는 출간 6개월 만에 100만 부가 팔렸지만, 문학평론가들은 대부분 이 소설을 가부장제의 향수를 부채질하는 또 다른 문제작으로 치부하고 무관심으로 일관했다.[60] 1997년 봄에는 이문열이 조선 시대 양반 여성을 주인공으로 한 《선택》을 출판했다. 비평가들은 유교적 가부장제의 향수를 은연중에 풍기고 있다고 비판했고, 이는 큰 논쟁으로 이어졌다.[61]

유명한 소설가이자 보수주의 논평가인 복거일은 문학적인 성취와 영향력에서 이문열과 어깨를 견줄 만한 인물이었다. 복거일의 《목성잠언집》(2001)은 대략 서기 2600-2900년 미래에 있는 상상의 행성을 배경으로 한 중편 공상과학소설이다. 책 제목의 '집'은 그 행성에 살던 중요 인물들의 기록을 모았다는 뜻인데, 행성은 혜성과의 충돌로 파괴된다. 김대중 대통령을 떠올리게 하는 행성의 지도자를 등장시킨 이 소설은 그 지도자를 "대통령 노릇을 하기에는 너무 오랫동안 야당 지도자로 생활해 왔다. (…) 무리하게 '햇살 정책'을 추구해서 (…) 그러나 그의 정책은 너무 비현실적이어서 국론의 심각한 분열만을 후유증으로 남긴 채 완전한 실패로 끝났다"라고 표현한다.[62] 한 블로거 겸 문학비평가가 지적한 것처럼, 이 소설은 복거일이 존경과 명성을 얻은 분야인 공상과학소설보다는 한국의 친기업적 성향의 민간 싱크탱크인 자유기업원과 같은 곳에서 내놓을 만한 정치적 전단에 가깝다.[63]

이문열과 복거일 같은 문화계 인사들과 대중매체의 결탁, 그리고 저명한 작가라는 이들의 지위에 따라오는 특권이 일반인에게는 쉽게 차례가 가지 않는 대중 연단을 제공했다. 이문열과 복거일 모두 자신들은 한낱 소설가에 불과할 뿐 사회에 그 어떤 실질적인 영향력도 끼치지 않는다고 강변했다. 그러나 강준만의 통찰력 있는 지적처럼, 그들이 실세로 활약할 수 있었던 까닭은 그들이 수많은 문화 생산자 중에서도 특권적 계층이라는 지위를 가졌기 때문이다.[64] 사실 이문열은 김대중 정부에 대한 정치적 보복을 벌이기 위해 유명 소설가로서 자신이 가진 강력한 힘을 행사한 적이 있다. 1999년 김대중 정부가 〈조선일보〉의 탈세를 조사하자 이문열은 소설을 출판해 정부와 관련된 인물들을 "개", 언론 개혁을 주장하는 사람들을 "홍위병"이라고 부르는 등 정부의 조사에 노골적으로 항의했다.[65] 앞서 언급한 복거일의 《목성잠언집》도 정부의 〈조선일보〉 탈세 조사를 조롱한 것이었다. "조·중·동과 문학 복합체"라 불러도 손색이 없을 만한 이들의 밀착 관계, 이문열과 〈조선일보〉 사이의 각별하고 친밀한 관계를 고려할 때 대중은 그의 소설을 "문학작품" 그 이상으로도 그 이하로도 보지 말아 달라는 이문열의 주문은 순수하지 못하다. 이문열은 작가의 문학적 상상력과 창조성을 대중이 너그럽게 수용해 달라고 요구한다. 그러나 그의 요구는 강준만이 이름 붙인 대로 "문화 특권주의"에 지나지 않는다. 문화 특권주의는 "문화 영역에 종사하는 사람들이 정치경제 분야의 사람들에 비해 권력과 경제력에 있어 우위를 가지지 않는다는 이유만으로 정치경제 분야에 끊임없이 개입할 권리는 누리면서 책임은 지지 않는 걸 당연하게 여기는 사회적 정서를 의미한다."[66]

강준만에 따르면 이문열이 보여 주는 "교양"은 그의 반지성주의와 인식론적 폭력성을 은폐한다.[67] 이문열은 사람들을 사로잡는 문체와 고전을 활용한 현학적인 글쓰기로 유명하다. 1980년대에 이문열과 같이 자신의 문학적 재능을 정치적으로 사용하는 사람이 있었다면 그는 "민중적"(즉 정치적)이라는 이유로 기득권으로부터 비판받았을 것이다. 대다수의 민중작가는 그들이 헌신하는 것에 투명했고 솔직했다. 어떤 민중작가도 자신을 그저 순수한 소설가일 뿐이라고 주장하지 않았을 것이다. 반면에 이문열과 복거일은 조중동의 제도적 지원을 받으면서 그들의 정치적 구호를 "순수문학"이라는 간판 뒤에 감췄다.

## 승리주의 담론

앞서 살펴본 박정희 신드롬과 마찬가지로 뉴라이트가 출현하는 데 보수 언론은 결정적이고 중심적으로 역할했다. '뉴라이트'라는 말 자체부터 언론에 의해서 만들어졌고, 이후 지지자들이 그 말을 사용했다. 2004년 11월부터 〈동아일보〉는 뉴라이트의 출현을 광범위하게 취재했고 2005년 2월에는 뉴라이트 특집 기사를 연재했다. 이 시기에 자신을 뉴라이트라고 부르는 다양한 조직들이 나타났는데 그 시작은 2004년 11월에 출범한 자유주의연대였다. 2004년 이전에도 비슷한 몇몇 단체가 있었지만, 자유주의연대의 출범이야말로 한국 사회운동의 새로운 흐름을 알리는 것이었다.

한국의 뉴라이트는 군화 신은 스킨헤드족이 아닌 정치인, 언론인, 소설가, 교수, 변호사, 역사가로 구성됐다. 뉴라이트의 거두로는 신지호와 같은 전 정치가, 안병직·이영훈과 같은 저명한 역사학자, 김진홍과 같은 기독교계 지도자, 조갑제·최홍재와 같은 언론인과 편집인 출신이 있었다. 뉴라이트 단체는 다양한 출판 수단을 보유했는데, 예를 들어 계간지《시대정신》, 웹 매거진《폴리젠》, 인터넷 신문 〈뉴데일리〉와 같은 것들이다.

1992년에 신지호의 〈당신은 아직도 혁명을 꿈꾸는가〉와 〈고백〉이 발표되면서 운동권 출신 지식인들의 회고가 돌풍을 일으켰다. 1990년대 말부터 2000년대 초까지 논쟁적이고 학술적인 글들이 매우 많아졌다.

이는 정치와 지적 정당성 사이의 관계가 급격히 변화했으며, 따라서 인정받지 못했던 과거의 정치적 정체성을 이해하려는, 혹은 대부분은 설명하려는 노력의 절박함을 보여 준다. 고장 난 국가 북한의 환영에 시달리는 일군의 한국 지식인들에게, 민중운동 패러다임과 이를 수반하는 모든 사료 편찬의 정당성은 파기되었고 자신은 마르크스주의나 좌파 사상에 대한 "백신을 맞았다"라는 주장을 유지하는 것이 정치적 정당성의 원천이 되었다. 역사학자 안병직, 칼럼니스트 류근일((조선일보)), 정치인 신지호, 1980년대 주사파의 "창시자" 김영환, 그의 전 주사파 동료 홍진표 등은 모두 한때 운동권이었고, 주체사상의 유혹을 극복했고, 북한의 실상에 눈을 떴다는 이유로 정치 자격증을 획득했다. 내가 프랑스 사례에서 언급했듯이, 급진적 사회운동 지도자가 다마신 전향[68]을 하는 경우는 한국에 국한하지 않는다. 오늘날 일본 신보수주의의 이론적 주도자 중 몇몇은 1970년대 초 급진적 운동 조직이었던 전학공투회의(全学共闘会議)의 학생 지도자였다.[69]

60여 명에 이르는 자유주의연대의 창립 멤버 중 대부분이 과거 운동권으로서 다양한 사회운동에 참여했었다. 신지호는 노동운동가, 홍진표는 통일운동가였으며, 최홍재는 고려대학교 총학생회장 출신으로 1990년대 중반까지 대부분 그 자리를 운동권이 맡았다. 자유주의연대는 창립선언문에서 한국 사회의 미래를 위해 자유주의가 필요하다며 다음과 같이 역설했다. "21세기의 시대정신은 산업화 세력의 권위주의도, 일부 민주화 세력의 민중주의도 아니다. 세계화, 정보화, 자유화를 온전하게 실현할 한국적 현실에 맞는 21세기형 자유주의다."[70]

뉴라이트 학자들은 교과서포럼이라는 단체를 조직해 대안 교과서를 집필했다. 기존 교과서가 "왜곡"한 한국의 과거를 지우고 한국사에 대한 긍정적인 시각을 내놓겠다는 취지였다. 2010년에 나온 《대안 교과서 한국 근·현대사》에서 보수주의자들은 기존의 한국 근현대사 교과서를 문제 삼았다. 이들은 특히 중·고등학교 교과서에서 한국 현대사가 부정적으로 그려졌다며 문제를 제기했다.

> [한국 역사에] 굴곡과 아픔이 없지는 않았다. (…) 그러나 대한민국은 '미션 임파서블'을 이루어 냈다고 자부할 수 있다. (…) 그럼에도 불구하고 (…) 각종 교과서들을 보면 응당 있어야 할 것이 빠져 있다. 나라를 세우고 지키며 가꾸기 위해 최선을 다한 우리의 모습, 삶의 질을 높이기 위해 피와 땀을 흘린 우리의 자화상은 보이지 않기 때문이다. 독재와 억압, 자본주의의 참담한 모순만이 있을 뿐이다. 대한민국의 미래 세대는 언제까지 주홍 글씨가 쓰인 옷만을 입고 다녀야 할 것인가.[71]

근대 한국은 한편으로는 산업화, 부의 축적, 소비의 진작을, 다른 한편으로는 전쟁으로 인한 대대적인 파괴, 절대적 빈곤, 굶주림을 경험했는데 언뜻 보기에 동시에 일어날 수 없는 것이다. 또한 현재까지 지속되는 남·북한 대립은 국제적 냉전 체제의 결과이자 일제강점기 이후 국가의 정체성에 대한 어긋난 비전의 결과이다. 이러한 차원에서 한국의 근현대사를 연구한다는 것은 도전이다. 상반된 이미지 중 어느 것도 한 세대라는 짧은 시기에 두 개의 궤적을 만들어 낸 한국 근현대사를 전형화하지 못한다. 이와 유사한 역설은 세계 어느 국가의 역사에서나 찾아볼 수 있지만, 1945년 이후의 한국사를 서술하는 데 그 정치적·감정적·지적 이해관계를 매우 복잡하게 만든다.

역사 교과서 논쟁의 대부분은 바로 이 복잡한 이해관계와 연관되어 있다. 한국은 해방과 동시에 분단을 겪었기 때문에 해방의 진정한 의미는 손상되었고 한반도에 두 개의 국가가 만들어졌다. 경제 개발은 반공주의 국가 이념과 가혹한 권위주의 통치 아래 가열차게 추진되었고, 이 과정에서 권위주의에 반대하며 민중운동이 일어났다. 이는 해방 이후의 역사를 "진정한 민족주의 대 무지성적 반공주의, 민중 중심의 민주주의 대 형식적 민주주의"와 같은 "강력한 이분법적" 시선으로 재해석하는 결과를 낳았다.[72] 1980년 광주항쟁 이후 국가가 시민을 상대로 사용한 폭력은 당시 역사학자들에게 한국이 처한 곤경의 원인을 탐색하도록 부채질했다. 이들은 "분단 체제" 극복과 통일을 자신의 과업으로 삼았고 분단 체제를 없애기 위한 노력을 강조하거나 승인했다.

한국의 민주주의로의 전환, 소련의 붕괴, 북한의 추락, 김대중·노무현 정부의 출범을 겪으면서 뉴라이트는 기존의 역사 편찬을 좌파적이고 민족주의적이며 여당과의 야합이라고 비판했다. 이들은 기존의 역사 편찬이 "객관적인" 학문을 저해할 뿐 아니라, 그 왜곡된 역사 관념이 젊은 세대의 마음을 자기 회의와 자학으로 오염시킨다고 주장했다. 그렇기에 일제강점기와 이후 시기에 대한 이전의 역사적 이해에 "균형"을 가져오는 것을 목표로 한다고 뉴라이트는 밝혔다. 이들은 식민지 시기에 일어난 반일 항쟁에 대한 역사 서술이 좌 편향, 민족주의 편향이며, 해방 이후 역사 서술은 반권위주의 항쟁을 특정적으로 조명한다며 모두 바로잡아야 할 대상으로 보았다.[73] 한국은 1970-80년대에 전례 없는 경제 개발을 이루었고 1997년 IMF 위기 이후에는 신자유주의적 세계화를 전면적으로 추진했다. 이에 뉴라이트는 박정희식 경제 개발의

연장으로서 시장주의 경제 개발을 정당화하고 한층 더 요구하면서 승리주의의 대변자가 되었다.[74]

역사학자 오웬 밀러(Owen Miller)는 《대안 교과서 한국 근·현대사》를 "한국 우파의 행운에 새로운 힘을 불어넣기 위해" 제국주의와 권위주의에 대한 역사적 평가를 수정한 "신자유주의적 역사기록학"의 한 형태라고 불렀다.[75] 대한민국과 시장 중심 경제의 정당성을 유지하기 위해 《대안 교과서 한국 근·현대사》의 저자들은, 한국인이 근대적 국민국가 건설에 필요한 "사회적 역량"을 발달시키는 데 식민 통치가 기여했다고까지 주장했다.[76] 이들은 시장 경제를 박정희의 "근대화 혁명"에 의해 형성되었고 일제강점기 조선의 개발을 모델로 했다고 믿는다. 따라서 박정희 정권에서 일어난 독재와 인권 침해는 모두 근대적 시장 경제화라는 남한의 거침없는 행보를 위해 불가피했거나, 심지어 사소한 것이었다고 보았다. 우파의 다수는 궁극적으로 근대적 시장 경제를 인류 문명 형태의 최고봉으로 여긴다.[77]

한국에서 좌파 민족주의 역사기록학에 대한 뉴라이트의 비판은 미래를 그리는 데 있어서 불확실성에 직면한 역사기록학의 곤경에 대응한다는 인상을 준다.[78] 특히 포스트 식민주의 이론들은 근대 역사기록학의 중심 범주인 민족과 계급을 전체주의적이고 비민주적이라고 통렬하게 비판해 왔다. 실제로 경제사학자 이영훈과 같은 몇몇 뉴라이트 학자는 포스트 식민주의 학설을 수용했는데, 이는 포스트 식민주의가 역사 분석 범주에서 "개인"을 "다시 중앙에 서게" 하기 때문이라고 했다.[79] 그러나 이 뉴라이트 역사가들이 실제로 한 일은 민족을 밀어내고 그 자리에 국가를 다시 끼워 넣는 것이었다. 다수의 한국 학자가 지적하는 것처림, 뉴라이트 학자들의 역사 서술에서 볼 수 있는 가장 눈에 띄는 점 중 하나는 대한민국 국가 중심주의다. 그 결과 북한은 주변화되고 궁극적으로는 사라진다.[80] 이에 대한 주목할 만한 예로 두 가지를 들 수 있다. 첫째는 이승만에 대한 성인화 작업이다. 이는 자유민주주의 원칙에 대한 그의 노골적인 무시와 그의 억압적인 정책을 간과하면서, 대한민국 건국에서 그가 한 역할에 대해 문제의식 없이 칭송하는 것이다. 둘째는 이와 비슷하게 박정희를 "근대화 혁명"을 이룬 인물로 신성화하는 작업이다. 이는 박정희가 국가 건설과 근대화 과정에서 자행한 정치적·인식론적 폭력을 충분히 인정하지 않는 것이다.[81]

## 역사로부터 배운다는 것

나는 이 글에서 한국의 1980년대를 서술하면서, 현재의 요구와 정치적 고려에 부응하기 위해 당대의 역사적 의미와 중요성을 추방하고 다면성을 압축시켜 버리는 서술 전략을 "불연속 체제"라 특징지었다. 이와 같은 역사적 추방은 한국 사회의 미래를 이끌어 갈 새로운 시각을 제공하지 않는다. 역사학자 요른 뤼센(Jörn Rüsen)이 주장하듯이, 현 사회의 여러 문제에 대해 오직 과거로부터 대항적 혹은 대안적 이미지를 찾는 것은 니체의 "기념비적 역사"와 마찬가지로 "자신의 현재에 대한 부정적인 방향만"을 제시한다. 그러한 재현은 현대사회에 만연한 의미 상실감을 일시적으로 누그러뜨릴 수는 있지만 그것을 제거하거나 극복하는 데는 도움이 되지 않는다. 오히려 그러한 역사기술학적 재현은 대안의 외형을 가지고 있어서, 현대사회가 겪는 심각한 방향 상실감을 은폐하

고 당면한 곤경의 깊이와 형태를 모호하게 함으로써 파악하기 어렵게 만든다.[82]

나는 1980년대 말에 일어난 서독의 '역사가 논쟁'을 돌아보며 이 글을 마치고자 한다. 한국의 역사 교과서 논쟁과 비슷하게 이 논쟁에서 역사 기록학적으로 문제되었던 것은 무엇이 일어났었는가보다 일어난 일들에 대한 평가와 맥락화였다. 논쟁의 중심에 역사는 "스승"이라는 고대부터 내려온 생각이 있었다. 즉, "역사가 긍정적인 것, 모방할 만한 가치가 있는 것을 말해 줄 때만 우리는 역사를 통해 배운다"라는 생각이다.[83] 역사적 지식과 전통이 민족의 정치적 자기 이해를 키운다는 이러한 보편적 생각은 어두운 면까지 포함해 과거를 성찰하자는 일부 학자의 제안에 대해 서독 우파가 "자학" 사관이라는 혐의를 씌우게 했다. 우파는 그러한 성찰적 역사 교육이 사회를 불안정하게 만들 수 있다고 우려했다. 따라서 독일인에게 충격적인 과거를 알게 하기보다 긍정적으로 수용할 수 있는 과거를 동원해야 한다고 보았다.[84]

이 논쟁에 활발하고 열성적으로 참가한 철학자 위르겐 하버마스 (Jürgen Habermas)는 과거와 관련한 억압되거나 부정적인 요소를 비판적으로 다룰 방법을 촉구했다. 이는 현대사회를 위해 그 부정적 요소들의 비판적 전유를 가능하게 하기 위함이었다. 하버마스는 사회가 긍정적인 경험뿐 아니라 부정적인 경험, 심지어 실망으로부터도 배워야 한다고 제안했다. 실망의 경험은 사람들이 미래에 그것을 피하게 만들기도 한다는 것이다. "우리는 주로 역사적 사건이 우리에게 도전하는 방식에서 역사적 교훈을 얻는다. (그러한 방식이란) 전통은 실패한다는 것을 보여 주고, 우리와 또 지금까지 우리의 행동을 이끌어 준 신념은 꼭 풀어야 할 문제 앞에서 무용지물이 된다는 것을 보여 주는 식이다."[85] 한발 더 나아가, 개인이든 국가든 정체성은 어떤 신비로운 역사의 주입을 통해 수동적으로 파생되지 않는다. 정체성은 오히려 책임을 받아들이고 역사적 선택을 받아들이는 결과이지 기정사실이 아니다.[86] 따라서 긍정적인 역사 이미지만이 역사적 교훈을 줄 수 있다는 뉴라이트의 주장과, 그래서 젊은 세대가 주홍 글씨를 달고 산다는 한탄은 설득력이 없고 생산적이지도 않다. 하버마스는 촉구한다. 우리가 역사로부터 배우기 위해서는 해결되지 않은 문제를 옆으로 밀어내거나 억누르는 게 아니라 비판적 경험에 열린 자세로 임해 "역사적 사건들을 반증으로 인식할 수 있도록, 산산이 부서진 기대의 증거로 인식할 수 있도록" 해야 한다.[87] 이승만과 박정희의 권위주의 정권은 그들의 잔혹한 유산을 제거하려는 뉴라이트의 노력과는 반대로 한국사에서 그러한 반증의 예를 제공한다.

**2**

# 목적론을 부르는 시대
## 역사 서술로 본 1980년대

황경문

역사 연구가 과거 상황만큼이나 현재 상황으로부터도 영향받는다 해도, 역사학자들은 목적론(teleology)을 경계하도록 훈련받는다. 왜냐하면 목적론이란 사건 이후에 일어난 일로 그 이전의 사건을 해석·규정하고, 마치 역사적 현상을 그 현상의 결과로부터 소급해서 설명할 수 있다거나 설명해야 한다는 목적 지향적인 관점이기 때문이다. 목적론은 시간의 전후 관계를 인과 관계로 혼동하는 오류(post hoc, ergo propter hoc)와 같은 잘못으로 여겨지지는 않는다. 하지만 역사 탐구는 과거의 인물과 상황을 앞서 일어난 일의 결과로 취급하는 것이 원칙이며, 그렇게 할 때만 탐구의 대상이 되는 시대를 형성한 고유한 조건을 재구성할 수 있다. 이런 작업은 사건 이후에 일어난 일과는 아무런 관련이 없다. 그러나 이런 원칙은 모순적 충동 때문에 자주 뒤엎어진다. 역사학자들은 자기 연구의 중요성을 맥락화하려는 욕망이 있으며, 특히 그 주제가 현재 논란이 되거나 시급한 이슈와 관련이 있다면 더욱 그러하기 때문이다.

따라서 1980년대에 당시뿐 아니라 그 이후에도 계속해서 목적론적 관점이 적용되어 왔다는 것은 그리 놀라운 일이 아니다. 1980년대는 하나의 순간으로 대표된다. 그 장기적 영향과 원인이 계속해서 논란이 되는, 바로 1987년의 민주화다. 1987년의 민주화는 역사 서술 방향에 지속적으로 커다란 영향력을 행사한다. 1980년대 전체와 이후의 시기를 보는 시각을 바꾸어 놓았으며, 1987년을 완전한 실패로 생각하는 사회 평론가나 역사가라 해도 그 중요성을 깎아내리기 위해서는 주목해야 한다. 모든 역사적 전환점이 그러하듯이 1987년 민주화도 그 이후에 일어난 사건들의 관점에서 재해석될 가능성을 가지고 있다. 그러나 이런 재해석이 1987년 이전의 1980년대는 물론이고, 그 시대와 앞선 시대의 관계를 바라보는 관점까지 모두 규정한다는 것이 문제다.

근대사가 대개 그런 것처럼 1980년대의 역사 서술은 이념에 따라 꽤 분명하게 나뉜다. 같은 좌파 혹은 우파 진영 안에서도 역사 서술의 다양성이 나타나는데, 역사 서술을 최근의 정치적 발전과 연관시키는 일에 열성적이지 않은 해외 학자들이 개입했는데도 그렇다. 사실 한국 현대사의 다른 시기, 사건, 중심인물과 비교했을 때 1980년대에 관한 논쟁적 대립의 폭은 상대적으로 좁다. 비평가 대부분은 선거 민주주의의 탄생은 (적어도 초기에는) 좋았고, 전두환의 독재는 나쁘며, 산업화의 사회적 성과가 민주화에 기여했으며, 지정학적 요소와 그에 대한 우려가 주요한 역할을 했다는 것에 대부분 동의하는 듯하다. 또한 사람들 대부분이 1980년대를 절정이나 (잘못된) 정점, 심지어는 현대 한국이 점진적이고 단계적이며 단선적인 진보를 거쳐 도달한 근현대사 발전의 종점으로 여기는 듯하다. 하지만 이렇게 대체로 동의하는 범주와는 달리 우선순위와 해석에서는 중요한 견해 차이가 있다. 누가 혹은 무엇이 얼마만큼 민주화에 기여했으며, 또한 1987년의 직접적인 기초를 놓았거나 그 전조였다 할 수 있는 대사건, 바로 1980년 광주항쟁의 본질과 영향에 관해서다.

이 글은 한국어와 영어로 쓰인 1980년대에 관한 역사 서술을 검토하면서 이 시기에 대한 목적론적 접근을 찾고 그 함의를 주제별로 나누어 개괄한다. 먼저 1980년대에 대한 정치사적 서술을 검토한 뒤 사회경제적이고 지정학적인 관점에서 사건을 규정하려는 시도를 고찰한다. 대립하는 두 진영 모두 주제별 접근법을 사용했으나, 좌 경향의 역사관과 우경향의 역사관에 따라 서로 다른 방향으로 치우쳤다. 이는 1980년대에 대한 역사 서술이 그 이후 시기, 더 넓게는 근현대사 전반에 대한 상반되는 관점들을 반영하고 있음을 보여 준다.

## 정치사로서의 1980년대

대다수가 좌파 민족주의적인 진보 성향의 한국 역사학자들에게 민주화 이전의 1980년대는 동트기 전의 어둠과 같다. 이 어둠은 1960년대나 1940년대, 혹은 1890년대부터 시작된 기나긴 밤이다. 한국의 대외 관계, 경제와 산업의 발전, 다른 역사적 요인이 있었지만, 이 밤을 만든 가장 큰 요인은 정치적 궤적이었다. 최악의 순간은 1980년대의 시작과 함께 찾아왔다. 광주항쟁은 전두환이 1979년 12월에 일으킨 쿠데타로 시작된, 권력을 향한 억압적이고 피로 물든 길을 압축해서 보여 주었다. 그 과정은 전두환에게는 어떤 정당성도 없음을 영구히 확인시켰다. 1987년이라는 돌파구 이전까지는 쿠데타 이후 반년 만에 이뤄진 범죄 행위들을 바로잡기 위한 끊임없는 투쟁의 시간이었다. 나아가 광주항쟁으로 발생한 분노가 열어낸, 1980년 봄에 짓밟혔던 민주주의와 사회 정의를 완수하기 위한 길이었다.

1980-87년의 정치 성격에 대한 좌파 진영의 묘사는 1970년대의 유신 통치 방식을 유지하면서 질서와 합치의 외형을 갖추기 위해 악쓰는 잔혹한 정권의 이미지를 대중에게 널리 인식시켰다. 전두환의 제5공화국 헌법은 본질적으로 박정희의 각본을 계승한 것으로, 유신 헌법과 큰 차이가 없었다. 간접적인 방법과 조작을 통해 헌법은 비준되었고 1980년 여름 전두환은 "당선된" 대통령이 되었으며, 박정희가 권력을 유지하기 위해 사용했던 체육관 선거가 계속되었다. 그뿐 아니라 전두환이 박정희에게 지녔던 깊은 유대감, 1960년대 초까지 거슬러 올라가는 군부 내 대구-경상도(TK) 출신의 우세, 박정희의 통치 방식을 흠모한다는 전두환의 공언, 권력을 잡고 난 뒤 커다란 책임감을 느꼈다는 성명이 1961년에 쿠데타를 정당화하던 박정희의 연설을 연상시키는 점 등 많은 면에서 전두환 정권은 본질적으로 유신 체제의 연속임을 보여 줬다. 사회 각 분야에서 반대의 목소리가 커졌는데도, 또한 통치 집단에 도전하는 민주 세력에게 적게나마 허용된 1980년대 중반의 선거에서 야당이 보여 준 성공에도 불구하고 전두환은 한국의 정치적 자유를 외치는 요구를 모두 묵살했다. 실제로 전두환은 "호헌"을 앞세워 권위주의 통치의 목줄을 강하게 조였고, 이는 학생운동과 노동운동에 대한 가혹한 탄압, 비밀경찰의 감시와 고문, 깡패를 척결한다는 명목으로 학생과 노동운동

가를 잡아 가둔 삼청교육대의 운용으로 나타났다.[1] 대통령 간접선거제를 지속하겠다는 발표에 저항해 1987년 6월 수백만 명의 시민이 주요 도시의 길을 가득 메우고 시위에 나섰다. 이는 거대 야당의 형성에서부터 1985년의 국회의원 선거를 거쳐 1987년 1월 대학생운동가 박종철 고문치사 사건으로 이어진 국면이 그 정점에서 폭발한 것이었다. 비로소 전두환이 지목한 후임자이자 1979년부터 전두환과 함께 "TK 2인방"으로 불린 노태우가 전두환과 함께 새로운 헌법 체제(제6공화국)의 일환으로 대통령 직접선거를 1987년에 실시하는 것에 동의했다. 이러한 역사적 관점에 따르면 1987년의 6·29선언은 민주화를 위해 수십 년 동안 축적해 온 힘 앞에 지배 체제가 불가피하게 항복했다는 신호이며,[2] 특히 광주에서의 항쟁을 이끈 1979년부터 1980년까지의 반년에 대한 응답이었다. 이러한 해석은 독재와 민주화 사이의 지난한 투쟁에서 생긴 일이라면 무엇이든지 필연적, 아니면 궁극적으로는 모두 그 역사적 순간을 위한 것이었다는 생각에 바탕을 둔다.

당혹스러우면서도 씁쓸한 아이러니는 1987년 대선에서 제5공화국이 내세운 후보 노태우가 승리를 거머쥐었고, 이후에도 군부 정치가 실질적으로(명목적으로는 아닐지라도) 지속되었다는 사실이다. 역사 해석의 진보주의적인 입장을 견지하는 쪽에서는 이러한 실패를 설명하기 위해 가장 자명한 이유, 즉 군사독재와 가장 앞에서 맞서 싸운 야당 정치인 김대중과 김영삼이 따로따로 대권에 도전하면서 대다수의 반TK 표를 나눠 가졌다는 이유 이상의 무엇을 제시해야만 했다. 1990년대 초 김영삼이 보수 쪽으로 바뀌었다는 사실을 고려할 때, 진짜 문제는 1987년의 전환에 잘못된 비민주적인 방법이 개입했다는 것이다. 진보 정치사학자

최장집에 따르면, 그 당시 한국의 정치 문화는 형식적 민주화에도 불구하고 실질적 민주화에는 실패했다. 1987년 제6공화국의 탄생인 헌법 제정 과정은 민주화를 실제로 이끈 운동가들과 이들의 최우선 과제였던 기회와 평등의 증진을 모두 배제한 "엘리트들끼리의 게임"일 뿐이었다.[3] 그 결과 1987년의 '전환'은 어떤 근본적인 변화도 가져오지 않았다. 한국 정치는 기존의 보수적·냉전적·반공적 의제를 넘어 더 넓은 사회경제적 부문과 관심을 담아내지 못했다.

2010년대 초반에 이르러서는 1987년을 진정한 변혁의 시작이라기보다 또 다른 형태의 보수주의가 확고해지고 비민주적 정치가 심화하는 시기로 보는 시각이 좌파 역사학자들 사이에 깊어졌다. 안병욱은 이런 목소리를 크게 대변한 학자였다.[4] 안병욱은 어째서 1987년이 완전한 민주주의 질서 만들기에 실패했는지를 고민하면서, 그 원인을 1987년의 정권 교체 자체보다는 이후 집권한 행정부의 실패에서 찾았다. 반독재 투쟁을 다룬 다른 역사학자들처럼 안병욱 역시 1980년대의 성취를 민중 중심 운동의 진보라는 더 큰 시각에서 바라보았다. 민주화 투쟁은 1894년의 동학운동에서 시작해 1919년의 3·1운동, 1945–50년의 "해방 공간"에서 실패한 남쪽의 혁명 세력, 이승만과 박정희의 독재에 대한 저항으로 이어지는 반제국주의와 반식민주의 독립운동을 계승하면서 발전했다는 것이다. 안병욱은 이 과정에서 민중이 변화의 최전선에 서 있었다고 믿었고, 이는 1980년대 민주화운동에서도 예외가 아니었다. 문제는 1987년의 전환이 역설적으로 노태우를 대통령으로 만들었고, 더욱 중요한 것은 김영삼이 대권의 야망을 위해 노태우와 손잡고 새로운 보수당(민주자유당)을 창당함으로써 기득권 세력의 통합이 이루어졌다는 점이다. 바로 그 순간이 민주화 진행을 멈춰 세웠고 정치적 퇴보를 공고히 했으며, 이후 한국 사회를 지배하는 이념적 뼈대가 되는 신자유주의의 기초를 닦았다. 나아가 거대 자본이 폭력적인 장악력을 가지게 했고, 거대 자본은 그 힘을 바탕으로 21세기 전환기에 김대중과 노무현, 두 진보 성향 대통령의 행정부에 상당한 영향력을 행사했다.

장기적인 관점에서 민주화는 실패했다고 보는 이런 관점들은 노무현의 대통령 임기(2003-08)와 이후에 유권자들이 보수화되는 모습에 주목했다. 나아가 안병욱 같은 학자들은 1987년을 이끈 1980년대의 모든 노력 자체에 의문을 제기했다. 예를 들어 학생들과 지성인들이 보여 준 불굴의 정신과 용기를 지키는 것 이외에 한국 "사회구성체"의 성격과 단계에 대한 1980년대 운동권의 주요 논쟁 가운데 실제로 현실에 영향을 끼친 건 무엇이었는가? 민중운동이 다양한 목소리를 경청하기보다 그들을 하나로 통합해 버리지 않았는가?[5] 만약 그렇다면 1990년대를 지나면서 인권 보호, 더욱 나은 경제적 평등, 반공주의 소멸, 민족 통일을 향한 진전으로 상징되는 참된 민주주의 쟁취에 실패했다는 점을 고려할 때, 미래지향적인 민주주의 문화와 사회 정의를 확산하는 과업이 얼마나 성공적이었다 할 수 있는가? 아니면 안병욱의 지적처럼, 이런 가치들은 모두 지정학적 변화의 물결—특히 소련 주도의 공산주의가 세계 각지에서 몰락하고 신자유주의의 지배와 수용이 가속화된 것—에 휩쓸려 버린 것인가? 어떤 경우든 민중을 으뜸 지위에 놓던 과거의 시각은 민주화로 전환하는 과정의 어딘가에서 폐기되었다. 한편 중산층은 절차적 민주주의에 점점 더 만족했고 신자유주의적 변화에 휩쓸리면서 대의를 버렸다. 특히 노동자 계급의 요구를 반영한다는 미완의 임무에 대해서는 더욱 그러했다.[6] 이런 관점에서 볼 때 1980년대는 근현대 한국의 발전 과정에서 고통받는 서민 집단을 중심에 둔, 특정한 사회적·정치적 목적을 지향한 시도의 정점이었다고 할 수 있다.

이렇게 1980년대를 중요한 역사 흐름의 정점으로 여기는 시각은 영어권 학계에도 등장했다. 학생과 지식인에 의한 민중운동을 총체적으로 다룬 연구의 대표작으로 이남희의 《민중 만들기(*The Making of Minjung*)》[7]가 있다. 다른 책들과 달리 이남희의 저서는 1980년대에서부터 내려오는 것이 아니라, 1980년대부터 이전 시기로 거슬러 올라간다. 운동의 역사적 의의를 찾아내기 위한 이러한 접근을 통해 이남희는, 학생과 지식인에 의한 민중이라는 담론적 표상이 어떻게 1960년대의 반정권운동으로 시작해, 특히 1970년대의 반유신 투쟁을 거쳐 1980년 봄에 일어난 사건에 도달해 분명해지고 이론화되고 동원되었는지를 보여 준다.[8]

이남희는 다양한 형태의 민중운동이 민주화의 주된 동력이었고 민중운동 없이는 민주화라는 중요한 순간을 적절히 평가하거나 이해하기 어렵다는 것을 확실히 밝힌다. 그러면서 광주에서부터 1987년 6월에 이르는 길을 그 근본으로 상정한다. 또한 이후 1990년대에 민중 현상이 와해하는 과정을 살펴봄으로써, 어떻게 그리고 왜 민주화 이후 운동이 목적을 상실했는지에 대한 통찰을 제공한다. 이남희는 구조 내부의 결함을 가장 중요한 이유로 상정하는 것으로 보인다. 즉 이후 운동은 내재한 긴장을 극복하지 못했는데, 그 긴장은 대중에 초점을 맞춘 공동성 혹은 민중성과 지식인·학생 집단의 필요성 사이에서 오는 것이었다. 당시 지식인과 학생은 어떻게든 노동계급에 합류하고 지도해야 하면서도 조심스럽게 그 주변부에 머물러야 했다. 시간이 흐르면서 당시 "386세대"

라고[9] 알려진 이 운동권 집단은 그들 삶의 다음 단계로 넘어갔다. 국가적 그리고 지정학적인 변화가 그들의 노력을 덜 필요하게 만들었기 때문이다. 다시 말해 민주화는 거대한 성취감뿐만 아니라 실망감을 몰고 왔다. 1980년대에 어느 정도 목표한 바에 도달하면서 민중 투쟁의 성취와 의미는 회상과 자기 성찰이라는 또 다른 영역에 속하게 되었다. 이는 1980년대의 역사적인 경험의 실재와 관련이 있으면서도 없었다.

우파와 뉴라이트 역사학자들에게 이러한 서사는 민주화의 진의를 패배주의적으로 왜곡한 것이며, 심지어 북한의 입장을 맹목적으로 추종하는 "종북"과 다르지 않았다. 우파와 뉴라이트의 이러한 주장은 장기간 효력을 발휘했던 색깔론의 재현이었다.[10] 1987년 민주화의 의의를 설명할 때 극우나 보수의 관점은 모두 민족적 목적론에 뿌리를 둔다. 그것을 가장 잘 보여 주는 사례가 좌파적인 통설에 반대한다는 명목으로 교과서포럼이 2007년에 출간한 《대안 교과서 한국 근·현대사》이다.[11] 이 책은 근대의 경험은 "자유민주주의" 수립을 위한 긴 여정(진보 민족주의 서사에서처럼 19세기 말부터 시작하는)을 고려해야 한다는 것을 분명히 했다. 그 여정은 사회와 정치체제의 전통적 위계, 식민 지배, 좋은 의도에도 건실한 민주주의 질서를 만들지 못한 1948년 대한민국 정부 수립의 무능을 극복해야 했다. 이후 1960년부터 시작해 박정희와 전두환의 독재 정치 아래서 이룩한 경제 개발 덕분에 한국은 결국 1987년 근대 역사 투쟁의 목적을 달성했다는 것이다.

민주주의를 이룩하는 데에는 오랜 시간이 걸린다는 모호한 답을 차치하면, 왜 그리고 어떻게 대한민국 정부 수립에서부터 민주화까지 40여 년이 걸렸는가에 대한 답은 여전히 난제로 남아 있다. 이들은 독재 시기의 과도함은 인정하되 전체적으로 발전의 지속성을 강조하는 듯하다. 전두환 정권에 대해 명백하게 비판적인 입장과 6공화국의 잘못(예를 들어 지역주의와 특정 정치인 중심의 정당 정치)을 인정하면서도, 1980년대를 보는 보수주의자들의 시선은 대부분 승리주의적이다. 그들은 1987년의 위대한 성취가 결국 다수의 개혁과 비약적인 발전을 만들어 냈다고 극찬했다. 그러면서 정치 영역에서의 군부 퇴장, 대통령 권력의 평화적 이양(심지어 1997년 야당으로의 평화적 이양), 지방자치제의 도입, 다수의 이익과 목소리를 허락하고 권장하는 정치 문화의 일반적 자유화 등을 예로 들었다. 하지만 우파적 시각은 민주화가 1980년대에 성취되었음을 강조하면서 이후의 시기는 이 위대한 성취를 개선해 가는 과정에 지나지 않았다고 본다. 절차적 민주주의 이후의 시기를 정체기로 보며 미완의 사업을 유감의 어조로 기술한 좌파적 역사 서술과는 대조적이다. 다시 말해 정치 발전에 관한 우파 국가주의자의 시선에서 한국 근현대사의 주요한 발전은 1987년에 모두 끝났다. 이러한 시각은 의도적이든 아니든 미국 기반의 역사학자들 사이에서도 적잖게 공유되었다.[12]

## 사회경제적·지정학적 체제

우파적인 서사들은 1987년 이전 한국 사회의 정치 발전, 특히 1980년대가 대체로 민주화에 기여했다고 평가한다. 하지만 그러한 서사들은 정치를 마치 다른 사회적 영역들, 특히 경제와 분리되어 별개로 진행되는 것처럼 바라보는 경향이 있다. 산업화와 지정학적 요인을 강조하면서 이것들이야말로 정치가 성장하는 데 큰 역할을 했다고 본다. 앞서 언급한 것처럼 그 서사들은 전두환의 독재와 그에 따라 생겨난 피해를 부정하려고 하지 않는다. 하지만 유신 시대와 그 이전까지 이어진 고난은 경제 발전에 기여했으며, 그 결과 1987년을 가능하게 만든 사회적인 발전을 위해 필연적으로 치뤄야 했던 대가였다고 말한다. 또한 반공주의의 영향을 강하게 받아서 국제적 환경, 특히 북한과의 대치 상황을 강조한다.

2000년대부터 떠오르기 시작한 뉴라이트 역사학의 가장 대표적인 인물인 이영훈의 글에는 이러한 승리주의, 반공주의, 경제 지상주의, 실증주의, 민주화의 목적론과 같은 특성이 모두 모여 있다. 흥미롭게도 그는 역사학적 훈련을 받기보다 경제사학자로서 연구 경력을 쌓았다. 그러한 배경 탓에 유물론과 단계론적인 시각을 고수하는 다소 신마르크스주의적인 성향을 지녔다. 많은 우파와 달리 그는 민족주의자, 특히 단일 민족국가를 이상향으로 생각하는 민족주의자는 아니다. 그를 무엇으로 규정해야 한다면 남한민족(국가)주의자라고 할 수 있다. (좌파의 잘못된 해석으로) 국민의 올바른 역사 이해와 애국심이 부족하다고 한탄하는 대한민국의 애국자이다. 이영훈은 남북통일의 성과나 달성 가능성에 따라 역사를 평가하지 않는다. 반면 1987년에 대부분 달성되었다고 믿는 자유민주주의적이고 경제적으로 발전한 대한민국의 성취를 우선 강조하는 데 관심이 있다. 그래서 그의 저서 《대한민국 역사: 나라 만들기 발자취, 1945~1987》(2013)의 서사 범위는 북한에 관한 장을 포함하면서도 1980년대 후반에서 끝이 나며, 역사의 발전이 특정 목표를 향해 점진적이고 단계적으로 나아간다는 것을 강조한다. 그러한 발전이 한반도의 절반인 남한에서만 이뤄졌다는 사실은, 그 일이 이뤄졌다는 사실 자체에 비해서 그에게 별로 중요하지 않다. 만약 남한이 북한에 비해 상대적으로 "선진국"이 되었다면 그 사실만이 중요하다. 그에 따르면 모든 것은 결국 공공의 이익(common good)을 만들어 냈고, 심지어 한국전쟁을 포함해 1980년대의 변화 이전까지 벌어진 모든 일은 헤겔적인 방식으로 말하면 자유를 향한 행진에 거침없이 기여했다. 다시 말해 베트남전 참전이나 반공 연대 조직 등 한국 정권의 모든 군사적 행동과 제도는 올바른 목적을 향한 길을 수호해 냈다. 이영훈에게 남한의 역사를 신식민주의 질서에 종속되었다고 보는 좌파적 해석은 터무니없다. 냉전 상황을 고려했을 때 그것이야말로 남한이 공산주의를 피하는 유일한 방법이었기 때문이다.

뉴라이트의 주요 특징인 친미주의는 바로 이 지점과 연결된다. 사실 친미주의라는 특성은 아이러니하게 들릴 수 있으나, 한때 미국 학계에 널리 퍼졌던 마르크스주의에 기반한 근대화론이나 실증적 유물론 등 다른 관점들까지도 아우른다. 바로 정치와 사회의 자유화는 경제의 자유화 혹은 경제의 자본주의적 발전에 토대를 둔다는 생각이다. 1987년 민주화에 대해 미국의 역할을 강조하는 미국의 저널리즘 서사들처럼[13] 뉴라이트는 한국을 미국 주도의 동아시아 전후 질서의 포괄적인 수혜자로 본다. 미국은 남한의 보호자이며, 미국의 수호와 원조 아래서 산업화와 그에 선행하는 (혹은 산업화를 필연적으로 따르는) 자유민주주의라는 근대 발전을 상징하는 두 기둥의 위대한 성취가 보장되었다는 것이다. 심지어 전두환 치하의 암흑기도 이러한 방식으로 합리화할 수 있다. 미국의 레이건 대통령이 1981년 초에 전두환을 백악관으로 초청하면서 1988년 서울올림픽이 승인되었고, 올림픽의 성공적인 개최는 (이영훈에 따르면) 한국이 드디어 "나라다운 나라"가 되었음을 의미한다.[14] 역설적으로 이런 서사 역시 한국의 역사를 역사 발전의 보편적 방향이 존재한다는 전통적 마르크스주의 담론에 위치시킨다. 냉전에서 미국이 주도한 자유주의와 자본주의의 위대한 승리가 길을 내주었고, 그에 따라 민주화로 강해진 한국의 노태우 정권은 대북 정책 쇄신과 공산권에 대한 우호 정책을 통해 세계 무대에서 자신 있게 부상할 수 있었다.

미국에 대한 인식의 차이, 그중에서도 미국이 한국의 민주화에 어떤 역할을 했는지에 대한 인식 차이는 1980년대를 바라보는 좌파와 우파의 역사관 차이를 가장 잘 드러낸다. 우파는 한국의 민주화에 필요한 경제·문화·지정학적 조건을 제공한 (정치적·경제적) 자유주의 사상과 반공 수호의 근원으로 미국을 생각한다.[15] 반면 좌파는 미국이 광주에서의 학살을 묵인했고, 한국이 1980년대부터 신자유주의적으로 변모해 가는 데 지배적인 역할을 하면서 오히려 부정적 영향을 미친다고 본다. 이는 1980년대뿐 아니라 한반도 역사 전체를 진지하게 재검토하게 한다.

1970-80년대에 나타난 한국사 연구들은 기존의 견해에 대해 공식적으로 질문을 제기했다. 이런 움직임은 역설적으로 브루스 커밍스(Bruce Cumings)와 같은 미국 학자들에 의해서도 고무되었다. 한국의 학생과 지식인은 과거 미국과의 모든 대외 관계를 체계화하고 재평가하기 시작했다. 미국은 세계에서 가장 압도적인 제국주의 권력으로서 한반도 분단에 책임이 있다. 나아가 한국의 경우처럼 냉전에서의 이해관계를 위해 반공 독재 세력을 키우고 두둔했다.[16] 이와 같은 해악들이 끼친 영향이 응축된 사건이 광주항쟁이었다. 미국의 지휘관들은 자신의 통수권 아래에 있던 한국의 군부대가 광주에서 시민들을 잔혹하게 진압하는

것을 막지 않았다. 1987년 이전까지 학생들과 노동자들은 광주항쟁의 역사를 바로 세우기 위해 맹렬히 노력했는데, 한국을 포괄적으로 지배하는 미국적 질서를 전복하겠다는 열정이 이런 노력에 불을 지폈다.

그렇기에 진보적인 학자들에게 광주는 독재 정권기의 복합적인 구조적 긴장들이 결집하고 폭발한 장소였고, 동시에 1987년의 변화를 향해 그 긴장들이 가속화된 장소였다. 그 결과 신흥 중산층과 화이트칼라까지 독재를 더 이상 참을 수 없게 되면서 민주화 투쟁에 뛰어들었던 학생 출신 운동가들이 이 변화에 대거 참여했다.[17] 노동계급과 중산층은 국민국가에서 시민권을 주장할 수 있는 유일한 수단이 민주화라는 것을 깨달았다. 이러한 깨달음은 국가주의적 근대화 모델에 대항하는 반헤게모니적 반응으로 생겨났는데, 1980년대에 시위를 주동한 여러 시민 단체가 만들어진 것에서 알 수 있듯이 더욱 넓은 의미에서 시민 사회의 발전을 반영하는 것이었다.[18] 심지어 억압적인 전두환 정권조차도 이런 급격한 분위기 변화에 대처하기 위해 통금, 복장 규정과 같은 사회 규제를 폐지해야 했다.[19] 1980년대의 사회 세력들은 끊임없이 근본적인 변화에 대한 다양한 갈망을 한데 모아 정치적인 행위로 이끌었고, 1980년대 벽두에 광주가 시도한 민주화로의 전환이라는 열매를 맺을 수 있었다.

보수 진영에서도 사회 발전을 근본적인 요인으로 인정하지만, 그들의 시선은 독재 시기에 이뤄진 민주화 투쟁보다 같은 시기에 발생한 급속한 산업화에 더 큰 방점을 찍는다. 산업화야말로 도시 중산층 시민이 형성되는 물질적·경제적 기반을 만들었고, 그 시민이 한국이 계속 군사독재 아래에 있는 한 더 이상 "선진국"이 될 수 없음을 깨달았다는 것이다. 여기서도 역시 우파와 뉴라이트가 계급의식을 포함한 마르크스주의 역사학의 틀을 놀라운 방식으로 전용하고 있음을 알 수 있다. 이는 필리핀의 1986년 "시민(피플 파워)혁명"과 미국의 고도화된 냉전 외교 방식, 그리고 1988년 서울올림픽에 대한 기대 등을 경제 성장에 뒤따르는 사회변화의 필연적인 결과로 파악한다. 이 지정학적이고 유물론적인 관점은 또한 "3저 호황"의 영향을 강조한다. 1987년 한국 경제를 북돋웠던 저금리, 저유가, 저달러(일본 엔화에 비해) 현상이 민주화로의 대전환이라는 한국 역사의 중요한 순간을 만들었다는 것이다.[20]

즉 우파 역사관의 핵심은 정치적 저항보다 사회경제적이고 지정학적 요소가 1987년을 가능하게 만들었다는 데 있다. 그와 달리 좌파 역사관은 광주에서 드러난 독재 시기의 모순이 심화하다가 급기야 민중의 시위를 촉발해 정권의 항복으로 이어졌다고 본다. 한편 우파는 권위주의 통치를 불가피한 고난과 희생의 과정으로 여긴다. 냉전 체제에서 미국의 보호 아래 공산주의에 대항해 진정한 민주주의가 때맞춰 실현되는 과정이었다는 것이다. 좌파는 산업화를 부패한 정치·군사독재가 노동자를 수탈하고 탄압하는(그래서 사회 해방의 열망을 더욱 고취한) 도구와 계책으로 본다. 하지만 우파는 국가의 경제 성장을 사회적 혼란과 공산 세력의 위협으로부터 한국 사회를 방어한 힘으로 여긴다. 이것이 없었더라면 한국은 위험에 빠졌거나 최소한 실질적이고 지속 가능한 자유민주주의 질서를 향한 행보가 지체되었을 것으로 본다.

경제적 원인에 주목한 목적론을 향한 욕망은 1980년대 이후뿐만 아니라 1987년으로부터도 나왔다. 1987년이 남한에서뿐만 아니라 근현대 민족사 전반에 걸쳐서 사회적·경제적 발전의 정점으로 여겨졌기 때문이다. 전두환 정권은 노동운동을 탄압하고 임금을 제한하면서 대기업과 미국의 전략적 이익에 몰두하는 유신 정권의 패턴을 지속했다. 민주화 이전의 1980년대를 평가하면서 진보주의자들은 그러한 전두환 정권에 대한 대중적 저항이 점차 커졌다는 점을 강조한다. 따라서 1987년 6월에 이르기까지 정권을 압박하는 과정에서 노동자가 주요한 역할을 하게 되었고, 바로 다음 달인 7월부터 노동자운동이 거세게 일어났다.

그러나 앞서 서술한 것처럼 진보주의자들에게 정치적 해방과 1987년 여름의 노동자대투쟁은 경제력의 불평등한 집중을 막는 것에 실패했을 뿐 아니라, 어쩌면 이를 더욱 촉발했을 수도 있었다. 이러한 좌파 경제학은 어떻게 선거 민주주의가 그 이후에 일어난 신자유주의적 전환에 기여했는지를 입증하기 위해 1980년대를 한반도 내 자본주의 지배와 계급 갈등이라는 긴 역사적 틀에서 바라본다. 어떤 역사적 목표를 향한 명백한 방향성이 없다 하더라도 이런 시선은 분명히 한국의 현재 상황을 의식한 것이다. 또한 경제 격차와 정치권력 사이의 구조적 연관성을 내세움으로써 한국의 경제 발전이 미국 주도의 세계 질서에 오랫동안 의존해 왔음을 밝히려는 것이기도 하다. 이런 서사는 분명히 1980년대에 대한 진보주의자의 이해와 일치한다. 그들이 이해하기에 1980년대는 미국의 지배가 가져온 대부분의 해로운 영향으로부터 완전히 벗어날 수 있었던 기회를 상실한 시대다.

지주형의 체계적인 분석에 따르면, 김재익과 같은 미국에서 교육받은 경제 관료의 영향력을 통해 전두환 정권은 수입 시장 개방, 금융 분야 자유화, 통화 안정을 정책의 주안점으로 삼았다.[21] 특정 재계와 관료의 반대, 김재익을 비롯한 관료 여럿이 미얀마 아웅산 묘역 폭탄 테러로 사망한 사건 때문에 이런 움직임은 잠시 멈췄다. 하지만 박정희 정부의 개발주의 모델에서 벗어나 변화를 만들어야 한다는 의견이 전두환 정권 안에 팽배했고, 이는 1990년대 신자유주의가 부활하는 기틀을 마련했다. 1997년 경제 위기가 닥쳤을 때는 이미 그 기초가 다져져 있었고, 한국의 관료들은 국제통화기금(IMF)의 요구를 수용할 준비가 되어 있었다. 월스트리트를 필두로 한 국제 금융의 이권 도구였던 IMF는 긴축재정, 수입 관세 완화, 국내 시장의 금융 부문 완화 등을 요구했고 신자유주의 성향의 한국 관료들이 협상을 주관했다. 한국 정부에 대한 IMF의 긴급 구제는 이전의 독재 정치를 재벌과 금융 산업의 손에 좌우되는 금권 정치로 교체하는 과정을 촉진했다. 진보 성향의 학자들에 따르면, 이들의 지배가 지속되면서 오늘날까지도 한국 사회의 경제적 양극화는 계속해서 심화하는 중이다.

그와 달리 보수주의자들은 긍정적인 해석을 선호한다. 세계 경제로의 점진적인 통합은 한국의 발달 단계에 적합한 수준에서의 민주화를 가능하게 만들었다. 그뿐만 아니라 (군사독재) 발전국가도 단계에 따라 1980년대에 끝냈다. 이런 전환에 적응하는 데 어려움이 뒤따랐고 이러한 어려움을 보여 준 것이 바로 IMF 위기였다. 특히 구조 조정 압박은 한국의 주요 기업들이 산업화 이후라는 새로운 세기에 어울리는 경제 체제로 전환하는 데 더 효과적으로 대응할 수 있도록 만들었다. 하지만 보수주의자들은 경제 권력이 주요 재벌들에게 점점 더 집중되는 현상에 대해서는 아무런 문제를 제기하지 않았다. 비록 미국이 주도하는 체제에 의존하더라도 세계 무역 체제로 편입되는 것이 더 큰 이익을 가져다 준다고 믿었기 때문이다. 명백히 표현되지는 않았지만 기본적으로 국가의 정치적 상황이 경제적 위상을 따라잡는 것이 수순이기라도 한

듯, 삼성과 현대가 세계 시장의 주역으로 성장하는 것이 민주화를 더욱 공고히 하는 길이라는 믿음이다.

## 목적론적 시각에서 벗어나기

경제와 국제 질서를 중시하는 보수적인 학자들의 관점에 따르면, 1987년의 대전환과 1980년대는 수십 년 동안 나라를 변화시켜 온 거대한 힘이 발전하면서 만들어 낸 피할 수 없는 결과였다. 민주화는 한국 사회가 자신의 운명을 실현해 가는 발전 과정의 정점이었고, 근대 민족국가를 만드는 위대한 프로젝트가 그 결말에 도달했다는 필연적이고 긍정적인 신호였다. 이 프로젝트는 오늘날까지도 여전히 미세한 조정이 필요하다 해도 말이다. 뜻밖의 측면은, 이런 공식을 주장하는 반공주의 보수주의자들이 명백하게 유물론적이고 마르크스주의적인 단선적 역사 발전 단계를 기반으로 한다는 점이다. 물론 그 지향점은 자유의 국가적 추구라는 이상적인 목표이다.

좌파적 역사 서술도 마찬가지로 방법론적인 기대에서 벗어나 있다. 역사적 진보와 사회적 올바름 정도를 판단하는 데 정치적 해방만큼이나 경제적 정의와 (통일된) 민족의 독립을 중시하던 진보적 관점은 1980년대, 그중에서도 1987년을 좋게 보아야 미완의 성과, 나쁘게 보면 숭고한 실패로 해석한다. 40여 년간 지속된 정치적 독재 체제를 붕괴시킬 만큼 대중의 의식을 충분히 고취한 엄청난 진보가 민중에 의해 성취되었는데도 말이다. 사실 1980년대 이후 이어진 정치적·사회적 도전들로 전화하는 과정에서 그러한 의식을 더 전파하지 못했다는 것이, 가능성은 있었지만 성공하지 못한 1980년대에 대한 실망감의 근원이다. 1980년대는 한국 사회의 자본주의적 지배 방향이 신자유주의로 전환하는 길을 막지 못했다. 그런 점에서 1980년대가 정치와 경제 분야 모두에서 커다란 역사적 흐름을 바꾸는 데 실패했다는 해석이 최근의 진보주의자들 사이에서 많은 동의를 얻고 있다. 하지만 그런 시각은 여전히 1980년대를 그전에 일어난 역사 발전의 산물로 분석하는 것만큼이나 1980년대가 이후 시기에 끼친 인과적 영향을 통해 바라보는 것이다.

물론 이 두 가지 시각을 넘어서는 다양한 관점이 있다. 그러나 모든 진영은 여전히 1980년대를 그 이후, 혹은 그 당시에 일어난 일에 비춰 목적론적인 용어들로 규정한다. 1987년의 대변화를 1980년대 전체, 혹은 대한민국 건국 이후의 역사가 모두 누적되어 생겨난 전환점으로 보는 것이다. 이렇듯 후대 역사와의 직접적인 연결고리를 찾으려는 집착은 목적론의 전형적인 문제점을 보여 준다. 당연하게 고려되어야 할 그 시대의 본래 의의와 특수성을 고려하지 못하게 만들기 때문이다. 이 책의 다른 장들이 말하는 것처럼, 1980년대는 그 당시만의 상황과 이전 시기의 역사적 발전을 함께 보여 주는 풍성한 문화적·사회적 태피스트리(tapestry)다. 이는 그러한 특성이 어떻게 그 이후의 시기에 기여했는지, 혹은 어떻게 한국의 과거에 대한 특정한 메타서사로 기여하는지와 아무 상관이 없다. 물론 1980년대를 바라보는 목적론적 시각을 어느 정도는 용인할 수 있다. 왜냐하면 그것은 잘못될 수 있는 역사 접근법의 징후이기는 하지만, 오늘날까지도 여전히 1980년대가 한국과 한민족 근현대사에서 얼마나 특별한 위상을 지니는지를 보여 주기 때문이다.

## 2부

초국가주의

# 3

# 반제국주의적 초근대로서의
# 1980년대

김재용

소련 붕괴 이전이었지만 1980년대 한반도에는 이미 탈냉전의 바람이 강하게 불었다. 한국전쟁의 참상을 겪은 뒤 냉전적 대립이 더 이상 유효하지 않다는 인식이 자리 잡았지만, 변화의 분위기는 여전히 미미했다. 남북 모두가 정권을 유지하기 위해 계속해서 냉전적 대립 구도를 유지하려 했다. 드러날 정도로 강하지는 않았지만, 냉전적 대립을 완전히 거스를 수는 없었다. 그런데도 양쪽 진영에서 벌어지는 국제적 차원의 냉전 해체는 (베트남전쟁과 체코 민주화운동으로 대표되는) 간접적인 방식으로 남북 민중의 각성을 끌어냈다. 결국 이러한 압력에 굴복해 남북의 정권은 과거의 방식을 그대로 고수하기 어렵다는 사실을 깨달았다. 1980년대 남북에서 일어난 작가 해금(解禁)은 그러한 변화를 보여 주는 상징적인 사건이다.

  북한은 남한보다 이른 시점인 1984년에 많은 작가를 해금했다. 해금

명단에는 이인직, 이광수, 김소월, 최남선, 정지용, 심훈, 한용운, 한설야, 최명익 등이 있었다. 연구자들의 줄기찬 문제 제기에 당이 응답하는 방식으로 이뤄진 이 결정은 이후 북한 문학장에서 활기찬 논의를 불러일으킨다. 그동안 북한의 문학사학자들은 이 작가들을 제외한 채 문학사를 서술해야 했기 때문에 적지 않은 난관을 맞이해야 했다. 이제 그러한 구속에서 벗어날 수 있게 된 것이었다. 사회과학원 문학연구소와 김일성종합대학 문학대학에 소속된 문학사가 류만, 은종섭 등은 각종 문학사론서를 통해 그 작업을 수행했다. 1984년 이루어진 북한의 해금 여파는 비단 문학사론 해석에만 그치지 않고《현대조선문학선집》출간으로 이어졌다. 1987년에 시작해 2011년에 53권으로 완간된 해방 전《현대조선문학선집》은 남로당계 작가 일부를 제외하고 대부분 수록하고 있다.

1988년에 남한에서 재월북 작가들이 해금되었다. 1980년대 초부터 일부 단체에 의해 정지용과 김기림의 해금 논의가 있었지만, 재월북 작가에 대한 공식적인 해금은 서울올림픽이 열린 1988년이 되어서야 이뤄졌다. 공식적으로 북한에서 높은 지위에 있던 작가들에 대한 해금은 유보되었지만 실제로는 전면적인 해금이었다. 이후 남한 문학계에서는 그동안 금지되었던 작가에 관한 연구가 본격화되었고 출판이 활발히 이루어졌다. 개인에 의한 문학사 서술도 출판되었는데, 나를 비롯한 세 사람이 공동으로 저술한《한국근대민족문학사》는 이러한 정전의 변화에 대한 연구자들의 응답이었다. 본격적인 문학사 서술인 이 저술 외에도 숱하게 많은 문학사론적 저서와 글이 출간되었다. 또한 이태준 전집을 비롯해 해금된 작가들의 개인별 문학 전집 혹은 선집이 출간된 것도 특기할 일이었다. 정전의 변화에 호응해 전집 혹은 선집 형태의 출판이 진행되어 개인별 전집과 어우러지면서 한층 풍부해졌다.

1980년대 들어 남북에서 이뤄진 작가 해금은 탈냉전의 상징이라고 할 수 있다. 해방 직후 극단적인 냉전적 대립이 전쟁으로 귀결되면서 한반도에서의 냉전은 한층 심화했지만, 다른 한편에서는 기존의 세계 인식이 한계에 도달했다는 생각이 생겨나기 시작했다. 1차 세계대전 이후 소련에서 레닌의 민족해방론, 미국에서 윌슨의 민족자결주의로 시작된 미·소에 대한 동경과 선망은 해방 직후 가장 고도화되었다. 하지만 전쟁으로 그 허상이 금방 드러났다. 영국, 프랑스, 일본의 제국주의와는 다르리라고 믿었던 미국과 소련은 해방군으로 진주했음에도 조선의 통일 독립에는 관여하지 않은 채 자신의 영향권만을 확장했다. 그런 행태를 보면서 사람들은 기존의 세계 인식을 그대로 따르는 것이 결코 한반도의 미래를 위해서 바람직하지 않다고 생각하게 되었다.

하지만 이러한 생각은 미·소를 따르던 한반도 남북 정권의 속성 탓에 표면화되기 어려웠고 지하화될 수밖에 없었다. 시간이 지나면서 세계적 차원에서 냉전의 폭력이 드러나면서 탈냉전의 기운은 표면으로 떠오르기 시작했다. 1980년대에 남북 모두가 마치 약속이라도 한 듯 기존에 금지했던 작가들을 해금한 건 그러한 흐름의 일환이라고 할 수 있다. 한국전쟁 이후 금지된 작가들의 작품이 이 시기에 풀려난 이유는 더 이상 과거의 냉전적 틀로는 작가들을 억압할 수 없을 정도로 아래로부터의 내부적 압력이 남과 북에 크게 존재했기 때문이다. 이런 맥락에서, 1980년대 한반도의 사회와 문학을 읽어 내기 위해서는 20세기 초부터 마주해 왔던 제국주의의 흐름을 살펴야 한다.

## 제국주의적 근대라는 괴물

1980년대 세계적 인식의 전환을 구체적으로 살피기 전에 먼저 제국주의 근대의 문제를 다뤄야 한다. 비서구 식민지의 문제의식이 싹트기 위해서는 필연적으로 서구 근대에 대한 새로운 인식이 필요하다. 구미(歐美)인들이 자신의 근대를 해석하고 시대를 구분하는 방식에 일방적으로 편입된다면 비서구 식민지의 문제의식을 제대로 살리기 어렵다. 따라서 비서구 식민지와 관련해서는 유럽적 차원이 아니라 지구적 차원에서 근대를 해석할 필요가 있다. 근대에 대한 기존 해석은 비서구 식민지의 현실을 외면한 채 유럽과 미국의 현실만을 협소하게 해석한 것이기 때문이다.

유럽의 근대는 세 시기로 구분할 수 있다. 첫째는 르네상스적 근대이다. 그리스를 새롭게 읽어 넘으로써 중세의 암흑에서 벗어나려고 했던 시기다. 다른 말로 그리스적 유럽이라고 부를 수 있을 것이다. 둘째는 계몽주의적 근대다. 중세의 어둠에서 벗어난 유럽이 아메리카에서 강탈해 온 부를 바탕에 두고 이성을 내세워 세계를 해석하던 때이다. 유럽은 중국을 비롯한 아시아의 지적 자산을 거울삼아 자신의 미래를 가늠했다. 1615년에 라틴어로 유럽에서 발간된 마테오 리치의 《그리스도교 중국 원정(De Christiana expeditione apvd Sinas)》에서부터 1687년 라틴어로 발간된 필리프 쿠플레의 《중국의 철학자, 공자(Confucius sinarum philosophus)》에 이르기까지 17세기 예수회 문헌들은 중국 선교에는 큰 도움이 되지 못했지만, 유럽의 계몽주의에는 큰 역할을 했다.[1] 볼테르는 이러한 아시아의 지적 자산을 바탕으로 유럽의 계몽주의를 주도했고 괴테와 위고도 그 영향을 받았다. 세 번째 시기는 1840년대 이후 유럽의 성공적인 공업화에 힘입은 자본주의가 제국주의 형태로 전 지구를 지배하기 시작할 무렵이다. 유럽이 세계의 중심이고 그 외 지역은 문명화의 대상인 야만이라는 인식이 유럽인의 마음에 자리 잡기 시작할 때다. 이를 제국주의적 근대라고 부른다.

1884년 베를린회담은 제국주의 근대의 본격화를 알리는 신호탄이었다. 제국주의 국민국가들은 공업화 직후 상호 공존하면서 세계를 분할할 수 있다고 믿었다. 하지만 공업적 자본주의가 확장을 거듭하면서 제국의 국민국가들은 서로 충돌을 피하기 어렵다는 사실을 알았고 조정의 필요성을 강하게 느꼈다. 베를린회담은 바로 유럽 제국의 충돌을 막아야 한다는 필요성에서 열렸다. 이 회담에서 유럽은 아프리카 땅을 분할하는 데 성공했고 충돌을 피할 수 있었다. 하지만 그것이 일시적인 봉합에 불과하다는 것을 깨닫는 데 많은 시간이 필요하지 않았다. 왜냐하면 제국주의 국민국가들이 아프리카를 넘어 전 지구적으로 팽창했고 그 과정에서 이해관계가 충돌했기 때문이다. 발칸반도와 한반도는 지구적 규모의 제국주의 국민국가들의 충돌이 벌어지는 주요한 지점이었다.

1904년 러일전쟁은 한반도와 만주의 지배를 둘러싸고 벌어진 러시아와 일본의 충돌이었다. 부동항을 얻어 성장하는 러시아 자본주의를 위한 상품 시장을 확보하려는 러시아와, 청일전쟁에서 자신감을 얻어 동북아시아를 자신의 원료 공급지와 상품 시장으로 만들려는 일본은 일전을 피할 수 없었다. 여기서 간과하지 말아야 할 것은 이 전쟁의 배후에 있는 제국주의 열강들의 움직임이었다. 삼국간섭을 통해 서로의 이해관계를 확인한 프랑스와 독일은 러시아를 지지하면서 일본에 맞섰고,

영국과 미국은 아시아에서 이익을 위해 일본과 손잡았다. 결국 당시 세계 제국주의 6대 열강이 러시아, 독일, 프랑스를 한편으로 하고 일본, 영국, 미국을 다른 한편으로 한 채 한반도와 만주의 지배권을 두고 지구적 차원의 전쟁을 치른 것이다. 한반도는 그 충돌의 한복판에 초라하게 서 있었다. 다행히 그 전쟁은 세계대전으로 비화하지는 않았다. 그 뒤 10년이 지나 발칸에서 세계대전이 벌어졌다. 신채호가 발칸반도와 한반도를 제국주의 열강의 화약고라고 했던 말이 들어맞은 셈이다.

지구적 규모로 전개된 제국주의 열강들의 근대화는 비서구 식민지 지식인의 분발을 촉진했다. 유럽이 창안한 근대는 한때 유럽 바깥의 나라들에 선망의 대상이었고 추종해야 할 목표로 추앙받았다. 서구 근대의 위력 앞에서 무력해진 비서구 식민지국들은 서구적 근대를 따라잡기 위해 유학, 여행, 서적 번역 등을 통해 '문명'을 공부했다. 그들 대부분은 유럽의 근대를 문명의 표준으로 삼았고 자신은 문명화되지 못한 존재라고 자학했다. 하지만 베를린회담 이후 비서구 식민지 지식인들은 다른 가능성을 탐구하기 시작했다. 이성과 계몽을 내세웠던 유럽의 열강들이 아프리카 영토를 식민지로 만들어 뺏기 위해 벌이는 비이성적 행태를 보면서 이전의 생각을 수정하기 시작한 것이다. 유럽의 근대성은 결코 진정한 해방의 길을 제시하지 않으며, 따라야 할 궁극적인 이상이 아님을 깨닫기 시작했다. 또한 일본을 비롯한 제국주의 6대 열강이 한반도와 만주를 둘러싼 지배권을 둘러싸고 벌이는 전쟁을 목격하면서 다른 가능성을 찾기 시작했다. 아시아에서는 타고르(Rabindranath Tagore), 알아프가니(Jamāl al-Dīn al-Afghānī), 아프리카에서는 블라이든(Edward Wilmut Blyden)과 듀보이스(W. E. B. Du Bois), 라티아메리카에서는 마르티(José Martí)와 마리아테기(José Carlos Mariátegui) 같은 인물들이 본격적으로 나섰다. 서구 근대의 야만적인 행태를 보면서 자신을 제국주의 근대의 문명화 대상이 아니라 반제국주의인 초근대의 주체로 인식하기 시작한 것이다.

비서구 식민지 지역 중에서 러일전쟁의 집중포화를 맞고 보호국의 처지로 떨어진 조선의 지식인들은 제국주의 근대의 억압성을 쉽게 감지할 수 있었다. 조선의 지식인들은 아편전쟁 이후 중화 질서에서 벗어나 유럽의 근대를 추종했다. 하지만 그중 몇몇은 제국주의 근대의 허망함을 의심하기 시작했다. 물론 그들 안에서도 대응의 구체적 양상은 다소 달랐지만, 크게는 반제국주의적 근대 극복에 대해서 눈을 뜨기 시작했음이 분명했다.

〈대한매일신보〉의 지식인들이 대표적이었다. 신채호(혹은 〈대한매일신보〉의 동지들)가 1909년에 발표한 단편소설 〈지구성미래몽〉은 그러한 새로운 사상을 보여 주는 작품이다. 영국의 식민지였던 인도의 지식인과 일본의 보호국이었던 조선의 지식인이 나누는 대화를 중심으로 전개된 이 작품은 제국주의 근대의 폐해를 통렬하게 비판하면서 비서구 지식인과 민중의 분발을 촉구했다. 동시대에 이인직이 〈혈의 누〉(1906)를 통해 제국주의 근대를 비판했음에도, 황인종의 연대라는 인종주의의 덫에 걸려 좌초한 것과는 매우 달랐다. 신채호는 제국주의 근대를 비판하면서 그 대안으로 단순한 국민국가에 기초한 내셔널리즘이나 전도된 오리엔탈리즘 혹은 인종주의에 빠지지 않기 위해 사투를 벌였다. 그런 점에서 이 작품이 비서구 식민지의 반제국주의적 초근대의 흐름에서 갖는 의미는 각별하다고 할 수 있다.

이러한 지적 흐름은 비단 소설에 국한되지 않았다. 〈대한매일신보〉에 깊이 관여했던 변영만이 1908년에 번역·편집한 두 권의 책《세계삼괴물》과《이십세기 대참극 제국주의》는 유럽의 내셔널리즘이 공업화 이후 제국주의로 전화되었음을 밝히면서, 과거에는 유럽의 근대가 문명이었지만 이제는 야만이 되었다고 비판했다. 그러한 근대를 넘어설 수 있는 대안을 체계적으로 상상하지는 못했지만, 유럽의 근대가 더 이상 문명이나 추종해야 할 대상이 아님을 명시하고 있다는 점에서 이 책들은 반제국주의적 초근대의 출발이라고 할 수 있다.

한국 근대문학에서 문제 작가들이 방향과 대안의 차이에도 불구하고 공통으로 지향했던 것은 반제국주의적 초근대였다. 하지만 한국전쟁 이후 이러한 상상력은 현저하게 축소되거나 사라졌다. 그러다 1980년대에 들어, 척박했던 땅속에서 반제국주의적 초근대의 상상력이 새롭게 되살아나기 시작했다.

## 미국의 탈신비화

한국인에게 미국이 제국주의 국가로 인식되기 시작한 것은 러일전쟁 직후부터다. 그 무렵까지 미국은 서유럽의 제국주의 국가인 영국, 프랑스, 독일과는 다소 다른 나라로 인식되었다. 제국주의 열강이 한반도를 둘러싸고 암투를 벌일 때 고종을 비롯한 많은 지식인이 미국에 큰 기대를 걸 정도였다. 미국은 다른 나라에 개입하지 않을 것이라는 기대가 있었다. 하지만 러일전쟁 직후부터 조선에 미국이 제국주의 국가로 변하고 있다는 인식이 생겨나기 시작했다. 미국이 하와이와 필리핀을 식민지로 삼는 것을 보면서 이러한 인식이 생겨난 것으로 보인다. 물론 당시 일본이 조선을 식민지로 삼는 것을 인정하는 대신에 미국이 필리핀을 식민지로 삼는 것을 인정하는 '가쓰라-태프트 밀약'을 조선인 대부분은 몰랐다. 하지만 미국이 필리핀을 식민지로 삼는 일은 이전의 태도와 매우 달랐기 때문에 미국을 새롭게 인식했던 것으로 보인다. 〈대한매일신보〉 계열의 지식인이었던 변영만이 편역한 《이십세기 대참극 제국주의》에서 이러한 인식을 확인할 수 있다.

북미합중국이 기(其) 전래의 주의를 기(棄)하고 제국정책을 집(執)함에 지(至)한 사실은 근시 외교계에 기(起)한 현상 중 가장 불사의할 자라. 종래 합중국의 정치는 세계의 이해와 불상관함과 여(如)한 상태로 일반에 인식된 바이나 금일에 지(至)하여는 약연히 이기적 팽창정책의 경쟁장 리(裡)에 가입함과 공히 기(其) 국제단체에 대한 지위는 태(殆)히 혁명적 속력으로써 전연 변화된 자라. 물론 합중국에서는 금일까지 상(尙)히 전래의 사회적 및 정치적 천직을 포기한다 반대하는 자가 불소(不少)하나 다수의 미인은 영(寧)히 여우(如右한) 언론을 비애국적이라 비난하고 비상한 열심히써 제국주의의 실행을 찬성하여 하와이 필리핀 등의 획취(獲取)로써 미국의 명예로 사유하는 바라.[2]

미국이 주변 나라에 간섭하지 않았던 종래의 기조를 바꾸어 제국주의로 변하면서 하와이와 필리핀을 식민지화한 것을 언급하는 대목이다. 제국주의로 전화한 미국에 대한 이러한 인식은 윌슨의 민족자결주의에 의해 다소 바뀌는 것 같은 인상을 주었지만, 베르사유조약과 워싱턴회담에서 미국의 역할을 본 후 예전의 방식으로 지속되었다. 일제 말에 미국과 일본 사이의 전쟁에서 미국이 승리하고 조선이 독립한 시기에 미국에 대한 인식은 다시 바뀌는 듯했다. 해방자로서 미국의 진주를 조선인이 환영했던 것도 그러한 인식에서 나왔다. 하지만 시간이 흐르면서 미국은 자신의 이익 위에서 한반도를 보고 있다는 인식이 다시 등장하기 시작했다. 좌우합작을 하던 염상섭과 같은 작가들은 소설을 통해 그 같은 인식을 발언했다. 염상섭은 장편소설 《효풍》(1948)에서 구제국주의인 일본에서 갓 벗어난 조선이 신제국주의인 미국에 의해 포박당하는 모습을 자세히 그렸다.

하지만 한국의 비판적 지식인들이 가지고 있던 미국에 대한 그러한 인식은 점차 억압되었다. 일반 사회에서 미국은 질문의 대상에서 벗어났고 시간이 흐르면서 점점 더 신비화되었다. 한국 사회에서 미국의 존재는 절대적이었고 그에 대한 어떤 비판과 상대화도 허락되지 않았다. 미국의 역할을 부정적으로 보려는 사람은 바로 용공 분자로 간주되었기 때문에 엄청난 희생을 각오하지 않고서는 감히 미국에 대해 질문할 수 없었다. 물론 4·19혁명 직후에는 미국을 비판적으로 바라보는 시각이 공적으로 출판되었지만 아주 일시적이었고 지속되지 않았다. 그런 점에서 1980년대의 시작을 알린 광주항쟁의 결과는 의미심장했다. 군사 쿠데타가 일어났을 때 많은 이들은 미국이 한국의 민주주의를 위해 쿠데타 세력을 제지할 것이라 믿었다. 또 군인들이 광주에서 수많은 사람을 살해할 때도 많은 이들은 미국이 군사력과 외교력으로 군부를 제지하리라 기대했다. 그런데 미국은 자신의 이익을 위해 그들을 승인했고 한국의 민주주의를 억압하는 데 동참했다. 이후 많은 이들이 미국의 정체를 서서히 알아차렸고, 미국이 자국의 이익을 위해서는 어떤 일도

할 수 있다는 사실을 깨달았다. 한국인은 자신들의 머리를 짓누르던 마법에서 풀려나면서 미국을 제국주의 역사의 흐름에서 읽어 내기 시작했다.

제국주의 국가로 미국을 바라보는 새로운 인식이 한국문학과 지식인에게 자리 잡았음을 잘 보여 주는 것으로 현기영만큼 적절한 사례는 없다. 현기영은 문학적 출발부터 1948년 4·3항쟁을 다루었다. 1970년대 중·후반부터 현재까지 발표된 그의 소설 대다수는 4·3항쟁과 직·간접으로 연결되어 있다.[3] 4·3항쟁은 미군정 시기에 제주도에서 벌어진 일로, 미국의 개입이 결정적이었다. 따라서 4·3항쟁을 다룬 소설을 줄곧 발표한 현기영에게서 미국에 대한 재현을 읽어내는 일은 그 당시 한국문학계와 사회에 미국이 어떻게 작용하고 있었는지를 확인하는 통로다.

4·3항쟁을 다룬 1970년대 현기영의 소설에서 미국은 전혀 등장하지 않는다. 1980년대에 들어서면서 미국이 조금씩 등장하기 시작하는데, 그 첫 작품이 1983년의 〈아스팔트〉이다. 하지만 그 작품에서도 미국은 극히 일부분에서 언급될 뿐 본격적으로 다뤄지진 않았다. 미국이 본격적으로 등장한 것은 1991년의 〈거룩한 생애〉이다. 해녀 출신의 집안에서 태어나 해녀로 살다가 결혼해 일제 말기와 해방 직후를 산 여인이 미군정 경찰에 의해 살해되는 내용을 그린 이 작품은 한국 근대사에서 미국이 갖는 의미를 매우 잘 보여 준다. 그 엄혹한 일제 말기에 탄압을 피해 강원도 장진항 주변에서 물질을 하면서 생명을 이어가던 여인은 해방 이후에 죽임을 당한다. 작품은 이런 대조를 통해 간과되던 신식민주의의 억압을 잘 드러낸다.

많은 사람이 구제국주의인 일본은 잘 알지만, 신제국주의인 미국에 대해서는 잘 모른다. 심지어 미국이 제국주의 국가라는 사실마저도 모르기 일쑤다. 일본은 총독부를 만들어 직접 지배했기 때문에 어렵지 않게 제국주의 국가로 인식한다. 하지만 미군정을 거친 뒤에는 조선인이 대통령이 되었기 때문에 이후 시기는 거의 식민지로 인식되지 않는다. 작가 현기영은 그러한 인식 착오와 숨겨진 억압을 해방 직후 제주도 4·3항쟁을 통해 명징하게 드러낸다. 구제국주의 일본 치하에서도 생명을 보전했던 이들이 신제국주의 아래서 죽임당하는 모습을 통해 통념과 달리 신제국주의가 훨씬 더 폭력적일 수 있음을 보여 준 것이다. 이는 한국 근대문학에서 찾기 힘든 장면이라 할 수 있다.

이 작품에서 더욱 흥미로운 것은 여인의 남편이 사회주의를 지향하고 그와 연관되어 여인이 처형된다는 점이다. 여인의 남편은 일본 제국주의는 일본 공업 자본주의가 팽창하면서 나온 필연적인 결과라는 사실, 따라서 제국주의적 근대에 대한 비판 없이는 제국주의에 대한 근본적인 극복이 어렵다는 사실을 깨닫고 사회주의에 동참한다. 물론 사회주의 역시 변형된 근대에 지나지 않기에 문제는 복잡했지만, 최소한 당시에는 그것이 하나의 선택이 될 수 있다고 믿었다. 그는 제국주의적 근대에 대한 비판 없이 식민주의에서 벗어나려는 일은 피상적일 수밖에 없음을 잘 알고 있었다. 한국 근대사에서 이러한 반제국주의적 초근대의 움직임을 여인의 남편을 통해 보여 주었다는 것은 작가의 식민주의에 대한 비판이 절대 얕지 않음을 의미한다. 나아가 다른 비서구 식민지국처럼 한국에서도 반제국주의적 초근대의 노력과 투쟁이 절대 간단치 않았음을 분명히 보여 준다.

함께 논의할 수 있는 1980년대의 문제작으로는 조정래의 《태백산맥》

을 들 수 있다. 이 작품 역시 1980년대가 아니라면 나올 수 없는 작품이다. 한국전쟁 이후 남한 사회의 지배적 이데올로기였던 반공주의는 미국과 이승만 정부를 항상 선으로 간주했고, 그들에게 협력하지 않은 모든 세력을 악으로 여겼다. 북한은 물론이고 남한 단독 정부 수립 전후로 생겨난 빨치산도 악의 무리로 간주되었다. 따라서 빨치산을 민족의 미래를 고민하는 지식인으로 형상화하는 것은 당시 상상할 수 없는 일이었다. 그런데 조정래는 이 작품에서 빨치산을 악인이 아니라 고민하는 지식인과 민중으로 그렸다. 이승만과 배후에 있는 미국을 오히려 민족적 자율성을 해치는 존재로 그렸다. 이 작품이 처음 나왔을 때 많은 독자가 공감한 이유는 그동안 반공 이데올로기에 억압받던 역사를 되살렸기 때문이다. 검찰이 이 작품을 국가보안법에 위촉되는 것으로 규정해 기소했는데, 이는 반공 이데올로기에 입각한 것이었다. 이런 점들을 고려할 때 이 작품은 1980년대 미국 탈신비화의 산물이라고 할 수 있으며 반제국주의적 지향이 있다고도 할 수 있다.

　　1980년대 한국문학계의 미국 탈신비화가 지닌 중요한 근거로《태백산맥》을 논하면서 지나칠 수 없는 것 가운데 하나는 작가의 내셔널리즘이다. 작가가 중요한 저항적 인물로 생각한 김범우를 민족주의적 지향을 가지는 것으로 그린 건 당시로서는 충분히 이해할 만했다. 빨치산을 악마가 아니고 살아 있는 인물로 그리는 것 자체가 매우 위험했기에, 주인공을 사회주의 혹은 좌우합작의 정치적 지향을 가지고 근대를 비판하는 인물로 그리기는 쉽지 않았기 때문이다. 내셔널리스트로 그려도 국가보안법 위반으로 몰아가는 분위기였는데, 핵심 등장인물을 사회주의자로 설정했다면 더 큰 검열과 억압의 된서리를 맞을 수밖에 없었을 것이다. 그런 점에서 당시 이 소설을 읽을 때는 주인공을 내셔널리즘의 인물로 그린 것을 충분히 이해할 수 있었다. 그런데 이후 출간된 조정래의 소설, 예컨대《아리랑》,《한강》,《정글만리》등을 읽어 보면 사태가 그렇게 간단치 않았음을 깨달을 수 있다.《태백산맥》의 저변에 놓인 내셔널리즘이 작가의 보호색이 아니라 작가의 내면에 깊이 자리 잡은 사상임을 알 수 있기 때문이다. 그런 점에서 작가 조정래를 반제국주의적이라고 할 수 있을지 몰라도 초근대라고는 평가하기 어렵다. 현기영과는 어떤 측면에서 대조된다고 할 수 있다. 1980년대의 한국문학이 미국을 탈신비화했다는 점에서 현기영과 조정래의 역할은 결코 무시할 수 없다. 하지만 그러한 반제국주의가 근대 내셔널리즘에 포박되었는가, 아니면 그것을 넘어섰는가 하는 질문은 분명 구분되어야 한다. 물론 그렇다고 해서 1980년대 한국문학계에서《태백산맥》이 갖는 의미를 과소평가해서는 안 될 것이다.

광주항쟁으로부터 20년이 지나 "'광주'의 경험은 한국인에게 미국에 대한 '탈마법화'라는 사유의 지평을 열어 주었다"[4]라고 말한 문부식의 경험적 진술은 1980년대 한국인의 사고 속에 진행된 미국에 대한 새로운 인식의 전환을 압축적으로 말해 준다.

## 제3세계문학론과 소련의 그림자

러일전쟁을 전후한 시기에 러시아는 한국의 비판적 지식인들에게 가장 제국주의적인 국가로 인식되었다. 고종이 일본을 피해 러시아 공관으로 갈 무렵만 해도 러시아에 대한 우호적인 분위기가 존재했다. 하지만 얼마 지나지 않아 일본이나 러시아나 마찬가지라는 인식이 생겨나기 시작했다. 그 무렵 고종은 대한제국을 선포해 난관을 뚫고 나가고자 했다. 이후 러일전쟁을 겪으면서 러시아가 제국주의 국가임을 분명히 알게 되었다. 하지만 러시아가 소련으로 바뀌면서 상황은 급변했다. 소련이 등장하면서 사회주의라는 이데올로기에 대한 선망이 급속하게 확산한 것이다. 특히 한동안 많은 기대를 모았던 베르사유조약이 결국 승전국이자 강대국의 영토 잔치로 끝나는 상황을 목격하면서 소련에 대한 기대가 커졌다. 윌슨의 민족자결주의가 공염불로 끝난 것도 소련에 대한 커지는 기대에 영향을 미쳤다. 베르사유조약에 조선 대표로 참여하려다가 문전박대당한 김규식이 소련에서 열린 극동인민대표회의에 참석한 것은 이러한 변화를 보여 주는 상징적인 사건이었다.

소련을 접하면서부터는 제국주의적 근대를 넘어설 수 있는 기지로서 소련을 간주하는 경향이 늘었다. 하지만 소련 역시 유럽 중심주의의 변형이라는 생각으로 소련과 거리를 두는 이들도 급속히 늘었다. 소련을 제국주의적 근대를 극복할 수 있는 기지로 생각한 이들 내부에서는 식민지 문제에 안이하게 접근하거나 식민지 해방을 세계혁명의 결과 정도로 생각하는 소련을 회의적으로 생각하는 이들이 등장하기 시작했다. 신채호와 염상섭 등이 이러한 경향을 지닌 대표적인 인물이었다. 한국의 비판적 지식인들 사이에서 소련조차도 유럽 중심주의의 변형에 불과하다는 생각이 공고해진 까닭은 해방 직후 소련의 모습과 태도 때문이었다. 만주와 북한 지역에 진주한 소련군의 행태를 확인하고, 그들에게는 식민지 조선에 대한 이해가 거의 없으면서 미국과 별반 다르지 않다는 것을 알게 되었다. 한설야가 해방 직후에 쓴 단편소설 〈모자〉(1946)

는 그러한 인식을 보여 주는 대표적인 작품이다. 한설야는 사회주의에 대한 신념이 매우 강했지만, 소련의 자국 중심적이고 유럽 중심적인 면모를 목격하면서 거리를 두었다. 한설야는 해방 직후 진주한 소련 군인을 보면서 더욱 강한 확신을 갖게 되었기에 이런 작품을 쓸 수 있었다.

한국전쟁을 거치면서 한국 내에서는 소련에 대한 이러한 세밀한 논의가 불가능해졌고, 냉전적 대립 속에서 소련은 자취를 감추거나 악의 화신이 된 존재일 뿐이었다. 1980년대는 이러한 냉전적 사고의 화석화가 깨지기 시작한 시기였다. 그동안 언급할 수 없었다는 점 때문에 소련은 과장과 미화의 방식으로 소개되고 언급되었다. 1920년대 이후 오랫동안 한반도와 주변에 소련에 대한 축적된 질문과 성찰은 온데간데없이 사라졌다. 비판적 지식인들 사이에서 냉전적 억압에 대한 반발로 일방적인 미화만이 판을 쳤다. 제국주의적 근대를 넘어서려는 이들조차도 반공 이데올로기에 대한 반발로 소련을 무비판적으로 읽어 내기 시작했다. 1980년대의 사회변혁론에 소련이 끼친 영향은 압도적이었다. 문학계도 예외는 아니었다. 당시 노동해방문학론을 비롯한 일련의 문학론에서 그러한 영향을 읽어내는 일은 매우 쉬웠다. 자신이 소련을 기지처럼 여긴다는 걸 검열이 허락하는 범위에서 최대한 드러냈기 때문이다.

흥미로운 것은 소련에 비판적이었던 제3세계문학론에까지 틈입했을 정도로 소련의 그림자가 깊게 드리웠다는 점이다. 제3세계론은 표면적으로는 소련에 대한 비판에서 시작되었다. 실제로 1950년대 중반 반둥회의(아시아아프리카회의) 이후 미국과 소련 어디에도 기대지 않고 독자적인 길을 걸으려는 나라들이 속출했고 이들이 모두 제3세계론을 표명했다는 사실을 떠올리면 더욱 그렇다. 이러한 영향은 당시 한국에도 상당한 영향을 미쳤지만, 이론적 흐름을 형성할 만큼 강하지는 않았다. 제3세계론이 급부상한 건 역시 1970년대였다. 서구 식민지에서 해방된 나라들이 급성장하는 모습을 보면서 한국도 그런 길을 갈 수 있다는 생각이 커졌다. 그런 생각들에 힘입어 제3세계론에 대한 논의가 급속하게 퍼지기 시작했다. 1970년대 진보적 출판사였던 형성사가 펴낸《제3세계의 이해》(1979)의 서문은 당시의 사정을 잘 보여 준다. 이 책은 아시아, 아프리카, 라틴아메리카의 지식인들이 쓴 글을 번역해 싣는 동시에 한국의 사회과학계 지식인들의 글도 함께 수록했다.

제3세계에 대한 정의는 약간의 차이는 있으나 일반적으로 선진 자본주의 진영을 제1세계, 쏘련 및 유럽의 사회주의 진영을 제2세계라 부르는 데 대해 아시아 아프리카 라틴아메리카의 신생 저개발제국들을 제3세계라고 부르고 있다. (…) 최근 우리나라에서도 좀 늦은 감은 없지 않으나 제3세계에 대한 관심이 날로 높아지고 있다. 이것은 단지 제3세계의 중요성 때문만이 아니라 우리나라도 명백히 제3세계에 속하고 있다는 역사적 인식 때문일 것이다. 그렇기 때문에 제3세계에 대한 이해는 단지 이론적인 것에 국한되는 것만은 아닐 것이다.[5]

한국에서 제3세계론이 등장한 시기가 1970년대라는 사실은 인용한 서문에서도 확인된다. 앞서 말한 것처럼 1950년대 중반부터 부분적으로 이야기되었지만 사회적 담론으로 자리 잡은 것은 1970년대 중반 전후다. 지나칠 수 없는 대목은 제3세계에 대한 이해이다. 제1세계, 제2세계와 다른 제3세계를 뚜렷하게 내세우는 이들은 결국 민족주의적 지향을 분명하게 드러냈다. 이는 제3세계론을 주장하지만 민족주의에는 비

《제3세계의 이해》 표지(형성사, 1979).

판적이었던 이들이 제2세계, 즉 사회주의에 알게 모르게 경도되었던 모습과는 대조적이다. 민족주의와 사회주의, 두 개의 틀 바깥을 상상하기 어려웠던 것이 당시 제3세계론이 겪는 곤경이었다. 이러한 이유로 비동맹회의 구성원들은 보조를 맞추지 못했고, 결과적으로 제3세계론은 힘을 잃어 갔다. 중국과 인도의 갈등, 중국과 소련의 갈등뿐만 아니라 1950년대 반둥회의 이후 시간이 흐를수록 이 논의가 실천적 힘을 발휘할 수 없었던 건 바로 그러한 이유 때문이었다. 이러한 모습은 1970년대 말에 등장해 1980년대에 더욱 강화된 제3세계문학론에서도 확인할 수 있다.

1983년에 번역 출판된《민중문화와 제3세계: AALA 문화회의 기록》

(창작과비평사)은 1950년대 말부터 나온 '아시아·아프리카 작가회의'의 일본 지회인 '일본 아시아·아프리카 작가회의'가 1981년에 일본에서 진행한 회의의 발제문을 토대로 만든 책이다.[6] 이를 잘 이해하기 위해서는 1950년대 이후 나온 아시아·아프리카 작가회의에 대한 점검이 필요하다. 1958년에 이 회의가 타슈켄트에서 열렸을 때 배후에는 소련이 있었다. 당시 타슈켄트는 소련 연방의 한 지역이었다. 레닌 이후 소련은 전통적으로 식민지의 민족해방운동을 지원했고 그러한 흐름은 약간의 변형을 거쳐 계속 이어졌다. 이 회의도 바로 그러한 흐름에서 나온 것이었다. 소련이 연방의 한 지역인 타슈켄트에서 아시아와 아프리카의 신생 독립국들을 초청해 회의한 것도 그런 이유에서였다. 유럽에서의 혁명에 실패한 소련은 아시아·아프리카 국가들의 식민지 민족해방운동을 세계혁명의 도구로 사용하기 위해 그들을 오랫동안 지원했다. 그 연장선에서 아시아·아프리카 나라들을 모았다.

회의는 처음부터 내부적으로 많은 문제 제기가 있었고 시간이 흐르면서 분열되었다. 소련이 아시아와 아프리카의 신생국들을 단순히 도구로 이용하려는 움직임에 제동을 건 것은 중국이었다. 중국은 소련의 이러한 태도가 대단히 제국주의적이라고 비난하면서 소련 중심주의를 비판했다. 결국 1962년 이집트에서 열린 2차 대회에서 회의는 분열했다. 이후 소련 중심으로 이루어진 아시아·아프리카 작가회의가 제3회 대회를 1967년 베이루트에서 열었는데 중국은 참가하지 않았다. 중국은 따로 사무국을 실론(스리랑카)에 설치해 별도의 행사를 이끌었다. 소련은 이집트에 사무국을 두고 아시아·아프리카 작가회의를 배후에서 이끌었고, 중국은 처음에는 실론의 콜롬보, 그 뒤에는 베이징을 거점으로 별

도의 회의를 만드는 이상한 형국이 벌어졌다. 둘 중 어느 하나도 반제국
주의적 초근대의 지향이란 문제의식을 살리지 못하고 점점 멀어지기만
했다. 결국 반둥회의 이후 전 지구적으로 싹트기 시작한 반제국주의적
초근대의 흐름은 소련과 중국의 패권에 밀려 사라졌다.

　　1980년대 한국에서 나온 제3세계문학론은 미국뿐 아니라 소련에 대
해서도 거리를 두려고 했다. 하지만 국제적 흐름, 특히 소련이 배후에서
제3세계문학론을 유포하고 활용하려는 것에 대해서는 명확히 인식하
지 못했다. 그 때문에 확실한 선을 긋지 못한 채 진행되었다. 이를 잘 보
여주는 예가 《민중문화와 제3세계》이다. 당시 창작과비평사는 '제3세
계총서'란 이름으로 아시아·아프리카의 작품들을 지속해서 소개했는
데, 이 책은 총서의 11번째 책으로 나왔다. 1979년 《창작과 비평》에서 제
3세계문학론에 대한 특집을 낸 뒤 〈대학신문〉 등에서 이를 다뤘고 이런
흐름 속에서 《제3세계 문학론》이 출간됐다.[7] 1980년대 한국의 문학인
과 지식인은 외부에서 논의되고 실천되는 제3세계문학론의 실체를 엿
볼 기회가 많지 않았다. 그런 상황에서 이 책을 통해 제3세계문학론을
짐작할 수 있게 되었다는 점에서 당시 한국의 진보적 문학계에 큰 의미
를 던져 주었다.

　　그러나 이 책이 1950년대 이후 진행된 제3세계문학론 논의에서 어떤
지점을 차지하고 있는지에 대해서는 책의 번역자는 물론이고 출판사도
명료하게 인식하지 못했다. 1981년 일본에서 이 회의를 주도하고 나중
에 기록물을 책으로 낸 일본 아시아·아프리카 작가회의는 냉전의 산물
이었다. 일본은 1956년 인도 델리에서 열린 아시아작가회의 때부터 참
가했다. 1958년 소련 연방의 하나인 타슈켄트에서 열린 제1회 아시아·

아프리카 작가회의에도 일본은 참석했다. 이때부터 일본은 '아시아·아프리카 작가회의 일본협의회'라는 이름의 조직을 갖게 되었다. 1962년 이집트 카이로에서 열린 제2회 대회 직전인 1961년에 일본 도쿄에서 긴급회의라는 이름으로 도쿄 대회가 열렸다. 당시는 미일 동맹의 안보 조약에 맞서 일본의 진보주의자들이 투쟁하던 시기였는데, 그러한 흐름 속에서 대회가 열린 것이다. 아시아·아프리카 작가회의는 일본에서 큰 호응을 얻으면서 진행되었다.

그런데 일본협의회는 중소 분쟁의 틈바구니에서 내부적으로 큰 혼란을 겪으며 분열했다. 앞서 언급한 것처럼 1962년 이집트 회의에서 시작된 이 분열은 소련이 후원하는 카이로 사무국과 중국이 후원하는 콜롬보 사무국으로의 분열로 이어졌다. 일본 내에는 중국 베이징에 사무국을 둔 아시아·아프리카 작가회의 노선을 따르는 '베이징파', 소련과 중국 모두를 비판하는 '자주독립파', 소련의 후원으로 운영되면서 카이로에 사무국을 둔 아시아·아프리카 작가회의와 함께하는 노선이 있었다. 베이징파는 이후 중국이 문화혁명을 거치면서 아시아·아프리카 작가회의를 더 이상 유지할 수 없게 되자 자연스럽게 사라졌다. 자주독립파 또한 국제적으로 함께할 조직을 찾지 못하고 스스로 새로운 국제 조직을 만들 힘이 없어서 사라졌다.[8] 소련이 주도한 아시아·아프리카 작가회의와 함께한 일본 작가들은 이전 단체였던 '아시아·아프리카 작가회의 일본협의회'를 해산하고 새로운 단체인 '일본 아시아·아프리카 작가회의'를 1974년에 만들었다. 이 단체는 이후 지속해서 아시아·아프리카 작가회의에 참석했다. 이 단체가 1981년 일본 가와사키에서 연회의가 바로 '아시아·아프리카·라틴아메리카 문화회의'였다. 그 기록

을 담은 단행본《민중문화와 제3세계》를 시인 신경림이 번역해 창작과 비평사에서 낸 것이다.[9]

이러한 국제적인 사정을 당시 한국의 진보적 문학인들은 제대로 파악하지 못했다. 특히 이 대회를 주도한 일본 아시아·아프리카 작가회의가 소련이 주도하던 아시아·아프리카 작가회의와 보조를 맞추는 단체임을 알지 못했다. 단지 이름이 풍기는 인상만으로 제3세계문학론 단체로 여겼다. 그런 점들을 고려할 때 1980년대 한국의 제3세계문학론은 반제국주의적 초근대 지향의 단초를 가지고 있었지만, 소련이나 제3세계문학론과는 분명한 거리를 가지지 못했다. 제3세계론과 문학론이 그 태생부터 민족주의와 사회주의 지향 사이에서 자신만의 뚜렷한 길을 찾지 못하고 착종된 형태로 진행되었기 때문이다. 이후 1980년대 말소련 체제의 붕괴로 이런 오랜 미망에서 벗어난 뒤에야 제국주의 근대와 유럽 중심주의를 한층 더 또렷하게 볼 수 있었다.

## 가해자로서의 자기 인식과 지구적 차원의 반제국주의적 초근대

한국의 비판적 지식인들은 1980년대 초반 광주항쟁을 계기로 미국의 마법에서 풀려났다. 그리고 1980년대 종반 소련의 붕괴로 사이비 진보의 미망에서도 벗어날 수 있었다. 따라서 1980년대 한국은 제국주의적 근대를 넘어서려는 새로운 시도의 출발이라고 할 수 있다. 1840년대 이후 전 지구적으로 확대된 공업 자본주의는 제국주의적 팽창의 양상을 띠었다. 이는 그러한 지구적 양상을 바꾸지 않고서는 진정한 개조와 해방은 오지 않는다는 것을 알아 나가는 과정이기도 했다. 공업 자본주의에 대한 비판 없이 이뤄지는 제국주의 비판은 또 다른 내셔널리즘의 확산에 지나지 않으며, 제국에 대한 인식 없이 이뤄지는 공업 자본주의에 대한 비판 또한 모습만 바꾼 구미 중심주의에 지나지 않음을 확인한 것이다. 비싼 수업료를 내야 했지만 한국의 비판적 지식인과 문학인이 얻은 자산은 절대 만만치 않았다.

이 과정에서 간과할 수 없는 것 중 하나는 가해자 혹은 억압자로서의 한국에 대한 문제다. 한국은 식민지와 분단을 거치면서 자신을 피억압자로 규정하는 데 익숙해졌다. 실제로 일본 제국주의의 식민지 지배와 미·소 양국의 남북 분할을 고려할 때 이러한 측면은 한국 사회와 문학을 이해하는 데 가장 중요한 요인 중 하나다. 그러한 점들을 제대로 고려하지 못한다면 한국문학을 이해하기 어렵다. 하지만 이러한 익숙한 방식의 관습적 사고는 한국이 스스로 타자를 억압한 문제에 대해 인식하는 것을 방해했다. 단적인 사례가 바로 베트남전 참전이다. 한국문학이 이 문제에 발언하기 시작한 건 파병이 진행되던 무렵부터다. 신동엽의 시 〈조국〉보다 당시 문제에 대해서 날카롭게 인식한 작품은 없었다. 그 무렵 박정희 정부는 한국의 베트남전 파병을 자유민주주의 수호라는 반공적 시각으로 호도했다. 신동엽은 우리에게 아무런 해도 끼친 바 없는 베트남 사람을 죽이러 가는 것에 동참하지 않겠다고 주장했다. 그는 파병은 결국 미국의 조종에 의한 것이며 한국군은 미국의 용병에 지나지 않는다는 점을 강조했다. 당시 미국 안에서는 반전운동이 일어났다. 그러나 한국에서는 마지막까지 반파병운동이 일어나지 않았다. 그러한 사실을 떠올릴 때 신동엽의 시각은 적지 않은 의미가 있었지만, 가해자로서 한국의 면모를 완전히 드러내는 데에는 미치지 못했다.

미국 용병으로서 한국군 파병을 보는 시각은 1970년대에도 이어졌다. 눈 밝은 소설가들은 한국의 베트남전 파병이 더 이상 자유민주주의 수호에 있지 않으며 자국의 이익을 얻기 위한 장사에 지나지 않는다는 사실을 다양한 변주를 통해 강조했다. 베트남전쟁을 다룬 1970년대 황석영의 단편소설 〈탑〉(1970), 〈낙타누깔〉(1972)은 전쟁에 참여한 한국군이 자유민주주의의 수호자가 아니라 미국의 전쟁 용병에 지나지 않음을 드러냈다. 이러한 흐름은 민주주의의 성장과 함께 냉전적 억압이 다소 누그러지기 시작한 1980년대에 이르러 다양한 시선을 띤 장편소설들로 이어졌다. 안정효의 《하얀 전쟁》(1989), 이상문의 《황색인》(1987), 이원규의 《훈장과 굴레》(1987), 황석영의 《무기의 그늘》(1987) 등은 베트남전쟁에 대한 이 시기 한국문학계의 관심이 이전보다 한층 높아졌음을 보여 주었다. 황석영은 전장의 후방인 무기 시장을 통해 베트남전쟁이 결국 제국주의의 자본 진출과 무관하지 않음을 극적으로 보여 준다는 점에서 이전보다 훨씬 다양한 시각을 드러냈다.

베트남전쟁을 바라보는 시각과 시선이 다양하고 깊어졌음에도 가해자로서 한국에 대한 인식은 여전히 부족했다. 피해자로서의 수사에 익숙한 한국문학이 가해자로서의 자기 모습을 그려 내는 작업은 절대 쉽지 않았다. 베트남전쟁에서 가해자로서 한국의 모습이 부각된 것은 1990년대 이후였다. 베트남의 '도이머이'(쇄신을 뜻하는 베트남어) 이후 한국 자본이 베트남에 본격적으로 진출하고 한국 자본주의가 급성장하면서 필요한 노동력을 메울 베트남인의 한국 진출이 가시화되자, 한국문학계는 가해자로서 한국을 알아차리기 시작했다. 베트남전쟁의 결과로 한국인과 베트남인 사이에 태어난 아이 문제를 비롯해 많은 것들이 한국 문인의 눈에 들어왔다. 베트남이란 거울을 통해 가해자로서 한국인의 면모를 자각하게 된 것이다.

가해자로서 한국인의 면모와 함께 빼놓을 수 없는 것은 비서구 식민지로서 자기 인식의 확충이다. 1980년대의 제3세계문학론은 내셔널리즘과 사회주의 사이에서 갈 길을 잃고 곤혹스러워했다. 하지만 1980년대 이후에는 그와 달리 제국주의적 근대의 확산을 지구적 관점에서 읽어내려는 노력이 새롭게 제기되었다. 비서구 식민지의 역사적 현실을 바탕에 두고 제국주의적 근대를 다른 방식으로 해석함으로써 한국문학을 새로운 차원에서 읽으려는 노력은 오늘날까지 이어지고 있다.

제국주의적 근대는 1840년대 이후 지구적으로 확장했다. 따라서 19세기 말 이후에는 제국주의적 근대를 향한 저항이 비서구 식민지 전체에 나타났다. 그 과정에서 문학인들은 핵심적인 역할을 맡았으며 한국 문인들도 마찬가지였다. 앞서 언급했듯이, 19세기 말과 20세기 초에 세 지역에서 이러한 문제의식을 지닌 문인들이 나타나기 시작했다. 타고르가 대표적인 인물이었다. 타고르는 유럽의 세계대전을 목격하면서 서구 문명은 더 이상 가능성이 없다고 판단했다. 물론 유럽의 문명에는 배워야 할 점이 여전히 존재하고 많은 것을 이어받아야 하지만, 물욕에 바탕을 둔 폭력은 반드시 배척해야 한다는 것이 그의 생각이었다. 그는 또한 유럽 바깥에서 중요한 가치를 발굴해 그것을 인류의 미래 자산으로 삼아야 한다고 생각했다. 한때 서구 제국주의의 침탈을 이겨 냈던 일본을 방문해 강연한 까닭은 바로 그러한 기대 때문이었다. 하지만 일본이 조선과 다른 나라를 침략하는 제국주의의 길로 나아가자 그는 과감하게 일본과 단절했다. 유럽의 제국주의적 근대를 답습하고 반복하는 것이기에 극복과는 거리가 멀다고 판단한 것이다. 또한 소련을 방문한 뒤 쓴 그의 글에는 소련 역시 제국주의적 근대의 진정한 극복과는 거리가 멀다는 판단이 담겨 있다. 타고르는 유럽 중심주의가 지배하기 전에 쓰인 괴테의 세계문학론에 호응하면서 독자적인 세계문학론을 펼쳤다. 비서구 식민지의 반제국주의적 초근대문학을 새로운 세계문학론으로 이론화해 제시할 만큼 타고르의 문제의식은 깊었다.[10]

이러한 문제의식은 과거에만 국한되지 않고 현재까지 면면히 흐르고 있음을 어렵지 않게 확인할 수 있다. 오키나와, 팔레스타인 등 오늘날 지구에는 여전히 반제국주의적 초근대의 문제의식을 지닌 문인들이 활발하게 작품을 발표하며 활동하고 있다. 이들은 오래전부터 서로 연대하는 방안을 끊임없이 찾아 왔다. 내가 1990년대 중반부터 《실천문학》에 관여하면서 아시아·아프리카·라틴아메리카 문학 전공자들을 초빙해 지속해서 다루었던 것도 바로 그러한 문제의식의 소산이었다. 나아가 제3세계문학론이 아닌 비서구 식민지의 문학론을 펼친 것은 앞서 보았던 것처럼 제3세계문학론의 냉전적 기원을 극복하기 위해서였다. 다행히 소련이 붕괴한 직후였기에 제3세계문학론에서 어렵지 않게 벗어날 수 있었다. 물론 제3세계문학론의 냉전적 기원을 파악하지 못한 이들은 여전히 제3세계문학론을 주장했지만, 나는 그와 달리 거기서 벗어날 것을 주장해 왔다. 어떤 이들은 제3세계문학론을 부정하면서 동시에 비서구 문학 전반에 대한 무관심을 드러냈지만, 나는 그들과 선을 그었다. 1990년대 중반부터 2000년대 중반까지 《실천문학》에 담긴 비서구 식민지 문학들은 모두 그러한 인식의 소산이었다. 그리고 문제의식을 한층 집중적으로 실현하려고 한 것이 2000년대 말부터 시작한 잡지

# ASIA

세계인과 함께 읽는 아시아 문예 계간지

VOL. 4, NO. 4 | 2009

## PHILIPPINE SPECIAL

We, who now present
literature of the Philippines,
a country that enjoys warm
weather year round,
are now entering the season of
cold winter in Korea.
This also contributes
to the enjoyment of having *Asia*
in this winter.

프란시스코 시오닐 호세
**Francisco Sionil José**

내 전통은 시사이고, 고통에 시달
리면서도 나를 지탱하고 드높여
준 이 불행한 나라다. 아시아의
다른 나라들과 비교할 때 우리나
라는 젊다. 우리에게는 이 지역
다른 곳과 같은 당당하고 유서 깊
은 기념물들, 고색창연한 문화들
이 없다. 1521년 스페인이 향로와
금을 찾아 필리핀에 왔을 때 우리
는 하나의 나라가 아니었다. 우리
는 저마다 독특한 특징을 지닌 채
수천 개의 섬에 흩어져 살면서 서
로 싸움을 일삼던 다양한 인종 집
단들이었다.

My tradition is Sisa, and
this unhappy country which
has anguished but also
sustained and exalted me.
Compared to the other
countries in Asia, my
country is young; we do
not have the august and
ancient monuments, the

hoary cultures of the
region. When Spain came
to the Philippines in 1521
in search of spices and
gold, we were not a
nation — we were several
thousand islands with
different ethnic groups with
distinct characteristics,
often at war with one
another.

비르힐리오 S. 알마리오
**Virgilio S. Almario**

카파라스는 문학의 기준을 좌우
하는 것은 매출이 아니라는것을
이해하지 못한다. 만일 그의 상업
적 기준이 적용된다면 J. K. 롤링
은 두 번째 책을 낸 뒤에 노벨상
을 받았어야 마땅하며, 카파라스
가 모방하는 마블사 슈퍼히어로
만화의 작가들 역시 그랬어야 마
땅하다.

If his commercial
standards were applied,

then J.K. Rowling should
have won the Nobel Prize
after her second book, and
so should the creators of
Marvel superheroes whom
Caparas imitates.

제너비이브 엘 아세뇨
**Genevieve L. Asenjo**

필리핀으로 오지 그래. 가깝고 비
용도 덜 들고. 우리나라에 가면
더 행복할 걸. 우린 외국인들을
훨씬 더 좋아하니까.

Come to the Philippines,
it's near, cheaper. You will
be happier in my country,
because we love
foreigners more, you heard
yourself saying.

9 771975 350005   94

ISSN 1975-3500

13,000원 ($15)

계간 《아시아》는 서로 다른 창조적 상상력이 모여 이루어내는 정신의 숲입니다. 단순히 공간으로서의 특정지역
을 의미하지 않습니다. 미학적인 지역자치제를 하자는 것도 아닙니다. 자신의 눈으로 자신을 보자는 것입니다.

*Asia* aspires to be a forest of various creative minds. *Asia* does not mean a specific
geographical region. We do not aim for an aesthetic self-governance. We do not propose
a cultural separatist movement. We simply want to look at ourselves with our own eyes.

WINTER

# 15

《ASIA》(2009) 표지.

《ASIA》였다. 아시아의 문학만을 다룬 이유는 비서구 식민지의 문학을 전부 다루기에는 현실적으로 역부족이기 때문이었지만, 한편으론 한 지역을 깊이 파고들기 위해서였다. 이후 한국에서 '아시아 아프리카 라틴 아메리카 문학 포럼'을 해마다 열었다. 한국에서 이 포럼을 만들고 연합체의 사무국을 두게 된 것은 결코 우연만은 아니었다. 1980년대 한국 사회의 지적 정황에서 생산된 반제국주의적 초근대의 사상적 지향이 그 바탕이 되었다.

그러나 나는 머지않아 아시아만을 다루거나 비서구 식민지의 문학만을 다루는 것이 바람직하지 않다는 사실을 깨달았다. 비서구 문학을 비롯한 세계의 문학을 함께 다루는 것이 구미에서 일방적으로 주장되어 온 세계문학론을 전복하면서 진정한 지구적 차원의 세계문학을 만들어내는 일임을 알게 되었다. 2013년에 잡지《지구적 세계문학》을 창간한 것은 이러한 문제의식의 소산이었다. 시간이 갈수록 이러한 작업이 모두 1980년대의 한국 사회가 성취한 가치의 연장선에 놓여 있었음을 분명하게 느낀다.

4

# 냉전 말 정치 여행

## 오스트레일리아와 남·북한의 국제 학생 교류

루스 배러클러프

냉전 시기의 마지막 여름인 1989년 8월, 내가 탄 비행기가 홍콩을 떠나 김포공항에 착륙했다. 당시 오스트레일리아 퀸즐랜드대학교 러시아어과 1학년이었던 나는 오스트레일리아기독학생운동(이하 ASCM)이라는 대학 모임에 의해 선발되어 자매 조직인 한국기독학생회총연맹(이하 KSCF)이 주최하는 "체험 투어(exposure tour)"에 참여할 예정이었다. 그런 기독교 대학생 모임들은 진보적인 교회의 지지를 받으며 아시아와 태평양 지역에 퍼져 있었다. 그 모임들은 억압적인 정권 아래에서도 민주화운동이 생생하게 펼쳐지던 1980년대의 국가들, 즉 필리핀, 타이완, 인도네시아, 스리랑카, 한국과 같은 나라를 방문하는 교환 학생 프로그램을 운영했다. 이런 정치적 체험을 의도한 여행은 양방향으로 이루어졌다. 예를 들어 오스트레일리아나 뉴질랜드로 가는 학생들은 페미니스트 정치학의 현 문제와 원주민의 토지 보유권, 산림을 보호하기 위한 환경운동 등을 경험했다. 그리고 1980년대에 한국을 방문한 학생들은 당시 절정으로 치닫던 학생운동을 경험할 수 있었다. 당시는 거대한 파상 파업과 거리 시위 등이 전두환 정권을 무너뜨린 1987년으로부터 2년이 지나 있었다. 하지만 야당의 분열로 전두환의 오랜 군 동료이자 단짝인 노태우가 그해 말 민주적으로 치러진 대통령 선거에서 적은 표 차이로 당선되었다. 이는 여전히 군부 세력이 한국의 국가권력에 깊숙이 자리 잡고 있음을 상기시켰다. 1989년 여름은 조용히 지나가지 않을 터였다.

이 글은 1980년대에 이루어진 국제 학생 교류를 되돌아보고 한국의 노동운동 및 학생운동에서 쉽게 드러나지 않았던 국제적 측면을 살펴본다. 양국의 개신교 및 천주교 교회의 지지와 보호 아래에서 이루어진 이 교류는 외국 학생들을 한국의 대학 서클과 노동 단체의 심장부로 안내했다. 지난 20년 동안 개발 중심적인 한국이 시행한 급격한 산업화 정책은 극심한 계급 분화에 기반하고, 그것을 재생산하며 경제성장을 추구했다. 호주연합교회는 1980년대 말 당시 서울 공장가의 중심지였던 영등포의 영등포산업선교회에 재원을 집중하기로 했다. 한국의 젊은 산업 인력을 수용하던 빈민가와 판자촌에서의 빈곤에 대응하고 절박함에 호응하기 위해서였다. 한국 학생들과 함께 나를 초청한 당시의 영등포산업선교회는 노동자 계급의 자부심, 기독교의 동료애, 노동의 힘이라는 강력한 메시지를 가지고 있었다.

1970년대와 1980년대의 학생들에게 해외여행이란 흔치 않은 특권이었다. 냉전 시대의 세계는 우리가 아는 현재 모습과는 매우 다른 방식으로 국제화되어 있었다. 1980년대 말까지만 해도 상당히 많은 지역이 비공식적인 여행이 불가능했으며 비자를 발급받기도 어려웠다. 미국의 가까운 동맹국이자 자본주의 국가였던 한국은 제1세계로 이름 붙여지지 않았냐고 물을 수 있다. 하지만 1980년대 한국은 여행이나 유학을 위해 사람들이 많이 찾는 장소가 아니었다. 한국으로의 파견은 고생길이 열린다는 의미였다. 한국은 1989년이 되어서야 자국민의 해외여행 자유화가 이루어졌다. 그 이전까지 서울에서 이륙하는 대한항공 비행기에는 해외로 향하는 사업가, 공무원, 장학생만이 타는 듯했다.[1] 그러한 제약들로 1980년대의 한국 청년 문화는 다른 나라의 청년 문화와 상대적으로 단절되어 있었다. 그에 따라 한국은 한국만의 독특한 대학교 반체제 문화를 만들 수 있었다. 게다가 제1세계는 모두 만족스러운 자본주의 국가라는 생각을 강요하려던 군사정권의 노력은 그 기반부터 조직적으로 무너지고 있었다. 이는 학생운동과 노동운동을 지원하는 국내적·초국가적 연대의 지하 네트워크 때문이었다.

기독학생운동(이하 SCM)이 운영하는 국제 교류는 대규모 정치적 행사에 거의 개입하지 않는 편이었다. 그런 점에서 1989년 SCM의 구성원들이 임수경의 방북을 도운 일은 아주 예외적이었다. SCM은 한국 민주화 운동의 광범위하고 다양한 활동의 심장부에서 학생 주도로 움직이는 초국가적 조직이라는 점을 고려하더라도 매우 이례적이었다. 냉전이 여전히 진행 중이었음에도 오스트레일리아와 한반도 간의 학생 교환 프로그램이 남한과 북한 모두를 포함한 건 놀랄 만했다. 이 교환 프로그램은 냉전 시대의 "정치적 관광(political tourism)"과 지구촌 곳곳에서 새롭게 시도되는 아래로부터의 "수평적 연대" 사이 어딘가에 존재했다. 그러한 교류들은 한국과 오스트레일리아의 지저분한 비밀들이 멀리 퍼져나가는 데 일조했다. 또한 한국의 핵심 노동 단체들을 지지하는 데 힘을 모았고 1989년 여름에는 호기심 충만한 젊은이들이 평양으로 가는 걸 도왔다.

기존의 통념은 한국의 세계화와 해외여행이 독재 정권이 막을 내리면서 개방적이고 소비자 중심적인 세상에 대한 호기심이 커지는 과정에서 시작했다는 것이다. 이런 사고는 자유주의적이고 자본주의적인 세계화 모델을 따른다. 하지만 실제 세계화에는 국제적 연대를 결성하고 명망 있는 망명자들이 함께하면서 독재의 시간을 종횡하는 과정을 거쳐 나아가는 훨씬 더 풍성한 역사가 있다.

## 세계기독학생연맹과 세계청년학생축전

이러한 연대 여행(solidarity tours) 뒤에는 19세기 말에 설립된 세계기독학생연맹(이하 WSCF)이라는 유서 깊고 저명한 대학 조직 기구가 있었다. WSCF는 기독교청년회(이하 YMCA)와 기독교여자청년회(이하 YWCA)의 세계교회주의 정신과 강건한 기독교 정신을 배경으로 창립되었다. YMCA와 YWCA는 복음주의를 내세운 자부심 강한 단체들이었다. 두 단체는 당시 급진적으로 여겨지던 세계교회주의 정신을 앞세워, 젊은 남녀 노동자들의 건강을 위한 스포츠와 영적인 재충전을 추구하며 노동자 계급과 중산층 및 하층민 젊은이들을 상대로 활동을 시작했다. 반면 WSCF는 남녀 공학 대학교에서 이뤄지던 조금 더 지적이고 지성적인 방향의 캠퍼스 활동 중 하나였다. 유럽과 북아메리카에서 기원한 이 단체는 1892년에 오스트레일리아, 1903년에 일본, 1912년에 식민지 인도와 실론, 1920년대에 식민지 홍콩, 1932년에 식민지 인도네시아로 운동을 확장해 갔다.[2] WSCF는 각 회원국에서 운영하는 자립적인 SCM들로 이루어져 있었으며 그 나라의 사회적·정치적 상황에 맞춰 적절히 대처했다. 1945년 아시아-태평양 지역 곳곳에 존재하던 식민 지배가 막을 내리면서 각 지역의 SCM들은 다시 등장하거나 새롭게 조직되었다. 대학 캠퍼스 조직인 이들은 1950년대와 1960년대 초의 엘리트 자유주의 기독교 지도자 집단을 대표했다.

SCM의 초창기 인물로는 1947-48년에 인도네시아의 수상을 역임한 아미르 샤리푸딘(Amir Sjarifuddin), 1962-69년에 모잠비크해방전선의 의장이었던 에두아르도 몬들라네(Eduardo Mondlane), 1968-75년에 세계교회협의회 의장이자 이후 1990-92년에 인도의 나갈랜드주 주지사를 역임한 M. M. 토마스(M. M. Thomas) 등이 있다. 전후 오스트레일리아에서는 1949-66년에 총리를 역임한 자유당의 로버트 멘지스(Robert Menzies)와 1983-91년에 총리를 역임한 노동당의 밥 호크(Bob Hawke)가 ASCM의 회원이었다. 1960-70년대 대학 내 정치 성향이 더욱 급진적으로 변화하면서 대학이라는 울타리를 넘어 "거리와 마을에서" 발생하는 다양한 조직적 정치운동에 참여하는 것이 각국 SCM의 과제가 되었다.[3] 대학 안에서 벌어지는 정치 공부와 토론 그룹이라는 특권의 장에서 벗어나 학교 밖의 더욱 위중한 정치적·경제적 문제들에 관심을 기울이게 된 것이다. 그러한 점에서 그들에게 1970년대에 직접적으로 행동하는 정치 추구라는 거대한 변화가 생겨난 것은 당연한 귀결이었다. 진보적인 기독교 모임들이 대학 교정을 떠나 거리에서 일어나는, 다시 말해 자신을 더 필요로 하는 문제들에 관여하기 시작하면서 학내에서는 그 빈자리를 보수적인 복음주의적 학생 단체들이 채워 나갔다.

1972년에 WSCF가 지리적인 지역을 기준으로 재편성됨에 따라 아시아-태평양WSCF가 하나의 독립체가 되었다. 함께 묶인 지역들끼리 연대의 네트워크를 구축하기 시작한 것이다. 1970-80년대에는 나라마다 그 나라만의 문제가 있었고 그 문제가 각국의 정세를 결정했다. 지역의 SCM이 추진한 정치 여행을 통해서 타이완과 필리핀으로 떠난 학생들은 견고한 정권에 대항하는 대중의 친민주운동을 마주했다. 인도네시아에서는 지역 SCM 학생들이 기독교 소수집단의 일부를 구성해 동티모르와 서파푸아의 점령, 1965년에 일어난 공산당 학살에 대해 정부 규제를 조심스럽게 준수해 가며 토론을 진행했다. 1980년대 초 이후 스리랑카의 내전이 점차 확산하던 당시 타밀족과 싱할라족 대학생들이 평화를 추구하는 동료 학생으로 만날 수 있는 유일한 전국적 대학 조직은 SCM이었다. 싱가포르 지역의 SCM운동은 리콴유(Lee Kuan Yew) 정부를 공개적으로 비판했고, 1987년 이들의 활동은 정부를 전복하려는 공산주의자의 음모라는 혐의를 받았다. 당시 SCM 회원들이 체포 및 수감당하면서 조직은 큰 타격을 받았다.

1970-80년대 한국에서도 지역 SCM은 중요한 캠퍼스 조직이었다. KSCF의 회원 중에는 박정희와 전두환 정권 아래에서 일어난 민주화운동의 일부로 1980년대에 대학을 떠나 공업지구에 들어가 공장 노동을 하고, 1987년에 전두환 정권을 타도한 학생운동의 지도부로 활동한 이들이 있었다. 이러한 각국, 각 지역에 따른 정치 활동 외에도 아시아-태평양 SCM은 국제 교류 프로그램을 운영했다. WSCF와 국제 YMCA는 모두 1989년 북한에서 열린 세계청년학생축전을 조직하는 국제준비위원회에 관여하고 있었다.

1989년 ASCM은 KSCF의 초청장을 받았다. 연대를 위한 교환 프로그램에 참여할 학생 대표를 보내 달라는 내용이었다. 마침 아시아에서 최초로 열리는 제13회 세계청년학생축전을 위해 평양이 세계 각국의 학생들을 초대하고 있을 때였다. 1989년에 북아메리카 YMCA와 ASCM은 모두 평양으로 학생 대표를 보냈다.[4] 오스트레일리아는 남·북한과 동시에 수교를 맺고 있었으며, 학생이라면 누구나 기대하는 최고의 행사 가운데 하나인 세계청년학생축전에 참석해 달라는 초청장은 SCM 학생들에게 거부할 수 없는 유혹이었다. 그해 7월 다른 동료들이 모두 평양으로 갔을 때 나는 한국에 홀로 남아 여름을 보냈다.

　　유럽에서 시작한 세계청년학생축전은 냉전 시기의 특징을 고스란히 간직했다. 1947-85년에 총 12번의 축전이 냉전이 나눈 지구본 이쪽저쪽을 가로지르며 열렸다. 대표적으로는 1947년의 프라하, 1959년의 빈, 1962년의 헬싱키, 1985년의 모스크바 축전이 있었다. 평양이 전 세계 청년들과 학생들을 초청하면서 처음으로 아시아에서 세계청년학생축전이 열리게 되었다. 오스트레일리아는 이미 수십 년 동안 세계축전에 대표단을 보내고 있었다. 1957년에 모스크바에서 열린 제6회 세계축전에는 오스트레일리아 공산당 청년단이 100여 명의 대표단을 보냈다. 1962년 헬싱키 세계축전에는 트로츠키주의자들이 참여했다. 1968년 불가리아 세계축전에는 오스트레일리아 원주민 활동가를 포함해 다양한 정치색을 띤 청년들이 다수 참여했다.[5]

　　세계축전에서는 냉전이 낳은 특수한 유형의 국제주의가 독특한 모습으로 표현되었다. 냉전 시기 내내 전 세계 학생들의 지성과 감성이 어떤 방식으로 중요한 이데올로기 전쟁터로 변해 가는지를 보여 준 것이다.

세계축전은 국제 정치적인 사건들과도 여러 면에서 중요한 방식으로 교차했다. 모스크바에서 열린 제6회 세계축전은 흐루쇼프가 스탈린을 고발한 1956년 2월의 비밀 연설 이후 겨우 1년이 지나지 않은 시점에 개최되었다. 마가렛 피콕(Margaret Peacock)은 소련이 세계축전을 주최함으로써 "전 세계에 냉전 시대 청년의 새로운 모습 (…) 과거 스탈린식의 외부와 단절된 소련의 청년들 대신 잘 교육받고 독립적이며 창조적이고 사회참여적인 청년들"을 보여줄 수 있었다고 설명했다.[6] 불가리아에서 열린 1968년 제9회 세계축전은 베트남의 구정 대공세, 프랑스 파리의 1968년 5월 혁명, 프라하의 봄 등의 정치적인 사건들이 일어난 뒤에 개최된 특별한 축전이었다. 많은 참가 대표단은 1968년 여름, 축전이 열리는 불가리아의 소피아로 향하는 길에 프라하를 들렀다. 프라하에서 공산주의 국가가 그들의 정부 기관을 개혁하는 모습을 경험하기 위해서였다.[7] 소피아 축전에서는 체코슬로바키아의 개혁 정부가 취한 조치를 규탄하는 목소리가 조심스럽게 만들어졌다.[8] 그러나 축전이 끝나고 3주 뒤 바르샤바조약 세력이 프라하를 침공했다. 이는 민주화의 희열을 함께 나누고 프라하의 거리 시위에 참여했던 소피아 축전 대표단을 비탄에 빠뜨렸다. 이러한 전례들은 축전의 주최자가 아무리 최선을 다해 노력한다 해도 참가자들의 정치적 경험을 언제나 통제하지는 못했음을 보여 준다.[9]

## "자유 진영"으로의 정치 여행

구소련의 역사학자 쉴라 피츠패트릭(Sheila Fitzpatrick)은 새롭게 운영되던 정치체제를 관찰하기 위해 1920-40년대에 소련을 방문한 여행자들을 "정치적 관광객"이라고 지칭했다. 사람들이 예술품을 보기 위해 이탈리아로 여행을 가는 것처럼 이들은 새롭게 재조직된 소련 사회의 정치를 관찰하기 위해 소련으로 향했다. 관광객뿐 아니라 무관심하거나 호기심으로 가득한 과학자, 기자, 페미니스트, 음악가, 정신과 의사 등이 그 실험적인 국가가 각 분야에서 어떻게 발전하고 있는지 알아보기 위해 소련의 정부 기관 투어에 참가했다. 피츠패트릭은 비록 이런 여행의 "목적은 정치"에 있었지만 "과학의 국가 조직화, 국가 경제 계획, 실험극, 고급문화의 대중화 등 흥미로운 일들이 많이 일어나고 있기에" 전문 분야에서 생겨난 궁금증 때문에라도 사람들이 모여들었다고 지적한다.[10] WSCF 교환 프로그램도 정치 모임, 문화 행사, 사회문제에 관한 토론 등에 그 일정이 집중되었다는 면에서 냉전기 정치 관광의 흔적을 찾을 수 있다.

　그러나 WSCF의 교환 프로그램은 비밀리에 이루어졌으며 반국가적이었다는 점에서 전혀 다른 특색을 지닌다. WSCF의 투어는 세계화가 진행되는 가운데 수평적 연대 의식을 만들고자 하는 노력에 "정치적 번역(political translation)"이라는 층위가 더해졌던 셈이다. 양국 간의 동료애를 만들어 내는 이 연대 여행을 설명하고 이해하기 위해서는 국제적 사회참여운동이 본질적으로 일종의 번역 행위라고 설명한 아르준 아파두라이(Arjun Appadurai)의 "아래로부터의 세계시민주의"라는 개념이 유

용할 것이다.[11]

'정치 여행'이란 용어는 통상적으로 공산권 국가를 방문하는 여행을 일컬었다. 하지만 냉전 시기에 "자유 진영"을 방문한 정치 여행객도 있었다. 1960년에 미국 흑인 가수 폴 로브슨(Paul Robeson)이 성공적으로 완수한 오스트레일리아 순회공연이 그 범주에 속한다. 원래 로브슨은 연예기획사와 '부두 연안 노동자 및 건설 노동자 조합' 등이 함께 주최한 이 오스트레일리아 투어를 그다지 내켜 하지 않았다.[12] 이미 무대, 스크린, 정치판 모두에서 국제적 스타였던 로브슨은 소련에 대한 노골적인 지지와 함께 미국 내 인종차별을 규탄한 것에 대한 처벌로 1950-58년에 여행이 제한된 적 있었다. 로브슨이 여권과 함께 여행할 권리를 되찾았을 때 반공주의를 내세우는 멘지스 정부가 이끄는 오스트레일리아는 연대 여행의 목적지로 크게 매력적이지 않았다. 하지만 로브슨은 어마어마한 금액의 돈을 제안받았고 오스트레일리아 관중은 그의 재능, 명성, 거침없는 정치적 의견에 열렬히 환호했다.

오스트레일리아에서 로브슨의 순회공연을 기록한 유명한 영상이 있다. 그 영상에서 로브슨은 시드니 오페라하우스를 배경으로 비계가 설치된 공사판에서 공연한다. 그리고 오페라하우스의 건설 노동자들은 생각에 잠긴 채 담배를 태우며 로브슨의 노래를 듣는다. 그 순간을 회상하며 오스트레일리아의 역사학자 제프 스패로우(Jeff Sparrow)는 "구좌파의 꿈을 잠시 엿볼 수 있는 순간이었다. 흑인과 백인, 프롤레타리아와 지식인, 고급문화와 육체노동의 통합이 그 순간만큼은 현실이 되었다"라고 썼다.[13] 오스트레일리아에서 로브슨의 음반은 1930년대 이후 이미 잘 팔리고 있었지만, 그의 1960년 순회공연은 오스트레일리아 사회에

1960년 11월 9일 시드니 오페라하우스 건설 현장에서 노동자들이 폴 로브슨의 공연을 보고 있다.

지속적이고 깊은 영향을 미쳤다. 로브슨은 세계 노동자 계급의 연대에 대해 말했고, 오스트레일리아를 여행하면서 만난 여러 원주민에게 "강력한 용기"를 주었으며, 원주민의 권리와 인종적 평등에 대한 지지를 거침없이 표현했다.[14] 백인 정착민의 식민지이자 냉전 시대에는 정치적, 문화적으로 단절되었던 오스트레일리아에서 폴 로브슨은 정치적, 인종적으로 특별히 매력적인 인물이었다. 짧았던 그의 오스트레일리아 투어는 현재까지도 지속해서 큰 울림을 만들어 내고 있다.[15]

자유 진영의 색다른 정치 여행의 또 다른 사례를 아파르트헤이트, 즉 인종분리정책이 시행되던 남아프리카공화국(이하 남아공)을 방문한 런던 신병단(London Recruits)에서 찾을 수 있다. 그들은 1960년대 말과 1970년대 초에 백인 관광객이라는, 세상에서 가장 의심 사지 않을 신분으로 남아공을 방문했다. 당시 인종분리정책을 내세우는 정권은 넬슨 만델라(Nelson Mandela)를 포함한 아프리카국민회의의 고위 간부들을 모두 감옥에 가뒀다. 아프리카국민회의는 동조자를 해외에서 모아야 하는 상황이었다. 1967-71년에 런던의 아프리카국민회의는 젊은 남녀, 학생, 노동자, 관광객을 모집해 "남아프리카공화국의 인종분리정책에 대한 저항의 불을 다시 지피기" 위해서 이들을 남아공에 단기간 파견했다.[16] 파견된 이들은 전단 수천 장을 배포하고 기습적으로 대중 선전 행사를 여는 등의 방식으로 "가장 암울한 시기"에 있던 아프리카국민회의를 부활시키고자 했다. 인종분리정책을 시행하던 국가에 무기를 밀반입하기도 했다.[17] 주최자 중 한 명이었던 로니 카스릴스(Ronnie Kasrils)는 "다른 인종차별주의처럼 인종분리정책도 모든 백인을 같은 편이라고 당연하게 간주"한다고 지적한다.[18] 기록영화로 제작된 런던신병단 이야기는 아프리카국민회의의 역사 속 국제적 연대의 다양한 길을 보여 준다. 공산 진영이 세계축전에서 정치 관광을 통제했던 것과 달리, 소위 자유 진영은 그 나름의 자율적이고 때로는 자발적인 연결과 연대의 네트워크를 가지고 있었다. 이는 국가의 경계를 넘은 비판, 심지어 개입까지도 가능하게 했다. 바로 그런 맥락에서 1980년대에 한국과 오스트레일리아 학생 사이의 교환을 살펴보는 것이 필요하다.

## 서울과 평양

1960년대 한국은 급속한 산업화의 길에 들어섰다. 이 시기에 한국의 교회들은 노동자 선교를 시작으로 일자리를 찾아서 도심의 공장, 건설 현장, 열악한 저임금 노동 현장으로 밀려 들어오는 수많은 젊은 남녀를 돕기 위해 애썼다. 당시 노동자 선교는 매우 뜨거운 호응을 얻었고, 도시 빈곤과 노동 문제를 다루면서 젊은 노동자를 더욱 직접적으로 돕는 새로운 종류의 선교, 즉 산업 선교를 탄생시켰다.[19] 노동자 선교는 이미 유럽과 북아메리카에서 오랫동안 나름의 역사를 가지고 발전해 오고 있었다. 2차 세계대전이 끝난 뒤 프랑스와 벨기에 신부들은 산업 현장에서 일하는 프롤레타리아에게 "살아 있는 신학(lived theology)"을 전하기 위해 공장에 출입하기 시작했다. 나아가 천주교회와 노동자 계급 사이의 오랜 분열을 없애려 했다.[20] 그 신부들 가운데 일부는 노동자나 소작농 집안 출신이었지만, 다른 일부는 "나치 포로수용소에 갇힌 4,000명의 프랑스 신부로서 프롤레타리아가 되는 경험"[21]을 견뎌 낸 자들이었다. 그들의 활동은 서유럽 전역에 큰 영향을 미쳤다. 미국, 특히 시카고와 디트로이트 등의 산업 도시에서는 종교와 민권운동이 선교 활동과 합쳐지면서 "젊고, 검고, 가난한" 이들을 도우려는 움직임이 커졌다.[22] 산업 선교를 위해 성직자들은 공장에 취직하거나 빈민가로 이주했고 대부분의 설교와 배움은 복합적으로 이뤄졌다. 한국 도시들의 산업 선교에서도 이 두 활동이 함께 이루어졌으며, 시간이 흐르면서 선교사들의 활동은 노동자의 고충을 돌보는 것에서부터 노동자의 권리를 주창하는 것까지 넓어졌다. 1989년은 한국의 주요 개신교회와 천주교회가 도시산업선교회와 가톨릭노동청년회를 주축으로 산업 선교 활동을 펼친 지 거의 30여 년이 되는 때였다.

호주연합교회는 1970년대부터 한국의 장로교 산업선교회에 참여하는 중이었다. 1978년 오스트레일리아의 산업선교회 노동자 스티븐 라

벤더(Stephen Lavender)는 여성 노동자들에게 "공산주의를 퍼트린다"라는 혐의로 한국에서 추방당했다.[23] 1980년대에 영등포산업선교회에서 일했던 토니 도슨(Tony Dawson)의 뒤를 이어서 또 다른 오스트레일리아인인 데비 카스텐스(Debbie Carstens)가 영등포산업선교회에 합류했다. 호주연합교회는 점점 더 한국어와 영어를 모두 구사할 수 있는 젊은 한국계 오스트레일리아인 학생과 운동가를 영등포산업선교회로 보냈다. 그 젊은이들은 모두 서울의 산업 단지에서 일하는 동료들과 중요한 삶의 체험을 나눴다. 그때의 경험이 때때로 그들의 삶 전체를 결정짓기도 했다. 1992년에 영등포에서 만난 카스텐스는 시드니로 돌아간 뒤 '일하는 아시아 여성들(Asain Women at Work)'이라는 단체를 설립했다. 현재 20여 년이 넘은 그 조직은 2,000명에 육박하는 회원을 보유하고 있다. 그 조직은 오스트레일리아에 온 지 얼마 되지 않은 여성들 가운데 의류·섬유·신발 산업 등에서 일하는 이들을 중심으로 노동권 옹호 활동을 펼친다. 동시에 이주 여성 노동자를 대상으로 수영 강습과 같은 취미 및 오락 활동을 제공한다.[24]

윤영모는 1980년대에 ASCM 멜버른 지부의 명망 있는 회원이었다. 서울에 도착해서는 계속 한국에 머물며 1990년대 중반에는 전국민주노동조합총연맹을 조직하는 데 힘썼다. 이후 국제노동기구(ILO)에 합류했다. 이러한 사례들이 보여 주는 것처럼, 산업선교회에서의 경험은 급진화의 영향력을 참가자에게 느끼게 했고 이러한 영향은 평생 이어지기도 했다.

1980년대 중반 ASCM과 KSCF는 거의 매년 학생 교환 프로그램을 운영했다. 1989년에 ASCM은 평양에서 열릴 제13회 세계청년학생축전에 학생 대표단을 보낼 예정이었고, 동시에 "체험 투어"라는 별명이 붙은 학생 교환 프로그램으로 한국의 KSCF로도 학생을 한 명 보내고자 했다. 당시 나는 학생 대표로 평양에 가거나 서울 KSCF를 방문하는 선택지 중 하나를 고를 수 있었다. 이는 비동맹국뿐 아니라 제1세계 국가들과도 동맹을 맺으려 했던 북한의 "주체 외교"가 거둔 성공을 보여 주는 것이었다. 나아가 남·북한 모두에게 접근할 수 있었던 오스트레일리아 정부의 성공적인 동북아 대외 정책이 반영된 것이기도 했다. 더불어 그 시기는 남·북한 모두가 외국인에게 똑같이 위협적으로 느껴지던 시기였다. 훗날 드러났지만, 당시에는 이미 세계축전을 앞둔 수개월 동안 전례 없는 정치적 개입이 소리 없이 준비되고 있었다. 그건 KSCF와 오스트레일리아의 파트너들이 오랫동안 연대와 신뢰로 만들어 놓은 연결고리를 통한 것이었다.

임수경은 남한에서 온 유일한 학생 대표로서 평양 세계축전에 도착했을 때 이미 열흘간 여행한 상태였다. 전국대학생대표자협의회(이하 전대협)는 세계축전에 대표단을 보내기 위해 제출한 신청서가 한국 정부에 의해 거부당했는데도 단념하지 않았다. 전대협 지도부는 국제적인 네트워크가 가장 끈끈하고 활성화되었던 대학생 조직인 KCSF로 눈을 돌렸다. 임수경은 한국과 오스트레일리아 기독교운동가들이 한국 밖에서 협력하며 자세히 짜 준 일정에 따라 비행기를 타고 먼저 일본으로 간 뒤 독일로 이동했다. 임수경은 학생운동의 지도자가 아니었다. 임수경의 역할은 정치 여행의 본질에 맞게 연대와 통일이라는 보편적인 염원을 가지고 그녀와 다를 바 없는 수천 명의 남한 학생을 대표하는 것이었다.

한국 국가 정보 기관은 임수경의 놀라운 여정을 전혀 예상하지 못했다. 8월 15일, 그녀는 남북통일에 대한 상징적 행위로 북한의 경계를 건너서 남한으로 들어오려 시도했고 곧바로 체포되었다. 이후 그녀를 도운 협력자들도 신속하게 체포되었다. 한국계 오스트레일리아인인 치과의사이자 선교사 김진엽은 1989년 9월 2일에 체포되었다. 그는 부산 일신병원의 모자건강센터 치과 클리닉을 운영하기 위해 1989년 4월 호주 연합교회에서 부산으로 파견된 인물이었다.[25] 그의 혐의는 서독, 즉 독일연방공화국의 학생 단체 연락망을 이용해서 임수경 여행의 사전 준비를 도왔다는 것이었다. 그는 결국 간첩 활동 죄목으로 징역 2년을 선고받았다. 오스트레일리아 의회는 그의 체포에 대해 항의했고 국제앰네스티는 그를 양심수로 채택했다.[26] 항소 끝에 김진엽의 형은 18개월로

1989년 7월 평양에서 열린 세계청년학생축전에 간 임수경.

　　　　　　　　　　　　　　　　　　　　4장 냉전 말 정치 여행

감형되었다. 석방 뒤 그는 오스트레일리아의 대학들을 순회하며 강의했다. 김진엽 이외에도 다른 이들이 차례로 체포되면서 서울의 KSCF 회원들은 종적을 감추었다. 국가안전기획부(이하 안기부)는 그들이 사라진 뒤 그들의 집을 수색하고 남은 가족을 심문했다.

따라서 내가 탄 비행기가 1989년 8월 21일 김포공항에 착륙했을 때 ASCM의 자매단체 중 누구도 날 마중 나오지 못했다. 임수경의 극적인 여행이 막을 내린 뒤 모두 숨어 지내고 있었다. 난 누군가가 데리러 와줄 것이라는 희망을 버리지 못한 채 바퀴 달린 여행 가방을 끌고 다니며 김포공항 도착장을 배회했다. 2시간이 지난 뒤에야 난 내가 혼자서 도심으로 이동해야 한다는 사실을 받아들였다. 택시를 잡은 뒤 운전기사에게 내가 생각해 낼 수 있는 유일한 단어이자 유일하게 전 세계에 진출한 저렴한 호텔 브랜드인 YMCA를 말했다. 그 마법의 부적 같은 단어를 서로 이해한다는 사실에 택시 기사도 나도 엄청나게 안도했다. 당시 택시는 가는 길에 승객을 여러 명 더 태웠고, 승객과 기사는 전혀 알 수 없는 계산법으로 돈을 주고받았다. 내가 앉아 있는 쪽의 문이 예기치 않게 열리더니 젊은 엄마와 아이가 택시 안으로 밀고 들어오는 당혹스러운 일이 여러 번 벌어진 뒤에는, 도심으로 향하는 1시간 동안 그런 행동들에 더는 놀라지 않게 되었다. 배워야 할 것들이 너무나 많았다. 택시 기사는 나를 YMCA의 "환영" 표시 앞에 내려주지 않고 종로 한복판에 있는 8차선 도로 건너편에 차를 세웠다. 그는 나에게 나의 거대한 주황색 여행 가방을 끌고 종각 지하도를 건너가라고 친절하지만 단호하게 알려 주었다. 습하고 비가 뿌려대는 신비로운 여름의 초저녁이었다.

## 서울과 부천

SCM에서 기획하는 정치 여행은 여행자 개인을 중심에 두지 않았다. 여행자는 단지 오스트레일리아의 대학에 돌아가 들려줄 이야기, 경험, 전갈 등을 잠시 맡아 주는 전달자일 뿐이었다. 정치 여행의 참가자들은 기독교가 나라마다 각각의 맥락에서 서로 다른 것을 의미할 뿐 아니라, 그 급진화의 층위 역시 다양하다는 것을 배웠다.

한국 학생운동에는 순교자가 있었다. 마침내 여행의 한국 측 주최자를 만난 날, 그들은 푸른 잔디로 덮인 서울대학교 학생 김세진의 묘지로 나를 데려갔다. 김세진은 1986년 전방입소훈련에 항의하는 시위를 벌이다 스스로 목숨을 끊은 KSCF 회원이었다.[27] 나는 날마다 노트에 기록하고 사진을 찍고 밤새워 한국의 대학생들이 중요하게 생각하는 이슈와 오스트레일리아의 우리가 함께 이해하기를 바라는 문제들에 대해 들었다. 이를테면 급속한 산업화의 무자비함, 전태일로 대표되는 급진적 노동자 계급, 통일에 대한 염원과 같은 이야기였다.

나는 한국에서 보낸 3주간의 정치 여행을 부천의 여공들과 함께했다. 전라남도의 농가에서 생활하고 대학의 KSCF 학생 모임에 참가했다. 1980년 광주항쟁과 군부의 진압으로 체포되었다가 출소한 이들을 만났다. 빈민가의 잔재가 남아 있는 사당동을 방문했고 서울 북쪽의 공업지구에서 일주일간 지내며 노동자의 문학 축제, 음악 공연에 참가하고 새로운 친구들과 내밀한 대화를 나누었다. 주최자들이 계속 감시당했기 때문에 우리는 끊임없이 이동해야 했다. 어느 날은 현관문 옆에 안기부 직원이 죽치고 앉아서 우리를 기다리고 있었다. 토론이 한 시간, 두 시간

이어지면 나는 동료들의 집중력 유지를 돕기 위해 담배 사 오는 역할을 맡기도 했다. 부천에서 만난 여공 중 한 명은 여성 노동조합에서 일하고 있었는데 러시아 문학서 애독자였다. 원작의 힘을 희석하는 오역이 있을까 봐 그녀는 한쪽에 사전을 세워둔 채 러시아어로 된 원작을 읽었다. 이런 만남과 경험은 이후《여공 문학(*Factory Girl Literature*)》이라는 내 책에 담겼다.

　내가 한국의 학생, 노동자와 연대를 형성하는 데 어려운 한 가지는 바로 한국말이었다. 학생들은 소설뿐 아니라 마르크스주의의 핵심적인 글을 영어, 프랑스어, 독일어 원문으로 읽는 것을 선호했다. 하지만 대화와 토론에서 생겨나는 즐거움과 열기는 모두 한국어로 이뤄졌다. 정치 여행을 온 외국인으로서 한국어를 배우는 것은 힘겨운 일이었지만, 다른 한편으로는 연대감을 느끼게 하는 뿌듯한 일이었다. 그런 맥락에서 "정치적 번역"을 공부한 것은 영어조차 좁게 여기는 한국 학생운동의 반제국주의적 지향에 대한 경의의 표현이었다. 정치 여행객으로서 사람들과 교류하고 학생운동에 헌신하는 동료들과 함께 어울리는 내 첫걸음은 한국어를 배우거나 최소한 배우려고 노력하는 것이어야만 했다. 이러한 노력이 편협하고 민족주의적인 학생운동의 일면을 나타내는 것이라고 할 수도 있겠지만, 나는 오히려 초국가적 연대의 전형적인 모습을 잘 보여 주는 장면이라고 느꼈다.

　여러 종류의 담화와 서클 미팅, 다큐멘터리 영화 상영회와 시 낭송의 밤, 진솔한 술자리 모임을 겪으면서 나는 정치적·언어적 번역의 순간들을 몇 번이고 마주했다. 나는 윤영모의 한국어 실력과 나중에는 산업선교회의 데비 카스텐스의 한국어 능력이 부러웠다. 데비는 산업선교회의 노동자 중 영어를 구사하는 사람이 아무도 없는 상황에서 너무나 간절히 친구를 만들고 싶었기 때문에 한국어를 빨리 배울 수 있었다고 내게 말했다. 부천 동료 중 한 명은 온종일 공장에서 일하고 난 뒤에도 밤마다 도스토옙스키와 고리키를 읽기 위해 많은 공을 들였고, 외국어로 표현된 세계의 언어적 풍성함을 조금도 놓치지 않으려 노력했다. 한국 상황에서 "아래로부터의 세계시민주의"라는 단어를 생각하면, 번역은 단순한 비유가 아니라 양쪽 모두에 강렬하고 매력적인 정치적 행위임을 알 수 있다.

하루는 공장 노동자이자 젊은 음악가인 이들이 공연 뒤 나에게 자바라, 즉 심벌즈 연주법을 가르쳐 주었다. 그들은 이렇게 가까이에서 외국인을 본 적도, 함께 대화를 나눠 본 적도 없었다고 말했다. 자기들이 만난 첫 외국인이 같은 기독교인 운동가라서 얼마나 다행스러운지 모른다고 말했다.[28] 아파두라이는 "토착적 세계시민주의(vernacular cosmopolitanism)"에 대해 그것이 지역이나 언어의 제약을 받지 않으며 "전 지구적 범위에서 선호적인 지형도(preferred geography of the global)"를 만들어 낸다고 말했다.[29] 물론 그러한 개념들은 파악도 되기 전 순식간에 사라지거나 그 자체로 불확실하게 느껴질 수 있다. 그러나 그 실험 속의 살아 있는 경험은 전 세계의 다양한 단체가 남긴 기록들 속에 남아 있고 내 기억 속에도 여전히 머물러 있다.

이런 초국가적 활동의 영향력에 대해 생각하다 보면 사람과 사람 사이의 연대라는 그 찰나의 순간을 측정하는 작업이 얼마나 어려운지 알게 된다. 내가 경험한 정치 여행은 분명히 중산층 학생이기에 가질 수 있는 특권의 한 예였다. 동시에 한국과 오스트레일리아 교회들이 수십

4장 냉전 말 정치 여행

년 동안 만들어 온 각별한 노력 덕분에 가능한 것이었다. 나의 글은 그 일을 함께해 온 모든 이들이 경험했던 심오하고 중요한 것들에 대한 자그마한 회상이다. 일화 하나를 소개하면서 이 글을 마무리 짓고자 한다.

브리즈번을 떠나 한국에서의 정치적 모험을 시작하기 며칠 전, 나는 이웃인 진 필립스 이모와 대화를 나눴다. 진은 원주민의 권리를 주창하는 운동가이자 복음주의 기독교인이었다.[30] 진은 퀸즐랜드주 남부의 셰르부르라는 원주민 보호구역에서 자랐고 옛 저택 안의 관리자 숙소에 살고 있었다. 저택은 호주연합교회의 소유였고 쓰러져 가는 중이었다. 진은 내가 SCM 국제 교류를 위해 곧 한국에 간다는 사실을 알게 되자 나를 바라보며 말했다.

"왜 거기로 가? 관심과 힘이 필요한 문제라면 여기에도 충분히 많은데."

이 말 직후 그녀가 덧붙인 한마디는 날 완전히 무너뜨렸다.

"우리 (원주민) 여자애들한테는 그런 기회가 절대 안 주어지지."

그녀의 말이 옳았다. 나와 함께 초등학교에 다닌 원주민 여학생 중 그 누구도 내가 나온 선발제 고등학교에 진학하지 못했다. 원주민 남학생 중에는 진학생이 조금 있었지만, 여학생 중에는 없었다. 오늘날은 그런 현상을 볼 수 없다. 하지만 원주민 여성에 대한 인종차별적·성적 폭력이 항상 존재하던 퀸즐랜드주, 혹은 1970-80년대의 브리즈번 시내에서 학생으로서 정치 여행이나 아래로부터의 세계시민주의를 경험할 기회는 나 같은 백인 학생이 전부 독점했다.

종로5가 기독교방송 건물에 있는 KSCF의 사무실을 지나가다 정치적 구호가 적힌 스티커들이 가득 붙어 있는 캐비닛을 본 기억이 난다. 그

스티커들 속에는 오스트레일리아 원주민의 토지 보유권을 뜻하는 깃발 모양 스티커도 있었다. 스티커는 태평양을 무사히 건너왔으나 그 스티커를 대표할 원주민은 건너오지 못했다. 나에게 주어진 기회는 태평양을 넘어서 존재하는 정치적 연대를 경험하게 해 주었다. 하지만 바로 그 기회 자체는 겹겹이 쌓인 배제와 소외에 기반하고 있었다. 이 사실은 그 어떠한 반제국주의적 연대로도 절대 부정할 수 없었다.

## 1989년의 또 다른 모습

1989년은 1968년과 마찬가지로 정치 여행을 하기에는 상당히 특별한 해였다. 당시 오스트레일리아에는 한국으로 가는 직항편이 없었다. 나는 서울에 가기 위해 홍콩을 경유했는데, 마침 홍콩도 매우 의미심장한 시점을 지나고 있었다. 여행 약 두 달 반 전이었던 1989년 6월 4일, 중국 정부는 민주적 개혁을 외치며 톈안먼광장을 평화롭게 점거하던 시민들을 폭력적으로 진압했다. 홍콩에서 나는 두 달 전 톈안먼광장에서의 살육이 불러온 충격과 근심을 피부로 느낄 수 있었다. 여객선 부두와 버스 터미널에 설치된 텔레비전은 베이징 중심부에 탱크가 지나다니는 영상을 반복해서 보여 주고 있었다. 사람들은 점점 모여들었고 같은 장면을 보고 또 보았다. 도시 전체가 불안과 우울감에 잠겨 있는 것 같았다. 1989년의 홍콩은 이미 망명자들, 한몫 크게 챙기려는 사람들, 아시아의 다른 지역에서는 금지당한 잡지와 책을 파는 서적상들이 모여드는 지역 허브가 된 지 오래였다. 홍콩의 서점에서는 1988년 버마(미얀마)와 1986년 필리핀에서 일어난 반정부 시위에 대한 기록을 찾을 수 있었다.

또한 1987년 타이완에서 계엄령이 해제된 뒤 일어난 민주주의로의 전환을 다룬 분석, 군사독재 아래에서 일어난 남한의 민주화운동을 알린 T.K생의 〈한국으로부터의 편지(*Letters from South Korea*)〉도 찾을 수 있었다.

1968년이 프라하에서 파리로, 이후 시카고로 확대된 전 지구적 시위와 혁명의 기운을 담고 있었다면 동아시아의 1989년 역시 전례 없는 변화의 해였다. 1989년은 유럽에서 일어난 사건들에 의해 공산주의가 치욕스러운 결말을 맞이한 해로 기억된다. 그러나 당시 동아시아의 정치적 분위기를 주도한 것은 민주화였다. 이 글은 바로 그 1989년의 또 다른 모습을 담아내고자 했다. 남한과 북한이 누구에게는 가고 싶고 가야만 하는 장소였던 그 여름, 제1세계 국가인 한국이 학생과 노동자를 끊임없이 억압하는 것을 내 눈으로 보았던 그 여름, 결과적으로 정권 선전을 위한 것이지만 북한에서 세계시민주의적 연대의 실천이 눈부시게 일어났던 바로 그 여름을 말이다.

# 5

# 민중미술의 해외 전시

## 냉전의 끝 무렵 도쿄, 뉴욕, 그리고 평양으로

이솔

1980년대 민주화운동을 계기로 정치적 진보성을 예술로 시각화하는 새로운 예술 언어가 한국에 탄생한다. 한국전쟁 이래 좌우 이념 구도가 한반도 남북의 공간으로 설정된 후 처음 있는 일이었다. 1980년대에는 민족의 개념과 민주주의의 이상이 함께 작동하면서 민중이라는 이름으로 문화, 경제, 정치의 모든 국면이 역동적으로 변화했다. 이러한 흐름 속에서 탄생한 민중미술운동은 한국 역사에서 가장 영향력 있는 정치적·미학적 아방가르드 중 하나가 되었다. 1980년대 사회변혁운동에서 민족과 민주는 동등하게 중요시되었는데, 이는 억압적인 독재 정권에 대항한 민주화운동이 민족사관이라는 새로운 역사 이해를 통해 민족의 해방과 탈식민지화를 지향했기 때문이다. 현재까지도 한국의 진보적 역사관은 남한의 역사가 북한과의 적대적 관계 속에서 형성되었다고 보지 않는다. 그 대신 한민족과 외세, 즉 우리와 타자 사이에 놓인 불공평

한 관계에 대해 질문을 던진다. 나아가 사회 진보의 성스러운 삼위일체로 여겨지던 근대화, 서구화, 자본주의를 재고한다.[1]

시민들이 독재 정부에 대항해 대규모로 결집한 1980년대 후반에 들어서자 민중미술 또한 폭발적으로 생산되었다. 정부는 검열을 명분 삼아, 1985년 7월 종로 아랍문화회관에서 열린 서울미술공동체 주관의 〈1985, 한국 미술 20대의 힘〉 전시에 갑자기 경찰을 투입해 작품들을 압수하고 화가들을 체포했다. 이에 대항하기 위해 미술 작가들과 미술 공동체들은 본격적으로 조직화에 나서 민족미술협의회(1985-95, 이하 민미협)를 창립했다. 1987년 6월에는 백만 명 이상의 시민이 서울을 비롯한 여러 대도시의 거리로 쏟아져 나와 군사독재자 전두환 퇴진과 대통령 직선제 보장을 외쳤다. 이때 깃발과 현수막이 행진하는 시민들과 함께 움직이며 시위의 시공간을 표시했다. 경찰의 무력 진압에 저항하는 시위에서 연세대학교 학생 이한열을 기리는 걸개그림 〈한열이를 살려내라!〉가 내걸렸고, 1987년 7-9월에 열린 시위 중 최대 규모인 노동자대투쟁에는 더 거대한 걸개그림 〈노동해방도〉가 걸렸다.

이 글은 내가 지난 십여 년간 진행해 온 1980년대 민중미술운동에 관한 연구의 일부분인 민중미술의 초기 해외 전시 역사를 다룬다. 1986년과 1989년 사이에 도쿄, 뉴욕, 평양에서 열린 민중미술 전시회를 중심으로 민중미술을 둘러싼 기존의 서사에 새로운 균형을 제안하고자 한다. 한국 미술사에서 미술품의 공동 제작과 전시에 관한 논의는 주로 사회운동을 찬조하는 사람들에 의해 이루어졌기에 각 작품이 사회운동의 발전에 기여한 점을 강조하는 데 초점을 두었다. 그러나 각기 다른 정황에서 추진된 도쿄, 뉴욕, 평양에서의 전시회와 그 뒷이야기는 작품 생산의 의도와 그 작품들을 시급한 국내 정세에 대한 시각적 해결책으로 보는 시선 간의 틈을 드러낸다. 나아가 국제 교류의 난관, 다시 말해 국가 간의 경계를 넘어서 정치적인 미술을 위한 공간, 혹은 미술을 위한 정치적 공간을 상상하는 데 따르는 어려움을 보여 준다. 여기서 다루는 긴장, 갈등, 오해에 관한 이야기들은 1980년대 한국 민주화운동의 시대와 세계적으로 (신)자유주의적 민주주의가 도래하는 새 시대 사이의 교차점들에 주목한다. 명백한 한계에도 불구하고, 한국의 예술가들과 운동가들에게 더 나은 미래에 대한 희망을 주었던 보편적 민주주의의 이상에 대한 믿음이 민족, 인종, 지역성에 대한 의문과 맞부닥치면서 그 교차점들은 생산적 논의의 장으로 확장되었다.

국내에 전시된 민중미술 작품은 해외에서도 전시되었으나, 민중미술 고유의 성격 탓에 해외 전시 기록은 그동안 잘 알려지지 않았다. 애당초 민중미술은 서양이든 일본이든 외래의 영향을 거부할 뿐 아니라, 해외 전시 기회가 한국 작가에게 제공한 국내 미술 제도 내의 적법성을 거부했다. 민중미술은 대한민국의 다른 어떤 미술 활동보다도 국내 관람객을 염두에 둔 예술 활동이었다. 이 연구는 중요하지 않다거나 초점을 흐린다는 이유로 기존의 민중미술사에서 외면받았던 서사적 파편들을 잇는 첫 학술적 시도이다.

글의 구성은 다음과 같다. 우선 국가 간 경계를 넘어 열린 세 번의 전시회가 지닌 사회정치적 배경과 문화적 배경을 살펴본다. 그를 통해 한국, 일본, 미국, 북한의 핵심 관련자들이 가졌던 전시 의도를 살핀다. 그다음 그러한 문화 교류가 전시에 참여한 민중미술인과 개최지 세 곳에 남긴 영향에 대해 간단하게 살펴본다. 이 글은 작품 하나하나를 연구하는 데 초점을 맞추기보다 각 작품의 해외 전시와 그에 따른 반응의 역사를 추적하고 민중미술의 담론적 틀과 맥락을 살펴보는 것을 목표로 한다.

## '일본 아시아·아프리카·라틴아메리카 미술가 회의'가 상상한 한국

1986년 6월의 한 여름날, 작가 김정헌은 하네다공항에서 우에노공원의 도쿄도미술관으로 향하며 걸음을 재촉하고 있었다. 그의 머릿속에는 일본 방문을 위해 넘어야 했던 온갖 고난과 시련에 대한 상념이 가득했을 지도 모른다. 몇 달 전, 전시회에 참여해 달라는 초청장을 받았을 때 그는 매우 놀랐다. 일본의 좌파 지식인들과 그들의 활동에 관해서 전해 들은 것은 조금 있었지만, 일본에도 민중미술 작가가 있는지는 전혀 알지 못했기에 협업 초청을 받으리라고는 예상하지 못했기 때문이다. 서울에서 여권 발급 받기가 얼마나 어려운지조차 당시의 김정헌은 알지 못했다. 재일본조선인총련합회(이하 총련)를 통해 조선민주주의인민공화국, 즉 북한과 내통할 위험이 항시 존재한다는 이유로 공보국 직원이 그를 심문하리라는 사실도 말이다. 아니나 다를까, 김정헌은 방일을 막아 세우는 여러 어려움을 겪었다. 제시간에 여권을 발급받지 못할 위험에 처하자, 그는 작품들이 이미 다 일본행 배에 실려 떠나갔으며 그런 마당에 작가도 없이 작품만 덩그러니 화랑에 전시된다면 이는 대한민국 평판에 먹칠하는 꼴이라고 담당 공무원 앞에서 주장했다. 김정헌은 비용 절감을 위해 오윤의 판화 24점을 비롯해 민정기, 손장섭, 임옥상, 그리고 자기 작품 수십 점을 돌돌 말아 포장한 후 화물 편으로 이미 보낸 상태였다. 김정헌은 이때를 회상하며 자신이 민중미술의 첫 해외 교류를 성사시킬 수 있었던 이유를 다음과 같이 밝혔다. 그는 막중한 책임을 맡았음에도 예술품에 부과하는 엄격한 관세 규정이나 작품과 해당 화가가 함께 이동해야 한다는 등의 미술품 해외 수송에 관한 지식이 부족했고, 심지어 심문 당시 민족적 자긍심을 즉흥적으로 연기한 덕분이었다고 말했다.

자원과 재원의 부족은 한국 작가들만의 문제가 아니었다. 김정헌이 도쿄도미술관에 도착했을 때 그를 반겨 준 장면은 일본의 관계자들이 자금 부족 때문에 직접 자기 손으로 작품을 하나하나 설치하는 모습이었다. 1977년에 창립한 '일본 아시아·아프리카·라틴아메리카 미술가회의(JAALA)'는 회원 개개인이 낸 회비로 운영되었고, 정부나 기업의 자금 지원을 받는 데 번번이 실패했다.[2] 1978년 JAALA는 레바논에서 보낸 팔레스타인 미술 작품으로 순회 전시를 했고 이를 계기로 회원들이 팔레스타인을 방문했다. 이후 회원들은 1980년의 전시를 위해 태국, 1982년과 1984년의 전시를 위해 필리핀을 방문했다.[3] 그들이 방문한 나라의 화가들은 이후 2년마다 열리는 전시회에 일본 화가들과 함께 참여해 달라는 초청장을 받았다. 1986년 한국의 민중화가들은 그러한 국제적 기획의 연속선으로 일본에 초청받았다. JAALA의 국제 전시회는 원래 〈제3세계와 우리〉라는 이름을 가지고 있었는데, 이 이름은 1990년대에 들어서도 계속 유지되었다. JAALA의 창시자이자 저명한 비평가인 하리우 이치로(針生一郎)는 훗날 이러한 명명이 팔레스타인, 태국, 필리핀, 한국을 모두 제3세계인 "타자"로 지칭하면서 JAALA가 의도치 않게 가진 "서구 제국주의적 세계관"을 무의식적으로 보여 주는 것이었음

을 시인했다.[4]

하리우가 일본 좌파 문화 비평을 이끄는 주요 인물로 활동한 지 30여 년이 지나고 JAALA가 창립된 지 20여 년이 지난 시점에서, 그의 지적처럼 일본의 좌파 진영은 단순히 개최국과 초청국의 화가라는 지역적 위치 차이만으로 일본과 다른 아시아 국가를 구별한 것이 아니었다. 그 구별은 또한 지정학을 중심으로 상상되던 일본의 역사관, 그 역사관 속에서 하나의 통합된 개체이자 일본의 인도를 따르는 존재로 아시아를 개념화한 것이었다. 일본은 19세기 말과 20세기 초부터 서양의 근대성에 대항하는 아시아 연합체를 다양한 형태로 상상해 왔다. 큐레이터로 명망이 높은 오카쿠라 텐신은 "하나 된 아시아"라는 이상을 내세웠고, 철학자 미키 기요시는 "대동아공영권"을 주창했다. 공영권이라는 개념은 전 수상인 고노에 후미마로가 제안한 동북아 경제정책에 그 뿌리를 두고 있었다. 그것은 일본의 민족주의와 군국주의의 영향에서 만들어진 것이었다.[5] 하지만 1950-60년대의 전후 안보 투쟁이 결국 실패로 끝나면서 천황제의 영속과 견고한 보수주의에 반해 좌파는 상대적으로 온건화되면서 분열했다. 1970년대에 이르자 베트남전 반전운동이 일어나면서 제3세계 담론이 다시 유행했고, 그 영향이 다른 아시아 국가들과 연합체를 구성하려는 일본 지식인의 열망으로 이어졌을 가능성이 크다. 당시 좌파 월간지 《신일본문학》의 편집자였던 하리우가 설립한 '아시아·아프리카·라틴아메리카 작가 회의(이하 AALA)'와 그 후신으로 역시 하리우가 설립한 JAALA의 탄생에는 그러한 배경이 있었다.

큐레이터 난조 후미오의 최근 지적에 따르면, 하리우 이치로와 그의 세대는 제3세계의 발견을 통해 일본을 재발견했다. 다시 말해, 우연히 아시아에 있는 세계의 선진국 일본이 아니라 아시아 일부로 존재하는 일본을 재발견했다는 것이다.[6] 전쟁 전후의 일본이 아시아의 다른 지역과 관계 속에서 자신의 위치를 어떻게 인식했는가 하는 사상적 계보를 추적하는 일은 중요한 의미가 있다. 이는 국가 사이의 지정학적 동맹 양태가 달라지면서 일본 안에서는 자기규정의 언어들이 계속 변화하는 상황이 발생했는데, 계보를 추적하는 작업을 통해 그러한 딜레마적 상황이 다시금 상기되기 때문이다.

JAALA와 민중미술의 교류 역사는 반공주의-자본주의-민주주의로 뭉친 미국-일본-한국의 규범적이고 주류적인 동맹에서 벗어나려는 대안적 네트워크 구축 노력이었다. 하지만 개최자가 정작 일본 안에서 기반을 단단히 갖추지 못하고 있다는 점은 초청받은 한국 작가들을 당혹스럽게 만들었다. 1986년의 첫 방문 이후에도 여러 차례 JAALA를 방문한 민중미술비평가 원동석은 전시에 참여한 한국 화가들 사이에 팽배한 실망감의 원인으로 두 가지를 꼽았다. 첫째는 JAALA 전시회의 하나로 열린 일본인 예술가들의 실험적인 공연과 행위 예술이 지나치게 "모더니스트"해서 제3세계 국가에서 초청받아 온 다른 화가들의 작품과 동떨어져 보였다는 점이다. 원동석이 사용한 "모더니스트"라는 표현은 서양미술의 모방품에 지나지 않은, 그래서 거꾸로 반서구적이고 민족주의적 미학인 민중미술이 탄생하도록 촉발한 일련의 작품을 일컫는다. 둘째는 원동석 자신이 회원으로 있는 민미협과 비교할 때 JAALA는 체계적이지 않을 뿐만 아니라 집단적 저항운동을 조직하지 않았다는 점이다. 바로 그 점이 한국 참가자들에게 가장 큰 불만이었다. 하리우 이치로가 나름대로는 재치 있게 자신을 소개한다면서 "재일 일본인"-당시 일본의 반체제 지식인들이 '자이니치(재일조선인)'란 표현을 자기비하적 반어법으로 사용했다-이라고 칭한 점도 원동석은 불만족스러웠다고 회상한다.[7] 우리는 원동석이 느낀 실망감을 통해, 민미협이 머지않아 정부와 기득권층을 대체할 저항 세력이 될 수 있다는 그의 강력한 믿음과 그 외 다른 방식의 저항 형태를 염두에 두지 않는 그의 정치 성향을 엿볼 수 있다.

하리우 또한 양국의 저항운동이 그 규모와 본질에서 큰 차이가 있음을 알고 있었다. 하리우는 한국의 민주화운동을 긍정적으로 평가하고 있었고 많은 일본의 좌파에 대해서는 냉소적이었다. 하리우의 회상에 따르면, 1980년대 말 남한에서 일어난 정치혁명을 보며 한 재일조선인 동료는 이제 한국이 선진적인 일본 산업 발달의 혜택을 받는 시기가 끝나고 되레 일본에 중요한 것들을 수출하는 시기가 도래했다고 말했다. 그러자 하리우는 고개를 끄덕이며 일본의 수신기가 본래의 기능을 못하고 있어 메시지 전달이 잘되지 않아 유감이라고 답했다. 버블경제 시기에 일본의 좌파 문화계에서 활동한 하리우 같은 사람들에게 한국, 특히 1980년 5월 광주에서의 항쟁과 희생은 크나큰 희망의 원천이었으나, 그 희망이 일본의 토양에 성공적으로 이식될 가능성은 거의 없다고 여겨졌다.[8]

더욱 근본적인 차이는 "민주주의"에 대한 인식이 한국 화가들과 일본 주최자들 사이에 많이 달랐다는 데 있다. 큐레이터이자 미술사학자인 구로다 라이지는 회원제로 운영하면서 작품을 전시한 화가를 화랑으로 초청하는 JAALA의 개방형 구조가 요미우리 앙데팡당전(1949-63)과 같은 전후의 사례를 어느 정도 수용한 것이라고 말했다. 해마다 개최한 요미우리 앙데팡당전은 심사위원단이 없었으며 갤러리에 도착한 모든 형태의 작품을 수용 및 전시한다는 원칙을 고수했다. 이는 태평양 전쟁기 군국주의와 그에 따른 사회적 질식을 해소하는 방식으로서, 전후 미군정 시대 일본에 도입된 미국식 자유민주주의 정신을 기반으로 한 전시 운영 형태였다. JAALA가 이해하는 민주주의의 정신은 참여자에게 소량의 회비 외에는 그 어떤 제약을 두지 않는 것이었다. 나중에는 이렇게 모인 회비로 해외 화가를 초청할 수 있었다. 이와 같은 민주적 개인주의 정신에 따라 한국, 태국, 필리핀 등 아시아 각국에서 화가와 작품을 일본에 전시하고자 한 것이다. 하지만 일본 내 회원 수가 몇 안 되는 JAALA의 입장에서 해외 화가와 작품을 일본에 초청하기 위해서는 더 많은 자금이 필요했다. 만약 JAALA가 더 많은 후원을 받았더라면, JAALA가 구상하는 국제 연대의 망을 더 구축할 수 있었을 것이다. 하리우가 재정과 자금에 대한 불만을 자주 표현한 것은 그러한 맥락에서 이해할 수 있다.

JAALA는 최대한 많은 작품을 한곳에 모아 전시하고 싶었으나, 대관제로 운영되는 도쿄도미술관에서 넓은 갤러리를 대여하기란 자금 형편상 쉽지 않았다. 출품된 민중미술 그림들이 상하 두 단으로 전시된 데에는 그러한 현실적인 이유가 있었다. 하지만 그림이 한국에서 전시되던 방식과 비교했을 때 일본의 방식은 상당히 흥미로운 시각적 효과를 낳았다. 한국에서 같은 작품들이 충분한 공간을 사이에 두고 전시되었을 때는 그림들이 별개의 "예술 작품"이라는 점이 충분히 강조되었다. 반면 최소한의 간격을 두고 전시된 도쿄에서는 마치 모든 그림이 서로 연결되어 벽 전체를 두르는 하나의 커다란 현수막처럼 보이게 하는 효과를 냈다. JAALA의 초창기 회원이자 당시 전시회에서 배치를 담당한 사부로 이나가키는 1986년 일본에 전시된 한국의 미술 작품들이 너무나 강렬해서 마치 숨 쉴 공간도 남기지 않게끔 두 줄로 전시하는 것이 더욱 적절하게 느껴졌다고 회상했다. 그런 설치 방식이 공간적인 제약을 고려한 것이었음에도 말이다.[9]

돌이켜 보면 도쿄도미술관의 전시 방식은 몇 년 후 한국에서 등장한 현장미술의 이미지 제작 방식과 비슷했다. 대규모 시위에서 선보인 걸개그림의 미학적 특징으로 처음 등장한 그 방식은 과거와 현재의 여러 사건과 상징을 여러 개의 에피소드처럼 한데 모아 상호연관성을 드러내는 커다란 그림을 구성하는 것이었다. 1980년대 말 일본과 한국에서 민주주의와 예술을 함께 고민하는 모든 사람이 여러 이미지를 한 공간에 모아 강렬한 시각적 효과를 낸다는 발상을 공유했다.

하지만 두 국가의 차이를 무시할 수는 없었다. 한국에서 걸개그림을 대형으로 제작하는 작업은 공공장소에서 시각적 이미지 효과를 최대화함으로써 집단의 힘을 모으고, 그렇게 쌓인 힘을 표현해 내야 한다는 긴박한 대응 방안이었다. 다시 말해 한국 민주화운동에서 현장미술은 평등적 표현, 즉 횡적인 배치 논리를 궁극적 목표로 상정하지 않았다. 그보다는 반지배적(counterhegemonic)인 힘의 집약, 즉 종적인 힘의 논리를 지향했다. 한국의 민주주의는 독재 정권에 대한 저항과 떼려야 뗄 수 없는 관계에 있었고, 그 저항에는 항상 과감한 선택이 필요했으며 결단력이 요구되었다. 따라서 저항적 시공간을 재현하는 데 한일 간에는 현격한 차이가 존재했다. 도쿄에서의 민중미술 전시는 한국을 강렬한 저항의 공간으로 표현했고, 혁명적 내용을 전달함으로써 일본의 좌파 지식인을 계몽하거나 최소한 위안이라도 전해 주기 위한 것처럼 보였다. 반

제5회 JAALA 전시 〈제3세계와 우리〉.

면 한국의 민중작가들은 역사를 강조하면서 현실을 그려 나갔고, 현실을 저항의 시작이자 동시에 역사를 다시 쓰는 시발점으로 보았다. 그들에게 과거에 대한 향수나 외국을 향한 동경은 사치로 여겨졌다. 오히려 한국 사회변혁의 시급한 필요성을 함께 공유하는 동료들은 다른 바다 건너에 살고 있는 것 같았다. 이는 당시 열띤 사회 문화 투쟁이 활발하게 펼쳐지던 뉴욕에서 한국의 민중미술을 접한 예술비평가들이 민중미술에 환호하는 실마리를 제공했다.

## 다문화 도시 뉴욕의 시각

1988년 9월 29일 뉴욕 소호의 아티스트스페이스(Artists Space)에 사람들이 삼삼오오 모여들었다. 1972년에 개관해 여전히 대안적 예술 공간으로 유명세를 누리던 아티스트스페이스에서 〈민중미술: 한국의 새로운 문화운동(*MinJoong Art: A New Cultural Movement from Korea*)〉 전시회가 시작하는 날이었다. 1988년 서울올림픽이 개막한 지 채 2주도 되지 않은 그날, 관람객은 농부를 그린 이종구의 사실주의적 인물화와 오윤의 목판화를 비롯한 여러 작품을 감상할 수 있었다. 이 작품들은 2년 전 도쿄에서 전시되었는데, 급변하는 한국의 거리와 광장에서 피어난 정치미술 발전에서 그 2년은 중대한 시간이었다.

이와 관련해 주목할 점으로, 뉴욕의 〈민중미술〉 전시회에는 〈한열이를 살려내라!〉라는 거대한 걸개그림이 새롭게 추가되어 관객의 이목을 끌었다. 이 작품은 최병수가 1987년 6월 9일 최루탄에 맞아 치명상을 입은 연세대학교 학생 이한열을 찍은 당시 언론 사진을 이용해 만든 것이다.[10] 당시 아티스트스페이스의 큐레이터였던 발레리 스미스(Valerie Smith)는 그 장엄한 걸개그림을 보고 "한국의 피에타"라고 불렀다. 최병수의 이한열 걸개그림은 국가폭력의 대표적인 상징물이 되었고 시위 현장에서 단련된 새로운 작가상의 부상도 함께 예고했다.[11] 이종구, 오윤, 김봉준, 임옥상처럼 미대를 졸업한 다른 작가들과 달리, 최병수는 초등학교(당시는 국민학교) 교육만 받은 후 목수, 건설 노동자와 같은 일용직 육체노동자로 젊은 시절을 보냈다. 전하는 바에 따르면, 그는 〈중앙일보〉에서 이한열의 사진을 본 순간 피가 거꾸로 솟는 듯한 충격을 받았고 그 이미지를 목판화로 제작해 널리 퍼뜨려야겠다고 생각했다. 처음에는 약 180부를 인쇄해 시위자들에게 나눠 주었는데, 판화가 인기를 얻자 이틀 후에는 4,000부를 찍고, 일주일 후에는 추가로 1,000부와 4색 손수건 4,000장을 더 찍었다. 그 과정에서 7.5×10m 크기의 걸개그림도

1988년 9월 29일 뉴욕 아티스트스페이스의 실외에 설치된 최병수의 〈한열이를 살려내라!〉(1987).

만들었는데, 이 모든 것을 연세대학교 학생들과 협업으로 7월 5일 이한열이 사망하기 전 제작했다.[12] 목판화와 걸개그림은 독재자 전두환의 후계자로 꼽힌 노태우가 대통령 직선제를 약속한 6월 29일을 전후해서 급격히 변화하는 정치 현실 속에 배포·전시되었다. 그렇다면 그러한 걸개그림을 뉴욕 시내에 내건다는 것은 과연 어떤 의미였을까?

1988년의 뉴욕과 서울은 미술사적 맥락으로 보나 정치적 상황으로 보나 많은 차이가 있었다. 그런 차이에도 불구하고 미국의 예술비평가 루시 리파드(Lucy Lippard)는 카탈로그 논평에서 자신의 목표는 "내가 알고 있는 미술과 한국의 민중미술 간의 공통점과 차이점을 탐구하고, 이 두 미술의 만남을 인정하며 상호투과성을 받아들이는 것"이라고 밝혔다.[13] 그러한 만남이 상호투과성을 가질 수 있다는 것은 단순히 비평가의 희망 사항이었을까, 아니면 실제로 가능했을까? 주간지《빌리지 보이스(Village Voice)》에 자주 기고하던 킴 레빈(Kim Levin)은 개막 날 전시를 관람한 후 이 작품들은 자신이 기존에 알고 있는 한국 미술의 내용, 형식적·언어적·사회적 맥락과는 완전히 다르다고 말했다. 레빈은 최근에 서울을 방문했음에도 뉴욕에서 대면한 민중미술을 접할 준비가 전혀 되어 있지 않았다고 덧붙였다. 그것은 한국 정부가 해외, 특히 미국이나 미국 비평가에게 홍보하는 한국 미술을 문화 외교와 수출이라는 국가의 논리에 따라 엄격하게 통제했기 때문이다.[14]

리파드는 그 전에 민중미술을 경험한 적이 있었다. 약 1년 전 그녀는 〈민중미술: 한국 정치미술의 새로운 움직임(MinJoong Art: New Movement of Political Art from Korea)〉이라는 이름으로 북아메리카에서 처음 열리는 민중미술 전시회를 위해 글을 기고해 달라는 부탁을 받았다. 1987년 1월 한국에서 태어나 토론토의 온타리오예술디자인대학교(Ontario College of Arts and Design)를 막 졸업한 작가 엄혁이 공동 큐레이터로 준비한 전시회가 토론토의 에이스페이스(A Space)에서 열렸다. 그 전시에는 오윤, 박불똥, 정복수, 성능경의 작품이 전시되었는데, 이들의 작품은 이후 뉴욕 브루클린의 마이너인저리(Minor Injury)로 옮겨 전시되었다. 토론토와 브루클린의 전시 공간은 모두 미술 작가가 운영하는 대안 공간이었다. 이러한 전시회가 어느 정도 성공을 거두자 마이너인저리를 창립한 한국 출신 화가 박모(Bahc Mo)가 엄혁과 함께 맨해튼 중심가에 있는 아티스트스페이스에서 좀 더 큰 규모의 민중미술 전시회를 준비했다.[15]

리파드가 민중미술에 관해 1987년에 쓴 글을 살펴보면, 비교미술사적 방법을 활용해 민중미술을 평가한 것을 찾아볼 수 있다. 예를 들어 리파드는 존 하트필드(John Hartfield)의 사진 콜라주 기법을 언급하면서 민중미술을 유럽과 미국의 예술계에서 기인한 형식적 규준에 맞춰 평가했다. 그러나 리파드가 1988년 아티스트스페이스에서 열린 민중미술 전시회를 위해 쓴 글을 보면 민중미술에 대해 이전과는 다른 접근 방식을 취하고 있음을 발견할 수 있다. 1988년 글에서 리파드는 비평가의 역할은 익숙함 속에서 이질적이거나 이국적인 것을 찾아내는 것이 아니고, 서양미술과 민중미술의 유사성을 발견해 칭찬하는 것도 아니라고 주지한다. 그보다는 각기 다른 지역의 담론적 역사를 고려하는 것이라고 주장한다.[16] 리파드는 카렌 카플란(Caren Kaplan)의 말을 인용해, 이국적인 미술을 일시적으로 즐길 뿐인 "이론적 관광(theoretical tourism)"을 피하기 위해서는 캐롤 길리건(Carol Gilligan)과 울프 한너츠(Ulf Hannerz)가 말한 "관계적 모형(relational models)", 혹은 리파드 자신이 "새로운 의

미들이 숨어 있는 경계 공간(liminal ground)"이라고 말한 것을 더 자세히 살펴봐야 한다고 썼다.[17] 요컨대 리파드는 형식에 대한 논의에서 출발했지만, 이후 정치적 투쟁과 저항의 전략이 담겨있는 역사까지 공감하고 고뇌하게 된 것이다.

한국의 평론가이자 미술 동인 '현실과 발언'의 창립 회원이었던 성완경은 뉴욕에서의 전시회에 대한 양가적 감정과 불편함을 지울 수 없었다고 회고한다. 성완경은 엄혁과 박모를 적극적으로 지원하며 작가 선정 과정에서부터 큐레이팅에 참여했다. 하지만 뉴욕의 관람객들이 한국의 정치미술을 "이해"하지 못한다는 사실 뿐 아니라, 자신이 당시 미국 예술계의 담론적 언어를 제대로 알지 못하고 있음을 동시에 인정해야 하는 딜레마에 휩싸였다.[18] 이 점에서 리파드와 성완경 사이에는 뚜렷한 차이가 있다. 성완경은 "두 문화를 같이 보는 것, 더 정확하게는 두 문화를 함께 상상하는 것"에 있어서 극복하기 힘든 어려움을 느꼈다. 반면 문화 간의 "상호투과성에 순응"하고자 하는 리파드의 바람은 5년 뒤 박모가 말한 것처럼 "변방을 동경하는 중심의 진보적 지식인"의 한 사례였을지도 모른다.[19] 당시 성완경은 중심부과 주변부의 관계, 제1세계 지식인과 제3세계 지식인의 상호의존성을 깊게 고민했다.[20] 성완경은 작품의 시각적 효과에 관해 진솔하게 설명한 레빈의 평가, 현대미술의 한 범주로서 민중미술의 정의와 작동 기제에 대해 할 포스터(Hal Foster)가 던진 질문에서 깊은 인상을 받았다. 둘 다 성완경에게 신선한 시각이었고, 그는 문화운동으로서 민중미술에 대해 자신이 오랫동안 품어 온 양가적 감정이 혹시 이들의 견해와 통하는 부분이 있다고 생각했을지도 모른다. 전시회 첫날 임옥상의 작품처럼 시각적으로 압도적인 그림들을 보고 성완경과 함께 나눈 대화에서 레빈은, 이 그림들은 보는 이의 무지함을 상정하고 있어서 불편할 뿐 아니라 위협적으로 느껴진다고 평가했다. 레빈의 그 말은 민중운동과 재현의 정치학에 대해 이후 등장할 페미니즘적 비판의 핵심을 찌르고 있다.

〈민중미술〉 전시회가 열린 시기를 성완경은 "마침표인 동시에 새로운 출발"의 시간이라고 불렀다. 이 전시회는 민중미술의 여러 가지 주제와 정치적 포부, 문화 형식의 다양성을 보여 주었다. 나아가 1987-88년 절정에 이른 예술의 사회참여운동 정신을 반영하는 것이었다.[21] 리파드와 같은 비한국인 평론가들과 나눈 대화도 민중미술을 종합적으로 다룬 첫 해외 전시회인 〈민중미술〉을 더욱 풍성하게 만들었다. 리파드는 거리에서 예술과 삶이 하나로 통합하는 한국의 상황을 "미국이 만들어낸 수많은 반전 예술, 반제국주의 예술에서는 찾을 수 없는 맹렬한 면을 민중미술에서 발견한다면, 한국이 여전히 전쟁 중이라는 것을 상기하라"라고 통찰력 있게 기술했다.[22] 민중미술은 반공주의적이고 권위주의적인 정부 권력에 저항하는 대립적 시각언어로 탄생했다. 따라서 긍정적이든 부정적이든 격렬했고, 강한 상징성에 의존했으며, 민족주의적이며 남성 중심적일 뿐 아니라, 때로는 대항하고자 하는 지배 권력만큼이나 진부하고 교조적인 양상을 보였다. 대중 시위에서 발생하는 폭력은 지배적인 서사(dominant narrative)와 주도적인 대항 서사(dominant counternarrative)가 충돌하며 생기는 어쩌면 당연한 결과였다.

이러한 관점에서 김봉준과 김용태 같은 화가들은 1987년 미국 백악관 주변에서 펼쳐진 거리 행진을 보고 실망감을 감출 수 없었다. 지나치게 평화롭고 조용한 그 시위에는 한국의 시위 참가자가 대부분 느끼는 "불안과 (…) 신변 위협의 가능성"이 존재하지 않았다.[23] 한국에서는 1985년에 열린 〈1985, 한국 미술 20대의 힘〉 전시회를 시작으로 저항적인 표현이 담긴 작품을 전시하는 작가들이 수시로 체포되었다. 당국은 이들이 어떤 식으로든 북한과 연결되었다고 의심했고, 그러한 혐의는 수사, 구금, 고문하는 좋은 구실이었다. 개헌과 직선제를 통해 대통령이 선출된 뒤에도 한국은 여전히 전쟁 중이었다. 1989년 북한으로의 국경 넘어서기를 시도했다는 이유로 갇힌 9명의 화가가 그 증거였다.

## 비무장지대를 넘어 공유한 작업들: 평양, 1989

1989년 8월 12일 북한의 영자신문 〈평양 타임스(Pyongyang Times)〉는 한 달 전 2·8문화회관에서 조선 통일의 염원을 담은 미술 전시회를 개최했다고 보도했다. 그때나 지금이나 북한에서는 미술 작품을 어느 곳에서나 쉽게 발견할 수 있고, 만수대창작사로 대표되는 북한의 국가 주도 미술 제작 시스템은 잘 알려져 있다. 하지만 신문에서 보도한 1989년의 전시회에서는 북한의 미술 작품을 찾아볼 수 없었다. 기사에 따르면 그 전시회에는 "남조선의 애국 학생과 진보 화가들이 보낸 벽보 55점, 목판화 46점, 사진 26점, 그리고 깃발 한 개"가 전시되었는데, 55점의 벽보 중 "총 13폭으로 이루어진 〈민족해방운동사〉는 세로 3m에 가로가 90m에 달하는 대작으로 갑오농민전쟁에서부터 현재 조국의 통일을 위해 남조선 인민들이 벌이는 투쟁까지의 역사적 사실을 담아내고 있었다."[24]

이 영문 기사가 "벽보(poster)"라는 상당히 온건하고 중립적인 단어를 번역어로 사용했다는 점은 주목할 만하다. 같은 해 4월 〈민족해방운동사〉가 남한에서 처음 선보였을 때 이 작품은 걸개그림이라는 미술 형식으로 소개되었다. 걸개그림은 한국의 민중화가들이 1983년에 새로운 형태의 공공 미술로 고안해 냈으며, 민주화운동이 한층 더 대중적이고 격렬해지는 1980년대 후반부터 활발하게 사용되었다. 최병수의 〈한열이를 살려내라!〉에서 볼 수 있듯이 저항 예술로서의 걸개그림은 단순히 "크게 그린 그림"이 아니라, 그림은 무엇인가 하는 개념 자체를 근본적으로 바꿔 놓은 예술 형식이었다. 조선 시대에 대규모 야외 불교 의례에 내걸던 괘불화(掛佛畵)와 마찬가지로, 걸개그림이라는 새로운 미술 형식은 실외에 전시됨으로써 집회 장소를 드러낼 뿐만 아니라 참석한 대중의 열기를 고취했다.[25]

시위에서 사용할 걸개그림은 보통 예정된 시위일이 코앞으로 다가와서야 제작 의뢰되었다. 연이은 시위로 항상 작업 시간에 쫓기던 화가들은 현장에 있는 누구라도 당장 도움이 될 만한 사람이 있다면 기꺼이 손을 빌렸다. 걸개그림이 여전히 제작되던 1990년대 중반에 대학을 다닌 한 작가는 그 당시를 떠올리며, 왕왕 선배들의 손에 끌려오다시피 걸개그림 작업 현장에 도착해서 한 귀퉁이를 다 색칠하고 나서야 자리를 뜰 수 있었다고 회상했다. 이러한 제작 과정을 생각해 보면 걸개그림의 원작자가 누구인가 하는 문제에 명확한 답을 내리는 일이 얼마나 어려운지 알 수 있다. 한 명 혹은 두 명이 선으로 밑그림을 그린 뒤에도 몇 명인지 정확히 알 수 없는 여러 화가의 손이 공동작업 참여 크레딧이나 보수 없이 참여했다. 어떻게 보면 걸개그림 제작에서 공동 작업이라는 수행적 측면은 완성된 그림을 공공장소에 전시하는 급진적 행위만큼이나 중요했다. 미술인들은 이처럼 구체적인 장소에 사용하기 위해 만드는 저항 예술을 "현장미술"이라고 부르기 시작했다. 현장미술에는 걸개그림 외에도 깃발, 벽보, 표어가 적힌 현수막, 머리나 목에 두르는 스카프 등 옷가지가 포함되었다.

걸개그림의 주요한 특징은 신속한 공공 전시와 그 이후 그림의 안전한 회수라는 반복 행위였다. 하지만 〈민족해방운동사〉의 일시적인 전시와 관람이라는 리듬은 한국 정부의 검열로 중단되었다. 각각 높이 2.3m에 길이 7m인 그림 11개로 구성된 원작은 전국의 미술 공동체 7개에 속한 200여 명의 화가들에 의해 3개월 동안 기획·제작되었다.[26] 1989년 4월 서울대학교에서 처음 공개된 이 그림은 1989년 6월 30일 한양대학교에 들이닥친 경찰에 의해 조각나고 불태워질 때까지 여러 대학교, 광주의 금남로나 부산역 광장과 같은 공공장소의 대규모 집회에서 전시되었다. 1989년 6월 30일은 전대협 소속의 21세 임수경이 제13회 세계 청년학생축전에 참가하기 위해 베를린을 거쳐 평양에 도착했다는 소식을 접한 날이었다.[27]

북쪽에 공산주의 국가가 있다는 사실은 언제나 한국의 국가적 정통성의 기반에 대한 도전이었다. 하지만 1989년은 한국 정부에 유난히 곤란한 해였다. 냉전 말기, 베를린 장벽이 무너지기까지 몇 개월도 채 남지 않은 시점에서 황석영, 문익환과 같은 유명 인사들이 1989년 3월에 방북하는 정치적 시위를 벌였다. 1989년 8월 15일 임수경이 49일 동안 북한에 머문 후 판문점을 통해 남쪽으로 돌아온 사건은 1953년 한국전쟁의 정전 이후 처음으로 개인이 비무장지대를 공식적으로 건넌 사건이었으며, 언론에서도 크게 다뤘다. 한국에 돌아온 즉시 임수경, 황석영, 문익환은 정부가 사전에 허가하지 않은 북한과의 직접 접촉을 금지하는 국가보안법 위반 혐의로 체포되었다. 〈민족해방운동사〉의 제작을 주도한 홍성담과 화가 8명 역시 재판에 부쳐졌고 고문실에서 심문받았다. 홍성담이 민족학교라는, 로스앤젤레스에 기반한 협회를 통해 걸개그림의 슬라이드 사본을 만들어 북한으로 보냈기 때문이다. 한국의 민중미술이 도쿄, 뉴욕, 평양으로 가기 위해 건너야 했던 국경 중 남·북한 사이의 경계를 통과하기가 가장 힘들었다.

〈민족해방운동사〉의 슬라이드가 북한에서 정확히 어떻게 원작 걸개그림보다 약간 큰 규모로 재현되었는지는 확인하기 어렵다. 한국에서 지금까지 북한 미술에 대해 가장 많은 글을 쓴 미술사학자 박계리는 정확한 재현 방법은 설명하지 않고, 북한 화가들이 슬라이드로부터 작품을 "재제작"했다고만 썼다.[28] 북한은 '집체작'이라고 부르는, 소재와 구성 등에 관해 제작의 여러 단계에서 국가미술위원회의 토의를 거치는 그림의 집단 제작 과정을 자랑스럽게 내세운다. 그런 점을 고려할 때 한국에서 보낸 슬라이드를 그림으로 제작하기 위해 원작과는 또 다른 성질의 집단 제작이 활용되었을 가능성이 있다. "200여 명의 한국 화가들이 3개월에 걸쳐서 제작한 것을 어떻게 북한에서는 6주라는 짧은 시간 안에 재현할 수 있었는가?"라는 질문에, 박계리는 "그쪽에서는 제작으로서의 재현을 우리 생각보다 쉽게 접근한다"라고 말하며 "아마도 빠르게 그리기 위해 커다란 판에 슬라이드를 영사시켰을 수도 있다"라고 추측했다.[29] 추측밖에 할 수 없는 상황에서 북한 특유의 복사와 재제작 과정의 신속함에 대해서는 박계리의 말이 맞을 수도 있다. 북한에서는 수묵화든 유화든 걸작의 복제품을 정부가 인증하는 경우가 있으며, 박물관에 전시하거나 해외에 보낼 때 "원작"으로 취급하기도 한다.[30] 훌륭한

## Art exhibition dedicated to reunification

An exhibition of fine art pieces reflecting the desire for reunification sent by south Korean students and people opened at the February 8 House of Culture on July 22.

On display were 55 posters, 46 woodcuts, 26 photos and a flag sent by patriotic students and progressive artists in south Korea.

The exhibits vividly show the desire of south Korean students and people for the country's reunification, their anti-US and anti-"government" struggle and the corruption of the south Korean social system.

The 13-chapter large poster "History of National Liberation Movement" 3 metres in height and 90 metres in length portrays the historical facts from the Kabo Peasants' War to the present struggle of the south Korean people for the reunification of the country.

In particular, it impressively shows that the cause of national liberation was achieved through the glorious anti-Japanese armed struggle centering around Mt. Paekdu, the majestic mountain of revolution.

According to the DPRK Minister of Culture and Art Chang Chol, one million students and people in south Korea, on hearing the news that the 13th World Festival of Youth and Students was due in Pyongyang, prepared more than 120 pieces of fine arts and opened fine art exhibitions in major cities of south Korea.

They sent abroad those works to reach Pyongyang.

Kim Gyong Hui

The poster, 3 metres high and 90 metres long, sent by the south Korean students and people, attracts public attention here

〈평양 타임스〉의 1989년 8월 12일 기사인 김경희의 "통일을 위한 미술 전시회"(위). 1989년 서울에서 열린 〈민족해방운동사〉 개막식(아래).

그림은 훌륭한 선전 수단이며, 기존 걸작을 재제작하는 것은 국가가 통제하는 사회주의적 우수성의 미학을 강화할 뿐만 아니라 무명 화가들에게는 일상이었다.[31]

그러나 1989년의 경우, 가장 설득력 있는 설명을 1986년에 평양미술대학을 졸업하고 1989년 세계청년학생축전에 참여했으며 현재는 서울에 거주하는 안미옥에게서 들을 수 있다. 〈평양 타임스〉에 실린 당시의 작품 사진을 보자마자 안미옥은 축전 장소에 세워진 선전판이 북한에서 임시 실외 공공 전시를 위해 만들어지는 것들과 같다는 사실을 곧바로 알아차렸다. 그 방식은 우선 나무 기둥을 격자 모양으로 배치해 지지대 없이 서 있을 수 있는 판을 만든 다음, 그 위로 종이를 여러 겹 물과 풀을 뿌리면서 팽팽하게 잡아당긴다. 종이가 다 마르면 표면이 탄탄하고 단단해지므로 인쇄해서 거기에 붙인 벽보들을 충분히 지지할 수 있다. 〈민족해방운동사〉 재현이 작품을 종이에 인쇄한 후 준비된 나무 판에 풀로 붙이는 과정을 의미한다면, 사실 현수막처럼 만들어진 걸개그림이라는 표현보다 벽보라는 표현이 더 정확할 것이다.[32] 풀로 붙이는 작업은 매우 숙련된 화가들이라면 한두 시간밖에 걸리지 않았을 것이다. 북한 전체가 2년 동안 동원되어 준비한 세계축전의 목적이 해외 선전이라는 점을 고려하면, 한국의 진보적이고 반제국주의적인 화가들의 연합으로부터 온 그 호의에 대해 북한이 응답하는 것은 당연했을 것이다.

안미옥은 〈평양 타임스〉에 실린 것 같은 홍보용 사진 찍기 역시 필수였을 것이라고 덧붙였다. 물론 냉소적으로 본다면 북한 정권에 걸개그림 재제작은 어디까지나 그 작품이 영자신문에 사진 형태로 다시 한번 재현된다는 점이 가장 가치 있었다.[33] 〈평양 타임스〉에 실린 그 홍보용 사진을 보면, 나란히 줄 선 채 평양에 전시된 벽보를 보고 있는 사람들은 서울에서 한때 여러 대학 캠퍼스를 고쳐했던 그림들에 아무런 감흥도 느끼지 못한 듯 뻣뻣하게 굳어 있다.

〈민족해방운동사〉의 재제작과 전시가 어떻게 이루어졌든, 처음으로 남·북한의 예술적인 교류가 이뤄진 중대한 사건이라는 점은 분명하다. 임수경과 함께 남·북한의 경계를 넘은 문규현 신부에 따르면, 평양에서 확대되어 재제작된 그림들은 세계축전 동안 원산, 함흥, 개성과 같은 다른 도시로 옮겨져 전시되었다.[34] 한국에서 원작이 파괴된 뒤에 〈민족해방운동사〉를 마지막으로 본 사람은 바로 북한 주민들이었다.

## "민중미술의 장례식"

세 개의 민중미술 해외 전시회 간 네트워크를 재검토하는 작업은 민중미술사와 세계 미술사를 지금까지와는 다른 관점으로 바라본다는 걸 의미한다. 민중미술사의 측면에서 국경을 넘나들었던 그 여정을 되짚어 보는 행위는 이분법적 시각을 넘어 민중미술을 재발견하게 해 준다. 첫 번째 대립 구도는 중심부 대 주변부의 대립으로, 오랫동안 민중미술계 내에서 한국의 위치를 세계 정치로부터 소외되고 단절된 피해자로 규정해 온 관습을 말한다. 이미 1960년대 초 오윤과 같은 화가들은 출판물을 통해 1930년대 멕시코의 벽화운동에서 영감을 얻었다. 하지만 1980년대 말 민중작가들과 외국 예술계 사이의 직접적인 교류가 시작된 후에야 상호 공통의 영역, 리파드의 말을 인용하면 "경계적 공간"이 생성될 수 있었다.

그동안 민중미술 담론을 제한해 온 두 번째 대립 구도는 '친구 대 적' 혹은 '피로 맺어진 형제 대 착취적 식민주의자'라는 구도에 따라 북한을 전자로, 일본과 미국을 후자로 분류하는 이분법이다. 그러나 이 연구가 보여 주듯이, 모든 나라에는 주류이든 비주류이든 항상 진보 정치의 연결망이 존재했다. 한국에서 제작된 작품들은 대한해협, 태평양, 비무장 지대를 건넜다. 그 모습을 보며 성완경과 같은 비평가들은 세계적인 시각에서 민중미술의 진보적 정치와 급진적 미학을 평가하는 작업이 가능할 뿐 아니라 불가피하며 필요하다는 것을 분명하게 인식했다. 1987년의 민주화, 1988년의 서울올림픽, 1989년의 해외여행 자유화는 전례 없는 개방의 시대를 열었다. 그렇게 민중미술가가 참여하는 세상이 변하면서 급진적인 시각 문화에 관한 질문도 함께 달라지고 있음이 분명해진 시대가 온 것이다.

1990년대는 동아시아뿐 아니라 세계 전체의 지형이 신자유주의적 시장경제의 지배 질서로 재구성되는 시기였다. 1980년대 말의 사회참여 미술은 빠르게 잊혔고, 현대미술에 한때 존재한 다양한 정치와 미학의 역사에 대한 증거로만 남았다. 1990년대 일본에서는 냉전의 종식보다 중국의 등장으로 재정의된 미일 관계의 영향이 더 컸다.[35] 뉴욕에서는 정체성의 정치학 담론이 한때 도시를 휩쓴 열기만큼이나 빠르게 사그라들었다. 그 시기는 미국 예술의 다문화 버전이라고도 불린 1993년의 휘트니 비엔날레에 참여했던 예술가들이 2000년대까지 유지된 세계 비엔날레의 호황을 주도한 시기였다. 이 글에 소개된 도쿄, 뉴욕, 평양의 이야기는 그 이후 세계화 시기와 동떨어진 사건이 아니다. 비록 이제껏 많은 관심을 받지는 못했으나, 그것은 세계와 국가 간의 정치적 공통점을 어떻게 미술로 상상할 수 있는지에 대한 중요한 이야기이다. 물론 숙련도의 부족처럼 보이는 미숙한 그림체, 민속 미학의 과도한 강조 같은 형식적 측면, 작가 개인 특성을 드러내기보다 집단적 어젠다 강조 같은 민중미술의 특징들이 민중작가를 국제적인 상품으로서의 현대미술이라는 흐름에 적절히 대비시키지 못했더라도 말이다.

지난 30년간 세계적인 예술 교류를 위한 기반 시설과 제도가 확충된 점에 비춰 볼 때, 민중미술의 초기 해외 전시회들이 얼마나 풀뿌리적이었으며 반체제적으로 기획되었는지 돌이켜 보면 놀라울 따름이다. 그 모습은 자유무역협정 등에 대한 우려보다 정치적 정의를 가장 우선한 채 이뤄졌던 민중미술가들의 작은 출발, 그리고 다른 문화와의 대화에 대한 간절한 열망을 보여 준다. 비록 1989년에 평양이 〈민족해방운동사〉를 확대 재제작함으로써 한국 정부가 검열한 반체제 미술을 북한 정부가 공인한 선전 수단으로 바꿔버렸을 때, 민중미술가들의 겸손과 진심은 그들의 고려 대상이 아니었음에도 말이다.

한국에서도 1993년 2월 야당 후보 김영삼이 첫 문민정부 대통령으로 당선된 뒤 민중미술 진영과 정부와의 관계가 빠르게 바뀌기 시작했다. 그로부터 불과 12개월이 지난 후인 1994년 2월 국립현대미술관에서 한국 최초로 민중미술 회고전이 열렸다. 이전까지 비밀리에 이뤄진 반체제 풀뿌리운동이 공적인 무대에 선보인 것이다. 〈민중미술 15년: 1989 – 1994〉 전시는 300명가량 되는 화가들의 400여 점의 작품을 선보였고, 그것은 민주화운동에 근원을 두던 당시 정부가 민중미술을 공식적으로 인정한다는 것을 의미했다.[36] 다시 말해 몇 개월 사이에 반체제적 반대 세력이었던 민중미술이 국가가 용인하는 미술의 중추로 지위가 바뀐 것이다.[37] 불과 1년 전만 해도 한국 정부는 뉴욕의 퀸스미술관에서 주최한 〈태평양 건너〉 전시의 미국 내 순회 전시에 드는 여행 경비의 20%를 후원해 달라는 미술관의 부탁을 민중작가들이 참여한다는 이유로 거절했었다.[38]

시간의 영역에만 단절이 있었던 것은 아니다. 성완경의 표현을 빌리자면, 1994년 전시에서 "비현실적"이었던 것은 민중미술 그 자체였다.[39] 미술관의 중앙 전시관에 최병수의 걸개그림 〈한열이를 살려내라!〉를 걸어 놓은 것은 이 작품이 얼마나 현실과 관련 없는지를 강조할 뿐이었다. 그리고 결정적으로는 민중미술의 박물관 내 박제화(museumification)를 상징했다. 민중작가들 사이에 팽배했던 인상은 그 전시회가 "민중미술의 장례"를 보여 준다는 것이었다.[40] 물론 민중미술의 죽음이 전부 그 전시 탓은 아니었다. 평론가 강성원이 지적하듯이 두 가지 외부적인 요인이 민중미술운동에 큰 영향을 끼쳤다. 그중 하나는 냉전 체계의 붕괴와 사회주의의 역사적 종말이었고, 또 하나는 한국에서 민중운동의 끝이 문민정부의 출범과 일치하면서 정치적 지형이 변했다는 것이다.[41] 그러나 민중미술 작가, 비평가, 큐레이터를 포함한 민중미술계 전체에 또한 책임을 묻는다면, 그런 변화 속에서 1980년대의 활동을 재해석하려는 공동의 노력이 없었다는 점이다.

1988년의 뉴욕에서 배운 점을 1994년의 서울에 적용해 보자. 국립현대미술관에 다시 걸린 걸개그림을 죽은 걸개그림이라 여기는 것은 민중작가들이 여전히 생생하게 활동하는 '현장'을 좁은 의미로만 정의하는 것이다. 뉴욕에서의 유의미한 소통이 보여 줬듯이 맥락과 분리해 생각하는 행위가 전부는 아니다. 성완경이 〈민중미술 15년〉에 대한 평가를 마무리하면서 쓴 것처럼 민중미술의 명백한 "공공적 실체"를 계속 부인당한 끝에 어렵게 얻어 낸 민중미술의 "시민권"이 분명 의미가 있지만, 결국 "공인은 당국이 아니라 대중이 하는 것이다."[42]

## 3부

신노동 문화

# 6

# 그 많던 '외치는 돌멩이'들은 어디로 갔을까
## 1980-90년대 노동자문학회와 노동자 문학[1]

천정환

사람들이 잠잠하면 돌들이 소리를 지를 것이다.

— 《누가복음》19장 40절


보잘것없는 연필 한 자루

허나, 여기에 설움과 분노와 결의로써 담금질된

이 땅의 진짜 노동자

변혁 주체의 날카로운 촉수가 번뜩이니

새 시대를 여는 이 땅의 가장 아름다운 투쟁이구나

가장 위대한

예술이구나

— 〈새로운 하나〉 중에서

## 노동자문학회를 이야기하기 위해

### 1) 잊힌 과거

1980년대 한국문학은 기성의 문학 질서가 신군부의 폭압에 의해 잠시 유실된 상황에서, 문예장 바깥에서 자라난 '아래로부터의 문학'에 의해 규정되고 새롭게 인식되었다. 역설적으로 아래로부터의 힘은 군부의 폭압과 함께 기성의 남성-엘리트-지식인 중심의 문학을 총체적으로 위협하는 또 다른 역동이었다. 그러나 민중문학과 민중문학론에 대한 사고와 논의는 폭압이 완화되고 형식적 민주화가 전개된 1990년대가 오자마자 청산됐다. 혹자는 이를 '억압된 것의 귀환'이라 했으나, 기실 이는 문학의 자유주의화나 재보수화의 과정이기도 했다. 하지만 지식인들과 문단의 청산과 전혀 관계없이 여전히 '민중의 문학'은 많이 창작되었고 노동자 문학도 명맥을 이어 나갔다.[2] 그 이름들이 세인의 머릿속에 등재되지 않거나 전국적으로는 잘 알려지지 않았지만, 수많은 작가, 시인, 소설가가 1980년대와 1990년대의 서울 구로, 마창, 인천, 부천, 울산, 부산, 광주 등지의 산업 지대에 있었다.[3]

그런데 꽤 오랜 기간 '민중의 문학'과 노동자 문학(회)에 대한 기억 자체와 자료들은 아예 없었던 과거처럼 잊히고 멸실되었다. 이는 문제적이다. 망각과 멸실은 신자유주의 때문에 더 가속도가 붙어 속도와 주체의 두 측면에서 모두 강력했다. 두 가지 계기에 걸친 이데올로기적 탈주와 문화사적 전환이 겹쳐 있기 때문이다. 첫 번째는 1990년대 초 지식인 문예운동가들과 비평가들의 청산과 전향이다. 구체적으로는 한국 문단의 1990년대적 내면성의 문학과 탈정치·탈이념 문학을 향한 과도한 '막대 구부리기'와 결부된다. 두 번째는 신자유주의 시대 이후 노동 중심성의 탈각 내지는 노동운동 및 진보 정치의 부진과 게토화와 연관된다. 그것은 문화의 영역에서 글로벌한 대중문화에 의한 노동자 문화 및 민중 문화의 실질적 포섭으로 현상한다. 1970년대 이래의 눈부신 '문예운동'은 1990년대에 이르러 발전을 멈추고 노동운동이 살아 있는데도 쇠퇴했다. 물론 함께 대학 문화도 소멸했다. 그 과정에서 '아래로부터의' 문화의 여러 양식과 문학의 존재 방식, 그것을 사고하는 방법과 지력이 함께 쇠퇴했다.

이 글의 목적은 1970-90년대 한국 노동자들이 '비문해(非文解)에서 문예로, 그리고 노동 해방으로' 압축적이고 비약적인 과정을[4] 통해 나아간 경로를 주로 1980-90년대 노동자문학회를 통해 다시 조명하고, 문학사·문화사적 의미를 성찰해 보는 것이다. 이 논제는 노동자 문화와 그 변천에 직접 관련되고, 또한 노동운동과 노동자 문예운동과의 상호성 문제와도 관계가 있다.[5]

### 2) 노동과 지성

이 글은 특히 노동자문학회의 활동과 그 '아래로부터의 문학'을 지식(인)-노동(자)의 관계 변화와 관련지어 논의한다. 즉 '아래로부터의' 지식사와 '지적 격차의 문화사'의 시각으로[6] 노동자 문학과 문화를 다시 읽으려는 것이다. 구체적으로는 노동자문학회의 유형과 그 약사(略史)에 관한 기술을 통해 접근한다. 그 준거는 일반적인 노동 정세나 노자 간 계급 역관계가 아니라, 지식과 노동의 관계다.

1970년에 분신한 노동자 전태일이나 1980년 광주에서 죽은 젊은 기층 민중-대학생의 연대체가 당시의 대학에 연대의 요청을 발신했다. 또한 계급 철폐의 논리인 마르크스 - 레닌주의가 대규모 '존재 전이'를 남한 학생 사회에 요구했고 그것을 가능하게 하는 듯했다. 그 바탕에는 정신·육체 노동의 구별 및 노동 분업의 폐절이라는 유토피아적 상상이 있었다. 이에 입각한 하방·상방의 상호 연쇄운동이 일어났고, 읽고 쓰는 능력의 분배와 프롤레타리아와 프티부르주아 계급 사이의 지적·문화적 위계 구조 사이에는 미증유의 교란(攪亂)과 혼융이 발생했다. 이 윤리적·이념적·지성사적 동학은 1970-80년대 정신사 전체와 동일한 무게를 갖고 있다고 생각한다.

　요컨대 이 글이 소재로 삼은 노동자 문학(회)의 문제는 "읽고 쓰는 능력의 소용"이나 "프롤레타리아의 밤"[7]과 직결된다. 1970-80년대 한국 노동자들의 지성, 그 읽고 쓰기의 문제와 노동자 문학(회)들에 대한 지배 문화와 문학의 영향, 그들의 '밤 꿈'(원망과 일상 문화)이 그것이다. 지금 남한에는 거의 존재하지 않거나 잘 보이지 않는 노동자문학회는 노동자 독서회와 함께 중요한 노동자들의 '지적 조직'이었다. 문학회는 노동운동을 보족하면서도 그 자체로 존재근거를 갖는 문예 조직이었다. 그러한 지적 조직의 대규모 출현과 소멸은 보편적이면서도, 특수한 역사적 시간에 일어난 급진적 현상이었다. 그것은 한국문학·문화사뿐 아니라 지식사와 노동사에 결정적인 영향을 미쳤다. 이제 그것은 복권은 가능할지언정 재연은 불가능한 '과거'처럼 보인다.

## 노동자문학회의 유형과 존재 양태

1980년대 노동자문학회의 존재 양태는 다음 다섯 가지 경우로 나눠 살펴볼 수 있다. 물론 현실에서 이들은 서로 겹치고 병존할 수 있었다.

### 1) 지역 노동자문학회

1980년대 후반, 다음과 같은 지역 노동자문학회들이 존재했다. 부산노동자문학회, 서울동부노동자문학회, 영등포노동자문학회, 광주노동자문학회, 구로노동자문학회, 대구노동자문학회, 부천노동자문학회, 마창노동자문학회, 성남노동자문학회, 인천노동자문학회 등. 그리고 이들을 모아 연대체를 만들었던 전국노동자문학회연합.

1990년에 김윤태는 "지역 노동자문학회의 형성은 대체로 두 가지 유형"이라며 다음과 같이 말했다.

첫째 유형은 '노동자 문예교실' 또는 '노동자 문학학교'라는 이름으로 전문적인 문예 종사자나 문예 집단이 노동자 문예 대중조직을 염두에 두고서 공개적으로 광범하게 노동자 대중을 모집, 거기에서 배출된 사람을 중심으로 결성한 경우이다. 이 경우는 아무래도 노조와 같은 현장 조직과 결합이 상대적으로 얇고 그 외곽에 위치하여, (…) 또는 조직 주체의 준비 정도에 따라 편차가 있다.

둘째 유형은 문학에 관심이 있는 각성한 노동자들이 자발적으로 모여 동인 내지 서클 형태의 모임으로 출발한 경우이다. 따라서 현장 내에서의 활동과 어느 정도 긴밀한 관계를 맺고 있는 노동자가 비교적 많고, 지역 내에서 벌어지는 문화 활동이나 행사에 능동적인 편이다.[8]

그러나 사실 두 번째 유형의 방식으로 조직된 문학회가 다수였고 이는 지역에서 활동한 대학생과 활동가가 중심이 되어 결성된 경우도 많았던 것으로 보인다.[9] 지역 노동자문학회와 그 주체는 1990년대 초 민중문학운동 및 문화적 노동운동의 정화(精華)였다. 즉, 그것은 1987년의 노동자대투쟁을 전후한 "노동자 계급을 위시한 민중 계급의 저 힘찬 의식적·조직적 성장"에 기반하는 동시에 "단순히 경제적인 차원에서만 한정될 수 없"는 노동자들의 "문예에 대한 욕구"와 "노동자 의식을 제고시켜 줄 노동자 문예운동"의 "조직적 대응에 근거한 것"이었다.[10]

이 노동자 조직은 남한 상황에서 '문예적 통일전선'의 주체로 간주되기도 했다. 김명인은 1990년 당시 "문학을 통해 변혁운동에 기여하고자 하는 작가"들을 세 부류로 나누었다. 첫째는 "민족문학작가회의라는 비교적 느슨한 작가 대중조직 및 이와 비슷한 성격의 각 지방 작가 단체에 소속되어 있"는 "전통적인 의미의 진보적·양심적 전문 작가군", 둘째는 "스스로를 문학운동가로 규정하고 그에 상응하는 조직적 실천을 해 나가고 있"는 노동자문화예술운동연합·월간지 《노동해방문학》·무크지 《녹두꽃》 문학 분과에서 각각 활동하는 정파성을 띤 작가-운동가들, 셋째는 "80년대 후반부터 활발해진 지역 단위의 노동자 작가 조직에 소속되어 활동하는 노동자들"이었다. 김명인은 이 세 번째 노동자문학회의 주체를 일컬어 "노동과 투쟁을 게을리하지 않으면서 문학을 노동운동의 무기로 일상적으로 전화시키는" 이들이며, "'노동자주의적' 편향이 강하고 기량의 전문화가 미흡하지만, 장차 우리 문학운동의 물질적·도덕적" 중심이 될 것이라 말했다.[11]

아래는 1989년 7월 이들 지역 문학회의 연대, 연합으로 열린 '전국 노동자 문학 동아리 대동제' 백일장에서 한 참석자가 즉흥적으로 창작·발표한 시이다. 그 시대 운동 문화의 키워드들로 써진 이 시는 문학회의 노동자 문학이 어떤 의식과 결부돼 있었는지를 짐작하게 한다.

전국의 노동자문학 동아리가 이렇게 한데 엉켜

삶을 얘기하고 해방의 무기 노동자문학을 토론하고

어깨 걸어 힘찬 투쟁을 노래하니

아 동지여, 미칠 듯이 그리운 새날 새 나라도

결코 먼 곳에 있는 것은 아니구나

결코 먼 훗날의 것만은 아니구나

(…)

어쩌면 보잘것없는 연필 한 자루

허나, 여기에 설움과 분노와 결의로써 담금질된

이 땅의 진짜 노동자

변혁 주체의 날카로운 촉수가 번뜩이니

아 동지여, 우리의 삶 우리의 노래는

새 시대를 여는 이 땅의 가장 아름다운 투쟁이구나 가장 위대한

예술이구나

― 〈새로운 하나〉(부분)[12]


## 2) 기업 또는 지역의 소규모 독서회와 노동자 문예 단체

그런데 노동자들의 지적 조직에서 더 기본적이고 근본적인 것은 문학회가 아니라 독서회였던 것으로 보인다. 독서회는 모든 노동자 조직 활

동의 맹아이자 성과였으며, 노동조합 등의 조직을 운영해 나가기 위한 엔진이자 알리바이였다. 1980년대 남한에서 '학출'들이 주요 공업지대에 '현장 투신'했을 때 다기한 목적을 가진 비공식·언더그라운드 조직으로서 독서회가 조직됐고, 이를 통해 민주노조운동의 조직적·인적·지적 자원이 마련되었다. 아래는 1964년생으로 1980년대 중반 가리봉 전자 노동조합원이었던 성훈화의 회고 한 대목이다.

그런데 어느 날 노동조합에서 나눠 주는 소식지를 보다가 깜짝 놀랐다. 소식지의 글씨체가 한영선이의 글씨였기 때문이었다. 영선이의 글씨체는 아주 예뻤다. 나중에 친구에게 "영선아, 소식지에 쓰인 글, 니가 썼어?" 하고 물어 보니 영선이는 웃으며 "내 글씨 맞아. 나 지금 편집부에서 일해" 하는 것이었다. 그때부터 나도 노동조합 활동에 조금씩 관심을 가지게 됐는데, 그즈음 나랑 같은 기계를 쓰는 박수옥이가 "우리 독서회 할래?" 하며 내게 제안을 했다. 나는 취미가 비슷한 좋은 친구들을 만난다는 생각에 참여하였다. 독서회에서는 《꽃들에게 희망을》,《나의 라임오렌지나무》, 고리키의 《어머니》와 법정 스님의 《무소유》 등의 책을 읽었다.[13]

이는 노동조합 소식지(노보)-예쁜 손글씨체-독서회-《어머니》·《나의 라임오렌지나무》 등으로 연결되는 "읽고 쓰는 능력의 소용"이 무엇이었는지, 그리고 그것들이 어떻게 1980년대의 젊은 여성 노동자들 사이에 문화와 만남을 만들어 냈는지를 잘 보여 준다. 이 여성 노동자는 그 시절 자기가 읽은 책과 만난 사람들에 대한 기억을 선명하게 술회한다. 그것들은 단순히 노동조합의 결성, 유지를 위한 수단만이 아니었다.

독서회는 실로 다기한 양상과 깊은 논제를 갖고 있어 반드시 따로 다뭐야 할 주제다. 1990년대 초에도 노동자들 사이엔 신문 읽기 모임 같은 형태의 지적 모임이 있었다. [사례 5]에서 그려진 것처럼 신문이나 잡지 읽기(윤독)는 근대가 시작된 이래 민중의 문화적 · 정치적 문맹을 깨치는 가장 쉽고 중요한 수단으로 여겨졌다.[14]

[사례 1] 그때는 보통, 교회 야학이나 생활 야학 같은 것을 통해 학습하는 게 있었고, (…) 참, 그때 신문 읽기 모임을 했는데, 노동자들 모아서요. 그때 보면 노동자들의, 배움에 대한 노동자들의 열망이 참 대단하구나 하는 걸 느꼈죠.

[사례 5] 그때 우리의 조직 방침이 뭐였냐 하면, 〈한겨레신문〉을 보고 버리라는 거야. 그러면 다른 사람이 (주워서) 〈한겨레신문〉을 보고, 왜냐하면 〈한겨레신문〉 자체를 모르니까, 사람들이. 〈한겨레신문〉을 보는 것 자체만으로도, 회사에서, 노무과에서는 한 번 더 사람을 쳐다보고, 찍는 이런 상황이었거든요. 그리고 뭐, 여자들이 신문 자체를 보질 않으니까. 신문을 본 사람이 없으니까. 신문도 보고. 하튼 월급이 적다는 얘기도 하고.[15]

독서회는 지역 노동자문학회나 기업 및 노조 내 문학회와 문예 단체(후술)의 전(前) 형태라 볼 수 있다. 독서회가 문학회로 발전할 수도 있었고 문학회가 독서회를 병행할 수도 있었다. 그러나 독서회에 비하면 문학회는 2차적인 것이었다. 문학회는 독서회가 군이 갖지 않아도 좋은 이런저런 장치와 매개물이 수반되는 조직이었다. 즉 문학회는 주체에게 — 창작까지 포함한 — 글쓰기라는 의식적 행위, 문학이라는 제도와 거기 개재된 지배 문화에 대한 태도를 함께 요구했다. 독서회에서의 활동은 자연스레 독후감 쓰기 등의 글쓰기로 '조직적으로' 연결되었고, 그것을 통로로 노동자 개개인의 자기의식 확장과 글쓰기가 가능해졌음은 말할 나위 없다.

### 3) 야학의 문학 교육과 글쓰기장

1970년대 후반부터 많은 대학생운동가가 노동 현장에 뛰어들었다. 그러면서 먼저 야학이 가장 중요한 매개체가 되었다. 1980-83년에 노동야학은 학생운동 또는 노동운동의 주요 과제로 인식되어 전국에서 비약적으로 늘어났다. 그래서 공안 당국과 보수 언론의 주목을 받았고 혹심한 탄압을 당하기도 했다.[16]

이런 과정에서 야학은 점차 강한 운동적 성격을 띠기 시작했고 '노동야학'을 주요한 형식으로 갖춰 갔다. 야학에서 이뤄진 공부는 "한문, 노동법, 정치 경제 등 시사에 관한 기본 교양 등"이었고 "노동자들은 노동야학을 통해 스스로의 권익을 찾기 위해서는 노동자라는 자신의 처지를 부끄러워해서는 안 된다는 것을 알게 되었으며 배움을 통해 자신들의 권리를 알아야 한다는 것을 배웠다."[17] 더불어 야학에서는 노동자들의 자기 역사 쓰기, 일기 쓰기 등이 중요한 교육적 수단으로 활용됐다. 이는 노동자들에게 인간으로서의 자각과 노동자-정체성을 일깨워 주기 위한 목적으로 적극적이고 광범위하게 수행된 것으로 보인다.[18] 그중 어떤 부분은 더욱 적극적인 수기나 시 쓰기와 연결됐다. 야학은 대개 문집, 소식지 등을 발간했고 노동자들의 글을 실었다. 단행본으로 묶인 노동자들의 수기 중에도 야학에서의 글쓰기를 바탕으로 한 것이 있었다.

## 4) 기업 및 기업 노조의 문학회와 문예 단체

제1회 전태일문학상(1988)을 수상한 노동자 시인 정인화는 1976년 현대 중공업 생산직 노동자로 입사해 동료들과 함께 '여울문학회'라는 "문학 써클"을 만들어 활동했다. 정인화는 그때를 회고하며 자신들의 문학 활동이 자본과 권력이 말하는 '근로자 정서 순화' 수준을 넘어서지 못했을 뿐 아니라, "시 쓰는 것이 무슨 특권인 양 괜히 어깨에 힘을 주곤 했"으며, "부끄럽기 짝이 없는 일이지만" "회사 측으로부터 상당한 재정적 지원이 있었다"라고 말했다.[19] 이런 예를 통해 1970년대부터 모범 노동자 양성과 관련한 기업 내 '써클' 활동의 하나로 문학회가 조직되었음을 알 수 있다.

한편 1984년 이른바 '유화 국면' 이래 노조운동이 다소 활기를 띠면서 노동조합 내 문화부와 자생적 문학회도 활성화됐던 것으로 보인다. 현장 노동자들의 글을 묶은 〈우리가 우리에게〉(1985) 등의 자료로 알 수 있듯 노보는 노동자 문학의 중요한 발표 지면이었다. 1980년대 후반을 기준으로 보면 울산과 마창 등 동남 지역 대기업 노조 내부의 문학회나 문예 단체, 구로, 인천, 부평 등 경인 지역 중소 규모 기업의 노조들에서 문학회 활동이 활발했던 것으로 보인다.


## 5) '모범' '근로자 문학회'

1980년대에 권력과 자본은 더욱 적극적으로 '근로자 문예'와 '근로자 문학'을 지원·장려하기 시작했다. 아마도 '역(逆)대항' 전략이 필요했기 때문일 것이다. 예컨대 근로복지공단과 KBS(한국방송공사)에서 주최하는 근로자문화예술제는 1980년 시작돼 지금까지 지속되고 있는데 1981년부

터 문학제를 도입했다. 한편 군사정권의 문예진흥원은 1984년부터 "전
국 공단 내 기업체 및 복지회관 등의 근로청소년 문예활동을 활성화, 근
로자들의 정서 함양과 문예 창작열을 높인다는 취지 아래 근로 청소년
문화 사업을 본격 추진키로 했다." 이를 위해 특히 "직장 단위의 문예활
동"과 문학 동인지를 지원하기로 했다.[20]

　관변에 가까운 문학회와 그 활동은 물론 영향력을 갖고 있었던 것으
로 보인다. 이들은 '순수문학'으로 '근로자'들의 '건강한' 삶을 고무하고
자 했다. 예컨대 1981년 "안양상공회의소가 실시한 '근로문학상' 입상자
들이 모여" 창립한 "문학동인회 글길문학"은 "문학을 근간으로 부단한
자기 계발을 통하여 사회와 국가에 유익한 문학인이 되는 것'을 목표로"
"한결같이 순수문학의 한길만을 꿋꿋이 달려왔다"라고 말한다.[21] '근로
자문학회'들은 당시의 계급적 민중문학을 의식하고 순수문학을 표방
하기도 했다. 순수 대 참여 전선이 노동자/근로자 문학 속에도 있었던
것이다.

## 노동자문학회와 지식·노동, 문학·노동 교호의 전개

이 절에서는 읽고 쓰는 능력의 분배와 문학의 문제를 중심으로 지식(인)
대 노동(자)의 관계가 전개되는 과정을 서술한다. 물론 노동자문학회와
노동 문학의 위치를 중심에 두려 했다.

### 1) 1970년대 후반~1980년: 산업 노예 또는 돼지와 별

1970년대 중반부터 《대화》 같은 잡지에 노동자 수기가 실리고 이를 묶

은 단행본이 나오기 시작했다. 예를 들면 유동우가 쓴《어느 돌멩이의 외침》(1978) 같은 글이 지면에 나타나 독자들의 큰 반응을 얻기 시작했다. 이 글(책)은 거의 전적으로 지식인의 집필 권유와 편집으로 만들어졌다. 유동우가 스스로 말한 것처럼 당시 그는 글을 쓴다는 것이 무엇인지 몰랐고, 〈어느 돌멩이의 외침〉은 생애 처음 쓴 글이며, 제목과 지면도 전혀 자신이 선택한 것이 아니었다.[22] 한국 노동자는 자신의 언어와 이름, 정체성을 아직 갖지 못한 존재였고, 지적으로도 극단적으로 소외돼 있어 지식인의 조력 내지는 권유에 의해서만 글쓰기에 나설 수 있었다. 그들은 한마디로 "산업 노예"였기[23] 때문이다.

또는 그들은 "돼지"였다.《공장의 불빛》으로 유명한 동일방직 여성 노동자 석정남이 유동우보다 먼저(1976) 이 문제에 관한 상징적인 기록을 남겼다. 유동우와 달리 나름 '문학소녀'였던 그녀는 이미 많은 문학작품을 읽으며 글쓰기에 대한 열망을 키웠다. 그러나 열망이 커질수록 고통도 함께 커져만 갔다.

오늘은 하루 종일 시를 썼다. 헬만 헤세, 하이네, 윌리엄 워드워즈, 바이런, 괴테, 푸쉬킨. 이 얼마나 훌륭한 이들의 이름인가? 나는 감히 상상도 못 할 만큼 그들은 훌륭하다. 아, 나도 그들의 이름 틈에 끼고 싶다. 비록 화려한 영광을 받지 못할지라도 함께 걷고 싶다. (…) 감히 내가 저 위대한 이들의 흉내를 내려고 하다니. 이것이야말로 짐승이 웃고 저 하늘의 별이 웃을 것을 모르고 (…) 아무 지식도 배움도 없는 나는 도저히 그런 영광을 가질 수 없다. 이대로 그날그날 천천히 밥이나 처먹으면서 사는 거지. 그리고 끝내 돼지같이 죽는 거야.[24]

인간을 돼지에 비유하게 만드는 그 "하늘의 별"이란, 문학이 연루된 장대한 구텐베르크 은하와 그 미학의 성벽이다.[25] 물론 그것은 모두 지배계급의 것이다. 그런데 "노예"가 쓴 수기가 어떤 거대한 폭발적 잠재성을 품고 있었다. 아래 회고담을 보자.

초판 2,000부를 찍었는데 금방 동이 났어요. 인세라는 걸 처음 받아 봤지요. 그런데 초판이 출판되자마자 중앙정보부에서 직접 책을 내지 말라고 한 거예요. 그런데도 출판사에서 중앙정보부 몰래 1만여 부를 더 찍었는데, 전부 초판 발행으로 나갔어요. 그러다 몇 달 뒤 크리스천아카데미 사건(1979.3)이 터지면서 출판사가 문을 닫게 되어 더 이상 책을 찍을 수 없었지요. 시중에 책이 절판되자 학생들이 복사본을 만들어 팔았어요. 당시 웬만한 대학교마다 학생들이 신입생 훈련 교재로 사용하고 있었거든요.[26]

즉, 이미 어떤 역전 현상이 예비되었던 것이다. 지식인의 권유로 노동자가 쓴 서투른 글이 거꾸로 학생운동가들을 훈련하고 그들의 의식을 개변시키기 위한 자료가 되어 갔다. 인쇄물 위에서 생겨난 이와 같은 가르치고 배우는 일의 역전은 복사물의 형태로 존재하던 《어느 청년 노동자의 삶과 죽음: 전태일 평전》(1983)이 공개적으로 출간되면서 폭발한다. 《어느 돌멩이의 외침》이나 《공장의 불빛》은 《전태일 평전》이 나타나기 전까지 매우 영향력이 큰 책(글)이었던 듯하다.[27]

이 시기 노동자 문학은 개별적, 소규모적으로 야학의 교실과 관변 단체 또는 기업 노조에서 주로 일기나 수기 쓰기의 형태로 행해졌다고 할 수 있다. '읽고 쓰기'나 문학에 관한 이 시대 노동자들의 능력과 의식에

석정남의 《공장의 불빛》(1984, 일월서각) 표지.

대해서는 더 깊은 논의가 필요하다. 과연 1970-80년대 노동자들은 구체적으로 어느 정도의 문해력(literacy)과 학력을 갖고 있었을까? 물론 일괄적으로 규정하기는 어렵다. 아래는 1970년대 청계피복 노동자로 일했던 신순애의 회고이다. 어린 10대 '시다' 여성들이 영어 알파벳은 물론 한글 기본 문해력을 갖지 못해 노동자들이 스스로 서로를 가르쳐 준다는 이야기다.

- 왜 한글반을 만들게 된 거죠?

- (…) 내가 열두 살 시다였을 때인데, 시다들이 라벨을 목뒤에다 붙이는 일을 하거든요? 근데 라벨에 글씨가 써 있어요. 사이즈 표시한 건데, S, M, L, XL 이렇게 있잖아요? 이상하게 애들이 자꾸 거꾸로 잘라요. (…) 나는 영어 못했지만 눈치

가 있어서 모르면 옆에 사람 하는 걸 잽싸게 보는 거야. 그러면 M을 몰라도 삐쭉한 데를 위로 하면 되거든, 하하. (…) 근데 애들은 실수를 하는 거야. "야, 너 왜 자꾸 혼나냐? 이렇게 자르면 되지." 그러니까 "한글도 모르는데 어떻게 영어를 아냐?"는 거예요. 그래서 얘가 야단맞는 게 마음이 아파 가지고 처음에는 내가 잘라 줬어요. "여기를 이렇게 자르라"고. 그때를 생각해서 내가 아카시아회원들한테 "야, 우리 주변에 한글 모르는 애 있으면 같이 한글반 하자" 했더니 금방 8명이 모였어요.

- 음, 한글을 어떤 식으로 가르쳤죠?

- 어떻게 가르쳤냐면 갱지에다가 '미싱사, 시다, 재단사…' 이렇게 써서 가르친 거예요. 아니면 '재단보조' 또 '시아게' 이렇게 써서 이걸 복사를 했어요. 그땐 등사기로 미는 거잖아요? 그래 하루에 글자를 7개만 가르치는 거야. 그러니까 얘네들이 '미싱사' 하면 맨날 듣는 게 미싱사잖아요?[28]


어느 정도의 학력이 글쓰기를 가능하게 하는가? 1970년대 여성 노동자는 일반적으로 국민학교(초등학교) 중퇴에서 중졸까지의 학력을 갖고 있었다. 그러나 사업장의 규모와 시기, 젠더에 따른 '학력 격차'도 존재했다.[29] 1980년대 여성 노동자들의 상당수는 국졸 또는 중졸의 학력을 갖고 있어 산업체 특별학급 중학교 과정과 고등학교 과정을 다녔다. 신경숙의 《외딴 방》에 잘 묘사되었던 것처럼, 이와 같은 학교 아닌 학교에서의 경험과 앎에 대한 서사는 많이 남아 있다.[30]

1970-80년대의 노동자들이 가졌던 앎과 교육에 대한 뜨거운 열정과 에너지는 한국 사회 '발전'의 자양분이 되었다. 중요한 것은 그들의 문맹률이나 학력 자체가 어떠했다는 것이 아니라, 그들이 어떻게 자신의 힘

으로 '극복'의 길을 갔는가 하는 것이다. 그 극복 자체가 긍정적인 의미의 민주화나 근대화에 다름 아니기 때문이다.

광주항쟁 이후 대학생들은 급진적으로 변해 갔고 현장 투신이 본격적으로 시도되었다. 1982년의 '야비(야학 비판) 대 전망 논쟁'은 이 시기 학생운동권의 고민을 반영한 것이다. 1980년대 초의 상황에서 대학생이 누구이며 학생운동이 무엇을 해야 하는가에 대한 근본적인 고민이 그 논쟁에 담겨 있다. 또한 대학생의 자기의식이나 '전위주의 대 민중주의'의 모순 문제로 그 논쟁을 되읽을 수도 있다. 중요한 것은 천성호의 말대로 〈야학 비판〉의 영향으로 현장으로의 대거 이전이 촉진됐으며 "학생과 민중이 만나고, 학습하고, 경험하는 '현장'으로서의 야학"이 자리매김했다는 것이다.[31]

이 시기 노동(자)과 지식(인)의 관계, 노동자 자기의식의 향배는 남한 노동운동의 상징적인 존재인 김진숙이 자신의 1980년대 초를 회고한 글에 잘 나타나 있다.

그때 강학 하나가 책 한 권을 건네 줬다. 진숙 씨가 읽어 보면 참 많은 도움이 될 거라면서. 사실 내 이름 뒤에 '씨' 자를 붙여서 불러 준 건 야학에서가 처음이었고 나한테 존댓말을 해 주는 최초의 사람들이 야학에 있다는 사실만으로도 야학을 의미 있게 만드는 경이로운 경험이었다.

《어느 청년 노동자의 삶과 죽음: 전태일 평전》이라는 책이었다. 그 책을 처음 받아 들었을 때, 사실 푸르딩딩한 책 색깔도 그렇고 어떤 아줌마가 가슴에 뭔가를 끌어안고 주저앉아 우는 것도 궁상스럽고, 무엇보다 제목에 '노동자'라는 말이 마음에 안 들어 받아다 놓고는 펴 보지도 않은 채 먼지만 앉히고 있었다. 니체나 이상, 그리고 김춘수나 김남조는 책꽂이에 소중하게 꽂아 놓고 있었지만, 그따위 책은 그렇게 취급해도 아깝다는 생각도 안 들었다. 내게 책을 줬던 그 강학은 야학에 갈 때마다 내가 그 책을 읽었는지 안 읽었는지 눈치를 살피는 기색이 역력했지만 내 표정은 하나도 달라짐이 없었다.

그러던 어느 날 소나기가 내려 오후 작업을 못 하고 명휴(회사의 명령으로 쉬는 것)를 했는데, 비는 철철 오고 빨래하기도 그렇고 갈 데도 없고 해서 노느니 장독 깬다고 심심파적으로 그 책을 들척거렸다. 그 책을 끝내 들추지 말았어야 했을까. 눈물을 줄줄 흘리면서 난 처음으로 스스로에게 부끄럽다는 생각을 했다. 다른 누구도 아닌 나 자신에게 부끄러워 꺼이꺼이 지리산 계곡처럼 울었다.[32]

위의 글에는 글쓴이가 어떻게 인간으로서, 그리고 노동자로서 깨어나게 되었는가와 동시에 어떤 허위의식과 문학으로부터 탈주했는가가 감동적으로 기술돼 있다. 이를 매개한 것은 두 가지다. 바로 "푸르딩딩한 책 색깔도 그렇고 어떤 아줌마가 가슴에 뭔가를 끌어안고 주저앉아 우는" 궁상스러운 《전태일 평전》과 그것을 건넨 "강학 하나"다. 그 강학은 1980년대 초 한국 사회에서 사실상 사람 취급받지 못했던 어린 '공순이'를 처음으로 '씨' 자를 붙여 존대하며 인간으로 호명해 준 사람이었다. 그런데 김진숙이라는 평범하고 약한 공순이를 드디어 인간-노동운동가로 출발시킨 이 두 가지 매개란 기실 별로 독특한 것은 아니다. 그것은 1980년대 초의 한국에서 매우 전형적인 것이었다. 상당수의 노동자가 강학이라는 페다고지(민중교육론)의 '실천자-교사'와 《전태일 평전》의

문학에 영향을 받아 '인간-노동자'가 됐기 때문이다.

이처럼 야학의 노동자(학생)와 대학생(강학) 사이, 위장 취업한 '빨갱이' 대학생과 '순진한' 노동자 사이의 관계에 대한 의외로 '좋은' 기억도 남아 있다. 관련해서 천성호의 진술을 참고할 만하다.

> 야학 교사는 야학을 통해 스스로의 의식을 형성했다. 야학의 대학생, 지식인 교사는 사회 현실을 이해하고, 민중의 삶을 배우기 위해 야학에 참여했다. 교사는 지식인이 가진 관념적 사고를 깨고 민중 현실을 파악함으로써 사회 모순에 저항해 나간다. 야학을 통해 의식화된 존재는 야학 학생들뿐만이 아니라 교사도 마찬가지였다.[33]

즉《페다고지》[34]나《한국민중교육론》(1985) 따위를 읽고 사명감에 '피억압자 교육'을 실천했던 강학이나 '위장 취업자'들은 민중화를 통해 스스로 의식화되고 해방되었다. 물론 노동자들과의 상호작용에 의해서였다.

또한 김진숙을 "니체나 이상, 그리고 김춘수나 김남조 같은" '문학'으로부터 탈출시키고 공고라도 다니겠다는 허위의식을 결국 깨뜨려 버린 《전태일 평전》에 대해서 언급하지 않을 수 없다. 이 대단한 책의 글쓰기도 상징적이기 때문이다. 서울대 법학과 출신이며 전형적인 지식인-민중주의자의 면모를 지녔던 조영래 변호사와 '초등학교'도 제대로 다니지 못했으나 지성을 가진 노동자였던 전태일은 책 속에서 겹쳐 있다. 독자는 누구의 언어 때문에 감동하거나 전태일을 받아들이게 되는가? 책 속에서 전태일의 목소리와 조영래 변호사의 목소리를 혼동할 수밖에 없다.《전태일 평전》의 서술자는 조영래와 전태일 사이에 있는 어떤 간 주체적 힘이자 목소리이다. 지식인은 말하는 주체이면서 동시에 아직 잘 들리지 않는 노동자 목소리의 중개자였다. 이 겹침과 상호작용, 출신 을 구분할 수 없음이 1970-80년대 민중주의의 윤리적·문화적 기획의 고원(高原)이었다. 그 고원에의 도달은 가끔이지만 가능했다.

### 3) 1985-87년:《노동의 새벽》과 지식인-문학-의 위기

1984년 연말에 출간된 박노해의《노동의 새벽》은 당시의 문학 및 지적 풍토 전반을 뒤흔들었다. 박노해는 등장하자마자 평론가들이 뽑은 '올 해의 시인' 중 한 사람이 되었고, 수없이 많은 아류를 만들어 내기 시작 했다.《노동의 새벽》은 "엘리트 문학인에게 충격과 콤플렉스를 주기에 충분했"을 뿐 아니라 꽤 대중적으로 읽혔다. 1985년에《노동의 새벽》은 시 부문 베스트셀러 톱 10에 올랐으며, "단위 사업장의 노보나 노조 신 문"에 "유독 박노해의 시가 많이 실리"기 시작했다.[35] 이후에는 월평 속 이긴 하지만 〈일간스포츠〉 같은 신문에서도 다음과 같은 박노해 시를 볼 수 있었다.

난 어째 이리 못생겼을까

목욕탕에 가서 빡빡밀고

미장원가서 머리볶고

속눈썹 달고 연지곤지 찍어 바르고

괜찮은 변두리패션 걸쳐봐도

암만봐도 울퉁불퉁

때빼고 광내도 그게 그거니

으메 기죽어!


할 수 있나

쌍판 싹수는 텄으니 맘판이나 잘 닦아야지


틈만 나면 독서와 토론과 활동으로

마음갈고 머리닦고 관계를 터갔지요

기숙사 동료 시다애들까지 부담없이 안겨오고

내가 화가 나서 식식 눈부라리면

'언니야 언니 뚝배기에 된장찌개 끓네'

허허, 하는 판이니 웃자 웃어 허허


하여간 못생긴 덕분에

나는 행복합니다.

얼굴 괜찮고 몸매 잘 빠진 친구들이

사내놈들 끈적한 시선만 타다가

에라 다방이나 술집으로 빠져나가

비참한 상품으로 내팔려 버려도

이몸이야 애시당초 토대가 그러하니

오직 한길 노동자의 길을 걸어갑니다

—박노해, 〈못생긴 덕분에〉(부분)[36]

이 흥미로운 시의 '화자'(서정적 자아)는 젊은 여성 노동자로 설정돼 있는데 얼굴이 많이 '못생겼지만' 행복하다. 이 인간-노동자로서의 자기에 대한 강한 긍정의 토대는 "틈만 나면 독서와 토론과 활동으로 / 마음 갈고 머리닦고 관계를 터"간 힘이다. 독서, 토론, 활동이 '진짜 노동자'의 '요건'이다.

시집 《노동의 새벽》의 출간 과정에는 채광석이라는 지식인의 역할이 컸던 것으로 전해지지만, 《노동의 새벽》의 수용과 전파는 그 정반대의 벡터를 보여 준다. 즉 이 '문학'은 지식인의 영향을 완전히 벗어나는 노동계급의 성장을 상징하는 것일 뿐 아니라 지식인 문학가들에게 새로운 문학관과 자기의식을 갖게 했다. 채광석은 박노해 문학이 "즉자적 민중에서 대자적 민중으로 전화하는 그 과정의 한복판을 정통으로 꿰뚫고 흐름으로써 개별적 경험은 구조적 전체성과 역사적 진보성을 포괄하면서 참다운 문학적 상상력, 문학적 감수성의 원천이 되고 있다"[37]라고 정리했다. 그리고 1980년대의 대표적인 시인이며 문예운동가이기도 했던 김정환은 박노해 같은 문학 때문에 이제 "우리가 식민지 지식인으로서 해야 할 일은 무엇인가? 하고 되묻"게 되었다고 썼다. 그리고 이 같은 상황을 일컬으며 "문학혁명"과 "역사발전"이라는 단어를 사용했다.

위의 글을 읽으며 우리는 '아! 새로운 운동 계층이 이렇게 확연한 목소리로 탄생하는구나!' 하고 겸허한 자세로 다시 한번 앞뒤를 돌아보아야 하며 '그렇다면 우리가 식민지 지식인으로서 해야 할 일은 무엇인가?' 하고 되묻는 행위를 멈추지 말아야 한다. (…) 문학에 있어서 노동 계층을 노동하는 노동자들이 맡고 농민 계층을 농민들이 궁극적으로 맡는 역사발전이 이미 이루어지고 있다는 눈물겨운 증거인만큼, 지식인들의 할 일은 상대적으로 줄어든 것 같지만, 그 줄어든 부분은 사실은 문학적으로 말하자면 쓸데없는 소재주의에서의 방황과 겹치는 것이 아주 많은 것이기 때문에 오히려 지식인의 역할은 더욱 분명해진 것이라고 할 수 있을 것이다.[38]

1987년에 발표된 김명인의 〈지식인 문학의 위기와 새로운 민족 문학의 구상〉(《문학예술운동》1집) 같은 글도 그 연장선에 있다고 할 수 있다. 이 유명한 글에서 김명인은 광주항쟁 이후 소시민계급이 더 이상 역사의 주체일 수 없듯, 지식인 문학도 새롭게 진출하는 민중 자신의 문학적 성과에 기반한 새로운 민족 문학의 지평 위에서 자기 재조정을 이루어 낼 것을 요구했다.[39] 이 같은 소론의 의의는 한마디로 초계급적 보편성의 외관을 갖거나 '참여문학 대 순수문학'이라는 지평에 머물던 문학(론)을 재배치했다는 것이다. 이는 통용되던 문학과 문학론 전반에 계급의 질서를 각인하고, 그들 대부분을 단번에 '소시민의 것' 또는 '지식인 문학'으로 규정했다. 창비식 민족문학론이나 1970년대적 참여문학도 예외가 아니었다. 비록 민족 해방의 과제 때문인지 민족문학론의 각(殼)을 완전히 벗지는 못했지만 말이다.[40]

'지식인 문학의 위기'는 지식인 계층 운동의 위기이기도 했다. 구로동맹파업이 있었던 1985년 남한 문화계는 민중문학을 둘러싼 이런저런 말과 논쟁 덕분에 소란했다. 자유주의 문학가들과 우파뿐 아니라 전두환까지 합류한 이 반격의 대오는 《노동의 새벽》이 얼마나 강렬한 것이었는지를 반증한다.[41]

이 시기에는 앞에서 거론한 다섯 가지 유형의 모든 노동자문학회와 그 활동이 발생하고 또 활발해졌다. 구로동맹파업과 그 후과도 이 시기 노동과 지식의 관계를 상징하는 듯하다. 주지하듯 구로동맹파업은 '한국 노동계급의 형성'에서 가장 중요한 사건의 하나로 일컬어진다. 이 정치적 동맹파업을 이룬 힘은 말하자면 (광의의) 노학 연대에 있었다. 즉 현장에 있던 학출 노동자와 그들과 관계 맺은 노동자들의 조직 활동이 연대 파업을 가능하게 했다.

구로동맹파업에 참여했던 사업장의 노동자들은 "독서회를 통해 노동자 의식을 배우면서 노조 활동의 핵심 조합원들로 성장했다." 가리봉전자 독서회의 경우, 학출이었던 "서혜경 등의 제안으로" 시작됐다. "주 1회 진행하는 독서회는 자취방, 찻집에서 만남이 이루어졌다. 진행 내용은 《모래톱 이야기》(김정한), 《어머니》(고리끼) 같은 민중의 삶을 소재로 한 문학작품을 읽고 같이 토론하며 자신들의 생각을 얘기했다."[42]

또한 이런 독서와 지적 활동은 (제도)교육에 대한 열망과 교양에 대한 갈증을 해소하는 또 다른 대안이었다. 가리봉전자의 어린 여성 노동자였던 장영선은 노조와 독서회 활동을 하면서 "회사 생활이 굉장히 재미있"어지고 "학교 생각"이 없어졌다.

노조 만들어진 다음에 들어갔죠. 학교도 학교였지만 중학교 때 공장 생활이 너무 힘들어서 대학을 가고 싶어 하잖아요? 사람들이. 좋은 사람도 만나고 싶고 그래서 갈라고 했는데 수옥 언니가 입사 동기니까 거기서 "독서회 같이 하자"고 해서 만나 보니 사람들이 너무 똑똑한 거예요. '공장 생활을 한 사람도 똑똑한 사람이 많구나', 독서회 하니까 '책을 열심히 읽어서 지식이 차겠구나' 그런 생각을 하면서. (…) 책 읽고 자기가 독후감 쓰기도 하고 자기가 느낀 점을 이야기하면서

(…) 공부 준비도 딱 결정지은 건 아닌데 생각이 거의 멀어진 거죠. 회사 생활이 굉장히 재미있고 노조가 재미있고, 학교 생각이 없었던 것 같아요.[43]

초등 혹은 중등 과정에서 중단된 학업을 계속 이어 나가려는 '학교를 향한 열망'은 1970-80년대 (여성) 노동자들의 가장 중요한 집단의식이자 허위의식 그 자체다. 그러나 민주노조운동의 문화정치가 부분적으로나마 이를 넘어서게 만든 것이다.

구로동맹파업의 연대 사업장이었던 가리봉전자 노조의 소식지에는 '조합원 문예란'이 마련됐는데, 1985년 5월과 6월호 '조합원 문예란'에 각각 《모래톱 이야기》와 《무소유》에 대한 독후감, 수필이 실려 있다. '조합원 문예란'은 구로동맹파업의 도화선이 된 대우어패럴 노조 소식지에도 있었다. 1985년도의 이 노보는 독후감뿐 아니라 노동자들의 시와 수필, 노가바(노래 가사 바꿔 부르기) 등 좀 더 다양한 '문학'작품을 싣고 있었다.[44]

### 4) 1987-91년: '누구든지 써낼 수 있다', 변혁과 글쓰기의 이중 전선

1987년 6월항쟁과 노동자대투쟁을 통해 새로운 시대가 열렸다. 노동자대투쟁의 3개월 동안 연 200여만 명이 3,300여 건의 파업에 참여하고, 그 결과 1,200여 개의 노조가 새로 생겼다. 가히 혁명에 준하는 상황 아닌가. 1988-89년에 지역 노동자문학회가 각지에 등장하고 또한 그들의 초지역적 연대체 및 연대 활동도 시작됐다.

예컨대 마산·창원 지역의 '참글'은 1988년 10월 문을 연 마산 가톨릭 여성회관 '노동문학교실'의 수료생 30여 명을 회원으로 1989년 9월 7일 정식 창립됐다. 광주 지역의 '글맥'은 1988년 5월에 발족, 독서 토론과 문집 발간 등의 사업을 하면서 노동자문학교실을 상설 운영했다. 부천노동 자문학회는 "문학이 사회변혁운동에서 맡은 역할의 중요성을 지역 노동 자들에게 일깨우기 위한 모임으로 89년 3월에 공식 활동을 시작한" '글 나눔'이라는 조직이 모태가 되어 "부천 가톨릭노동사목에서 제1기 부천 노동자문예교실을 연 다음", "문예교실에 참가한 노동자 20여 명이 이후 의 만남을 어떤 형식으로 계속할 것인가를 논의하는 과정에서" 태어났 다. 1991년 2월 17일의 〈한겨레〉 기사는 이 문학회의 공간, 주체, 활동 방 식을 꽤 생생하고 상세하게 소개한다. 이에 따르면 1990년 2월에 정식으 로 출범한 부천노동자문학회의 1991년 2월 당시 회원은 30여 명이었 다. 대부분 경원세기, 낫소, 대아, 크로바전자, 일신, 한성공영 등 지역 작 업장에서 일하는 생산직 노동자들이었는데, 그중 1/3가량이 여성 노동 자였고 연령 분포는 19세에서 40세에 걸쳐 있었다. 회원들은 시 창작을 주로 하는 제1분과, 소설 창작 위주의 제2분과, 생활글 위주의 제3분과 로 나뉘어 학습과 창작 활동을 했다. 하지만 저임금·장시간 노동이라 는 생활 조건 때문에 창작은 주로 시 분야에 집중되었다.[45] 이 같은 활동 방식은 당시의 전형적인 형태였다.

부천 노동자문학회는 경기도 부천시 중구 춘의동 골목길의 국도주산학원 지하 에 세 들어 있다.

열댓 평쯤 됨직한 이 공간은 문학작품집과 노동 관련 서적으로 빽빽한 책꽂이 에 둘러싸여 있고, 한쪽 벽에는 문학 강연회·집단 창작 계획 등이 적힌 2월의 활 동 계획표와 지역 작업장의 노보들이 단정히 붙어 있다. 매주 월·수·금요일 저녁 때면 이 방은 노동자들의 편안한 모임터가 되어 활기찬 목소리로 덥혀진다.

누군가가 일터에서의 생각과 느낌을 담은 자작시를 낭송하면 다른 사람들이 그 작품의 넉넉한 점과 모자란 점을 지적한다. 누군가가 노동자 문예에 대한 생각을 얘기하면 다른 사람들이 거기에 맞장구치고, 또 다른 의견을 내놓기도 한다. 그러다 보면 예정된 두 시간이 어느덧 지나 버리고, 그래도 남은 아쉬움을 묽히기 위해 가까운 식당에서 뒷풀이가 마련된다.[46]

묘사된 수요일과 금요일의 부천 '프롤레타리아의 밤'은 창작시 낭송과 그에 대한 합평 및 토론, 뒤풀이로 구성된다. 이는 여느 대학생 문학회와 다를 것 없고 뒤풀이까지 곁들인 매우 (보편적인) 한국형의 '지적 모임'이다. 이 문학회의 창작 활동은 상당히 활발해서 2년 사이에 〈질긴 노동자〉 등 세 권의 작품집이 나왔고 개인 시집을 낸 노동자도 있었다.

기사를 통해 문학회가 상당히 '문학'에 집중돼 있었음을 알 수 있다. 문학회의 존재 의의에 대해 "실무 간사 김형식(30) 씨는 회원들이 개인·집단 창작과 그 밖의 활동을 통해서, 일상에 매몰되기 쉬운 자신을 되돌아보고 노동자로서의 긍지를 갖게 되고, 변혁운동에 대한 이해를 깊게 할 수 있었다"라고 말했다.[47] 즉 노동자 계급 의식을 가진 '시도 쓰고 노동도 하는' 프롤레타리아들이 나타났다.

서울 구로구 가리봉동의 '프롤레타리아의 밤'도 비슷했다. 구로노동자문학회는 1988년 6월 구로노동자문학학교를 모체로 해 유명 작가와의 대화, 문예 강좌 등 대중적인 프로그램을 진행하는 것으로 시작했다. 1989년 창작 교실에 참여하는 노동자들을 조직하고 문예지 〈생활과 문학〉을 펴내며 조직을 안착시켰다. 1990년 12월 〈동아일보〉의 소개에 따르면, "2평 반 남짓한 사무실에는 매일 저녁 10여 명의 근로자들이 모여

열띤 토론을 벌이면서 읽고 쓰는 작업에 열성을 쏟고 있다."" 이들은 책을 출간하는 작업 이외에도 각종 노동자 집회에서 시를 낭송해 분위기를 돋우기도" 하고, "시화전이나 문학의 밤 등 독자적으로 문학 행사를 개최, 동료 근로자들과 문학적 결실들을 나누기도 한다."" 잔업 등에 시달리다 보면 밤늦은 시간에 퇴근하기가 일쑤이기 때문에 이곳 근로자들은 주로 밤 8시 반이 넘어서야 비로소 한 자리에 모여 문학 수업을 쌓고" 있다. 이처럼 '문학'에 정향되어 시반, 소설반으로 나뉘어 운영하고 있었는데, 유시주 간사(30, 여)는 "일하는 노동자들의 문학적 잠재력은 엄청나지만 이들이 작품을 형상화할 수 있는 시간이 절대적으로 부족하기 때문에 본격적인 소설에는 손대기가 어렵"다고 했다.[48]

성훈화의 구로노동자문학회 체험 회고에는 특별한 내용이 있다. 20대 초에 구로동맹파업과 고난으로 가득한 노동운동을 경험했던 그녀는 20대 후반이 되어 '휴식'을 위해 노동자문학회에 가입했다. 그의 회고에서는 '영혼'이라는 단어가 유독 자주 발견된다. 그곳에서 '영혼'을 만났던 것이다.

나는 이곳에서 책을 좋아하고 글을 쓰는 노동자들을 많이 만날 수 있었는데, 그들과의 만남은 나의 영혼을 키우고 살찌우는 과정이었다. (…) 나는 여기에서 일하면서 시주 언니와 부딪히기도 했지만 그만큼 언니를 이해할 수 있게 됐고 언니를 좋아하게 됐다. (…) 문학회에서는 저녁 늦게까지 술 마시고 이야기하는 날들이 많았는데 이런 생활은 내 삶에서 처음이었다. 우리는 자기의 마음을 터놓고 이야기하며 편안한 사이가 되어 갔고 서로의 삶 속에 중요한 사람들로 자리 잡아 가기도 했다. 나는 여기서 남편을 만났고 우리는 구로노동자문학회 공식 1호 커플이 되었다.

한번은 작가와의 만남 프로그램으로《땡삐》의 작가 윤정모 선생님의 집에 초청을 받아 갔다. 용인의 선생님 댁에서 하룻밤을 같이 지내면서 이야길 나누며 영혼도 살찌우고 융숭한 대접으로 우리의 몸도 살찌우는 좋은 시간이었다. 노동자문학회에서 우리는 학생운동 출신 운동가들의 노동자들에 대한 관념적인 접근 방식과 그들의 글을 비판했고, 노동자 출신들의 계급적 사고를 철저히 다지기 위해 무수한 토론과 논쟁을 했다. 그때 우리 모두는 올바른 길로 가기 위해 무던히도 노력했던 것 같다.[49]

구로노동자문학회 프롤레타리아들의 '밤'에는 문학과 책은 물론, 사랑과 화해, "계급적 사고를 철저히" 하기 위한 "무수한 토론과 논쟁"이 있었다. 또 그 '밤'에는 '노출 대 학출'의 갈등도 끼어 있었다.

한편 이 단체들은 1989년 12월 공동 시집《작업화 굵은 자국을 찍으며》(개마고원)를 출간했으며, 특히 1990년 전국노동조합협의회(전노협) 결성에 맞춰 전국적인 연대 체제를 갖춰 나갈 계획을 했다.[50] 이런 움직임은 상징적이었다. 전노협은 1980년대식 전투적 민주노조운동을 총합하는 조직이었고 지역 노동자문학회도 그에 상응하는 문예운동의 질과 이념, 문화를 가진 곳이었기 때문이다.

글쓰기(문학)에 대한 노동자들의 요구도 복잡해지고 다기해졌다. 초기적인 수기나 생활글이 여전히 많았지만, 그런 글쓰기가 그 자체로 휴머니즘적인 운동의 질료로 기능하거나 노동자들의 지성을 대표하는 글쓰기로 간주되기는 어려워졌다. 이 시기에 '노동자 작가'가 대거 등장하고[51] 그들에 의해 노동 소설이 활발히 발표됐다. 문학주의적 입장에서는 매우 의미 있는 진전일 수 있었다. 왜냐하면 '쓰는 능력'과 관련된 소설의 위상 때문이다. 노동자문학회와 노동자들의 창작은 대개 시나 생활글을 중심으로 이뤄졌고 소설 창작은 훨씬 더 전문성을 요구하는 글쓰기로 간주되었다. 구로·독산 지역 노동자인 박해운과 문래 지역 노동자 김한수는 장편 노동 소설을 써낸 작가들인데, 관련해서 각각 다음과 같은 말을 남겼다.

> 많은 사람들이 글을 쓰고 싶어 한다. 하지만 노동자에겐 글 쓴다는 것이 결코 쉬운 일이 아니다. 일을 해야 하고 피곤한 몸을 끌고 글을 쓴다는 것이 보통 어려운 일이겠는가? 하지만 그럼에도 불구하고 글을 쓰고 싶은 사람은 써야 한다.

> "나도 할 수 있다는 자신감을 가지고 하나하나 해 나가면 누구든지 써낼 수가 있다"고 글을 쓰고 싶어 하는 동료 노동자들에게 일기 쓰기를 권한다.[52]

'누구든지 써낼 수가 있다'는 이 쓰기에 대한 자신감은 "산업 노예"나 "돼지"가 자기 이야기를 글로 쓰기 시작한 지 10여 년 만에 표현된 것이다.

지식인 문학판 내부의 역관계도 더 기울어 1980년대 말에는 사회주의리얼리즘론 내지 민중적민족문학론이 압도적 위세를 갖는 듯했다. 그러나 6월항쟁 이후 《창작과 비평》과 《문학과 사회》가 복귀했음도 지적해야 한다. 타매(唾罵)됐던 '프티부르주아 문학'은 곧 전면 복귀해 상황을 역전시키고 무너지고 깨졌던 '문단 질서'를 회복할 것이었다.

이 절에서 주로 거론한 1980년대 말에서 1990년대 초는 노동자문학회 활동이 가장 활발했던 시기이며, 동시에 계급적 민족·민중문학운동의 의식적 이념과 운동이 최고조에 달한 시기였다. 그리하여 이 고빗길의 정상에서 1970년대부터 대학생·지식인이 관여해 온 노동운동은 다기한 성과를 산출했지만, 급전직하와 반전이 목전으로 다가오고 있었다.

## 노동자문학회의 문학·문화사적 의미

강조하건대 노동자 글쓰기나 노동 문학의 역사적 의미는 일부 문학사가가 기술해 놓은 것처럼 박노해, 백무산과 같은 몇몇 뛰어난 자질을 가진 개인과 문학작품이 '노동 문학'이라는 영역을 개척했다는 데 있지 않다. 그런 서술은 전형적인 엘리트 중심적 근대문학사의 인식론의 연장선일 뿐이다. '노동자 글쓰기'의 본질은 무명인 개개인들의 집합적인 문화 실천이며 그 효과로 생성된 문학의 전면 재배치이자 앎-혁명의 잠재성이다.

1970-80년대의 노동자 문학과 노동자문학회의 역사를 '비문해에서 문예로, 노동 해방으로'의 발전으로 간주할 수 있다. 즉 노동자 글쓰기가 수기와 생활글에서 의식적이고 계급적인 노동 시, 노동 소설로 발전해 나간 것으로 볼 수 있다는 것이다. 그러나 이 과정을 단선적인 발전으로 말할 때 뒤따르는 위험도 크다. 발전은 겹쳐 있고 동시다발적이었다. 그에 더해 그 역사가 1990년대 중반까지 지속되었다는 점도 간과할 수 없다.

1980년대의 노동운동과 자생적 노동인권운동은 왜 글쓰기와 문학(회)을 매개로 삼았는가? 그리고 이 시기의 한국문학은 어떻게 노동을 급격하고 열렬하게 껴안을 수 있었는가? 단지 한국 지식인 문학가의 의식 전개 과정으로는 이를 설명할 수 없다. 근대적인 문해와 교육 분배의 문제, 그리고 한국 노동계급의 '망탈리테'가 문제의 맥락을 구성한다. 다시 말해 해방된 의식으로 나아가기 위해 자기를 발견·발현해야 했을 때, 책 읽기와 더불어 글쓰기가 강력한 힘이 된 것이었다. 그것이 구체적으로 어떤 선험성으로 노동자 자신과 강학 및 위장 취업자에게 인식됐는지는 분명하지 않다. 그러므로 여기서 '국졸의 글쓰기'나 일기, 민중교육론을 되짚어야 한다.

1980년대 민중·민족문학론은 노동자주의와 문학주의의 고분자 화학결합을 시도했다. 여러 논자는 양자를 서로 배제하지 않는 관계로 파악하며 사회주의 문예이론(리얼리즘론)이나 민족문학론 같은 전래된 참조점을 통해 결합하고자 했다. 그러나 이 결합은 어색한 것이었다. 민중·민족문학론은 한편 계급성, 당파성으로 문학을 재단하며 어떤 범주의 문학을 완벽히 배제하면서 동시에 노동자 문학에도 '예술적 완성'을 요구했다. 하지만 지식인 문학이 욕망하는 '정치적이면서도 형식적, 문학적으로 훌륭한 문학'이란 기실 그 자체로 이데올로기적이었다. 아래로부터의 글쓰기는 그 이데올로기 앞에서 곤혹스럽고 불가능한 무엇이 되었다. 그러한 글쓰기는 그 불가능 앞에서 문학주의(민족문학론과 리얼리즘론은 이의 변형된 판본이다)로 후퇴하는 것이 아니라,[53] 문학의 존재 양식의 어떤 급진적인 면들과 삶/글쓰기 자체의 근본성을 기하는 데로 더 나아가야 했다.

1990년대 후반에서 2000년대의 쇠퇴에도 불구하고 노동 소설과 노동 시의 맥은 이어지고 있었다. 적어도 IMF 이전까지 노동자문학회와 노동자 글쓰기는 활발했다고 볼 수 있는데, 이 문학은 1990년대 이후의 기성 문단과 지식인 문학 측에 의해 외면당하고 주변화됐다. 덧붙여 지적할 것은 노동 문학과 노동자문학회가 표상했던 또 다른 문학, 문화의 가능성이 광범위한 노동자-문학 독자군의 존재였다는 점이다. 노동자문학회의 역사는 노동자-독자의 역사다. 그들은 노동자문학회나 문학학교를 나가면서 다양한 시와 소설을 읽고 쓰기를 꿈꾸고, 동시에 일하는 존재였다. 즉 그 많던 '외치는 돌멩이'들이 1980-90년대에 이르러 문학 독자가 되었던 것이다. 그런 독자층을 버리고 잃게 된 것이 1990년대의 일이었다.

# 7

# 대중음악사의 맥락에서 본 민중가요[1]

김창남

'민중가요'는 한국 사회에서 민주화운동이 치열하게 진행되던 시기에 제도권 밖에서 유통되며 민주화운동의 지지자들에 의해 수용되었던 저항적 성격의 노래를 가리킨다. '운동(권)가요'와 호환되기도 하지만, 운동(권)가요가 노래의 쓰임새에 초점을 둔 용어라면 민중가요는 노래가 가진 이념적 혹은 문화적 성격을 드러내는 용어[2]라 할 수 있다. 민중가요가 활발하게 창작·공연되고 수용되던 시기는 대체로 1980년대 초에서 1990년대 중반 정도까지다. 민주화 과정이 진행되기 시작한 1990년대 초부터는 민중가요도 일부 합법화하면서 제도권 안으로 진입한다. 따라서 '제도권 밖'이라는 규정에 딱 들어맞는 민중가요는 주로 1980년대의 문화 현상이라 할 수 있다. 민중가요라는 용어에서 흔히 1980년대의 역사가 떠오르는 건 바로 그 때문이다.

1980년대는 민중가요라는 개념이 등장하고 민중가요를 창작·보급하는 예술가들의 활동이 조직화하면서 노래운동이 활발하게 이루어진 시기이다. 1970년대 말부터 대학가에 노래 동아리들이 생겨나면서 대학가에 구전되던 운동권 가요들을 모으고 대학 내에 확산하는 역할을 시작했다. 이들은 스스로 현실 비판 의식을 담은 노래를 창작했고, 악보집을 발간해 유포했으며, 검열을 거치지 않은 불법 음반(카세트테이프)을 제작해 확산시켰다. 이후 1980년대 초에 들어서 대학 노래패 출신들이 대학 밖에 조직을 만들어 문학, 연극, 영화, 미술 등 타 장르의 문화운동과 보조를 맞추며 전문적인 노래운동을 벌이기 시작하면서 1980년대 민중가요의 역사는 본격적으로 시작되었다. 1980년대 중반부터는 대학, 노동조합, 진보적인 교회 등을 거점으로 다양한 노래운동 단체들이 활동하면서 수많은 민중가요가 창작되고 보급되었다.

이 글은 민중가요를 대중음악사의 맥락에서 재규정해 보고자 하는 시도이다. 지금까지 일반적으로 민중가요는 대중음악의 대립물로 인식되어 왔다. 많은 경우 민중가요는 대중음악의 일부가 아니라 그 바깥에 있는 것으로 이해되었으며, 대중음악과는 성격과 존재 방식에서 뚜렷이 구별되는 것으로 간주되었다. 이는 '대중음악 시장 등 기존 노래 문화 유통 구조의 바깥'에서 '기존 노래 문화에 대한 비판적 태도를 지닌 향유자들'에 의해 생성된 노래 문화[3]에서 민중가요의 가장 중요한 준거를 찾는 태도이다. 민중가요를 대중음악의 대립물이며 대중음악의 바깥에 존재하는 음악 문화로 볼 때 대중음악사 서술에서 민중가요가 제외되는 것은 자연스럽다. 가령 1990년대 이후 한국 대중음악의 장르적 특성을 논하는 김영주의 논문[4]에 민중가요에 대한 언급은 빠져 있다. 한국 대중음악에 대한 통사적 정리를 시도한 이영미의 책[5]이나 이혜숙·손우석의 책[6]에도 민중가요에 대한 언급은 1980년대 말 이후 합법적인 형태로 활동했던 일부 노래패의 성과에 한정되거나, 운동권의 노래라는 한정된 범주로만 간략히 취급되고 있다. 요컨대 대중음악과 민중가요의 이분법이 자연스럽게 통용되면서 민중가요의 역사는 대중음악사와 따로 떨어져 있는 별개의 영역으로 존재해 온 셈이다.

민중가요를 대중음악사의 맥락에서 다시 본다는 것은 이처럼 민중가요와 대중음악에 대한 이분법적 시각을 넘어 민중가요를 대중음악의 일부로 새롭게 봄으로써, 민중가요의 의미를 재평가하고 대중음악의 개념과 역사도 다시 볼 것을 제안한다는 뜻이다. 따지고 보면 이런 식의 문제의식은 새로운 것이 아니다. 내 경우 1990년대 초반을 넘기면서부터 지배 문화와 저항 문화, 대중문화와 민중문화라는 이분법이 가진 문제를 지속해서 지적해 온 바 있다.[7] 이는 이른바 민주화 과정에서 문화를 둘러싼 상황이 크게 변화한 데 따라 문화를 보는 시각에 수정이 불가피하다는 인식에서 나온 것이었다. 그리고 1980년대적인 이분법적 사고 자체가 가진 모순을 인식하면서 문화운동의 개념 자체를 새롭게 정립해야 한다는 생각을 드러낸 것이기도 했다. 그렇지만 아쉽게도 새로운 패러다임으로 1980년대를 재평가하는 작업은 충분히 이루어지지 않았다. 지배와 저항, 대중문화와 민중문화의 이분법적 패러다임에 문제가 있다는 것은 대체로 인정되었지만, 새로운 패러다임으로 민중문화를 재평가하는 노력은 거의 없었다. 물론 1990년대 이후의 사회 변화 속에서 민중문화와 문화운동의 활력 자체가 급속도로 약화한 것도 중요한 이유일 것이다. 그런 가운데 과거의 틀로 규정된 민중문화는 여전히 특별한 시기에 특별한 사람들에 의해 생성되고 향유되었던 문화 현상 정도로 치부되며 주류 문화사의 변방으로 밀려나 주저앉았다. 민중가요(민중문화)를 대중음악(대중문화)사의 맥락에서 다시 보는 일은 말하자면 과거의 유산쯤으로 치부되어 버린 민중가요 문화의 현재적 의미를 새롭게 들여다보는 일이며, 그 속에서 대중음악의 새로운 전망을 모색하는 일이 될 것이다.

## 민중가요에 대한 기존의 시각

### 1) 대중음악에 대한 대립물로서의 민중가요

민중가요를 발굴·창작·보급하는 것을 주된 활동 내용으로 삼은 노래운동이 조직적으로 가장 활발하게 이루어진 것은 대략 1980년대 초반에서 1990년대 초반까지라 할 수 있다. 민중가요의 의의를 대외적으로 설파하는 노래 비평 작업이 활발히 벌어진 것도 이 시기이다. 그런데 눈여겨봐야 할 것은 민중가요와 노래운동의 이론적 실천이라 할 수 있는 노래 비평 작업에서, 정작 민중가요라는 개념 자체를 좀 더 정면으로 다루고 체계화하려는 노력은 별로 이뤄진 적이 없었다는 점이다. 노래 비평 무크《노래》는 민중가요와 노래운동의 이론적 배경을 제공하면서 노래운동을 좀 더 포괄적인 민족민중문화운동의 한 부분으로 자리매김하게 하는 이론적 작업의 중심을 자임했다.《노래》의 첫 번째 주제는 대중음악 비판이었고,[8] 두 번째 주제는 음악교육을 중심으로 한 제도권 고급 음악 비판[9]이었다. 이는 당시 노래운동의 주체들에게 민중가요의 정체성이 대중음악과 고급 음악이라는 지배적 음악 문화에 대한 대립물이라는 상대적 개념으로 인식되었던 것과 무관하지 않다. 민중가요란 '대중음악과 고급 음악의 범주에 속하지 않으며 이에 대립하는' 어떤 것이었으며, 당시로서는 그런 개념만으로도 충분했다는 말이다. 이는 문화에 대한 우리의 사고가 기본적으로 '대중'과 '민중', '지배'와 '저항'이라는 이분법적 인식 틀에 갇혀 있었음을 말해 준다.

이런 인식 틀에서 대중문화는 늘 지배 형식이고 지배 구조의 재생산에 기여하는 것이며, 민중문화는 대중문화 체계의 바깥에서 대중문화로 표상되는 지배 구조에 저항하는 문화가 된다. 그런 맥락에서 대중문화와 민중문화의 대립은 어느 한 편의 승리가 다른 한 편의 완전한 패배와 배제를 의미하는 제로섬 게임의 성격을 지닌다. '대중문화는 지배 문화다, 따라서 대중문화는 나쁘다. 민중문화는 지배에 저항한다, 따라서 민중문화는 좋다.' 문화를 논하는 논리는 결국 이렇게 단순화된다. 이 말은 결국 대중문화는 대중문화니까 나쁘고, 민중문화는 민중문화니까 좋다는 동어반복에 지나지 않는다. 이런 동어반복이 아무 의문 없이 받아들여졌던 것은 다시 말하기도 새삼스럽지만, 폭력적 억압과 온몸을 던지는 저항의 날카로운 대립으로 점철되었던 1980년대의 현실적 조건에서 일정 부분 불가피한 것이기도 했다. 그것은 실제 군사정권의 파시스트적 통치 속에서 문화적 헤게모니란 것이 그리 큰 의미가 없었다는 사실에서 연유한다. 폭력적인 지배 구조에서 정치적 힘의 관계가 지배적으로 되면서 '대중'과 '민중'은 분리된 집단으로 인식되었다. 공식적으로 허용되는 '대중'의 문화와 제도권 밖의 지하 유통 구조를 통해 유통되는 운동권 '민중'의 문화가 현실적으로 확연히 구분되어 있었다는 것이다.

대중문화와 민중문화의 이분법은 그대로 대중음악과 민중가요의 이분법으로 연결된다. 여기서 대중음악과 민중가요는 대강 다음과 같은 대립적 성격으로 규정된다.

|  | 대중음악 | 민중가요 |
|---|---|---|
| 이념적 성격 | 지배 이데올로기<br>체제 유지 및 현실 순응<br>문화 제국주의 | 저항 이데올로기<br>체제 변혁<br>민족주의 |
| 수용집단 | 의식화되지 않은 대중 | 의식화된 민중 |
| 미디어 | 합법 음반 | 불법 음반 |

　'대중문화'와 '민중문화'의 이분법이 성찰의 대상이 되기 시작한 것은 1980년대 말 이후 한국 사회가 제도적 민주화의 길을 밟으면서부터였다. 민주화의 진전 과정은 민중문화의 제도권 미디어 진입을 가로막았던 검열의 벽을 낮추기 시작했고, 민중문화의 콘텐츠가 합법적으로 제도권 미디어에 진출하는 사례가 늘어나기 시작했다. 대중문화와 민중문화의 이항 대립에 포섭되지 않는 중간 지대가 생겨나기 시작한 것이다. 민중가요의 합법화를 지향했고 한동안 큰 인기를 누렸던 노래를찾는사람들(이하 노찾사)이 대표적인 사례다. 노찾사의 노래는 이념적 지향이란 면에서 민중가요의 속성을 가졌지만, 의식화되고 조직화한 민중 집단의 범위를 넘어 상당히 광범위한 대중에게 인기를 누렸다. 또한 불법 음반이 아닌 검열을 거친 합법 음반의 형태로 시장에 나왔다는 점에서 대중음악의 성격도 가지고 있었다. 기존의 이분법적 인식에서는 합법적 민중가요란 말 자체가 일종의 모순이며, 노찾사 역시 모순적 존재였던 셈이다.[10]

　또 다른 문제 제기는 대중문화가 일방적인 지배 이데올로기의 통로이자 수단이라는 논리 그 자체에 대한 비판이었다. 대중문화가 지배 이데올로기의 영역이라는 말은 대중문화가 그 속에 지배 집단의 이해관계를 지지하는 메시지를 숨기고 있으며, 이를 접하는 대중도 그 메시지를 아무런 비판 없이 그대로 수용한다는 것을 의미한다. 그러니까 대중음악을 듣고 노래를 부르는 사람들은 자연스럽게 대중음악에 담긴 지배 이데올로기를 내면화하게 되고, 결국 현재의 지배적 구조를 지지하게 된다는 이야기다. 그런데 이런 논리대로 대중이 지배 이데올로기에 무방비로 노출되어 이를 수용한다면, 우리가 역사의 주체로 상정하는 민중은 도대체 어디에서 찾을 수 있는가 하는 의문이 든다. 사실 어떤 의식화된 민중도 대중음악의 자장에서 벗어나 존재할 수 없다. 누구든 대중음악을 듣고, 또 상황에 따라 즐겨 부른다. 1980년대 그 엄혹했던 시절에도 저항 세력의 많은 사람은 술자리에서, 혹은 MT 현장에서 민중가요만큼이나 대중음악을 즐겨 불렀다. 요컨대 대중과 민중은 실제

노래를찾는사람들 콘서트(서울 마포아트센터, 2013). 배경 화면은 1987년 6월 29일 부산에서의 민주화 시위 장면.

7장 대중음악사의 맥락에서 본 민중가요

분리할 수 있는 집단이 아니라, 당대의 대중이 함께 가질 수밖에 없는 두 가지 측면일 뿐이었다.

## 2) 하위문화로서의 민중가요

민중가요를 정의하는 또 다른 방식은 그것을 특정한 시기, 특정한 집단의 사람들이 공유하는 하위문화(subculture)로 규정하는 것이다. 하위문화란 글자 그대로 해석하면 큰 범주의 문화에 속한 부분 집단의 문화라고 할 수 있다. 대개는 특정한 시기 지배 문화와 갈등을 일으켰던 청년 세대의 독특한 정체성을 표현한 문화(예컨대 1970년대 초 서구 사회에 등장했던 펑크족의 문화, 혹은 서인도제도 출신 흑인들에 의해 채택되었던 독특한 스타일의 흑인주의 문화를 가리키는 라스타파리안 문화 등)를 일컫는다.[11]

하위문화라는 개념이 한국의 문화 상황과 결부되어 논의되기 시작한 것은 1990년대 이후이다. 억압적인 환경에서 다양한 문화적 실천들이 존재할 수 없었던 권위주의 시절에는 하위문화에 대한 관점이 등장하기 어려웠다. 다시 말하면 한국 사회에서 하위문화론의 관점은 그 자체로 민주화 과정의 산물이다. 이는 결국 대중문화와 민중문화의 이분법이 현실에 적합하지 않다는 인식이 생겨나면서, 이분법을 벗어나 좀 더 폭넓은 스펙트럼으로 문화 지형을 이해하려는 시도에서 채택된 개념이라 할 수 있다.

민중가요를 하위문화의 관점에서 정의하는 이영미의 글[12]은 민중가요에 대한 기존의 관점을 훼손하지 않으면서 개념을 새롭게 규정하고자 한 의미 있는 시도라 할 수 있다. 이 글에서 이영미는 민중가요의 특성을 세 가지로 정리한다. 첫째는 민중가요가 "지배 문화가 아닌" 하위문화라는 점이다. 대중음악은 자본과 결합해 있고 합법적 대중매체에 의해 대량 생산된다. 대중의 선택과 무관하게 유포되며 보수적 사회의식의 지배를 받기에 지배 문화일 수밖에 없다. 그런 대중음악과 달리 특정 시기 특정 집단에 속한 사람들만이 수용하고 이윤이나 검열, 보수적 사회의식과 무관하게 존재하는 하위문화가 민중가요라는 것이다. 민중가요가 강한 정치성을 가졌던 것도 그것이 대중가요와 달리 특정 하위 집단에서만 유통되었기 때문이다. 그런 의미에서 민중가요가 대중음악처럼 누구나 접하는 문화가 되지 못했던 이유는 민중가요의 당연한 속성이지, 민중가요가 정치성만을 너무 앞세워 예술성을 갖지 못했기 때문은 아니라는 것이다. 이영미는 민중가요의 둘째 특성으로 수용자들의 자발적이고 적극적인 수용 동력을 든다. 수용자들의 적극적인 수용과 의미 부여에 의해 민중가요 문화가 생성되었고 조직적인 노래운동도 생겨났으며, 이 적극적인 수용자 집단의 소멸 내지 약화와 함께 민중가요의 동력도 약화했다는 것이다. 셋째로 이영미가 지적하는 민중가요의 특성은 그것이 지배 문화에 대한 비판적 의식을 확보한 사람들에 의해 형성된 하위문화라는 점이다. 수용 집단의 자발성에 의해 생성된다는 점에서는 민요나 구전가요와 같은 여타의 하위문화와 같지만, 민중가요는 지배 문화에 대해 분명한 비판적 의식을 가진 수용자들의 문화라는 점에 독특한 특성이 있다는 것이다.

민중가요를 '지배 문화에 비판적인 수용자 집단의 하위문화'로 보는 이영미의 논의는 민중가요를 단지 대중음악의 대립물로 보았던 관점에서 한 걸음 더 나아간 것이라 할 수 있다. 1980년대에서 1990년대 초반까지 활발하게 수용되었던 민중가요가 서구 사회에서 하위문화 현상의 대표적인 사례로 언급되는 펑크 문화나 라스타파리안 문화 등과 유사한 성격을 가졌던 것은 분명해 보인다. 이들 서구의 하위문화는 주로 서구 주류 사회에서 배제된 노동자 계급 청소년 집단의 정체성을 표현하면서 지배 문화에 저항적인 성격을 표출했다. 이들이 차용한 문화적 스타일(특히 음악) 가운데 일부는 나중에 문화 산업으로 흡수되면서 세계적인 유행을 만들어 내기도 했다.[13] 한국의 민중가요가 당대 현실에 저항하는 청년 지식인 계층과 노동자 계층의 정체성을 드러낸 문화였고, 그 가운데 일부가 이후 제도권 미디어에까지 진출해 인기를 누렸던 것과도 비슷하다.

그런데 문제는 여기서 비판과 저항의 대상이 되는 지배 문화의 개념과 범주를 어떻게 보느냐는 것이다. 이영미는 이에 대해 제도 교육의 대상이 되는 고급 음악이나 자본의 이해관계에 얽매여 보수적 이데올로기의 영향을 받을 수밖에 없는 대중음악을 지배 문화로 본다. 이는 대체로 동의할 수 있는 설명이지만 현실은 그리 간단하지 않다. 검열이 엄격했던 군사정권 시기에는 이런 규정이 대체로 타당하지만, 민주화 이후 국면에서 지배 문화와 하위문화 개념은 좀 더 복잡하고 다층적이다. 예컨대 이영미가 명백한 지배 문화 일부로서 대중음악으로 규정하는 서태지의 음악은 부분적으로는 당대 청소년 계층의 저항적 정체성을 표현했던 하위문화의 속성을 가진 것으로 볼 수 있다.[14] 1990년대 후반 이후 대중음악 시장을 장악하고 있는 청소년 취향의 대중음악은 시장 지배라는 면에서 지배 문화이다. 하지만 이를 수용하는 청소년 집단이 한국 사회에서 차지하는 위치나 실제, 그들이 음악을 자신의 정체성 표현 양식으로 삼는 방식은 피지배 집단의 저항적 하위문화라는 속성을 많든 적든 내포하고 있다. 이영미가 민중가요의 둘째 특성으로 내세우는 자발적이고 적극적인 수용자의 존재란 면에서 볼 때도 마찬가지다. 자발성이란 면에서 다소 논란의 여지가 있을 수는 있지만, 적극적 수용 집단에 의해 추동되었다는 점에서는 이른바 신세대 대중음악 역시 크게 다르지 않다. 더욱이 2000년대 이후 대중음악 시장의 양극화가 심해진 상황에서 이른바 인디 음악의 경우 지배 문화가 아니고 적극적 수용자의 자발적 수용에 따라 유지되며 주류 대중문화에 비판적인 집단에 의해 수용되었다는 점에서, 이영미가 제시한 민중가요의 내용과 사실상 구분하기 어렵다.

민중가요가 사실상 대중가요 문화권의 바깥에서 대중가요와 전혀 다른 유통 구조를 가지고 존재했던 것은 대학가에 노래운동 서클이 생겨나기 시작한 1970년대 말에서 1990년대 초, 다시 말해 대체로 1980년대를 전후한 시기로 한정된다. 물론 민중가요의 역사를 운동권이란 확실한 수용 집단이 존재했던 그 시기로 국한하는 것은 가능하다. 문제는 여전히 대중음악과 민중가요라는 대립 구도가 결코 자연스럽지도 정확하지도 않다는 데 있다. 그 대립 구도가 유효했던 것은 앞서 일시적 기간뿐이지만, 그것도 대중음악(대중문화)의 개념을 '지배 이데올로기의 영역'으로 한정하는 시각에서만 유효하다. 1990년대 이후의 문화 연구 담론에서 이런 시각은 여러모로 비판받았고 부정되었다. 그렇다면 민중가요의 개념 역시 달라져야 마땅하다. 내가 말하고 싶은 요지는 결국 민중가요 역시 대중음악의 일부라는 것이다. 대중음악 자체가 (대중문화 개념이 그런 것처럼) 동질적이지 않으며 민중가요의 저항적 역동성까지를 포괄할 수 있는 개념이다. 그런 관점에서 우리가 대중문화권 밖에 있는 것

으로 상정했던 민중가요 역시 대중문화의 일부이며 대중음악의 속성을
가진 음악이라고 봐야 할 것이다.

## 민중가요의 대중음악적 성격

민중가요를 대중음악의 프리즘으로 들여다보는 것은 두 가지 의미를
지닌다. 하나는 대중음악의 관점을 도입함으로써 민중가요의 역사를 대
중음악 바깥의 특수한 시공간에 놓아 두는 것이 아니라 대중음악사 일
부분으로 재조명하고 우리가 놓치고 있었거나 외면했던 민중가요의 또
다른 측면, 즉 대중문화로서의 속성을 밝히는 것이다. 다른 하나는 민중
가요를 대중음악사 안에 끌어들임으로써 대중음악 개념의 폭을 넓히고,
그 속에 덧씌워졌던 부정적 선입견을 거둬내면서 대중음악 자체의 긍
정적(혹은 진보적)인 변화 가능성을 모색하는 것이다.

지금까지 대중음악과 민중가요를 구분해 온 가장 중요한 근거는 앞
에서도 구분했던 것처럼 이념적 성격과 수용 집단, 미디어의 차이다. 그
러나 이런 구분은 앞에서 설명했듯이 분명한 오류를 내포한다. 대중음
악이 일방적으로 지배적 이데올로기의 이념적 성격을 보여 주는 것도
아니고 수용 집단이 명백히 구분되는 것도 아니다. 미디어의 차이, 즉 대
중음악이 합법 음반을 매개로 하고 민중가요가 불법 음반의 양상을 띠
었던 것은 분명한 역사적 사실이다. 하지만 그 역시 군사독재 시절의 엄
혹한 검열이라는 지극히 한국적인 상황의 산물이며, 앞서 말한 것처럼
1970년대 말에서 1990년대 초반까지만 적용되는 사실이다.

대중음악을 논하는 서구의 저서 어디에도 대중음악이 단지 합법적인

음반에 국한된 현상이라고 규정하는 예는 없다. 케임브리지대학 출판부가 펴낸 대중음악 원론이라 할 수 있는 《케임브리지 대중음악의 이해》[15]는 대중음악을 크게 세 가지 요소로 규정한다. 바로 테크놀로지, 산업, (대중의) 소비를 통한 정체성의 정치다. 이 세 가지는 대중음악의 존재와 성격을 규정하는 가장 핵심적인 요소라 할 수 있다.

### 1) 민중가요의 테크놀로지

전자 테크놀로지는 미디어 음악으로서 대중음악을 존재하게 하는 필수 요소다. 음악 테크놀로지는 악기, 레코딩 장비, 재생 장비의 집합 이상이다. 그것은 우리가 음악을 경험하고 생각하는 환경이며, 동시에 우리가 음악적 사운드를 만들고 들을 때 관여하는 실천의 집합이고, 우리의 경험을 공유하고 평가하며 그 과정에서 음악이란 무엇인지 또 무엇일 수 있는지 규정하기 위해 우리가 사용하는 담론의 한 요소다.[16] 대중음악의 생산과 소비에 관여하는 테크놀로지는 다양하다. 마이크로폰이나 앰플리파이어, 라우드 스피커 같은 기초적 테크놀로지는 물론이고, 자기 레코딩에서 멀티트랙 레코딩, MIDI에 이르는 사운드 레코딩 테크놀로지, 어쿠스틱 사운드의 단순 증폭에서 전자 기타, 신시사이저, 드럼 머신, 게다가 힙합씬에서 사용하는 턴테이블까지 포함될 수 있는 악기 테크놀로지, SP·LP·카세트테이프에서 CD, 다시 MP3까지 진화해 온 청취용 오디오 테크놀로지 등 수많은 테크놀로지의 개발과 경쟁, 진화와 사장의 역사가 대중음악의 역사이기도 하다. 테크놀로지는 생산자의 경제 논리에 따라 음악의 생산과 유통을 통제하고 합리화하는 수단으로 개발되었지만, 때에 따라서는 소비자의 통제력을 강화해 생산자의 권능에 대항하는 수단으로 활용되기도 했다. 생산자의 이윤을 크게 신장시킨 CD의 개발은 결과적으로는 음악에 대한 소비자들의 장악력을 확대하면서 음악 산업의 위기를 초래했다. 이처럼 테크놀로지는 그 자체로 중립적이지 않으며 지배적이지도 않다. 그보다는 사회적 힘의 관계에서 끊임없이 작용과 반작용을 거듭하는 역동적 과정이다.

여기서 중요한 것은 민중가요 역시 테크놀로지와 끊임없이 결부되었다는 점에서 대중음악과 다르지 않았다는 사실이다. 노래운동의 조직적 전개 속에서 민중가요는 다양한 테크놀로지의 도움을 통해 생산되고 유통되었다. 초창기 노래운동은 비교적 어쿠스틱한 사운드를 추구했다. 하지만 역시 기본적인 사운드 테크놀로지의 사용을 벗어난 적은 없었다. 좀 더 적극적으로 전자 사운드를 사용하기 시작한 1980년대 중반 이후에는 사실상 전자 테크놀로지에 의존했다는 점에서 대중음악과 크게 다르지 않았다. 물론 노래운동의 물적 조건상 어쩔 수 없이 저가의 장비를 사용한 로우파이(Low Fidelity) 사운드를 채용할 수밖에 없었지만, 그것이 대중음악과 민중가요의 본질적 차이일 수는 없다.[17]

민중가요에서 가장 중요한 의미를 갖는 테크놀로지는 카세트테이프다. 1979년 김민기의 〈공장의 불빛〉[18]을 효시로 하는 불법 카세트테이프는 이후 1980년대 내내 민중가요의 생산과 소비에서 가장 중요한 미디어로 기능했다. 카세트테이프는 대중음악사에서 매우 중요한 의미를 갖는 테크놀로지다. 카세트테이프가 전통적으로 생산자의 권력에 의해 좌우되던 대중음악 산업에서 음악에 대한 소비자의 통제력을 크게 강화해 준 기술이기 때문이다. 내구성이 강하고 플레이어가 싸며 사용하기 쉽다는 점과 무엇보다도 손쉽게 녹음이 가능하다는 점에서 카세트테이프는 음악 생산과 소비의 양식을 획기적으로 변화시킨 테크놀로지였다. 소비자들이 직접 음악을 녹음하고 복제할 수 있다는 점에서 그것은 일종의 대안적 유통 미디어의 기능을 가지고 있었다. 그런 속성을 가장 잘 보여 준 예가 1980년대 한국의 민중가요 유통이라 할 수 있을 것이다.[19] 묘하게도 노래운동의 활력이 잦아들고 민중가요가 쇠퇴하는 시기는 카세트테이프가 퇴조하고 CD라는 새로운 미디어가 확산하는 시기와 일치한다.

### 2) 민중가요의 문화 산업적 성격

대중문화의 기본 성격과 관련해서 가장 일반적으로 지적되는 것은 대중문화의 산업적 성격이다. 대중문화는 산업에 의해 자본주의적 경제 논리에 따라 생산되며, 무엇보다도 자본가의 이해관계에 종속될 수밖에 없고, 결과적으로 지배 구조의 재생산에 이바지한다는 것이 대중문화 비판론의 기본 논리 가운데 하나다. 그런 논리는 당연히 대중음악에도 그대로 적용된다. 지금까지 대중음악을 비판적으로 재단했던 담론의 가장 중요한 논거는 대중음악이 산업적 논리에 의해 통제된다는 것, 그런 까닭에 표준화되고 획일적인 음악만을 생산해 내며 대중을 수동적인 존재로 만들어 산업화한 지배 시스템 속에 포섭시킨다는 것이었다.

이런 종류의 논의에서 가장 자주 거론되는 이론가는 아마 아도르노일 것이다. 아도르노가 대중음악의 가장 중요한 특징으로 규정하는 것은 산업적 표준화이다. 아도르노는 대중음악의 각 작품은 부분적으로 상호교환이 가능할 정도로 표준화되어 있으며, 그 개별 작품들 사이의 차이란 단지 외관상의 차이일 뿐 유사개별화(pseudo-individualization)에 지나지 않는다고 보았다. 이렇게 표준화된 대중음악을 반복 청취하면서 대중의 음악적 청취 능력은 퇴화하고, 대중음악이 제공하는 거짓된 쾌감에 열중함으로써 오염된 자본주의의 지배 체계에 순종하게 된다는 것이다.[20] 아도르노(와 그를 포함한 프랑크푸르트학파)의 이론이 문화적 생산에서 특수성과 다양성을 지나치게 무시하는 과도한 엘리트주의의 시각에 갇혀 있다는 비판은 이미 충분히 제시된 바 있다. 그런데 내가 주의하고 싶은 대목은 아도르노가 대중음악을 비판한 표준화의 함정에서 우리의 민중가요 역시 그리 자유롭지 않았다는 점이다.

1980년대 군사독재 아래서 당장 목숨을 건 절박한 투쟁이 필요했던 시절에 쏟아져 나온 수많은 민중가요 중에는, 실제로 서로 구분하기 어려울 만큼 닮았거나 부분적으로 교환 가능할 만큼 유형화된 작품들이 적지 않았다. 행진곡 풍의 리듬, 장엄하고 비장한 단조의 선율, 도입에서 절정을 거쳐 파국에 이르는 선율 전개 방식, 거기에다 직설적인 가사까지 비슷비슷한 노래들이 많았다는 점을 부인하기 어렵다. 물론 여기에는 그럴 만한 이유가 있다. 창작자의 예술적 자의식을 드러내는 것이 불가능한 익명적 상황, 게다가 당장 현실적 필요를 채워야 하는 창작 조건에서 일정하게 표준화된 노래들이 만들어진 것은 불가피했다. 오히려 그런 환경에서 표준화된 음악적 유형을 벗어나 개성적인 세계를 창조한 창작자들이 적지 않았다는 점이 더 중요한 사실일 것이다.

우리가 대중음악의 산업적 논리와 대척점에 있다고 생각해 온 1980년대 민중가요 문화도 사실, 정도의 차이는 있을지언정 어느 정도 산업적 성격을 가졌다는 점을 부정할 수 없다. 많은 사람이 기억하듯 노래운동의 과정에서 생산된 민중가요 카세트테이프는 대학가 서점과 같은 운동권의 네트워크를 통해 상품으로 판매되었다. 실제로 이들 민중가요 음반은 당대의 많은 운동 단체에 매우 중요한 재원이었고 활동가들의 수입원이었다. 물론 그런 음반의 제작 유통은 결코 돈 버는 것을 목적으로 삼지 않았다. 따라서 저작권을 주장하거나 시장 논리에 따라 생산을 제한받았던 것도 아니다. 또한 생산비의 규모나 유통 규모에서 제도권에서 생산된 상업적 대중음악과 비교할 수 없다. 그러나 적어도 민중가요의 생산 유통이 어느 정도 산업적 시스템을 가졌던 것은 분명하다.

흔히 대중음악을 자본주의 시장 논리에 따르는 상품이라고 단순하게 정의해 버리는 경향이 있다. 하지만 통계에 따르면 사실 세계적으로 볼 때 산업적으로 생산된 대중음악 음반 가운데 10%만 돈을 벌고, 또 10%가 제작비를 충당할 정도로 팔린다.[21] 경제적 논리로 작동된다고 여겨졌던 음악 시장에서 오히려 시장 실패가 일반적 규범이라는 사실은 아이러니다. 다시 말해 음악 산업을 움직이는 일차적인 논리는 '돈을 버는 것'이라기보다 '실패를 면하는 것'이라 할 수 있다. 실패를 면하고자 하는 노력으로 스타 시스템에 의존하지만, 그럴수록 생산비가 더 들면서 위험도가 커지는 것을 피할 수 없다. 그에 비하면 워낙 생산비 자체가 적게 들고, 스타 시스템에 의존하지 않으며, (명확한 집계가 이루어진 적은 없지만 적어도 경험적으로) 많은 경우 수요가 공급보다 더 높은 수준에서 생산이 이루어진 민중가요는 대단히 실익이 높고 위험도는 낮았던(물론 정치적인 위험도는 컸지만), 어떤 의미에서는 놀라울 정도로 합리적인 산업이었던 셈이다.

### 3) 민중가요의 소비와 정체성의 정치

대중음악과 관련해 우리가 흔히 범하는 실수는 대중음악을 하나의 동질적인 덩어리로 생각하는 것이다. 대중음악은 그 안에 수많은 변종과 이종을 포함하는 문화이며, 그 다양한 스펙트럼의 대중음악(들)은 그만큼 다양한 집단에 다양한 방식으로 소비된다. 대중음악의 소비는 단지 그 소비자의 특정한 취향을 드러내는 것에 그치지 않는다. 대중음악을 소비하는 행위는 그 음악에 자신의 정체성을 투여하는 행위이며 이를 통해 특정한 정서적 공동체에 편입되는 행위이다. 이는 팝과 록을 중심으로 다양한 하위 장르를 거느리고 있는 영미권의 대중음악에만 해당하는 이야기가 아니다. 제한된 장르와 한정된 스타가 시장을 장악하고 있는 획일적인 대중음악 문화라 하더라도, 그 속에서는 다양한 집단의 다양한 정체성이 서로를 구별하며 보이게 혹은 보이지 않게 경쟁하고 경합한다. 서구 사회에서 대중음악의 소비를 통한 정체성 표현이라는 문제를 이야기할 때 핵심적인 주제는 세대별 차이의 문제, 특히 대중음악 시장의 변화를 이끄는 청(소)년 세대의 대중음악이다. 로큰롤이 등장하고 청(소)년 세대의 에너지가 대중음악 시장을 지배하기 시작한 1950년대 이후 서구에서 대중음악 담론의 중심은 청(소)년 세대의 록 음악이었다. 좀 더 구체적으로는 다양한 록 음악 양식을 자신의 정체성 표현 수단으로 내세운 다양한 하위문화들이 지배 문화와 벌였던 갈등과 길항, 교섭의 풍경에 관한 것이었다.[22]

한국에서 대중음악 문화의 세대적 정체성 갈등의 문제가 등장한 것은 1970년대였다. 이른바 청년 문화와 통기타 음악을 둘러싼 논란, 게다가 대마초와 장발족에 대한 단속과 통제는 마치 로큰롤을 둘러싼 1950년대 미국 사회의 사회적 논란을 연상케 한다. 중요한 것은 대중음악의 소비가 다양한 집단 사이의 정체성 정치와 연관되어 있다는 것이고 한국 사회 역시 예외가 아니라는 점이다. 그렇게 보면 1980년대 민중가요는 당대의 비판적인 청년 대학생, 또는 진보적인 노동자 집단의 정체성을 표현하는 '대중음악' 형식이었다고 말할 수 있다. 이 말은 당대의 청년 대학생들이나 노동자들이 조용필이나 윤시내 같은 제도권 대중음악을 듣거나 부르지 않았다는 의미가 아니다. 정체성 정치의 가장 중요한 측면은 다른 집단과의 '차이'를 드러낸다는 점에 있다. 그들 역시 기성의 대중음악 소비자들이지만, 자신들의 차이를 드러내는 수단으로는 민중가요를 채택한 것이다. 민중가요의 수용자들이 지배 문화로서 대중문화에 대해 비판적 인식을 다소 가지고 있던 것은 틀림없다. 하지만 그것이 그들이 대중문화를 배제하고 온전히 민중문화만을 수용했다는 의미는 아니다. 또 민중가요의 수용자들이 단지 시위나 집회 같은 투쟁적 시공간에서만 민중가요를 부르고 개인적이고 일상적인 공간에서는 대중음악을 즐겼다는 식의 판단도 정확하지 않다. 민중가요 가운데 상당수는 수용자의 일상적인 공간에도 깊숙이 자리 잡고 있었다.[23] 사실 민중가요가 당대 청년 지식인과 노동자의 정체성 표현 수단이 될 수 있었다는 건, 민중가요가 그들의 일상에 매우 '자연스럽게' 자리 잡고 있었음을 의미한다. 요컨대 민중가요는 다른 모든 대중음악이 그렇듯이 그것을 수용하는 사람들에게 일상적으로 소비되며, 그 속에서 정체성을 투여하는 대상이었다.

## 민중가요의 음악적 특성

지금까지 테크놀로지, 산업, 정체성이라는 맥락에서 민중가요가 갖는 대중음악적 속성을 논했다면 이제 민중가요의 음악적 측면을 논하려 한다. 민중가요의 정체성은 대체로 노랫말이 가진 저항적 혹은 정치적 의미에 따라 규정되는 경우가 많았다. 그러나 대중이 노래를 통해 느끼는 감흥에서 음악이 차지하는 비중은 노랫말보다 크다. 대중이 어떤 노래를 좋아하고 부를 때 그들의 정서를 움직이는 힘은 노랫말보다 음악에서 나온다 해야 할 것이다.

민중가요라는 개념 범주에 속한 노래들은 대단히 다양하다. 이는 2006-08년에 민주화운동기념사업회가 펴낸 민중가요 전집 《노래는 멀리 멀리》에 수록된 노래들을 대강만 훑어봐도 금방 드러난다. 여기에는 1980년대 사회운동의 흐름 속에서 노래운동가들에 의해 만들어진 운동가요는 물론이고, 1970년대 초반 모던 포크 계열의 가요(김민기, 한대수의 노래와 양병집, 서유석 등 당대 통기타 선풍에서 나온 대중가요 가운데 일부가 여기에 속한다), 1970년대 교회운동권에서 흘러 들어온 일부 복음성가와 흑인 영가, 밥 딜런이나 피트 시거 같은 영미권의 모던 포크 음악, 〈우리의 소원은 통일〉 같은 동요, 출처를 알기 어려운 구전 가요, 〈선구자〉 같은 가곡, 심지어 해방 직후 우파 진영에서 창작된 〈해방가〉 같은 노래나 1950-60년대의 일부 대중음악 레퍼토리(〈백치 아다다〉, 〈에레나가 된 순이〉 같은 노래)까지 포함된다. 그러니까 민중가요란 그 노래 속에 '민중성'이라 이름 붙일 수 있는 어떤 특성을 공통으로 가지고 있어서라기보다는, 노래운동의 '맥락'에서 해석되고 활용됨으로써 저항적 의미를 부여받은 노래들이라고 보는 편이 적절하다. 그렇지만 노래운동의 주체들이 가졌던 음악적 성향과 민중가요의 주류적 양식을 중심으로 민중가요의 전반적인 음악적 성격을 찾아볼 수는 있다.

1980년대 초에 본격적으로 시작된 노래운동 진영에서 민중가요의 창작을 주도한 작곡가들은 대학가 노래 서클 출신들이었다. 이들은 1970년대 초반, 젊은 대학생들의 인기를 끌었던 청년 문화[24]의 영향을 받은 세대다. 1980년대 대학가에서 애창된 민중가요의 대표곡들은 대체로 청년 문화의 아이콘이었던 김민기, 한대수 같은 모던 포크 뮤지션의 영향을 받은 창작자들 작품이다. 이들의 노래는 1980년대 말 이후 민주화의 국면에서 합법 음반으로 발매되며 대중적인 인기를 끌기도 했다(《솔아 솔아 푸르른 솔아》, 〈사계〉, 〈그날이 오면〉, 〈광야에서〉 등 노찾사 음반에 실린 노래들이 대표적인 예라 할 수 있다). 그렇게 볼 때 민중가요의 음악적 성격은 1970년대 초 모던 포크의 연장으로 봐도 무방할 것이다.

포크가 민중가요의 주요 장르가 된 데에는 몇 가지 이유가 있다. 우선 1980년대 노래운동의 주체와 민중가요의 주된 수용자가 대학생들이었고, 이들은 1970년대 통기타 문화의 세례를 받으며 성장한 세대라는 점이다. 또 하나는 기타라는 악기가 비교적 싸고 배우기 쉬운 까닭에 아마추어가 접근하고 사용하기에 용이했다는 점이다. 또 포크 음악이 가사를 통해 메시지를 전달하기에 적합한 장르라는 점도 빼놓을 수 없다. 1980년대 후반 민주화의 흐름과 함께 노래운동 단체가 다양하게 등장하면서 민중가요의 음악적 양식이 다양해졌다. 여전히 포크 사운드가 주류였지만, 전기 기타와 드럼이 활용되면서 록 성향의 노래들이 나왔고 노동운동권에서는 트로트 분위기의 민중가요가 인기를 얻기도 했다.

중요한 건 민중가요 역시 음악적으로는 주류 미디어를 장악해 온 대중음악의 스펙트럼을 벗어난 적이 없다는 사실이다. 민중가요에 대해 '가사만 바꾸면 대중가요와 하등 다를 바 없는 노래'라든가 '노래운동이 아니라 노랫말운동일 뿐'이라는 식의 비판[25]이 제기되었던 것은 민중가요 역시 음악적으로 대중음악의 자장 안에 있었음을 말해 준다.

대중음악은 대중들 사이에 보편적으로 수용되는 통속적인 음악 형식에 기반한 음악이라고 할 수 있다. 서구 사회에서 대중음악은 17세기 이래 서양 고전음악의 형식과 관습을 따르는 이른바 클래식이나 근대 이전의 전통적 음악 어법에 기반한 전통음악, 혹은 민속음악과 구별된다.[26] 한국의 경우 식민지 근대화 과정을 통해 고유의 음악 양식이 약화하고 서양 음악의 양식이 이식되면서 대중음악으로 발전했다. 한국 대중음악은 서양의 대중음악 형식에 기반하고, 일반적으로는 서양 고전음악의 전통을 따르는 클래식 음악이나 한국 전통음악(민속음악 포함)과 구별되는 음악으로 여겨진다. 민중가요 역시 음악적 형식이라는 점에서는 그런 대중음악의 테두리에서 벗어나지 않았다.

## 민중가요의 대중음악사적 의의

민중가요는 적어도 1987년 이전까지는 대중매체의 지원을 전혀 받지 않은 채 주로 소규모 네트워크나 집회, 카세트테이프를 통해 알려졌다. 하지만 그 수용자층이 대단히 적극적인 태도를 가진 소비자들이었고, 특히 대학이나 노조 등 비교적 조직된 집단의 네트워크를 통해 수용되었기 때문에 그 수용의 폭과 범위는 의외로 상당히 넓었다고 할 수 있다. 따라서 민중가요의 활발한 생산과 수용은 제도권 대중음악 시스템에 알게 모르게 영향을 주었다. 민주화와 함께 민중가요의 많은 레퍼토리가 합법화되면서 제도권 내에 진출하게 된 것도 1980년대 내내 제도권 밖에서 존재했던 민중가요에 대한 대중의 관심과 욕망이 적지 않았음을 보여 준다. 민중가요가 기존의 산업 시스템에 수용되어 높은 판매고를 기록했던 일부 사례는 마치 노동자 계급의 하위문화로 출발한 펑크나 레게가 세계적 상품이 되었던 사례와 유사하다. 중요한 것은 민중가요의 존재가 기존 대중음악 시스템에 적지 않은 영향을 미쳤다는 점이다.

가장 먼저 떠올릴 수 있는 민중가요의 영향은 대중음악에 대한 검열 구조의 변화다. 공식적으로 대중음악에 대한 사전 검열 제도가 완전히 철폐된 것은 1996년이다. 하지만 그 이전 노찾사 2집이 발매된 1989년에 이미 그 검열 구조의 완강한 벽은 상당히 무너진 상태였다. 이는 물론 1987년 6월항쟁으로 촉발된 민주화의 산물이었다. 그러나 더욱 중요한 것은 1980년대 내내 제도권 밖의 네트워크를 통해 유통된 민중가요에 대한 대중의 욕망이 광범위하게 존재했고, 이를 제어하기엔 당대의 검열 구조가 역부족이었다는 사실이다. 한 번 일정한 수준으로 허용되고 나면 마치 둑이 무너지듯 아주 빠르게 검열의 장벽이 무너져 내리는 것이다. 사전 검열을 철폐시킨 직접적인 계기는 가수 정태춘이 온몸을 던져 싸운 검열 폐지운동이었다고 할 수 있다. 그는 공개적으로 검열을 받지 않은 음반을 제작했고, 사전 검열제에 대한 위헌 결정을 받아냄으로써 사전 검열 철폐에 결정적으로 기여했다. 정태춘이 대중음악 가수이면서 노래운동의 흐름에 자신을 위치시킨 민중가요 가수였다는 점을 생각하면, 결국 검열 철폐는 민중가요의 문화적 흐름이 만들어 낸 역사였다.

민중가요가 주류 미디어에 진출하고 대중적인 인기를 끌던 시기는 길게 이어지지 않았다. 1990년대 중반을 넘기면서 민중가요에 대한 대중의 관심은 급속히 줄어들었다. 더욱이 서태지 등장 이후 청소년 취향의 대중음악이 주류가 되면서 민중가요뿐 아니라 팝과 댄스 등 일부를 제외한 다양한 장르의 대중음악 장르가 크게 위축되었다. 주류 미디어

노래를찾는사람들 2집 앨범(1989).

의 외면을 받는 다양한 장르의 음악인들은 홍대 앞 등을 근거지로 하는 인디 음악씬을 형성했다. 하지만 1980-90년대 민중가요는 대중음악사적으로 몇 가지 면에서 획기적이었고, 이는 현재의 대중음악 문화에 분명한 흔적을 남기고 있다.

우선 민중가요는 현실 비판적이고 체제 전복적인 메시지를 음악이라는 형식에 담아냄으로써 대중음악의 표현 수준과 범위를 획기적으로 넓혔다. 민중가요의 비판성은 이후 한국 대중음악 문화에 대단히 중요한 하나의 흐름을 형성했다. 상업적으로 생산되는 대중음악에 사회 비판의 메시지와 과거에는 상상하기 어려운 표현이 등장한 것, 비록 일부지만 대중음악인들이 현실의 정치나 사회운동에 직접 참여하거나 관여하는 경향이 형성된 것이다. 크든 작든 이런 흐름의 등장 자체는 한국 대중음악이 좀 더 넓고 다양한 폭을 갖게 되었다는, 혹은 그럴 가능성을 갖게 되었다는 의미이다.[27]

대중음악사적으로 민중가요가 가진 또 하나의 획기적인 점은 제도권 매체에 의존하지 않으면서 대중의 자발적 선택과 의지에 따라 수용되었다는 것이다. 민중가요는 방송이나 합법적인 음반 시장이 아니라 제도권 밖의 독자적 유통 경로를 통해 대학생과 노동자 등을 비롯한 적극적 대중의 자발적 수용으로 유통되었다. 생산과 수용의 활력이라는 점에서 1980-90년대와 비교할 수 없지만, 지금도 민중가요를 자신의 음악적 지향으로 삼는 음악인들이 존재한다. 이들은 여전히 현실 비판적인 노래를 만들고 음반을 내고 공연하며 집회에 참석해 노래 부른다. 그런가 하면 꼭 민중가요의 정체성을 지향하지 않더라도 인디 음악인들을 비롯한 상당수 대중음악인이 사회문제에 관심을 두고 행동하며 자신의 음악에 사회 비판의 메시지를 담는다. 특히 인디 음악은 방송을 비롯한 주류 미디어의 외면 속에서 소수지만 적극적인 대중의 자발적 선택을 통해 수용된다는 점에서 과거 민중가요와 같은 맥락에 있다. 그런 의미에서 인디 음악과 민중가요는 현재 분명히 구분되지 않는다. 1980-90년대 민중가요의 정신은 비주류 인디 음악의 흐름 속에서 여전히 살아 있다고 할 수 있다.

민중가요가 적극적 수용자들의 자발적 수용으로 추동된 문화라면, 이 시점에서 인디 음악의 적극적 수용 집단을 어떻게 구성하고 자발적 수용을 조직할 것인가는 중요하다. 문제는 대중을 '정의'하는 것이 아니라, '획득'하는 것[28]이라는 명제는 그래서 여전히 유효하다.

## 4부

# 상호교차성 페미니즘

# 빛나는 성좌

## 1980년대 남한에서 여성해방문학의 탄생과 의미[1]

이혜령

고전적인 근대성의 서사는 가족과 공동체를 떠나 세계로 나가 그곳에서 사업가, 혁명가, 교사, 지식인, 예술가 혹은 당당하고 고양된 무엇인가가 된 젊은 남성을 주인공으로 삼는다는 특징이 있다.[2] 그런데 한국의 1980년대는 그 변형이긴 하지만, 전혀 다르고 강력한 주인공의 문학적 탄생을 보여 준다. 그 주인공은 바로 중산층 가정을 떠나 변혁운동에 헌신하는 여대생이다.[3] 예컨대 한국노동사가 김원은 1987년 6월 10일 항쟁의 발발을 세 편의 소설 형식으로 극화하면서, 그 첫 번째 소설에서 자신의 특권을 포기하고 대학을 그만둔 뒤 노동자가 되어 노동운동에 투신한 학출 여성을 주인공으로 삼았다.[4]

"중산층 가정의 데모하는 딸"이라는 형상은 강석경의 《숲속의 방》(1985)에서 공지영의 《더 이상 아름다운 방황은 없다》(1989)에 이르기까지 1980년대 여성 작가들이 쓴 베스트셀러 소설에서 어느 정도 일반적으로 등장한 것이었다.[5] 이러한 독특한 인물 형상은 젠더뿐 아니라 계급, 나이, 교육과 같은 여러 요소에 의해서도 규정되는 정체성을 지닌 여성주의적인 주체를 제시한다. 다층적이고 복합적인, 말하자면 상호교차적인 여성주의적 정체성은 1980년대 여성운동의 특성과 성격을 대표한다.[6] 예를 들어 1980년대 한국의 민중 페미니즘에 관한 연구에서 미리암 루이는 1970년대 여공의 민주노조운동에서부터 1980년대까지를 살피며 어떻게 여성운동과 민중운동이 밀접하게 관련되었는지에 주목했다.[7]

학출이라는 복합적 형상은 젠더, 계급, 민족이라는 화해하기 힘든 입장 사이에 놓여 있다는 점에서 내적인 긴장과 갈등을 수반한다. 이러한 긴장은 대학 공부를 중단하고 노동운동으로 투신을 준비하다, 부천경찰서에서 심문받던 도중 당한 성고문을 폭로함으로써 전국적으로 이름을 알린 권인숙의 실제 삶에서 잘 드러난다. 1987년 한국여성단체연합이 제정한 '올해의 여성상' 수상 연설에서 권인숙은 성고문 사건을 여성에게 가해진 것이라기보다는 노동자에 대한 탄압으로 인식해 줄 것을 강조했다.[8] 여대생으로서의 여성 정체성에 의해 노동운동의 대의가 가려질까 봐 주의를 기울인 것이다. 이는 오늘날 관점에서는 석연치 않다. 하지만 1980년대 변혁운동[9]이 고조되던 시기, 여성 활동가의 형상에 부착된 모순적인 복합성을 보여 준다.[10]

여성의 복합적인 정체성에 대한 중층적인 성찰이야말로 1980년대 여성운동과 문학을 그 시기의 주요한 문화적 매체로 특징짓는다. 이 글에서도 논하겠지만, 1980년대 운동의 사회적 환경은 강력한 여성운동을 부상하게 한 동시에 그 성격을 복잡하게 만들었다. 다시 말해 긴박했던 정치적 환경이 여성 정체성 정치를 혼란스럽게 만들었지만, 동시에 더 나은 공동체를 향한 운동과 의식의 함양을 위해 여성의 목소리를 개진하려 했던 유례없는 성좌를 만들어 냈다. 이러한 성취는 1980년대 중반에 이르러 여성이 쓴 문학에 대한 명칭이 '여류 문학'에서 '여성 문학'으로 바뀐 사건에서 상징적으로 드러난다. 역사적으로 여류 문학이란 명명은 1930년대까지 거슬러 올라간다. 당시 그 용어는 여성 잡지에 의해 주로 자리 잡았고 여러 매체의 남성 편집자와 출판인에게 '여류'는 작가, 예술가, 전문가로서 엘리트 여성을 의미했다. '여성 문학'은 1950년대에 이르러 여류보다 포괄적이고 성적으로 덜 정형화된 여성의 문학, 즉 엘리트 여성을 지칭하는 여류에 대한 대안적인 용어로 등장했다. 두 용어 모두 1980년대 초반까지 사용되었다. 그러나 여성해방문학 — 당대의 좌파적 굴절을 통과한, 페미니즘의 번역어로 여성 해방 사상이란 용어가 등장한 후에 나온 — 을 추구하는 급진적인 운동이 등장한 것은 1980년대를 관통하면서였다. 이 시기 여성 문학은 옛 술어인 여류 문학을 완벽히 대체했다. 나아가 여성의 문학을 더 열린 공간으로 재정의했다. 그 공간은 젠더와 관련한 이슈를 다루는 공적 광장이었더.[11]

민족민주민중운동의 일부분으로서 1980년대 한국의 여성운동은 지식인, 학생, 공장 노동자, 도시 빈민, 농민, 가정주부를 포함해 모든 영역의 여성을 포괄했다. 그것은 1931년생 박완서부터 1962년생 공지영까지 세대를 가로지르는 운동이었다. 무엇보다 이 시기 여성 해방과 여성 문학의 이름으로 작가를 불러 모은 여성주의 무크는 전에 없이 광범한 목소리들의 배치를 보여 주었다. 이 글은 그 무크들의 비평적 논단과 창조적 지향을 검토하고자 한다. 그 과정에서 여성운동가들이 문학을 왜,

어떻게 자신의 유력한 매체로 만들고자 했는지, 여성해방문학의 새로운 패러다임을 채택함으로써 어떤 영감을 받았는지를 규명하고자 한다.

## 1980년대 여성운동과 여성 지식인 집단의 등장

1980년 5·18 광주항쟁에 대한 피의 진압으로 집권한 전두환 정권은 1983년 2월 학원자율화조치와 정치인 해금을 골자로 한 "국민화합조치"를 취한다. 이러한 정치적 유화 국면은 민주화운동 세력의 결집을 가져와 일련의 조직이 결성되었다. 유명한 민주화운동청년연합(이하 민청련, 1983-92)이 결성되기 석 달 앞서 1983년 6월 여성운동 조직인 여성평우회(이하 평우회)가 결성되었다. 1980년대 여성운동의 개막을 알린 평우회는 1970년대 사회운동의 근거지였던 크리스챤아카데미의 중간집단 교육을 받으며 '여성 인간화 선언'에 참여했다. 그리고 이화여자대학교에서 여성학을 연구하던 여성 지식인들[12]과 학생·사회운동 속에서 여성 문제를 고민해 오던 그룹이 결합해 조직·운영되었다.[13] 이 시기에 "여성 문제"를 스스로 해결하는 데 힘을 쏟고 표현하고자 하는 많은 여성이 잇따라 조직되었다. 1983년 6월 아내폭력 문제의 사회적 해결을 공표한 '여성의 전화'가 창립했으며, 1984년 12월에는 여성주의 집단 '또 하나의 문화'가 결성된다. 이 조직들은 나중에 중요한 역할을 담당한다.

출범부터 경찰의 삼엄한 감시를 받았던 민청련과 달리 평우회의 출범은 공권력의 감시를 받지 않았다. 이는 여성이 사회적으로나 정치적으로 주변 집단이기 때문이었다. 평우회가 1984년 10월 27-28일에 연 '여성 문화 큰잔치'는 공연과 전시회가 결합한 집회로 서울 한복판인 대학로에 있는 흥사단에서 진행되었다. 2,000여 명이 모였으나 어떠한 공권력의 간섭 없이 언론의 관심 속에서 성황리에 치러졌다. 평우회는 노동자와 학생 대중을 집결시키는 정치적 집회의 보호막으로 공연 행사를 열기도 했다. 1985년 6월 부산가톨릭센터가 유치한 평우회 공연은 〈부산일보〉의 후원을 받았으며 의외로 많은 표가 판매되었다. 평우회는 이 공연에 참석한 삼화고무와 세화고무의 해고 여성 노동자들이 마이크를 쥐고 발언할 수 있는 무대를 제공했다.[14] 이처럼 평우회는 여성운동과 노동운동의 공동 기반 형성과 더 강력한 정치적 효과를 위해 전통적인 성별 구분을 전유·전복하는 젠더 정치를 활용하기도 했다. 페미니스트 정치에 관한 혼종적이고 상호교차적인 접근은 1983년 평우회 〈발기 취지문〉에 잘 드러난다. 이 〈취지문〉은 한국 여성을 "가부장적 제도의 희생자"일 뿐만 아니라 "산업사회의 소외된 계층", "국토 분단의 비극적 피

여성평우회 회지 〈여성평우〉(1984-86).

해자"로 규정했다. 또한 여성을 "근로 여성", "농촌 여성", "도시 빈민 여성", "도시 주부"로 범주화하고 역사적 역할을 부여했다.[15] 그렇게 함으로써 여성의 정치·역사적 주체성을 선언할 뿐 아니라 그 다양성을 인정했다.

여성을 주체로 정립해야 했던 여성운동의 의제와 조직 방식, 성격을 둘러싼 논쟁은 1985-86년을 전후로 사회정치적 상황이 급변하고 정치투쟁 강화 주장과 마르크스주의의 영향력이 결합하면서 나타났다. 변혁 패러다임, 구체적으로 새롭게 도래해야 할 정치체제의 성격을 두고 벌어진 한국 사회구성체 논쟁이 바로 그것이었다. 그러한 논쟁이 평우회 내부에 점화되었을 때부터 논쟁 해소까지의 과정은 역설적으로 한국의 여성해방론을 둘러싼 논쟁적 지식의 생산과정이었다.[16] 그 과정은 구성원들의 이합을 낳을 정도로 구성원들에게 쓰린 경험으로 회고된다. 혹자는 개량주의자로 비난받았고 혹자는 관념적 급진론자로 규정되었다.[17] 그렇다 하더라도 그러한 논쟁은 한국 변혁운동의 향방과 여성운동의 진로, 그 방식과 관계에 대한 지식 생산에서 불가피했다고 할 수 있다. 왜냐하면 여성은 남한의 지정학적 조건과 자본주의 경제체제 바깥의 존재가 아니었으며, 여성 지식인과 활동가도 격렬해진 반독재운동과 노동자운동의 파고 속에 있었기 때문이다.

《여성》의 등장은 한국 여성해방운동 사상의 전개에 주목할 만한 표지석이다. 《여성》은 지식인운동 집단이자 무크인 창작과비평에서 1985년 12월에 처음 발간했다. 무크는 검열이 삼엄했던 당시 출판 지식운동의 하나로 활용되었다.[18]《여성》편집진은 남성 운동권들의 가부장적 편견에 저항했던 서울대 출신 여학생운동 집단을 포함해 다양한 대학 출신의 마르크스주의 페미니스트들로 구성되었다.[19] 《여성》 편집위원회는 창간사에서 "여성 문제와 여타 문제를 분리시켜 고찰하는 방식을 극복하고" "여성을 억압하는 구조가 사회 전체의 불평등 구조와 긴밀하게 상호 연결되어 있다"라는 입장을 천명했다.[20] 여기서 "사회 전체의 불평등 구조"란 군사독재만이 아니라 자본주의 시스템을 포함한다.[21] 이는 창간호 특집에 〈여성의 눈으로 본 한국문학의 현실〉의 공동 필자였던 여성문학사가 이상경이 훗날 "《여성》 제1호는 학생운동에서 사회운동으로 이전을 모색하던 여성 활동가들이 사회 전반의 변혁 속에서 여성운동을 사고하면서 만든 것"[22]이라고 말한 데서도 잘 드러난다.

1987년 발간된 《여성》 2호의 편집은 여성사연구회가 담당했다. 연구회는 사학, 문학, 사회학, 법학, 여성학 등 각 방면의 여성 소장학자들로 구성되었으며 "기존의 여성학 연구가 구미 이론의 소개에 치우쳤던 데 비해 각 학문 분야가 공동으로 보다 구체적인 한국 여성들의 문제를 연구한다"라는 지향을 지녔다.[23] 《여성》 2호는 한국 여성운동의 방향 수립을 위한 이론, 각국 여성운동사에 관한 기사와 함께 당시 빈민 여성의 상황과 운동, 여성 노동자운동 등이 주된 내용을 이루었다. 소설, 시 등 문학작품은 수록하지 않았으나, 당대 민족민주민중운동과 공명하는 페미니즘적 집단 비평이 시도되었다. 그리고 여성도 역사의 주체였음을 드러내기 위한 실존 인물의 일화, 당대 사회운동에 모습을 드러낸 여성 대중에 관한 르포 등이 실렸다.[24] 《여성》 2호에서 가장 주목할 만한 글은 여성사연구회 편집부가 쓴 〈한국 여성 해방 이론의 전개에 대한 비판적 검토〉이다. 이 글의 주요 논지는 이중체계론에 기반한 사회주의 여성해방론에 대한 비판이었다. 이중체계론이란 여성 억압의 기원을 가부장제로, 전체사회 모순의 근원을 생산양식으로 보는 이론 체계를 뜻한다.[25] 이중체계론을 비판한 저자들은 F. 엥겔스의《가족, 사유재산, 국가의 기원》을 참조하며 자본주의와 가부장제는 서로 불가분함을 주장했다. 또한 한국에 도입되고 제도화된 여성학은 서구 중심적이며 역사의식이 부재하므로 민족민주운동과 여성운동의 조응을 저해한다고 비판했다. 여성운동의 보수적 주류라고 인식된 그룹을 겨냥한 이러한 주장은 1987년 전후까지 공조해 온 다양한 여성운동 단체들을 나누고 양극화하는 효과를 발휘했다.[26] 어떤 의미에서《여성》2호는 한국 여성운동에 마르크스주의의 영향력이 무르익었음을 보여 준다. 비록 검열을 의식해 가명이나 익명으로 썼지만, 마르크스주의 페미니스트의 목소리는 불화를 일으키는 것을 넘어 페미니즘과 여성 해방에 대한 한국적 논쟁을 의심할 여지 없이 활성화했다.[27]

계급의식은 한국 여성운동의 핵심이었으며 갈수록 많은 영향력을 끼쳤다. 계급에 대한 강조는 "억압된 것의 회귀"— 반공주의 아래서 수십 년간의 억압 이후에야 가능했던 마르크스주의의 부활— 의 사례만은 아니었다.[28] 사실 자유주의적 경향의《또 하나의 문화》를 포함해 모든 여성 무크가 잡지의 기고자, 저자, 인터뷰어를 모든 계급 영역에서 끌어내고자 애썼다. 1986년 "열린 사회와 자율적 여성"이란 제하로 발간된《또 하나의 문화》제2호는 여성 언론인과 노조 지부장 출신 여성 노동자의 글과 농촌 여성을 다룬 글을 실었다. '어떤 계급 여성의 목소리인가, 어떤 계급 여성을 대표하는 목소리인가?' 여성 지식인의 발화에 이때처럼 계급성을 물은 적은 없었다. 빈민운동, 노동자운동, 학생운동 등에 나선 여성 대중의 출현은 여성 지식인에게 자유주의 페미니즘의 주체인 전통적인 중간계급 여성 범주를 넘어서는 고민을 안겨 준 강력한 힘이었다. 정치적 지향과 관계없이 이 시기 여성 무크들처럼 다양한 계급 여성을 가로질러 그들의 사회적 삶을 보여 준 적은 없었다고 해도 과언이 아니다.

여성 지식인이 집단을 형성하고 사회적 가시성을 얻은 것은 사회적으로 이질적인 여성 간의 연대를 근간으로 삼았다.《여성》필자들은 대개 서울대나 이화여대 출신의 엘리트 여성 지식인이었다. 또한 곧 살펴볼《또 하나의 문화》를 주도한 필진도 주로 미국에서 유학한 후 대학에 자리 잡은 여성들이었다. 이들은 전공 분야가 다르고, 세대 차이가 존재하며, 여성운동의 방향에 대해서도 시각 차이가 있었다. 여성 지식인들은 각 계급 계층의 여성에 관한 새로운 앎과 문화의 구축을 공통분모로 함으로써 집단으로 가시화되었으며 학술 사회의 일원이었다. 1987년 6월 민주화운동 이후 여성학 강좌가 개설된 대학은 거의 30개에 이를 정도로 비약적으로 증가했다. 여성학은 1980년대에 비로소 사회적 입장권을 얻은 신생 학문이자 학생에게 가르쳐야 할 교양 교육이 되었다.[29]

그러나 이러한 성취에도 불구하고 여성운동은 1980년대 한국 민중민주운동 과정에서 쉽게 그 존재를 인정받지 못했다. 이 글의 서문에서 언급한 대부분의 학출 여성 노동자들은 지식인이자 여성으로서의 정체성 모두를 부인하는 과정을 거쳐 노동운동 현장에 들어섰다. 폭압적인 정치 상황에서, 대학 시절 일상에서 겪은 여성 문제를 억압받는 민중의 수탈보다 우선순위에 놓기란 힘든 일이었다. 또한 학생운동의 투쟁성을 중요시하는 조직 방식, 문화 등은 여성성을 부인해야만 감내할 수 있을 정도로 남성적이었다. 1985년 이후로 대학에 총여학생회, 여학생부 등이 생겨났지만, 여성운동가 배출이나 여성주의 시각을 공유하는 데 학생운동권 전반은 무관심했다. 그러한 무관심은 노동운동 현장을 포함해 사회운동 여러 분야에 팽배했다.

이러한 적대적인 환경에서 계급 문제나 민족문제와 결부되지 않은 여성 문제를 제기하는 것은 곧바로 "특권적인" 중산층 여성의 자유주의적인 목소리로 여겨지곤 했다. 페미니즘과 중산층의 연결은 페미니즘의 대의가 계급이나 민족의 대의를 희석할 위험이 있다고 인식될수록 민중민주운동 진영에 많은 논쟁을 불러일으켰다. 그에 반해 진보를 향한 역사적 도정에서 잠재력 있는 주체로서 중산층 여성에 대한 새로운 관심을 매개한 것은 종종 문학작품이었다.

## 민중민주운동에서 여성 문제

1980년대 여성운동과 관련해서 여성 문학의 열등한 지위는《여성운동과 문학》에 가장 잘 묘사되어 있다.[30] 이 잡지는 여성 작가 집단이 간행했는데도 제호에서부터 사회운동을 문학보다 앞에 두었다. 1990년 1월에 간행된《여성운동과 문학》2호에 수록된 〈1989년 여성운동계 이모저모〉는 머리띠를 두르거나 플래카드를 앞세운 여성들로 이뤄진 시위대의 사진들로 채워졌다. 1989년 현대중공업 노동자 투쟁에 함께 나선 노동자의 아내와 어린이, 전국교직원노동조합 발대식에 참가한 한 조합원 가족, 전교조를 지지하는 여고 동문들과 여고생들의 집회, 이후 임수경이 비밀리에 참가하게 될 평양축전의 참가 허용 요구 집회에서 어깨동무한 여대생들, 위장폐업 철회 시위에 참석한 여성 노동자들의 대열,

현대 본사 앞에서 열린 농성·분신 노동자 장례식에 참석해 울음을 터뜨리는 여성들이었다. 화보의 마지막 쪽 아랫단에 있는 "지하철노조원 등반대회 중 활짝 웃는 구속자들의 자녀들"이란 설명이 붙은 사진에는 머리띠를 두른 어린이들이 웃고 있다. 여성운동에 대한 이러한 재현은 여성 문학이 말석을 차지하지만, 여성운동의 필요불가결한 일부가 되어야 한다는 인상을 주었다.

이 잡지 2호의 서문 〈민족사의 진보와 함께 여성의 진보를〉은 이러한 비평적 시각을 잘 반영한다. 편집진은 1970년대 YH 여성 노동자 투쟁을 "모순의 중층적인 담당자인 여성이 가야 할 길을 자연스럽게 드러내 준 신호"로 간주한다. 나아가 1980년대 각계각층 여성 대중운동의 확산과 조직을 1980년대 여성운동의 성과—1980년대 후반 전문 연구자들의 여성 문제 인식에 관한 과학적 연구 성과의 축적 등—에 기반해 "조심스러운 목소리로 여성 문학을 주장하게 된 것"이라 밝힌다. 그리고 "그러면서도 그간의 발전을 가장 더디게 수용하여 힘도 날카로움도 잃은 채 오히려 상품화라는 현 체제의 지배 전략하에 쉽사리 순응한 여성 문학의 파행적인 흐름"을 반성해야 한다는 진단을 내린다.[31] 이들에 따르면 여성 문학은 여성운동을 뒤쫓고 있을 뿐인 데다가 상품화 전략 속에 포섭되어 여성 문학의 전범을 내놓지 못하는 상황이었다.

이러한 진단은 대부분 중산층 출신이었던 여성 작가들의 자기비판이 낳은 결과였다. 《여성운동과 문학》 창간호에 수록된 단편소설 대개가 중산층이 아닌 민중 여성의 삶을 당대의 대중운동과 민중운동의 이슈 속에서 그려내고자 한 데서 알 수 있다. 김대숙의 〈8월 일기〉는 노동자 가족 투쟁에 참여한 아내를 형상화한, 즉 남편의 파업 투쟁에 동참하게 된 아내를 다룬다. 또 유시춘의 〈율리댁〉은 분단 체제 아래 강력한 사상 통제로 남편과 아들을 잃고 고독하고 가난한 삶을 살아가는 노인 여성의 이야기다. 최민희의 〈동그라미〉는 평범한 촌 아낙에서 노동운동 열사의 어머니로 변화한 한 여성의 이야기다. 이들 소설은 모두 민중운동이나 민주화운동에 동참하거나 그럴 만한 잠재성을 가진 여성들을 다루고 있다.

그런데 여성운동 단체가 여성 노동자들에게 주의를 기울인 때가 한국 노동조합운동에서 주도적인 역할이 여성 노동자에서 대기업 공장의 남성 노동자로 교체되었던 시기라는 점을 주목할 필요가 있다. 여성노동자운동사가인 강인순에 따르면 여성노동자운동은 1987년 7-8월 노동자대투쟁 이후 여성노동자회 결성 등으로 나타났다. 그러한 여성노동자운동은 1970년대 여성 노동자 중심의 노동운동이 1980년대 들어서면서 대기업 남성 노동자 중심으로 이전되어 여성노동자운동의 중요한 내용과 투쟁이 과소 평가되면서 더욱 대두되었다. 즉 노동문제 이외에 여성이 가지는 특수한 문제가 운동의 중요한 내용 가운데 하나가 되면서 노동운동 내에서 성 인지적 문제에 대한 인식이 싹트기 시작했다.[32]

민중운동 담론에서 노동자 계급 중심성은 남성 노동자 계급이 노동자 계급을 재현/대표하는 것으로 귀결되었다. 이는 문학장에서도 뚜렷하게 드러났다. 1980년대를 노동 문학의 시대로 부상시킨 실제적인 동력은 노동자들의 글쓰기 문화 형성에 있었다.[33] 노동자들은 자신이 쓴 글을 모아 문집을 간행했으며 독서회를 조직했고 수기를 발간했다. "아래로부터의 글쓰기"라 명명할 수 있는 문화적 현상은 1970년대 민주노조운동에 가담한 여성 노동자들의 글쓰기에 의해 이루어졌다고 해도 과언이 아니다. 그러나 루스 배러클러프와 이남희가 지적했듯이, 당대의 노동 문학 담론을 주도했던 대개의 남성 비평가는 성숙한 노동 문학의 전범을 남성 노동자 시인인 박노해의 시, 학출 노동자 소설가인 정화진과 방현석의 소설에서 찾음으로써 여성 노동자의 글쓰기를 노동 문학의 전사나 맹아로만 평가했다.[34] 이명호, 김희숙, 김양선 등 마르크스주의 페미니즘 비평가들도 이들 남성 노동자 작가의 작품뿐만 아니라 1980년대 노동 문학 전반이 "계급 해방을 여성 해방의 문제로까지 진전시키지 못한" 것으로 비판했다. 그러면서 "70년대 말과 80년대 초에 주로 수기, 르뽀의 형식으로 발표된 일련의 노동 문학은 여성 노동자에 의해 쓰였음에도 그 당시 노동운동의 전반적인 한계와 수기 등의 장르가 가진 제약 때문에 여성 노동자의 투쟁을 제대로 담아내지 못"한 것으로 평가했다.[35] "여성 노동자"의 문학적 전형은 아직 노동 문학의 차원과 여성해방문학의 차원에서 모두 성립되지 않았다.

1980년대 "좌파 민족주의 문학"의 전형이 남성 노동자 계급이라면, 그만큼의 전형성을 부여받은 여성 인물은 여성 노동자가 아니라 기지촌 여성이었다.[36] 기지촌 여성은 식민지적/신식민지적인 지배를 받아온 한국의 모순을 전유하는 존재로 제시되었다. 그와 관련해 윤정모는 독보적이고 대표적인 작가였다. 그는 《에미 이름은 조센삐였다》에서 일본군 '위안부'를, 《고삐》에서 한국전쟁 뒤 미군을 대상으로 한 매춘을 다루었다. 두 작품 모두 외국 군대에 의해 좌우된 한국인 여성의 고통을 재현한 이야기였다. 그러나 윤정모는 반제국주의적인 소설의 맥락에서 궁극적으로 남성 우월적 민족주의를 드러내 여성 지식인들의 비판을 낳았다. 윤정모의 《고삐》는 '매춘'이란 여성 문제를 "보다 더 큰 문제",

즉 외세의 문제 속으로 희석해 버린 작품으로 평가받았다.[37]

윤정모의 명성과 논쟁은 1980년대 여성운동의 대의를 진전시킬 수 있는 이상적인 문학작품을 정하는 일의 곤혹스러움에 대해 많은 것을 말해 준다. 이 시기 몇몇 여성 작가의 사회 비판적인 소설들, 예컨대 이경자의《절반의 실패》나 박완서의《그대 아직 꿈꾸고 있는가》등은 많은 비평가와 독자의 시선을 끌었으며 텔레비전 드라마로 제작될 정도였다. 두 소설 모두 불륜과 이혼으로 파탄 난 관계의 정서적 고통에 대한 신선한 치료제를 선사했다. 그러나 여성해방문학의 옹호자들은 이 작품들이 성별 관계에만 배타적으로 골몰해 있다는 이유로 불만족스럽게 평가했다. 이명호 등은 "성 문제, 계급 문제, 민족문제 등 우리 시대 온갖 모순을 한 몸에 짊어지고 있는 여성 노동자 계급의 관점에 서지 않을 경우 여성 문제 소설들은 '절반의 실패'가 아니라 '완전한 실패'로 끝나 버릴 것"[38]이라고 비판했다. 당대 마르크스주의 페미니즘에 입각한 여성문학론을 제시한 여성 비평가들은 현재 대표적인 여성문학사가이자 페미니즘 비평가로 활동하고 있다.[39] 이들의 비평적 관점에서는 1980년대에 "여성 노동자 계급"의 시각을 갖추고 중첩된 모순의 사회를 꿰뚫으며 인간 해방과 여성 해방의 전망을 드러낸, 여성해방문학의 전범은 아직 등장하지 않았다.

## 또하나의문화와 여성해방문학

1980년대 여성운동은 또하나의문화 동인과 무크의 등장으로 새로운 계기를 얻었다. 이들 동인은 출발부터 기존 사회운동과 다른 운동 방식을 택할 것을 주장했다. 또하나의문화는 1984년 4월부터 8개월간의 준비 모임을 통해 같은 해 12월에 100여 명의 동인이 모여 발족하고, 이듬해 2월 무크《또 하나의 문화》를 발간했다.[40] 이들은 "진보적 여성운동" 중심의 여성운동사 서술에서는 주변적인 집단으로 인식되었다.[41] 그러나 이들은 1980년대 여성운동에서 결정적인 집단으로서, 무크 간행과 1987년 12월 출판사 설립 등 여성적 자아의 의식화를 주장하는 페미니즘 출판 및 독서 문화를 선도했다. 그리고 1990년대 후반 대학가에서 성장해 '영 페미니스트'라 불리던 신세대 페미니스트의 등장에 의미 있는 영향을 끼쳤다. 조혜정은 1993년 한 논문에서 "(또문의) 창립 멤버들은 여성 관련 교과과정들을 가르치던 대학교수들과, 넓은 의미의 인간 억압을 다뤄 오다가 여성 억압의 특수한 형태와 내용을 시작한 기성 시인 및 소설가, 그리고 학생운동 방식으로는 만족스럽지 않았던 대학원생들로 구성되어 있었다. 이 그룹의 궁극적인 목적은 보다 인간적이고 공동체적인 문화 담론을 제기함으로써 가부장적 문화를 변화시키는 것"[42]이라고 밝혔다. 여기서 여성 억압에 대해 눈뜨기 시작한 대표적인 기성 시인과 소설가는 각각 고정희와 박완서였다. 무크 창간호부터 이름을 올린 이들은 또하나의문화와 적극적인 네트워크 속에서 여성해방문학의 작가로 활동하며 자신들의 문학적 행장 속에서 가장 왕성한 시간을 맞았다.

앞서 다룬《여성운동과 문학》이 어떤 방식으로든 문학적 실천을 넘어선 운동을 강조했다면, 또하나의문화는 사회변혁을 위한 중요한 매체로 여성의 글쓰기에 많은 관심을 기울였다. 창간호에 실린 창간사를 대신한 좌담 〈'또 하나의 문화'를 펴내며〉에서 조혜정은 동인지의 취지를 남

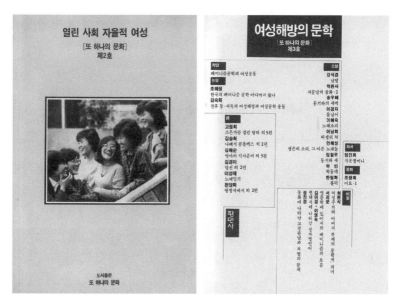

《열린 사회 자율적 여성: 또 하나의 문화》 제2호(1986)(왼쪽)와 《여성 해방의 문학: 또 하나의 문화》 제3호(1987)(오른쪽).

녀평등을 논점으로 삼는 모임을 통해 "다양한 문화를 포괄하는" 문화를 만드는 것이며, 그 방법은 "활자 매체를 토대로 새로운 상징과 의미를 우리 사회에 심어보자"라는 것이라고 밝힌다.[43] 조혜정은 "기존 사회운동은 성원들이 자주 만나고 온몸을 맞대며 목표 달성에 전적으로 매달리는 형태가 주였던 것"과 달리, 또하나의문화는 출판 및 영상 매체를 "자기의 의사 표현"을 진작시키는 도구로 인식한다는 점에서 다르다고 주장했다.[44] 이와 비슷하게 조은 편집인은 《또 하나의 문화》를 개인의 문제의식이 종합된 "또 하나의 문화"를 생성시킬 수 있는 "지면에서의 만남"이 이뤄지는 공간으로 묘사했다.[45]

여성이 자기 삶과 생각을 표현하는 '글쓰기'와 그것의 출판을 통해 대안적 문화 창조에 기여할 수 있다는 생각은 기존 사회운동의 방식에 대한 급진적 비판이자 대안이었다. 민주화운동 속에서는 공동의 대의를 위한 자기 헌신이 강조되었기 때문이다. 조혜정은 개인과 사회에 대한 인식을 진전시키고 그 둘의 변혁을 촉발하는 자기표현의 효과에 관심을 두었다. 그는 나중에 더 직접적으로 동시대 운동권 문화를 비판했다. 사회운동에서 구조적 모순에 대해 많은 논의가 이루어졌으나 정작 그 주체들의 자기 성찰에 기초한 생활 세계의 합리화에 대해서는 함구해 왔다고 주장했다.[46]

1987년 4월 《또 하나의 문화》 제3호는 "여성 해방의 문학"이란 제하에 발간되었다. 당대의 대표적 여성 작가인 박완서, 강석경, 고정희가 특별히 편집인으로 참여한 좌담 〈페미니즘 문학과 여성운동〉에서 "해방운동으로서의 여성 문학"은 "삶이 곧 운동이다"라는 말로 요약된다. 이는 어느 정도 "개인적인 것이 정치적인 것이다"라는 서구 페미니즘의 모토를 연상시킨다. 따라서 좌담회에서는 동시대 한국문학에서 여성의 일상적 경험 재현이 부재한 것에 대한 날카로운 비판이 제기되었다. 1960년대 학생운동과 여성운동에 관여한 여성들이 자신의 체험을 직접 쓰면서 여성 문학이 형성되었던 독일 상황과 그와 다른 한국 상황이 부정적으로 비교되었다. 박완서는 여성이 민중에서, 민중문학에서 여성 문학이 배제되었다고 지적했다.

글을 쓰다 보면 소외되고 억압된 계층에 애정이 가는 것은 당연한 귀결인 것 같아요. 민중문학에서 얘기되는 지배자의 억압이 남녀 간의 지배와 아주 비슷한 구조를 가지고 있잖아요. 부당한 기득권을 고집하는 것은 똑같다고 보아야지요. 그런데 여성을 제외시킨 채로 민중을 논의하는 경우가 많은데 아무래도 이런 민중

논의는 불완전한 것 같아요.[47]

고정희는 운동과 일상생활 사이에 어떤 연속성이 유지되어야 함을 강조하며 다음과 같이 말한다. "운동을 일상생활과 격리된 것으로 생각하지 않고 삶이 곧 운동이라는 인식이 철저하다면 무조건 당하거나 죽어 버리는 여자의 모습이나 머리로만 여성 문제를 이해한다는 남자들의 독단, 이런 양극단이 좀 더 솔직한 삶의 태도로 수렴될 수 있지 않을까 생각된다."[48]

좌담회를 통해 의견이 모인 여성해방문학의 개념은 당대 작가의 작품에서 충분히 발굴할 수 있을 만큼, 또 작가들에 의해 곧장 쓰일 수 있을 만큼 범위가 넓었다. "여성을 억압하고 비하시킨 사회구조와 시대적 이데올로기가 지니고 있는 신비와 은폐성을 과감하게 폭로하는 한편 종속과 소외를 정당화해 왔던 관습과 제도를 인간 해방적 차원에서 비판하는 고발문학" 또는 "기존 체제 안에서 여성이 처한 불평등한 억압을 고백적으로 그리고 경험적으로 철저히 폭로하고 증언함으로써 지금 여기의 공간적 부조리를 사실 그대로 인식해 나가는 데 있는 고발문학의 차원을 포함하기 때문이다."[49] 《여성 해방의 문학》은 작품집이기도 했다. 작가들에게서 얻은 작품들이 동인들이 제안하는 궁극적으로 도달해야 할 단계에 이르지는 못했다. 하지만 현재의 고발문학적 수준은 "여성 작가들 자신의 문제를 넘어서서 '인권운동'을 인식하는 한국 사회 전체의 성숙도를 반영해 주는 것으로 보아야 할 것"[50]으로 여겨졌다. 다음 절에서는 이러한 이야기 중 하나로 박완서의 〈저문 날의 삽화〉를 새로운 여성 문학의 가장 주목할 만한 사례 중 하나로 자세히 살펴볼 것이다.

## 여성 인권, 그리고 소유권에 대한 성찰

여성 작가들은 여성의 인권 문제와 여성 해방을 위한 긴급한 현안이자 문학적 과제를 아내폭력이라고 생각했다. 여성해방문학을 써 달라는 요구에 화답한 여성 작가들 대다수가 이 문제를 작품화했다. 김혜순은 아버지에게 폭행당한 후 저녁을 준비하는 엄마의 상처를 "굽고 으깨고" "튀기는" 조리 과정에 비유한 시 〈엄마의 식사 준비〉를 발표했다. 고정희의 〈매 맞는 하느님〉은 "깡마른 여자가 처마 밑에서 / 술 취한 사내에게 매를 맞고 있다"로 시작된다. 또한 많은 소설 속에서 매 맞는 여성은 곧 매 맞는 아내였으며 좀처럼 그 상태에서 벗어나지 못하는 상태로 그려졌다. 강석경의 〈낮달〉에서 이혼한 독신녀인 정혜는 남자가 주기적으로 여자를 때리는 옆집의 끔찍한 소음 때문에 잠을 못 자는 날이 많아 이사를 심각하게 고려한다. 이경자의 소설 〈둘남이〉에서는 어촌의 빈민 여성이 상습적으로 구타하던 남편에게 죽임을 당하지만 남겨진 아이 셋을 아버지가 키우게 해 달라며 마을 사람들이 낸 진정서 덕분에 남편은 송치된 지 두어 달 만에 나온다. 이혜숙의 〈노래소리〉는 방직공장의 관리직으로 발령받은 남편을 따라 지방에 온 가정주부 연희의 이야기다. 연희는 여성 노동자들의 노조 결성 투쟁에서 "공순이 킬러"로 불리는 남편의 정체와 위선을 알게 되면서 남편에게 항의하다 맞는다.

그리고 박완서의 〈저문 날의 삽화 2〉는 남편에게 구타당하는 아내를 국가폭력에 노출된 사회운동 주체인 개인의 상황, 사회운동 내 남성 주체의 폭력적 가부장성의 문제와 중첩한다. 소설은 대졸 가정주부인 가연에 관한 이야기로, 그녀의 이웃이자 고등학교 교사인 일인칭 화자 '나'

의 목소리로 전달된다. 화자에게는 학생운동을 하다 경찰에게 고문당한 후 트라우마를 겪는 아들이 있다. 아들은 겉보기에 정상적이지만 수년째 편집증을 앓아 요양원 문밖으로 나가지 못한다. 독자는 소설을 통해 이러한 폭력과 트라우마가 학대받는 가연의 결혼 생활 이야기와 공명을 이룬다는 사실을 발견한다.

'나'는 20여 년 동안 국어 교사였던 시절의 제자인 가연을 다시 만난다. 어느 날 '나'는 아파트 베란다로 떨어진 물건을 돌려주려 윗집을 찾아갔다가 가연과 마주친다. 가연 부부가 그곳에 살고 있었다. 가연의 남편이 사회운동을 하고 있다는 사실을 알았을 때 '나'는 아들 생각에 자연스럽게 가연의 남편을 옹호한다. 가연 부부가 사는 아파트는 그녀의 아버지 소유였고 부부는 생활비조차 친정에서 얻어 쓰고 있었다. 그런데도 '나'는 가연 남편의 무능력을 탓하지 않고 가연에게 교사자격증도 있으니 취직해서 사회운동 하는 그의 이상에 힘을 실어 주라고 설득한다. 그런 방식으로 화자는 독재 정권에 맞선 싸움에 자신의 삶을 바친 운동권에 대한 깊은 존중을 표한다.

그러나 화자의 부부에 대한 태도는 가연이 남편에게 수시로 폭행당해 왔다는 사실을 알았을 때 변화한다. 사실 베란다에 떨어진 물건도 남편이 폭력을 행사하며 던진 것이었다. 가연 아버지의 사업이 어려워져 아파트를 처분해야 할 상황인데도 남편은 가연의 취직을 반대한다. 싸움이 일어났고 이후 '나'는 가연의 넓적다리에서 남편이 담뱃불로 지진 상처를 발견한다. 이때 폭력에 상처 입어 병원 문밖을 나서지 못하는 '나'의 아들의 상태는 남편의 폭력으로 취직 등 사회적 관계 맺기를 두려워하며 더욱 가정 안으로 유폐되는 가연의 상태로 전이된다. "소위 민중을 위한단 친구가 여성처럼 오랜 세월 교묘하게 억압받고 수탈당한 큰 집단이 민중으로 안 보인다면 그를 어떻게 믿냐?"⁵¹ '나'는 가연에게 남편을 먹여 살리기 위해서가 아니라 그를 대등한 입장에서 바로보기 위에 자립하라고 말한다. "'그 후에 그가 진짜인가 가짜인가는 알아봐도 늦지는 않아. 그렇지만 자립은 더 늦으면 안 된다.' 나는 내 우정이 가연이에게 통하길 바라며 간곡하게 말했다."⁵² 소설은 운동권의 대의가 고결하더라도 아내폭력에 대한 책임으로부터 면제될 수 없음을 제시하며 국가폭력과 아내폭력 사이의 연결선을 끌어낸다.

소설은 가연이 남편의 폭력과 군림을 용인하지 않기 위한, 그리고 남편을 통해서만 얻어지는 바깥세상에서 벗어나 인식과 판단, 행위의 자율성을 갖는 방법으로 경제적 자립을 권하는 것으로 끝난다. 이러한 다소 직접적이고 페미니스트적인 결말은 시대적 상황에 비춰 보았을 때 예사롭지 않다. 왜냐하면 그것은 아버지의 경제적 후원으로부터의 자립이자 동시에 운동권 남편으로부터의 독립을 뜻하기 때문이다. 이러한 결말은 이 텍스트를 1980년대 변혁운동이 제기했지만 충분히 정식화되지 않았던 논제로 이끈다. 여성, 그리고 가족 내에서의 여성의 역할에 대한 성찰이 없다면 민주주의를 성취하고 진전시키고자 하는 운동의 대의와 목적을 온전히 이룰 수 없다는 것이다.

잘 알려졌듯이 1960년대 말부터 서구 여성운동에서 제기된 "매 맞는 아내(battered wife)"의 이슈화는 법과 국가 개입 등의 정치가 작동하지 않았던 사적 영역을 정치적인 것으로 재구축하는 출발점 중 하나였다.⁵³ 1980년대에는 아내폭력만이 아니라 공권력의 여대생 추행 사건, 공장 관리자의 여성 노동자 추행 사건, 성고문 사건 등 "삶의 조건이 서로 다른 현실 속에서 여성의 몸을 입고 살아가는 자들이 겪는 폭력의 경험들이 접합됨으로써 성별의 관계에서 발생하는 '여성에 대한 폭력'"[54]을 어젠다로 집적하는 과정을 통해 여성운동이 영향력을 발휘했다. 아내폭력 문제에서 출발한 여성의전화[55] 또한 당대 민주화운동과 여성 노동자운동에 가담하면서 범주를 확장해 갔다. 신상숙에 따르면 여성운동에서 제기한 "성폭력"이란 개념의 구축은 젠더에 기반한 폭력 일체를 포괄할 만큼 확장 가능성이 열려 있었다. 그러나 성고문 사건에 대한 대응에서 잘 드러나듯이, "전면적인 폭력의 피해자의 위치로 통합되는 여성을 구성하는 순간" 현실의 폭력과 차별에 대한 대처나 저항의 필요성보다는 더 큰 차원의 억압 원인과 목표로 문제가 단순화되는 경향을 보였다.[56] 그럼으로써 "피해자 '여성'의 대립 항은 군사독재나 여타 지배 세력으로 상정되었으며 '남성'의 주체 위치나 행위성과 연관된 권력은 끊임없이 미끄러지고 시야에서 사라져 버렸다."[57]

그런 면에서 아내폭력을 초점화한 여성 작가들의 작품은 당시 민중민주운동과 그 담론에서 미끄러지고 시야에서 사라져 버린 남성의 주체와 행위성, 권력관계를 가시화하는 효과를 가졌다. 남편의 폭력에 의한 고통과 상처로 웅크린 여성에 대한 문학적 상상력은 정치적 상상력을 내재하고 있었다. 당시 집합적 정체성을 중심으로 운위되던 주체성을 인권을 지닌 개인/시민의 주체성으로 재구성하는 상상력이 바로 그것이다. 정치적 상상력은 국가폭력과 자본의 폭력에 대한 저항의 형태를 띤 1980년대 변혁운동이 길러낸 감정적 자원에 포함되어 있었다고 할 수 있다.

박완서는 여성의전화 발족 기념사에서 아내폭력은 "팔자가 좋은" 여성이라도 예외적이지 않다며,[58] 이 문제의 문학적 배경을 중산층 가정으로 제시한다. 그러면서 아내폭력을 부계 중심의 소유권과 상속이라는 관점에서 성찰해 볼 것을 시사했다. 그는 〈저문 날의 삽화 2〉에서 사회 변혁을 주장하는 운동권의 출현이 소유권과 상속이라는 자본주의 사회의 토대와 관련한 사안임을 얼핏 제시한다. 가연의 아버지는 엄마와 올케의 불평에도 불구하고, 벌어오는 돈이 한 푼 없는 사위와 딸의 살 거처를 제공하고 생활비를 댄 이유를 "별수 있소? 우리 집안이 한꺼번에 불구덩이에 들지 않고 제명에 죽으려니…"[59]라고 밝힌다. 가연의 엄마와 올케가 부계 혈통적 상속의 관습에서 가연 부부를 재산을 나눠야 할 대상으로 여기지 않는 속셈을 드러낸 것이라면, 가연의 아버지는 운동권 사위를 자기 가정의 재산과 안녕을 침범할지 모르는 타자로 여긴 것이다. 아버지의 불안은 어쩌면 오랜 냉전 분단 체제 속에서 유지된 연좌제에 대한 한국인의 불안감을 상회한다. 즉, 1980년대 정치·사회적 변동 추이를 지켜보면서 혹시 모를 일에 대비하는 심정으로 가연 부부를 경제적으로 후원한 것이다.

흥미로운 것은 〈저문 날의 삽화 1〉에서 '나'의 운동권 아들이 남편의 친구 아들을 데려다 키운 의붓아들로 제시된다는 점이다. 애지중지 키운 아들 영택이 남편 친구가 아닌 남편이 다른 여자에게서 낳아 온 애가 아닐까 하는 의심이 들면서부터 '나'는 영택에게 데면데면해진다. 영택 또한 달라진 가족의 분위기를 감지한 것인지, 대학에 들어가자마자 그동안 쓰지 않았던 지하실을 말끔히 치우고 자신의 공간을 만든다. 영택의 친구들이 방문해 방들이를 한 날, 흥겨운 분위기에서 친절한 엄마 노릇을 한 '나'는 '이건 내 집이야'라고 말하고 싶은 불쾌한 욕구를 억눌러야 했다. 그 지하실이 불온서적을 실어다 나르는 대학 운동권 학생들의 아지트가 되어 버렸다는 사실을 알게 되었을 때 '나'는 남편에게 이 사실을 알린다. 남편은 결국 영택을 내쫓는다. 영택을 내쫓는 남편의 행위는 영택이 친자가 아님을 보여 주는 증좌이다. 혈연이 아닌 것으로 제시된 운동권 아들, 게다가 알 수 없는 불온한 움직임이 아른거리는 의붓아들의 공간인 지하와 그 위에 있는 진짜 가족들의 집. 이것은 실제 집의 구조라기보다 "80년대" 변혁운동의 직간접적 경험에 대한 환유이자 알레고리일 것이다.

1980년대 변혁운동은 군사독재의 퇴진을 의미하는 민주화운동만이 아니라 사회혁명으로까지 그 지향과 의미가 고양되었다. 광범한 계급적 대중운동의 분출이라는 압도적 현실은 마르크스주의를 신봉한 지식인뿐만 아니라 중산층에게도 거대한 전환이 이루어질 수 있다는 생각이 들게 했다. "중산층 여성"을 중심에 놓은 박완서의 문학적 상상력은, 거대한 전환이 곧 혈연적 가족 아닌 자와도 재산을 나누고 함께 거주해야 하는 소유권과 관련한 문제임을 시사한다. 이것은 중산층의 계급적 불안을 반영한다기보다 권리의 주체인 근대 주체가 소유적 개인이라는 사실을 드러낸다. 더불어 분배적 정의는 개인이 자신의 소유권을 두고 어떤 사회적 성찰과 정치적 상상력을 전개하는가에 따라 좌우되는 문제임을 함께 들춰낸다. 자본주의 사회에서 화폐 수입을 가져다주는 임노동 없이 가부장의 재산과 경제활동에 자신의 물질적 삶을 의탁하는 중산층 가정주부는 이러한 성찰과 정치적 상상력에 더욱 민감한 주체일 수 있다.

## 대중화된 페미니즘을 넘어서

1990년대를 여성 문학의 시대로 일컫는다. 신경숙은 노동 문학과 민중 문학의 시대였던 1980년대와 다른 1990년대 문학을 대표하는 작가로 평가되어 비평가들의 옹호를 받았다. 간명하게 "역사에서 일상으로"라고 표현된 문학적 이행[60]은 여성 문학을 일상, 내면, 감성, 개인 등 젠더화된 의미 체계 안에 가두었다. 더욱이 여성들이 베스트셀러 작가로 등극하면서 여성 문학은 상업화 전략에 포획된 장르 문학의 하나로 치부되었고, 이는 여성 문학에 대한 논의의 진전을 가로막았다.[61] 심진경은 여성 문학이 편협하게 이해된 결과 '여성'이란 호명이 오명으로 간주되어 "나는 여성작가가 아니다", "나의 문학은 여성 문학이 아니다"라는 일부 여성 작가들의 항의가 나올 정도였다고 짚는다.[62] 김영옥은 1990년대 '여성 문학'에 대한 "역사에서 일상으로"라는 비평적 규정이 역사와 일상의 변증법적 관계에 천착하지 않은 채 여성 문학을 역사 아닌 일상의 영역으로 자리매김했다고 말한다. 그러면서 이는 여성을 역사 바깥에 위치시키는 기존의 여성관을 답습할 우려가 있다고 지적한다. 동시에 1990년대 여성 문학을 '민족 문학'과 관련지으려는 리얼리즘 문학비평도 여성 문학의 전위적인 힘을 약화한다고 비판한다.[63]

이러한 비판에 부분적으로 동의하면서 나는 시간의 축을 1980년대로 이동시켜 보고자 했다. 1990년대 여성 문학 담론은 1980년대 본격화된 여성운동과 여성 문학의 다양한 성과를 언급하지 않는 방식으로 성립했다고 해도 과언이 아니기 때문이다. 한편 여성 문학비평에 리얼리즘 문학비평이 매개되어 제기된 심문은 당대 대표적 여성 작가 박완서를 둘러싼 논쟁에서 보듯이, 1980년대 이래로 제기된 여성운동의 방향성을 둘러싼 갈등을 사후적으로 명백화하는 기능을 담당했다.[64] 그 긴장은 계급이냐 여성이냐, 민족이냐 여성이냐의 심문이었다. 이 심문은 1970년대 말부터 본격화된 민중민주운동 담론과의 교섭을 적극화하면서 등장한 한국의 여성운동에 내재해 있었다. 하지만 그 심문은 노동자 대투쟁으로 치닫던 1987년 전후에 마르크스주의가 끼친 광범위한 영향 속에서 전개된 한국 사회의 자본주의 성격과 변혁 전략을 둘러싼 사회구성체 논쟁을 가로지르며 극화되었다. 이 물음은 민중민주운동의 여성주의적 강화를 가져오는 데 실패했다. 하지만 이 물음이 던져졌던 1980년대 사회정치적 상황은 더 나은 사회를 위한 운동과 의식의 함양을 위해 의사를 개진하려는 유례없던 여성 문학의 장을 형성하는 데 일조했다.

1990년대 여성 문학의 세계는 1980년대 변혁운동뿐만 아니라 여성운동과 여성 문학이 제시한 갈등적이고 복합적인 여성 주체성을 전신에 둔다. 1990년대 여성 문학은 변혁운동에 헌신했던 청춘의 기억을 가진 386세대 여성들이 자아를 찾기 위해 아버지의 집이 아닌 남편의 집을 떠나는 출분(出奔)의 서사 형태를 가진다. 1980-90년대 여성운동의 대두와 함께 등장한 아버지의 집, 남편의 집을 벗어나는 문학적 상상력을 오늘날 상황에서 다시 전유할 필요가 있다. 1980-90년대 집을 떠나는 여성들의 서사는 국가권력과 가부장의 폭력에 대한 저항과 사회적 관계의 새로운 규범 창출을 지향하기 때문이다.

이 글이 처음 발표된 2015년 이후 여러 해가 지났다. 2016년 강남역 여성 살인 사건과 촛불시위, 그리고 그 이후에 대한 소회를 적는 것으로 글을 맺고자 한다.[65] 이 일련의 사건들 속에서 형성된 대중화된 페미니즘은 1980년대에 그 근간이 형성된 한국 여성운동과 민주주의의 규범을 되묻게 했다. 이때 가시화된 여성운동 집단이나 민주화운동 세력의 다수가 현재 대한민국의 주류를 이루고 있다. 또한 1987년 체제의 시간이 공교롭게도 김현미가 말한 미투운동의 한국적 시간성을 특징지었다 해도 과언이 아니다. 진보 진영 정치인의 성폭력 고발 등 여성들의 광범한 미투운동은 정작 여성들이 민주주의 밖에 있었음을, 그와 함께 정부 조직은 물론 의회 정치에도 페미니스트 정치인이 부재함을 보여 주었다.[66] 또한 부동산과 학력 자본을 기반으로 구축된 세습 자본주의의 선을 넘지 않는 기이한 공정이 규범이 되어 평등을 집어삼키고 있다. 이십 대 남성에 대한 특권화된 호명을 수반하며 페미니즘을 금기어로 만들었고, 여성 및 소수자 집단에 대한 인종주의적 혐오 정치를 양산하고 있음을 목도하고 있다. 오늘날 우리 시대의 페미니스트들은 페미니즘 문화가 국민주의와 이성애 규범적인 중산층 삶의 각본에 사로잡힌 것은 아닌지에 대한 각고의 비평을 멈추지 않고 있다. 그런데 집을 떠날 수 있을까?

# 9

# 제3세계 연대체 퀴어링하기
## 1980년대 초 한국문학과 영화 속 흑인 여성들

어경희

1947년 젊은 시인이자 권투 애호가 배인철은 미국 헤비급 복싱 챔피언 조 루이스(Joe Louis)에게 바치는 열정적인 시를 발표했다.

루이스여

굳건히 살아라, 늬 몸이

늬 하나의 몸이 아니라

너와 함께

새로운 세계를 향하여

BLACK AMERICA는 아니

온세계 약소민족은 싸우고 있다[1]

도쿄에서 영문학과 학생이었던 시절부터 배인철은 미국 흑인 문학과 역사에 깊은 관심을 보였고, 해방 이후 한국으로 돌아와서는 인천항에 있는 미군 기지의 흑인 군인들과 많은 친분을 쌓았다. 이러한 직간접적인 만남을 통해 배인철은 일종의 원초적인 제3세계 의식, 즉 한국인과 흑인을 식민주의적·인종적 탄압에 함께 맞서는 형제적인 관계로 여기는 관점을 지니게 되었다. 그러나 그가 1947년에 발표한 다섯 편의 흑인 시 속에 표현된 이러한 연대 의식은 종종 매우 낭만화되어 있을 뿐만 아니라, 아프리카 디아스포라의 복잡한 역사와 정치에 대한 부족한 이해를 보인다.

그리고 그가 짧은 생애(1920-47) 동안 흑인에 대한 여러 가지 지식과 친분을 쌓았지만, 흑인 여성을 실제로 만나거나 그들이 쓴 글을 읽어 본 적이 없다는 사실 역시 기억해야 한다("그대들을 보낸 뒤 / 쓸쓸한 나에게 또 한 가지 기쁨은 / 밤이면 노래하고 때로 쉬던 / 이 방에 내 또한 / 노래하고 때로 자던 黑人部隊며 / 보지 못한 그대들의 아가씨들이며"[2]). 그런데도 〈흑인녀〉에서 그가 상상하는 흑인 여성이 흥미로운 이유는, 이후 수십 년간 한국문학에서 나타나는 제3세계 여성상을 예고하기 때문이다.

> 그렇다
> 네 아름다운 고향 산과 들
> 한번 백인의 노예선 찾아간 다음―
> 이제는 정다이 흐르는 나일강 저녁이 오면
> 바람 속에 노래 부르면
> 아아 자연 그대로의 수목 같은 아가씨[3]

그의 시적 상상력은 백인 노예 상인들에게 몸과 고향을 유린당한 여성의 애도하는 목소리가 서린 수백 년 전의 불명확한 아프리카 어딘가에 머물고 있다. 이러한 그의 심상은 흑인 여성성을 이국적이고 원시적이며 근대와 거리가 먼, 자연에 묶인 하나의 희생물로 보는 식민주의 문학적·시각적 묘사를 통해 상상된 것이다.

배인철의 죽음 이후 약 30년이 지나 한국에서는 새로운 세대의 작가들과 문학 연구자들이 초국가적인 제3세계 연대체, 그리고 그 연대체가 정치적 혼란을 겪는 국가에 줄 수 있는 도움에 대해 고민하기 시작했다. 1970년대는 민족 문학에 대한 논의가 문학계를 지배하던 시기였는데, 궁극적으로 그 논의의 목적은 새로운 역사의식의 창조와 제국주의적 냉전 질서로부터 민족을 문화적으로 해방하는 것이었다. 자연히 시선을 밖으로 던져 문화적 정체성을 찾기 위해 비슷하게 투쟁하는 다른 국가·민족과의 관계에서 민족 문학을 파악하는 작업이 필요했다. 이남희가 주장한 것처럼, 1970년대는 많은 지식인들이 국제 냉전 질서에서 한국의 위치를 재정의하기 위해 제3세계 담론 속에 민족을 집어넣으려고 노력한 시기였다.[4] 북한의 주체사상에 대한 지지가 점점 높아지던 1980년대 중반, 광주 학살에 미군이 가담했다는 믿음의 영향으로 지식인들은 더욱더 확고히 민족주의적이고 반미적 색채를 띠기 시작했다.[5] 그렇다면 1980년대 초는 한국의 문학적·정치적 상상 속에서 국제주의적인 제3세계 담론이 활기를 띠었던 중요한 역사적 순간이었다고 할 수 있을 것이다.

한편, 남성 중심적인 민중운동에서 겉돌게 되어 버린 1970년대 말과 1980년대 초의 한국 여성주의 연구자와 작가 역시 세계 곳곳의 유색 인종 여성을 향해 시선을 돌리면서 정치적 방향성을 바꾸기 시작했다. 먼저 서양의 여성주의가 1970년대 초에 유입되면서 한국의 여러 대학에 여성학과가 설립되기 시작했다. 그리고 1975년은 오늘날 많은 역사학자가 한국 여성주의의 전환점으로 꼽는 '세계 여성의 해' 국제회의가 멕시코시티에서 개최된 해였다.[6] 이 국제회의에 참석한 한국 대표단은 다른 비서구권 나라들의 여성 지도자들과 교류하는 소중한 경험을 쌓았고, 이후 한국의 여성주의는 적극적으로 제3세계 페미니즘에 응답하기 시작했다. 당시 한국의 여성주의자에게 초국가적 여성 연대체라는 개념은 무척 매력적이었다. 전 세계 여성이 하나의 통일된 전선을 이루어 제국주의뿐만 아니라 각국의 가부장제에도 함께 대항할 수 있을 것으로 기대했다. 이런 면에서 강석경의 1983년 단편소설 〈낮과 꿈〉은 한국 여성과 다른 유색 인종 여성이 공통으로 경험하는 교차적 억압 구조를 처음으로 다룬 문학작품 중 하나라는 점에서 중요하게 살펴볼 필요가 있다. 여기서 던져 봐야 하는 질문은 강석경이 한국인 여성과 흑인 여성을 왜 굳이 친구나 자매가 아닌 연인 관계로 설정했는가이다. 당시 한국인 독자들에게 이들의 관계는 인종을 초월한 사랑보다 동성애적 관계라는 지점이 훨씬 더 낯설고 이질적으로 느껴졌을 텐데 말이다.

강석경의 소설에 등장하는 흑인 동성애자 여성의 의미를 온전히 이해하기 위해서는 미국 대중문화와 미디어 속 흑인의 이미지가 1970-80년대 한국에 유통되고 있었음을 기억해야 한다. 독재 정권에서 외국 문화 상품의 수입을 엄격히 통제했는데도 한국 중산층은 새롭게 등장하는 할리우드 액션 영화, 미국의 텔레비전 드라마와 대중음악을 기대하고 반겼다. 그리고 1970-80년대는 미국 내에서도 흑인 여성의 대중적 재현이 대폭 늘어나고 있던 시기였다. 팸 그리어(Pam Grier)나 그레이스 존스(Grace Jones)와 같은 흑인 여성 스타들은 흑인 여성이 미국 영화 텍스트에서 전통적으로 맡았던 가련한 노예나 순종적인 하녀 등과 같은 고리타분한 역할에서 완전히 벗어나 도시적이고 거친 새로운 흑인 여성 주체를 연기했다. 이런 의미에서 강대선 감독의 1982년 작 〈흑녀〉는 무척 유의미한 작품이다. 〈흑녀〉에 대한 분석을 통해 한국의 대중문화 텍스트 속 흑인 여성상이 제3세계 지식인 담론과 어떤 점에서 비슷하고 다른지 살펴볼 수 있다.

이 글은 1980년대 초중반까지 한국 문화에 재현된 여러 흑인 여성상이 이상주의적이고 남성 중심적인 반식민 제3세계 동맹이라는 개념의 많은 모순을 드러낼 뿐만 아니라, 민중 담론의 그늘에 숨겨졌던 다양한 초국가적 여성주의 및 퀴어적 욕망을 담고 있다고 주장한다. 근대 한국 문학과 영화에 등장하는 흑인들은 대부분 미국 흑인 남성 군인이었다. 따라서 한국 사회에서 흑인성에 대한 정치적·문화적 해석은 과잉 남성성이라는 젠더화된 인종차별적 고정관념으로 상당히 왜곡되어 있었고, 흑인 남성이 곧 미국의 군사적 침략의 상징이 되는 경우가 많았다. 당대 여러 지식인들은 반식민주의적 제3세계 연대체라는 개념을 모색했으나, 아프리카와 아시아 간의 형제애라는 그들의 낭만적 발상에는 한국 사회가 타 인종의 사람을 엄연한 한 명의 (성적) 주체로서 어떻게 이해하는지에 대한 고려가 부족했다. 반면 당시 흑인 여성은 훨씬 덜 가시화되었기 때문에 흑인 여성성은 문화적 텍스트에서 일관성이나 뚜렷한 형태 없이 다양한 방식으로 재현되었다. 이 글은 흑인 여성의 재현에 주목함으로써 흑인 여성성의 모호함이 어떻게 1980년대 초 한국 사회에 숨겨진 다양한 욕망, 즉 가부장적·페미니즘적·퀴어적 욕망과 정치적인 이상을 담는 하나의 상징적 기표로서 기능했는지 살펴보고자 한다.

이 장을 구성하는 네 개의 파트는 각각 다음과 같은 내용을 다룬다. ① 지식인 담론 속의 제3세계 여성상, ② 베트남전을 소재로 한 1980년대 소설에서 향토적 그리움의 대상으로서 그려지는 베트남 여성, ③ 여성 작가 작품 속에서 여성주의적 환상의 대상으로 등장하는 미국 흑인 여성, ④ 대중 상업 영화에 나타나는 흑인 여성성에 대한 (퀴어적) 상상력. 먼저 ①과 ②에서는 차범석의 1965년도 희곡 〈열대어〉를 백낙청과 안정효 등의 글과 함께 읽음으로써 남성 지식인들이 어떤 방식으로 타 인종의 여성을 한국의 이성애 중심적 가부장제 속에 편입시키고자 했는지를 추적한다. ③에서는 미국 흑인 여군 병사와 한국인 여성 성 노동자 사이의 동성애적 관계를 그린 강석경의 단편소설 〈낮과 꿈〉을 분석한다. 이 작품 속 흑인 여성은 미국의 제국주의와 한국의 가부장제 폭력으로부터 한국 여성을 구하는 구세주적 인물로 등장한다. ④에서는 강대선의 1982년 에로영화 〈흑녀〉에 나타나는 퀴어한 흑인 여성성에 주목한다. 〈흑녀〉속 한국인-흑인 혼혈인 여주인공은 비규범적인 남성성을 수행하면서 영화의 가부장적인 서사를 위협한다. 마지막으로 제1세계 출신 이민자, 결혼 이민자, 그리고 이주 노동자가 점점 사회적으로 가시화되는 초국가적 신자유주의 국가인 오늘날 한국의 인종적 지형을 고려했을 때, 앞서 분석한 작품들 속에 나타나는 인종과 퀴어한 욕망에 대한 불완전한 상상이 우리에게 어떤 교훈을 던져 주는지 사유하는 것으로 마무리한다.

## 민중 담론 속의 제3세계 여성

전후 한국의 극작가 차범석의 1965년 작 〈열대어〉부터 살펴보자. 우선 이 희곡의 여주인공 그로리아는 한국의 남성 지식인들이 이성애 중심적 가부장 문화에 존재하는 흑인 여성을 상상하는 일이 어려웠음을 보여 준다. 〈열대어〉는 미국에서 의학을 공부한 후 아버지의 뒤를 이어 병원을 운영하기 위해서 한국으로 돌아온 진우의 귀환을 중심으로 전개된다. 중상류층인 그의 가족은 그와 함께 온 미국인 아내 그로리아를 보고 기겁한다. 그로리아는 진우의 어머니, 즉 시어머니에게 인종차별적 대우를 받는다. 그로리아는 한국인 가족에게 받아들여지기 위해 최선을 다하지만, 그녀가 임신하면서 갈등은 최고조에 이른다. 시댁 식구들은 그녀에게 독극물을 먹여 강제로 낙태시키려고 모의까지 한다. 그로리아는 그 모의를 기적적으로 피하지만, 시댁 식구들의 잔인함과 폭력성에 크게 상처받고 신경쇠약증에 걸려 결국 정신이 이상해지고 만다.

〈열대어〉는 전후 한국 사회의 인종과 인종차별에 대해 흥미로운 질문을 던진다. 예를 들어 가족이 그로리아를 대하는 태도와 그들이 일본 식민 지배 아래에서 받았던 차별을 비교해 보라며 진우가 아버지에게 대드는 장면이 있다. "아버지도 그럼 그로리아를 싫어하시는군요? 일제시대에 동경 유학 가셨을 때 한국 사람이기에 하숙방 하나 제대로 못 빌리곤 했던 그 피해 의식을 이젠 그로리아에게 옮기시려는군요?"[7] 또한 진우의 어머니가 그로리아에게 퍼붓는 폭언들은 당시 미군과 한국인 사이에 태어난 혼혈아에게 쏟아졌던 한국 사회 속 인종차별주의적 시선과 무척이나 닮아 있다. 하지만 〈열대어〉는 이러한 혼혈아의 존재를 한

번도 직접적으로 언급하지 않는다.

　이 작품에서 또한 흥미로운 것은 그로리아가 비현실적이고 일관성이 결여된 인물이라는 점, 그리고 그녀에 대한 진우의 양가적 태도이다. 진우는 그로리아를 사우스캐롤라이나에서 "쌀, 면, 담배, 그리고 과일"을 재배하는 농장을 가진 부유한 지주 집안 출신의 법학생으로 소개한다. 그리고 그로리아는 자신이 중국인 아버지와 아프리카계 포르투갈 어머니 사이에서 태어났다고 말한다. 그녀의 이러한 복잡한 인종적 내력은 작품 속에서 중요하게 기능한다. 이것은 그로리아의 흑인성을 미국의 노예제라는 역사적 사건과 분리해 그녀가 상류층의 배경에서 자란 인물이라는 사실을 더 그럴듯하게 만들며, 아시아계 혈통 때문에 그녀와 진우가 서로에게 끌렸음을 암시한다. 한편 진우의 가족들이 그로리아를 인종차별적인 이유로 거부하자 진우는 그들이 비이성적이고 권위주의적이며 문화적으로 뒤떨어졌다고 비판한다. 반대로 그로리아의 인종적 타자성을 포용하는 자신의 태도야말로 자유민주적인 서구의 가치들을 성공적으로 내면화한 증거로 여긴다. 그러나 진우와 그로리아 관계의 많은 부분은 여전히, 지배하는 남편과 순종하는 아내라는 가부장적 성 역할에 의존한다. 그런 측면에서 볼 때 진우가 그로리아에게 느끼는 성적 매력은 그녀가 미국인 여성으로 갖는 상징적인 가치, 그리고 유색 인종 여성이어서 백인 여성보다 순종적일 것이라는 기대 사이의 미묘한 균형에 기반하는 셈이다. 종합적으로 보면 그로리아는 무척이나 비현실적이고 파편화된 인물이다. 그녀는 부유층 출신이면서도 시골에 대한 향수를 불러일으킬 만한 배경을 가졌고, 흑인이지만 동시에 아시아인이며, 제1세계 시민이자 제3세계 시민이기도 하다. 다시 말해 1960년대

중반 한국의 친미적이고 보수적인 정치 성향을 지닌 중산층 남성 지식인의 모순된 욕망의 물리적 총합이다.

인종, 계급, 가족을 둘러싼 복잡하면서도 불안정한 이런 힘의 역학 때문에 1980년대의 한국 남성 지식인은 제3세계와 결혼보다는 형제애를 택했을 것이다. 이 형제애에 대한 욕망은 1979년 출판된 백낙청의 《제3세계와 민중문학》으로 그 출발점을 꼽을 수 있지만, 실제로는 1970년대에 이미 그 기초가 다져져 있었다. 한국 대중은 1969년과 1970년에 엘드리지 클리버(Eldridge Cleaver)와 흑표당(Black Panthers)이 중국, 베트남, 북한을 방문하는 것을 관심 있게 지켜보았다. 1976-82년에는 레오폴 세다르 상고르(Léopold Sédar Senghor), 에메 세제르(Aimé Césaire), 프란츠 파농(Frantz Fanon), 맬컴 엑스(Malcolm X), 치누아 아체베(Chinua Achebe), 리처드 라이트(Richard Wright)와 같은 흑인 작가들이 쓴 핵심적인 글과 책이 처음 한국어로 번역·출판되었다. 백낙청은 지리적·문화적으로 한국과 동떨어진 이들의 글을 읽는 행위가 가진 정치적 의의를 잘 인지하고 있었다. 그러면서 독자에게 "연대하려는 상대방을 알지도 못하면서 연대 의식을 강조해 보았자 주관적인 관념에 그칠 염려가 많은 것이 사실"이라고 충고한다.[8] 최원식 또한 대륙 간 국제 연대보다 더 시급한 문제는 일본이나 중국 등 근거리의 동북아 국가와 함께 현실적인 차원의 제3세계 이론을 만드는 것이라고 주장한다.[9] 하지만 이 시기 많은 민중학자가 초국가적 반식민주의 연대체라는 낭만적인 개념에 크게 경도되었음은 분명하다. 어쨌든 제국주의적 강요나 위계질서에 따르지 않고 다른 국가나 인종과 수평적인 관계를 맺는 일은 탈식민 국가인 한국에 상대적으로 새로운 경험이었다. 한국 독자들은 한글로 번역된 제3세계 문학에 열광적으로 반응했다. 다른 나라 작가의 글에서 식민 지배를 받고 민족적 정체성을 형성했던 한국과 유사한 역사적 체험 기록을 발견하는 행위가 그들에게 큰 정치적 영감을 주었음을 알 수 있다.

국제주의가 점점 확대되면서 세계 여러 곳에서 일어나는 반인종차별주의 투쟁에 대한 동정 여론이 함께 고조되었다. 그러나 제3세계 담론에 참여하는 지식인들은 이런 분위기에서도 자신의 인종적 정체성에 대한 비판적 검토나 국내의 인종차별을 돌아보지 못했던 것으로 보인다. 1979년에 쓴 글에서 백낙청은 네그리튀드(négritude)운동, 미국 흑인 문학사, 흑인 인권신장운동을 상당히 정확하고 치밀하게 개괄한다. 그는 식민 조선과 미국의 흑인 노예 모두 "민족 차별과 문화적 파괴, 열등의식의 보급 등"의 피해자라는 점에서 연대 의식의 근거를 찾는 한편, "백인의 인종주의는 일본 제국주의와는 다른 차원의 보편성을 내걸고 있었"다는 사실을 강조한다.[10] 또한 미국의 흑인 예술운동과 상고르의 흑인 문화 민족주의를 1920년대 식민지 한국의 문화주의와 비교하며, 신채호의 급진주의와 같은 계열로 묶이는 파농이나 세자르 등의 전투적 흑인 민족주의에 비해 전자의 정치적인 영향력이 약하다고 주장한다.[11]

여기서 중요한 점은 백낙청이 인종차별주의와 제국주의를 서로 다른 억압 형태로 정의하며 흑인의 경험은 전자에 속하는 반면, 한국과 아일랜드처럼 같은 인종 내의 억압은 후자에 속한다고 여겼다는 것이다. 그의 생각은 이후 십 년간 크게 달라지지 않는다. 1988년《창작과 비평》좌담회에서 백낙청은 광주항쟁 이후의 시점에서 미국 제국주의에 대해 논의하며 인종차별의 문제를 다시 거론한다. 그는 원주민과 흑인에 대한 착취를 기반으로 한 미국의 제국주의가 어떤 면에서 "나치라든가 일본의 군국주의와 같은 공공연한 침략주의보다 더 감당하기 어려운 면이 있다"라며 혹독하게 비판한다.[12] 헌법학자 양건 역시 이에 동의하며 "흑인 또 중국인, 그리고 요새 와서는 멕시코나 중남미 사람들"에 대한 인종주의적 착취를 고려했을 때, 세계가 "미국의 자유주의를 너무 과대평가"하는 것이 아닌지 의문을 드러내기도 한다.[13] 하지만 좌담회 참석자 중 누구도 한국인 혹은 미국 내 한국인 이주민이 미국식 인종주의의 대상이 될지도 모른다는 가능성은 고려하지 않는다. 백인과 한국인 사이에 존재하는 인종적 위계라는 주제를 애써 회피하는 듯한 인상마저 주는데, 이러한 통찰 부족은 한국 내에서 혼혈아가 겪는 인종차별에 대한 철저한 무관심으로 이어진다. 즉 당대 지식인들에게 인종차별이란 다른 나라에나 존재하는 흑인 대 백인의 문제였으며, 한국 사회의 시급한 사안들과 관련이 적은 것으로 치부되었다.

문학평론에서 제3세계의 타 인종 여성에 대한 언급은 드물었고, 또한 언급될 때조차 대부분 남성 작가 작품의 번역서를 통해서 다루어졌다는 사실도 주의 깊게 살펴봐야 한다. 토니 모리슨(Toni Morrison)이나 앨리스 워커(Alice Walker)와 같은 미국 흑인 여성 작가들의 작품이 1980년대 초에 한국 독자에게 소개되긴 했으나, 백낙청이나 김명인과 같은 영향력 있는 비평가들은 그다지 관심을 가지지 않았다. 바버라 스미스(Barbara Smith)나 앤젤라 데이비스(Angela Davis)와 같은 동시대 흑인 여성주의자들의 글이 번역되고 비판적으로 다루어진 것도 이로부터 십년 후의 일이다. 한편 이 시기 한국 남성 지식인들이 제3세계 여성에 대해 쓴 글들을 모아 보면 흥미로운 양상을 발견할 수 있다. 예를 들어 마흐무드 다르위시(Mahmoud Darwish)의 《팔레스타인에서 온 연인》에 대해 백낙청은 식민지화된 조국을 팔레스타인 처녀에 비유한 점을 칭찬했다. 시골, 향토성, 잃어버린 모국에 대한 화자의 향수를 좀 더 잘 표현한다는 점에서, 애인인 여자를 활용한 다르위시의 비유는 만해 한용운의 〈님의 침묵〉에 비해 더 세련된 형태라고 백낙청은 주장한다.[14] 한편 〈아프리카 문학의 사회적 기능〉에서 이종욱은 우간다 시인 오코트 프비텍(Okot p'Bitek)의 긴 풍자시 〈라위노의 노래〉를 소개한다. 자신이 "진보적이고 문명화한 현대인이라고 믿는" 남편 오콜은 아내 라위노가 "사교댄스를 출 줄 모르고, 요리용 휘발유 스토브를 사용할 줄 모르고, 머리를 백인 여자처럼 가꾸지 못하고, 백인의 음식 맛을 모르고, 시간관념이 없다는 둥 한없이 불평하고 화를" 낸다. 라위노는 "자기가 모방하고 있는 서구식 사고방식과 생활 방식을 정확히 이해조차 못 하는 남편에게 조목조목 따지며 반박"하는데, 이종욱은 그런 그녀에게서 "아프리카 여인의 풍부한 지혜와 유머를 읽을 수 있다"라며 시를 극찬한다.[15] 이 두 편의 시에서 여성은 서양 문명과의 대척점, 즉 "전통"이라고 여겨지는 자국 문화를 상징하는 기표로 기능한다. 한국 남성 학자들과 운동가들은 다른 나라의 이런 가부장적/민족주의적 텍스트 속 유색 인종 여성에게 제3세계 반식민지 투사의 남성성 회복을 돕는 지고지순한 여성상에 대한 노스탤지어를 투영하고 있는 듯하다.

## 1980년대 베트남전 소설 속 향토적 노스탤지어와 이성애 중심적 가부장주의

앞에서 언급한 제3세계 여성에 대한 향수 어린 가부장적 욕망의 투영은

1980년대의 베트남전을 소재로 한 소설에서 더욱 여실히 드러난다. 안정효의 1983년 소설 《하얀 전쟁》은 향토적 세계에 대한 노스탤지어를 하이(Hai)라는 베트남 여성 인물에게 투영한다. 이진경이 지적하듯 이 소설 속 한국 군인들은 자신이 베트남에서 자행한 폭력을 정당화하기 위해 (하위)제국주의적 오리엔탈리즘의 젠더화된 논리를 동원하는데, 이것은 베트남이 "강인하고 남성적인 한국에 비해 (…) 여성적이고 인종적으로 열등"하다는 시각이다.[16] 전쟁에 대한 이런 젠더화된 시각은 한국인 병사 한기주와 하이 사이의 연애를 통해 드러난다. 소설에 처음 등장하는 순간부터 하이는 때 묻지 않은 순결한 몸의 처녀로 묘사됨으로써 인종주의적 시선의 대상이 된다. "나이는 나보다 두어 살 위였겠지만 검은 머리를 어깨 위로 길게 늘어뜨리고 화장을 하지는 않았어도 얼굴을 말끔하게 다듬어서 그녀는 아직도 처녀티가 났다. 까맣고 커다란 그녀의 눈망울을 보고 나는 기러기를 생각했다."[17] 게다가 그들의 로맨스는 맨발의 아이들과 소박한 농부들이 사는 베트남의 조용한 어촌 마을을 배경으로 이루어지는데, 한기주는 이상적이고 동화 같은 그 장소에서 자신과 하이가 신혼 생활을 즐기는 단꿈에 젖는다.

하지만 한국으로 귀국하는 한기주는 끝내 하이를 데려가지 않는다. 하이에 대한 그의 사랑이 식어 가는 과정을 보면, 소설이 쓰일 당시 낭만화된 정치적 이상으로서의 제3세계주의와 급성장하는 자본주의적 국가로서의 한국의 물질적 현실 사이에 메울 수 없는 거리가 존재한다는 것을 알 수 있다. 하이는 한기주의 가부장적 욕망의 대상에 걸맞은 지고지순한 여성상이지만, 베트남전에서의 수익으로 급속한 경제성장이 진행되는 한국 사회로 돌아가야만 하는 한기주에게 하이는 그저 남겨 두고 떠나야 하는 환상에 지나지 않는다. 이런 점에서 베트남전 이전에 쓰인 〈열대어〉와 《하얀 전쟁》에 나타나는 제3세계 여성에 대한 노스탤지어적 시선에는 분명한 차이가 나타난다. 차범석의 희곡에 등장하는 그로리아와 달리 하이의 인종적 타자성은 1980년대 초 당시 베트남전이 가져다 준 수익 덕분에 떠나올 수 있었던 가난한 한국의 과거를 상징한다. 한기주의 추억 속 하이가 표상하는 제3세계란 가속화되는 자본주의 사회의 요구에 점점 지쳐 가는 한국의 이성애자 중산층 남성이 잠시 쾌락과 위무를 누릴 수 있는 일시적인 도피처로 기능한다.

　반면 이러한 작품들 속 한국 여성은 대부분 속물적이고 차가운 성정의 부정적인 인물로 그려진다. 한국의 남성 작가들이 제3세계 여성 인물들에게 지나간 시간의 향수 어린 여성스러운 역할을 부여한 것과, 산업화가 진행되면서 한국 남성과 여성 사이 힘의 균형에 변화가 생기기 시작했다는 것 사이의 관련성을 생각해 볼 수 있다. 가령 《하얀 전쟁》에서 한기주의 아내는 저축해야 하니 돈을 더 벌어 오라며 남편에게 잔소리하는 모습으로 소설에 처음 등장한다. 도회적이고 이해득실에 민감한 인텔리 여성인 그녀는 독일 뉴스 잡지 《슈테른》의 열렬한 독자인데, 안타깝게도 한기주보다 키가 4cm나 더 큰 것으로 묘사된다. 이들 부부의 불화는 불임으로도 표출된다. 병원 검사로 불임의 원인이 자신에게 있음을 깨달은 후에도 한기주는 아내를 차갑고 비인간적이며 무생물적인 존재, 나아가 예전의 하이처럼 그에게 정서적 감응을 끌어내지 못하는 여성으로 묘사한다. 한기주가 본인의 남성성을 희생하면서까지 하이와 머무르기보다 메마른 한국인 아내에게 돌아가기를 선택했다는 사실은 순혈 민족주의가 결국에는 모든 것을 이긴다는 점을 시사한다.

이상문의 1987년 소설《황색인》에도 비슷한 점이 발견되는데, 이 소설은 여성의 재생산력이라는 주제에 더 많은 무게를 싣는다. 병장 김유복은 베트남인 매춘부 닌을 포주로부터 구한 후 그녀에게 감정적이고 성적으로 매력을 느낀다. 닌이 임신했으며 아이를 혼자 키워야 할 형편에 놓였다는 것을 알게 되자, 김유복은 한국의 성수란이라는 여성과 결혼하기로 약속했음에도 닌이 출산할 때까지 그녀의 곁을 지키기 위해 전역을 미룬다. 실제로 김유복은 한국에서 그를 기다리는 성수란에게 돌아갈 생각이 별로 없어 보인다. 성수란이 탐욕스럽고 속물적이어서 정이 떨어질 뿐 아니라, 그녀가 금전적인 이득을 위해 그를 베트남에 파병 보냈다며 원망한다. 그러나 무엇보다도 그녀가 역겹게 느껴지는 이유는, 그녀가 가난에 대한 두려움으로 비밀리에 세 번이나 낙태했기 때문이다. 닌의 여성스러운 순종성과 재생산력은 성수란의 부도덕성, 경박함과 대비된다. 하지만 김유복은 결국 닌의 남편 손에 비극적인 죽음을 맞이한다. 이는 재생산 활동은 무엇보다 민족국가에 대한 의무이고, 한국의 이성애 중심적이고 순혈주의적인 가부장제에 복무하지 않는 성적인 욕망은 용서받지 못할 위반이라는 사실을 상기시킨다.

1980년대 초의 비평 및 문학작품을 살펴본 결론을 다음과 같이 세 가지로 정리할 수 있다. 첫째, 당대 남성 지식인들은 반식민 제3세계 남성 연대체를 만드는 꿈을 그렸다. 그러나 그들의 정치적 포부는 제국주의와 인종차별 사이의 관계, 그리고 탈식민화된 한국 사회가 실제로 인종적 타자를 어떻게 인식하는지에 관해서는 의미 있는 의문을 제기하지 못했다. 둘째, 백낙청과 같은 학자들은 한국을 초국가적인 제3세계 동맹의 일원으로 재인식하려고 노력했다. 하지만《하얀 전쟁》,《황색인》과 같은 문학작품에서 볼 수 있는 것처럼, 1980년대 초에 이미 한국인들은 한국이 베트남전 파병과 그로 인한 십 년간의 경제적인 이득으로 상상 속의 제3세계 나라들보다 우위에 있다는 것을 의식하고 있었다. 셋째, 지식인들은 상당히 이상주의적인 제3세계 동맹을 그렸는데도 다른 유색 인종 여성을 한국의 남성 중심적 가족 구조에 복속시키려는 시도를 반복하고 실패했다. 그러한 사실은 국제주의적인 시야조차도 그들의 이성애 중심적이고 가부장적인 시각을 변화시키지 못했음을 보여 준다. 팔레스타인, 우간다, 베트남 여성에 대한 낭만화가 보여 주듯이, 그들은 소위 제3세계에서 자기 자신을 발견하기보다는 과거에 대한 향수를 느꼈을 뿐이다.

## 여성주의적 판타지로서 흑인 레즈비언

주한미군 기지를 둘러싸고 있는 기지촌은 한반도에 대한 미국의 신식민지적 폭력의 실체적 징후로 종종 여겨져 왔다. 그러나 1980년대 말 민중 담론에서 반미 감정이 우세해진 후에야 운동가들과 지식인들은 기지촌에 많은 관심을 쏟기 시작했다. 어느 정도 거리에서 바라본 제3세계 연맹이라는 발상은 많은 지식인을 들뜨게 만들기에 충분했다. 하지만 미군 기지촌에서 발생하는 미국 흑인과 한국인 사이의 인종 문제는 매우 다른 양상으로 돌아가고 있었다. 캐서린 문(Katherine Moon)은 그의 저서에서 흑인 미군과 한국 주민 사이에서 일어난 인종 갈등의 오랜 역사를 구체적으로 짚어 보는데, 기지촌의 한국인 업주들이 미군 내의 인종차별을 그대로 받아들여 종종 흑인 고객을 차별하기도 했다고 지적

한다. 이런 현상은 결국 1970년대 초에 터진 캠프 험프리 폭동과 같은 일련의 격렬한 갈등으로 이어졌다.[18] 기지촌 문학은 1960년대 중반 이후 한국문학의 하위 장르로 존재했으며 대부분 미국의 신식민주의적 힘에 대한 한국의 복종을 기지촌에 비유했다. 이런 작품들 가운데 다수는 남성 중심적 민족주의의 시각을 반영하고 있었고, 기지촌의 흑인 군인이나 혼혈로 태어난 아이들에 대한 인종차별 문제를 거의 다루지 않았다. 오히려 흑인 군인을 도덕적 타락, 혹은 성적/물리적 폭력의 주체로 설정하는 경우가 많았다. 다시 말해 기지촌 문학의 작가들은 미국의 제국주의적 폭력에 대한 민족주의적 반감을 폭력적인 흑인 남성이라는, 당시 국제적으로 통용되던 고정관념으로 대체했다.

한편 강석경은 계급, 학생운동, 반식민주의 담론 등 그 당시 민중운동이 중요하게 취급하던 정치적 주제들을 다양하게 다룬 작가였다. 가장 잘 알려진 작품인 《숲속의 방》은 자기 삶에 기반한 자전적 중편소설로, 물질적으로 풍족한 편이었던 중산층 유년 시절부터 대학 시절 학생운동에 참여한 경험 등을 구체적으로 묘사한다. 그는 1970년대 말 전업 작가가 되기 위해 직장을 그만둔 후 미군 기지촌 현장을 답사한 내용을 바탕으로 소설집 《밤과 요람》을 출판한다. 이 책은 당시 몇 안 되는 여성 작가가 쓴 기지촌 문학이라는 점에서 중요하게 다룰 필요가 있다. 이진경이 정의한 대로 이 소설집은 남성 작가들이 주도하던 기지촌 문학이라는 장르에 대해 여성주의 관점에서 수정론적인 시각을 독자에게 제공한다.[19] 수록 작품 중 단편 〈낮과 꿈〉은 흑인 여성이 서사에서 중요한 역할을 맡은 몇 안 되는 근대 한국문학 작품이다. 한국에 주둔한 흑인 미군 바바라는 여성이라는 점에서 기존의 기지촌 문학에 전형적으로 나왔던, 과잉된 남성성으로 특징지어지는 흑인 남성 군인들과는 완전히 다른 기능을 한다. 바바라의 역할을 좀 더 자세히 분석해 보면, 기지촌에서 한국인 성 노동자들이 실제 피부로 경험한 성, 국적, 인종의 여러 교차점에 대해 강석경이 어떤 식으로 접근했는지 알 수 있다. 그러나 무엇보다도 이 작품은 한국 사회가 흑인 여성에 대해 가졌던 일종의 성적 판타지를 들여다볼 수 있게 해 준다. 인종적 타자에 대한 호기심이 이성애 중심주의적 성규범에서 벗어난 동성애적 욕망으로 나타났다는 점에서 중요하다.

〈낮과 꿈〉은 흑인 미군 바바라와 양공주 순자 사이의 동성애적 관계를 또 다른 양공주 백이 일인칭 관찰자 시점에서 서술한 작품이다. 바바라는 자신이 흑인 여성 군인을 한 번 상대한 적이 있다고 백이 동료들에게 언급하는 장면에서 처음으로 등장한다. 백에 따르면 바바라는 "같은 여자끼리도 반할 만한 미인"으로, 백에게 자신과 결혼하고 미국에서 함께 살기로 약속하면 달마다 생활비를 부쳐 주겠다고 제안한다. 백이 제안을 거절하자 바바라의 관심은 "특징 없는 외모"에 양공주 중에서도 "제일 나이가 많은" 순자에게로 옮겨가는데, 경제적 곤궁에 대한 타개책으로 순자는 바바라의 구애를 받아들인다. "너의 고통을 사랑한다, 내가 너의 구원이 되었으면 한다"라는 바바라의 연애편지는 두 여자 사이의 국적과 사회적 지위의 차이를 여실히 드러낸다.[20] 임지현은 이 편지에 나타나는 '구원'이라는 단어에 집중하며, 기지촌 문학에서 흑인 미군이 한국인 여성을 가난과 가부장제로부터 구하는 자애로운 구세주로 등장하는 경우가 간혹 있다고 설명한다.[21] 이는 흑인 역시 미국에서 소수 인종의 위치이므로 시혜적인 태도로 비서구 주체의 삶에 간섭하는 제1세계인이라는 혐의를 피할 수 있고, 한국인 여성과의 교감도 일종의 유색 인종 주체 간의 공감이나 동지애에서 기인한다고 보기 쉽기 때문이다. 바바라가 자신을 구원자라고 지칭하는 것은 이런 서사의 한 변형으로 볼 수 있는데, 여기서 그녀가 흑인에다가 여성이라는 사실은 또 한 겹의 완충재를 더해 준다. 즉, 남성적 권위에서 비롯되지 않은 여성 간의 동성애적 관계이기 때문에 미국인과 한국인 사이의 위계질서에 근거하지 않은 수평적인 친밀감이 가능하다는 것이다.[22] 요컨대 〈낮과 꿈〉의 서사는 온화하고, 제국주의적이지 않으며, 가부장적이지 않은 제1세계 구세주의 모습을 흑인 동성애자 여성 바바라를 통해 독자에게 보여 준다.

이러한 이유로 이 소설의 여성 동성애 관계는 동성애적 욕망의 재현이라기보다 유색 인종 여성들 사이의 연대를 상징하는 하나의 문학적 장치로 이해하는 것이 더 온당하다. 그것은 소설에서 바바라가 현재 시공간에 절대 나타나지 않고 오로지 떠다니는 소문 속에서, 혹은 미처 전달되지 못한 연애편지나 서술자 백의 기억 속에서만 존재한다는 점을 미루어 봐도 알 수 있다. 이것은 처음부터 바바라가 소설에서 주체성을 가진 인물로 설정되지 않았음을 의미한다. 게다가 매력적이고 직업적으로 안정된 흑인 미군 레즈비언이 만난 지 며칠밖에 되지 않은 타국의 호스티스 여러 명에게 연달아서 결혼을 신청한다는 설정도 다소 현실감이 떨어진다. 이진경은 기지촌과 같은 경계적 공간의 여성들 사이에서는 레즈비언적 욕망과 유동적 젠더 수행이 일어날 가능성이 높다고 설명한다. 이것은 양공주들이 "남성들과 성적 거래 관계로 주로 만나다 보니 그들에 대한 로맨틱한 욕망을 상실해 버리기" 때문이며, "기지촌 내의 생활 체계가 거의 여성으로만 이루어져 있기 때문에 양공주들은 그 속에서 다양한 형태의 성역할을 도맡아 (⋯) 상황에 따라 더 남성적 혹은 더 여성적 역할을 적극적으로 수행하기도" 하기 때문이다.[23] 그러나 〈낮과 꿈〉에 등장하는 레즈비언 관계에서는 남성적인 위치를 오로지 바바라 혼자 떠맡는다. 백과의 만남에서 바바라가 먼저 성적인 접촉을 시도하고, 두 사람이 클럽에서 함께 춤출 때도 바바라가 리드하며, 무엇보다 결혼을 통한 물질적 지원을 제안하는 역할을 자처한다. 이런 측면에서 볼 때 소설에서 바바라의 여성적 남성성은 레즈비언 정체성에 대한 유의미한 문학적 재현이라기보다는, 통상적인 이성애적 관계에서 남성의 역할을 그대로 유지하되 그저 성별만 여성으로 뒤바뀐 일종의 대리 남성의 모습으로 보인다. 그렇다면 흑인 여성 동성애자로서 바바라는 여성 동성애와 그 특유의 욕망 및 관계 맺는 방식을 문학적으로 가시화하는 데 거의 기여하지 않는다고 봐야 한다.

그러나 이 소설에서 바바라가 여성 동성애자로 등장하는 것은 흑인 여성성에 대한 한국인 여성 주체의 성적 호기심이 퀴어적인 시선으로 표현된 결과라고 볼 수 있다. 지금까지 다양한 학자들이 유색 인종 여성의 몸이 동성애적 욕망의 대상으로서 성애화되는 문화적 현상을 연구해 왔다. 샌더 길먼(Sander L. Gilman)은 백인 문화사 속 흑인 여성은 과잉 성애화된 나머지 종종 동성애적 성향을 띤 것으로 묘사되는 경우가 많았음을 지적한 바 있다.[24] 한편 로빈 해켓(Robin Hackett)은 "여성 동성애적 원시주의(Sapphic primitivism)"라는 용어를 통해 20세기 초 미국 백인 중산층 여성 모더니스트 작가들이 자신의 비규범적 섹슈얼리티를 표현하기 위해서 흑인 여성의 몸을 페티시적으로 재현하기도 했다고 설명한다.[25]

바바라는 그 외에 인종적 대상화와 성적 대상화가 하나로 합쳐지면서 이뤄진 결과물이기도 하다. 예를 들어 수다 떨고 있는 양공주들 사이에서 동성애에 관한 이야기가 나오자 한 명이 "호모들은 상상만 해도 우스워. 차라리 레즈비안이 낫지. 보기에도 그쪽이 낫잖아"라고 하는데, 그에 대해 백은 "내가 아는 레즈비안이 있어. 같은 여자끼리도 반할 만한 미인"이라고 대꾸한다.[26] 이 여성들에게 바바라가 성적으로 매력 있는 대상이 되는 이유는 그녀가 퀴어라는 점, 그리고 흑인이라는 점 모두에 기인한다. 가령 바바라를 추억하는 백에게 양공주들은 "흑인 여자라면 섹시하지 않"느냐고 물으며,[27] 백 역시 바바라의 외모를 "물개처럼 미끈"하고 "흑진주같이 아름다웠"다는 등 바바라의 검은 피부를 무척 관능적인 언어로 묘사한다.[28] 이런 면에서 〈낮과 꿈〉은 다소 문제적인 지점이 있다. 즉 텍스트 속 한국인 여성들이 자신의 동성애적 욕망을 마음껏 탐색할 수 있는 까닭은 오로지 바바라가 서사적 주체성을 결여한 인물이기 때문이다. 그럼에도 바바라를 통해 민중문학의 순혈 민족주의적 경향, 이성애 중심주의적인 한국의 사회구조에 도전한다는 점에서 〈낮과 꿈〉은 정치적으로 유의미한 텍스트라고 볼 수 있다.

## 퀴어 흑인 여성성의 시네마적 출현

먼저 차범석의 〈열대어〉, 정확히는 〈열대어〉를 각색한 김사겸 감독의 1971년 영화 〈그대 가슴에 다시 한번〉으로 돌아가 보자. 〈그대 가슴에 다시 한번〉은 여러 가지 의미에서 강대선 감독의 1982년 데뷔작 〈흑녀〉의 전신 격이라 볼 수 있다. 당시 부산의 미군 기지에서 근무하던 미국인 흑인 여성 수잔 잭슨(Susan Jackson)이 그로리아 역할로 캐스팅됐다. 이 영화는 동원 관객 수가 2,135명에 불과한 흥행 실패작이었다. 이는 여러 면에서 충분히 예상할 수 있는 결과였는데, 일단 수잔 잭슨 그리고 남자 주인공 역을 맡은 이순재 사이의 다이내믹이 눈에 띌 정도로 부자연스럽다. 이는 언어적 장벽뿐 아니라, 잭슨이 연기 경험이 없는 아마추어 배우였기 때문일 가능성이 크다. 그러나 더 큰 문제는 카메라가 잭슨을 찍은 방식으로, 여배우를 로라 멀비(Laura Mulvey)가 말한 관음적 욕망의 대상으로서 전혀 전시하지 못했다.[29] 이는 영화 제작진이 동양인과는 다른 피부색과 얼굴 윤곽을 가진 여성을 찍은 경험이 적었기 때문일 것이다. 잭슨의 움직임이 뻣뻣하고 감정 표현이 부족한 것이 사실이지만 카메라 각도, 조명, 그리고 심지어 의상조차도 배우의 타고난 신체적 아름다움을 드러내지 못했다. 이런 요인들이 잭슨을 더욱 낯설어 보이게 하는 통에, 관객이 여주인공에게 감정적으로 깊이 동조해야만 하는 멜로드라마의 장르적 특성을 고려했을 때 관객의 몰입을 크게 방해한다고 볼 수 있다. 강대선은 〈그대 가슴에 다시 한번〉의 제작에 조감독으로 참여했다. 이 영화의 흥행 실패에 대한 직접 경험이 흑인계 여성이 출연하는 영화를 자기 손으로 한 번 찍어 보겠다는 동기로 작용했을 수 있다.

〈흑녀〉는 호스티스 영화로 분류할 수 있는데, 당시 큰 인기를 끈 가수 인순이가 주연을 맡았다. 〈흑녀〉는 한국 영화사상 최초로 혼혈 흑인 여성 배우가 주연을 맡았다. 1970년대는 미국인과 한국인 사이에서 태어난 1세대 혼혈아가 자신의 존재를 인정하지 않는 인종차별적인 사회 분위기에서 성인이 되어 가던 시기였다. 당시 많은 혼혈 한국인은 교육, 취업, 한국 국적 취득 등에서 심한 차별을 받았는데, 성공적으로 연예인이

김사겸 감독의 〈그대 가슴에 다시 한번〉(1971)에서 그로리아를 그녀의 새로운 한국인 가족들에게 소개하고 있다.

나 운동선수 등이 된 사람을 손에 꼽을 정도였다.[30] 박일준이나 윤수일과 같은 혼혈 연예인처럼 인순이도 1978년에 대중 가수로 데뷔하기 전까지 미국 제8군 기지 클럽에서 노래하는 이름 없는 가수였다. 물론 이런 연예인들이 문화계에서 분투했기 때문에 한국 대중문화에서 혼혈인이 조금이나마 가시화될 수 있었다. 그러나 이들의 성공은 많은 경우, 대중이 이들을 이국적인 존재로 대상화하고 페티시화했기 때문에 가능했다. 특히 여성 연예인으로서 인순이가 그러하다.[31] 안지현은 〈흑녀〉를 논하면서 그러한 양면성을 다음과 같이 지적한다. "사상 처음으로 흑인 혼혈여성이 멜로드라마이자 에로영화 장르의 주인공으로 등장했다. 그러나 이국적이고 에로틱한 욕망을 불러일으키기 위해 인순이라는 흑인 혼혈여성의 몸을 이용한다는 점에서 이 영화는 문제가 있다."[32] 인순이역시 〈중앙일보〉와 인터뷰에서 이 영화가 자신이 혼혈 여성이라는 점을 악용할까 봐 처음에는 역을 거절했다고 밝힌다. 하지만 "사회 저변에 깔

려 있는 생활상을 숨김없이 표현하는 데" 일조하고 싶어 결국 영화에 출연하기로 결심했다고 말한다.[33]

〈흑녀〉의 줄거리는 1970-80년대에 유행한 다른 호스티스 영화들과 대체로 비슷하다. 나이트클럽에서 일하며 남성 고객에게 성적 접대를 하는 난은 클럽의 유일한 혼혈 호스티스로, 부유한 고객들의 주머니를 열기 위해 자신이 가진 치명적이고 이국적인 매력을 마음껏 발휘한다. 우여곡절 끝에 큰 부를 축적한 난은 어느 날 자신의 저택으로 안마사를 부른다. 그러나 호출받고 온 가난한 시각장애인 안마사는 다름 아닌 그녀의 전 약혼자 현석이다. 사실 난이 호스티스가 되기로 결심한 이유는 현석에게 버림받았기 때문이었다. 재회 후 두 사람은 멜로드라마적인 갈등과 화해의 과정을 거쳐 다시 서로에게 사랑의 감정을 느낀다. 하지만 다른 인종 간의 사랑은 미래가 없다는 것을 깨닫고 실의에 빠져 동반자살한다.

이 영화를 보는 관객의 대부분은 난이 성적으로 자유분방하며 순종적이지 않은 여성을 연기하는 전반부에서 가장 큰 시네마적 즐거움을 경험할 것이다. 따라서 그녀가 돌연 순애보적인 여인으로 변하는 결말 부분은 갑작스럽고 다소 김빠지게 느껴지기도 한다. 결국 한국 사회에 존재하는 인종 및 계급의 경계선을 넘으려는 난의 지칠 줄 모르는 욕망은 통제되고, 난과 현석이 손잡고 어둠 속으로 천천히 사라지는 마지막 장면으로 기존의 사회질서는 회복된다. 이 영화에서 가장 주목할 점은 기존과는 다른 도회적인 흑인 여성을 한국의 시네마적 상상력 속에 편입시켰다는 것이다. 관객은 대담하고 용기 있는 여성이 자신의 존엄성, 물질적 부, 그리고 사랑을 쟁취하기 위한 노력에 공감하고 흡입력을 느낀다.

영화는 난이 비극적으로 희생되는 가련한 혼혈인 여주인공이 아니라는 사실을 처음부터 명백히 밝힌다. 영화의 첫 장면에서 관객은 세 명의 남성 고객과 대치하는 난을 마주한다. 카메라는 클럽에서 난동을 부리던 남성들의 시점에서 난을 비추는데, 화려한 드레스를 입고 위엄 있게 서 있는 큰 키의 난의 카리스마에 남자들은 기가 질려 있다. 발끝부터 머리까지 카메라가 그녀를 훑으면서 고조되던 긴장감은 그녀의 냉정한 표정을 갑자기 확대해 보여 주는 장면에서 해소된다. 이국적으로만 보이던 그녀는 "몸뚱이가 까맣다고 숯댕이로 보이"냐며 유창한 한국말로 따진다. 이 질문은 영화 속 세 남자뿐 아니라 화면 밖의 관객에게 던지는 것이다. 이렇듯 그녀의 인종적 타자성을 직접적으로 언급하고 한국 사회에 암묵적으로 퍼져 있는 차별적인 시선을 조롱하면서 영화는 난에 대한 관객의 동조를 끌어낸다.

이어지는 장면들에서 난은 돈, 술, 성의 교환이 어지러이 난무하는 나이트클럽에서 강인하게 자신을 지켜 나간다. 가령 클럽 주인의 외도 현장을 목격한 후 그를 협박해 돈을 뜯어낸다든지, 고객을 유혹해 '큰 건수'를 올리는 방법을 다른 어리숙한 호스티스 동료들에게 낱낱이 가르쳐 준다. 한마디로 난은 도시라는 정글에서 생존하는 법을 체득한, 합법과 위법 사이의 경계를 아슬아슬하게 넘나들며 결국 도시의 가장 험한 무법자들보다도 한 수 위를 점하고 마는 강인한 흑인 여성으로 그려진다. 그런 면에서 난이라는 캐릭터는 어쩌면 1970년대를 풍미한 일명 블랙스플로이테이션(blaxploitation) 영화들에서 거침없는 여주인공 역할을 맡았던 팸 그리어나 타마라 돕슨(Tamara Dobson)한테서 영감을 받았을 가능성이 크다. 즉 난은 〈그대 가슴에 다시 한번〉의 그로리아나 고전 할리우드의 농장 영화 장르에 등장하는 우둔하고 가련한 피해자로서의 흑인 여성상과 전혀 딴판이다. 그런 면에서 강대선은 생기발랄하고 매력적인 흑인 여주인공을 창조함으로써 김사겸의 선례를 뛰어넘었다고 볼 수 있다.

〈흑녀〉의 독특한 지점 또 한 가지는 난의 성적인 매력을 전달하기 위해 20세기 초의 원시주의적 미학이 반영된 패션을 한국 관객에게 선보인다는 점이다. 〈그대 가슴에 다시 한번〉의 제작에 참여한 강대선도 느꼈겠지만, 멜로드라마 영화가 대중적으로 성공하기 위해서는 주연 여배우가 이성애적 욕망의 대상이 되어야 한다. 그래야만 관객의 눈에 여주인공이 인간성을 획득하고 공감의 대상이 되는 자격을 얻는다. 검은 피부가 사회적·미적으로 열등한데다 극복할 수 없는 타자성으로 인식되는 현실을 고려했을 때 어떻게 이것을 에로영화라는 장르적 틀 안에서 이뤄낼 것인가? 그 대답을 난이 걸친 화려한 의상에서 찾아볼 수 있는데, 인순이가 사비 500만 원을 들여 의상을 직접 준비했다는 후문은 이 해석을 뒷받침한다. 일반적인 1980년대식 여성복으로 치장한 다른 한국인 호스티스들과 달리 난은 기상천외할 정도로 호화스러운 의상을 입고 등장한다. 반짝이는 나이트가운, 머리 깃털 장식, 진주 등을 걸친 그녀는 마치 조세핀 베이커(Josephine Baker)나 1920년대 플래퍼(Flapper)[34]를 연상시킨다. 즉 난은 이질적이고 이국적이며 현실과 상징적으로 동떨어진, 당시 한국 사회 외부에 있는 판타지일 때만 성적 대상으로서 가치를 가질 수 있었다는 것을 반증한다.

난의 인종적 타자성에 대한 영화의 페티시적인 시선은 그녀에게 과

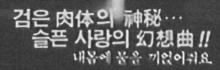

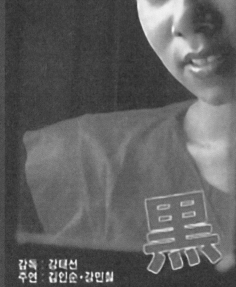

〈흑녀〉(1989) VHS 표지의 주인공 인순이.

잉된 에로스적인 에너지를 부여하는데, 그 에너지는 결국 한국인 남성 인물들이 상징하는 이성애 중심적이고 가부장적인 권한을 위협한다. 1980년대의 에로영화를 연구한 이윤종은 이런 영화들의 에로티시즘을 구성하는 중요한 요소가 "성적 절정에 다다른 여성들의 얼굴 표정을 전경에 배치하는 것"이라고 지적한다. 하지만 〈흑녀〉는 그 장르적 규칙에서 벗어난다.[35] 성적 긴장감이 높은 장면에서 카메라는 여성 주인공 난이 아닌 남성들을 확대해서 비추는데, 난을 바라보는 그들의 얼굴에 나타나는 경외감, 호기심, 황홀감에 빠진 표정을 초근접 촬영해 보여 준다. 난의 성적인 카리스마로 인해 남성성을 잃고 압도당한 것 같은 남자의 표정은 기묘한 힘의 역전이 일어났음을 암시한다. 이는 평소에 민족주의와 제국주의적 담론에 가려진 한국인의 남성성과 인종적 타자와의 관계에서 중요한 측면을 드러낸다. 가부장적 사회질서에서 안정적으로 유지되던 남성 권력이 인종적 타자를 만남으로써 위기를 맞는 것이다. 다시 말해 이국적이고 피부색이 어두운 여성과의 성적인 접촉은 남성성을 거세당할 위험을 안고 있다. 한국인 남성의 권위는 민족국가의 자장 내에서만 유효하기 때문이다.

이 영화에 난과 다른 한국인 여성들 사이의 동성(애)적 친밀감을 드러내는 장면이 여럿 등장하는 이유 역시 여기에서 찾을 수 있을지 모른다. 영화는 먼저 압도적인 아름다움과 강인한 성격을 지닌 난이 한국인 호스티스 동료들보다 힘의 우위에 있음을 계속해서 암시한다. 그러한 난이 동료들과 신체적 접촉을 나누는 장면들은 동성 에로틱한 분위기를 자아낸다. 예를 들어 영화 초반부 난이 음란한 농담을 하며 다른 호스티스 동료의 체취를 맡으려고 몸을 가까이 들이밀자, 상대는 얌전하면서도 요염한 몸짓으로 응수하며 성적 긴장감을 자아낸다. 또한 난이 한 남자와 잠자리하려는 침대 위에 갑자기 다른 두 명의 호스티스가 킥킥대며 누워 있는 모습을 비춘 뒤 페이드아웃하는 장면이 있는데, 이는 네 명이 함께 잠자리하며 한바탕 즐겼다는 것을 암시한다. 물론 두 여성 사이의 성적인 관계를 묘사한 모든 영화가 동성애적 관계를 충실하게 재현한다고 볼 수는 없다. 이런 장면들은 많은 경우 일차적으로 남성의 감흥을 위해 제작되기 때문이다. 그러나 이윤종의 설명에 따르면, 전형적인 1970-80년대 에로영화는 "대부분 여성의 노출로 구성되는 포르노그래피적 스펙타클을 수없이 보여 주더라도, 미국의 소프트 포르노에 필수적인 요소들, 가령 여성 대 여성의 베드신, 쓰리썸, 혹은 난교 파티 등과 같은 소재들은 한국인들이 그다지 선호하지 않기 때문에 잘 나타나지 않는다".[36] 그렇다면 왜 〈흑녀〉에는 이런 식의 변칙이 존재할까? 가장 간단한 설명은 강대선이 의식적 혹은 무의식적으로 미국의 블랙스플로이테이션 장르에 나타나는 퀴어적 흑인 여성성의 영향을 받았다는 것이다. 1970년대 팸 그리어가 출연한 영화에 나타난 그녀의 터프한 흑인 레즈비언이라는 페르소나를 분석한 연구가 이미 다수 존재한다.[37] 타 인종을 페티시의 대상으로만 보는 한국 사회의 시선을 나타내는 영화 〈흑녀〉에 나오는 혼혈인 난은 민족국가의 남근 중심적인 질서를 붕괴시키며 다양한 비규범적 욕망의 형태를 표현하는 퀴어적 상징이라고 볼 수 있다.

궁극적으로 〈흑녀〉가 우리에게 시사하는 것은 흑인 여성성을 표현하는 데 당시의 여러 지적 · 문학적 담론보다 대중적인 텍스트의 저항이 훨씬 적었다는 사실이다. 당대 학자들과 작가들은 다른 유색 인종 여성을 향토적이고 순종적인 제3세계 여성이라는 구식 고정관념에 맞춰 다뤘다. 그와 달리 강대선의 영화는 외국 영화의 새로운 도회적이고 퀴어적 흑인 여성 인물에게서 영감을 받았을 뿐더러, 그러한 인물 유형을 한국인의 구미에 맞게 적절히 변환하는 방법을 찾아냈다. 〈흑녀〉는 오늘날 감수성으로 봤을 때 보기 민망할 정도로 흑인 여성의 몸을 대상화하고 비인간화하고 있다. 하지만 에로틱한 상상력이 지닌 사회적 전복성을 나타내는 뛰어난 예시이며, 그대로 묻혀 버렸을지 모르는 퀴어적 욕망을 인종적 타자에 대한 페티시적 시선이 의도치 않게 드러낼 수 있음을 보여 주는 좋은 예이다.

## 1980년대 초 문화를 재검토해야

한국의 1980년대 초는 비판적 지식인들이 탈식민지 한국의 정체성을 재정의하고자 했던 독특한 역사적 시기이다. 그 재정의 작업은 제1세계뿐 아니라 제국주의적 폭력성의 역사적 경험을 공유한 다른 비서구권 나라와 문화권과 관계에서도 이뤄졌다. 좌파 민족주의 지식인들이 꿈꿨던 제3세계 형제애적 연대체는 그 자체로 무한한 정치적 잠재력이 있었다. 그러나 그것은 확고한 남성적 민족주의라는 측면에서 담론적 한계를 안고 있었다. 또한 백낙청 같은 주요 학자들이 한국 사회 내의 인종 간 차이와 차별을 간과한 것도 문제였다. 그들의 대화에 나타난 제3세계는 실재하는 인간들로 이뤄진 공동체라기보다 추상적인 정치적 이상에 가까웠다. 인종 문제에 대한 그들의 무관심은 민족주의적 기지촌 문학과 베트남전 소설에 나오는 미국 흑인 남성에 대한 묘사에서 특히 잘 나타난다. 초국가적 반식민지 동맹의 형성을 주장한 진보적 지식인 가운데, 한국문학에서 묘사하는 흑인 군인들의 모습에 인종과 관련한 부정적인 고정관념이 횡행한 것에 대해 아무도 이의를 제기하지 않았다는 사실은 큰 아쉬움을 남긴다.

1980년대 한국의 문화적 상상력에서 인종, 젠더, 섹슈얼리티의 차이가 실제로 어떻게 표현되었는지를 알기 위해서는 제3세계 여성을 따라가는 것이 좋은 방법이다. 민족주의나 반식민주의와 같은 정치적 이상에 따라 흔히 가려지는 몸의 문제가 여성의 몸을 통해서 더욱 분명하게 드러나기 때문이다. 안정효나 이상문 같은 남성 작가들이 반복해서 쓰는 베트남 여성과의 연애 서사가 보여 주는 것처럼, 여성 인물의 주요한 기능은 한국과 제3세계 사이의 동맹을 상징했다. 그러나 궁극적으로 이러한 타국의 유색 인종 여성을 거부하는 민족국가를 통해 나타나는 것은 한국의 이성애 중심적인 가부장적 사회질서의 경직성과 인종적 타자에 대해 우월하다고 믿는 한국의 하위제국주의적 면모다. 강석경의 〈낮과 꿈〉 역시 이질적인 유색 인종의 몸을 이국적으로 보여 주는 문제를 안고 있다. 하지만 이 작품은 페미니즘적 경향 덕분에 미국 흑인 여성과 한국인 여성의 관계를 통해 좀 더 성공적인 초국가적 제3세계 동맹의 가능성을 보여 준다. 또한 인종이 다른 두 여성의 동성애적 관계라는 설정은 페미니즘 서사에 타 인종 여성을 등장시킴으로써, 국가를 유지하는 가부장적인 질서뿐만 아니라 이성애 중심적 사회구조에 도전장을 내밀 수 있음을 암시한다. 1980년대 초 문화에 대한 이번 분석에서 가장 아이러니한 것은, 대중적인 관객을 겨냥한 에로 영화 〈흑녀〉가 당시 학자들과 작가들이 창조한 이상적이지만 시대에 뒤떨어진 인물들보다 더

　　　　　　　　　9장 제3세계 연대체 퀴어링하기

많은 면에서 현대적이고 능동적인 유색 인종 여성 인물을 만들어 냈다는 점이다. 에로스적인 상상력이 발휘되자 자민족중심주의와 남성주의적 권위가 축소된 것이다. 혼혈 여성의 몸을 지나치게 성적으로 페티시화하는 문제를 안고 있지만, 관습적인 이성애 중심적 가부장제에서 벗어났다는 것은 이 영화의 장점이다. 〈흑녀〉는 인종, 젠더, 섹슈얼리티 문제와 관련해 1980년대의 민중정치 이론과 문학을 대중문화보다 우위에 두는 태도에 의문을 제기하기를 촉구한다.

이 글에서 언급한 작품들의 서사적 구조는 세계화의 미래적 상징으로서, 다문화주의를 찬양하는 2000년대 이후 한국에서 여러 변형된 형태로 재등장한다. 예를 들어 1980년대의 대표적인 민중 계열 작가였던 문순태는 2006년에 단편소설 〈느티나무와 어머니〉를 발표했다. 흑인 여성과 결혼한 후 미국에 정착해 중산층의 삶을 일군 한국인 남성 주인공이 자신의 어머니를 만나러 한국을 방문하는 내용이다. 잠정적으로는 행복한 결말로 끝나면서, 이 소설은 전후 한국에서 가난한 소년이었던 주인공이 어떻게 21세기의 교양 있는 세계시민으로 변모하는지를 자축하듯 보여 준다. 다시 말해 〈열대어〉나 《하얀 전쟁》에 등장했던 유색 인종 여성과의 귀향 서사를 반복하며 남성 주인공의 다인종 가족이 한국 사회에 동화되는 모습에 초점을 맞춘다.

한편 〈낮과 꿈〉이 발표된 지 30년이 지난 2012년, 또 한 명의 여성 작가가 흑인 여성과 한국인 여성 사이의 동성애적 연애 관계를 기지촌 서사의 주제로 삼아 소설을 발표했다. 정한아의 《리틀 시카고》(2012)에 나오는 흑인 혼혈아와 한국인 여자아이 간의 동성애적 관계 역시 흑인 여성을 남성성과 연관 짓는 고정관념적 한계를 가진다. 하지만 흑인 여성 동성애자의 정체성과 그녀가 한국인 여성의 퀴어한 욕망의 대상이 되어 가는 과정의 미묘함을 좀 더 잘 다루고 있다. 마지막으로 한국의 인기 텔레비전 프로그램 〈케이팝스타〉에서 주목받은 어린 흑인 한국 혼혈 가수 리 미셸(Lee Michelle)이 2016년 〈거위의 꿈〉이라는 주크박스 뮤지컬에 출연했다는 사실을 짚어 본다. 〈거위의 꿈〉은 인순이의 어린 시절에서 영감받아 제작된 뮤지컬로, 혼혈 소녀가 인종에 대한 편견과 차별을 극복하는 내용을 담고 있다. 이러한 문학 및 문화적 영향의 사례들을 볼 때 오늘날 신자유주의 한국에서 인종과 젠더 문제를 더 잘 이해하려면 1980년대 초 문화를 재검토하는 작업은 바람직할 뿐 아니라 필수적이라 할 수 있다.

## 5부

대중문화

# 진보와 퇴행 사이

## 역진하는 영화, '에로방화'[1]

이윤종

'에로'는 '에로틱' 또는 '에로티시즘'의 축약형으로 1980년대 한국 영화 산업의 대명사였다. 1980년대 10년 동안 발표된 주류 영화들, 즉 35mm 필름으로 제작돼 개봉관을 통해 배급된 한국 영화인 '방화'는 어떤 식으로든 에로영화라는 꼬리표를 달고 있었다. 당시 에로티시즘이 만연하자 한국 영화 산업의 중심지였던 충무로는 상업적이고 비윤리적이며 비정치적인 데다 예술성이 떨어지는 영화를 제작한다며 비판받았다. 따라서 1980년대 한국 에로영화 장르는 "영화 산업의 (…) 건강한 사회의식에 대한 음모"의 상징으로 여겨졌고, "한국 영화의 병폐"라 일축되었으며, 내셔널 시네마의 "퇴행"으로 치부되기까지 했다.[2] 결과적으로 에로영화와 그 연장선에 있는 1980년대의 한국 영화 전체가 영화학계에서 가장 연구되지 않고 곡해되는 시대이자 장르가 되어 버렸다.

이 글에서는 1980년대 한국의 문화정치학 및 미학과 조응했던 장르이자 트렌드, 스타일로서 한국의 에로영화, 즉 '에로방화'를 재고하고 재평가하고자 한다. 이를 통해 에로방화를 국내외 영화사에서의 위치는 물론이고 당대 한국의 정치·경제·문화의 흐름, 특히 여성의 지위와 관련해 진보와 퇴행 사이를 진동했던 '역진하는 영화'로 규정하려 한다. 이러한 진동은 에로방화가 1980년대의 민중-민족주의와 더불어 당시 부상하던 급진적 페미니즘 담론이라는 두 가지 주요한 문화 세력과 직면하는 과정에서 두드러진다.[3] 당시 한국에서 가장 영향력 있던 이 두 사상은 에로방화를 정치성과 윤리성이 없는 성 착취물이라고 비판하는 데에 가장 유용하게 활용되었다.

일견 민중사상과 페미니즘은 에로방화와 서로 대척점에 있는 것처럼 보이지만, 반드시 그랬던 것은 아니다. 아이러니하게도 에로방화 제작자를 위시한 1980년대 충무로는 개발주의/발전주의와 맹목적 경제성장에 대한 민중운동의 거부주의를 수용했다. 또한 반라의 여성들에 대한 상업적 착취에도 불구하고 많은 에로방화가 페미니즘의 명분에 동조했다. 그리고 그중 다수가 여성을 주인공으로 내세운 멜로드라마이므로 여성 영화로 분류될 만하다.[4] 오늘날 한국의 영화 제작 추세, 즉 전반적으로 남자 배우만 주로 출연하고 여성을 기피하는 추이와 비교해 보면 에로방화의 여성 우호적 경향은 더욱 두드러진다. 따라서 에로방화가 퇴행적 사회현상으로 보였다면, 이는 이 영화들이 성을 상품화하고 비정치적이며 비도덕적이었기 때문이 아니다. 오히려 정도의 차이는 있지만, 1980년대 한국의 민중지식인들과 페미니스트 논자들 모두에게서 발견되는 남성주의적이고 배타적인 민족주의와 궤를 같이했기 때문이라 할 수 있다.

이 글에서 나는 에로방화를 완전히 진보적이지도, 완전히 퇴행적이지도 않은 역진하는 영화라 주장하려 한다. 에로방화는 1960-80년대의 국가 주도적 근대화와 산업화에 내재한 폭력을 묵인하지 않은 장르라는 점에 그 특이성이 있다. 그런 점에서 에로방화의 역진적 감수성은 한국이 자본주의, 독재주의, 군사주의를 용인하며 이들을 한 마디로 압축한 발전/개발 지향적 근대화를 성급하게 추진한 것에 대한 강한 반발심, 즉 레이먼드 윌리엄스(Raymond Williams)의 용어를 빌자면 "대항발전주의(counterdevelopmentalism)"적 감성 구조라 할 수 있다.[5]

## 세계 영화사 속 에로티시즘 영화

평단은 오래전부터 1980년대의 에로방화를 한국 영화사에서 1960년대의 황금기와 1990년대 민주화 이후의 르네상스 사이에 존재하는 암흑기에 제작된 저질의 상업 영화라 폄하해 왔다. 그러나 사실 충무로의 성애화는 이미 1960년대 중반부터 이뤄지고 있었다. 그것은 성 혁명을 정치 혁명과 동일시하며 수위 낮은 포르노그래피가 대중화된 1968년 이후 영화 제작의 전 세계적 추세에 따른 것이었다. 게다가 에로방화보다 훨씬 더 외설적인 1990년대 이후의 에로틱한 한국 영화들은 에로라는 오명의 접두어가 붙지도 경시되지도 않았다. 에로라는 라벨이 이토록 많은 편견을 낳는 이유는 무엇이며, 에로방화는 왜 한국에서 그토록 외면당했을까? 우선 '에로'가 일본에서 기원한 용어인 만큼 보통의 콩글리시 단어보다 저질로 취급되기 때문이라 추측할 수 있다.[6] 일본에서는 '에로'가 성인영화 장르와만 결부되지 않는다. 그에 반해 한국에서는 1980

년대의 에로방화와 더불어 1990년대의 에로 비디오를 가리키기 위한 용어로 도입되었다.[7]

일본의 영화적 에로티시즘은 한국과 비교해 역사가 긴 만큼 더욱 다양한 장르로 분화될 수 있었다. 그 역사는 최초의 성인 관객용 저예산 독립 제작물인 '에로덕션(에로틱 프로덕션, 즉 에로 제작물)' 영화들이 상업용으로 만들어지기 시작한 1950년대 말까지 거슬러 올라간다. 그러나 1963년부터 서서히 에로라는 접두어는 상대적으로 덜 외설적인 핑크라는 라벨로 대체되기 시작했다.[8] 핑크영화는 1960년대 일본 영화 산업계를 급속도로 장악하기 시작해 1965년에는 일본에서 제작된 영화의 40%를 차지할 정도였다. 일본의 성인영화 제작은 계속 활성화되어, 1970년대에는 일본의 대형 영화 제작사 닛카츠가 '로망 포르노(포르노그래피 극영화)'라는 장르명 아래 만든 비교적 고예산의 예술성 있는 주류 영화로 이어졌다. 그러나 또 한 번의 큰 변화는 1980년대 말 비디오 출시 전용으로 제작된 AV(Adult Video)의 등장과 함께했다고 할 수 있다.[9]

주류 영화의 성애화는 한국과 일본을 넘어 세계적으로 나타난 현상이었다. 많은 작가 감독이 영화적 에로티시즘을 정치·문화운동의 진지한 수단으로 활용하는 데 집중하기 시작했다. 이들은 1960년대 말 유럽과 미국을 강타한 정치 혁명과 성 혁명의 영향으로 엄청나게 성적인 예술 영화를 만들기 시작했다. 〈파리에서의 마지막 탱고〉(베르나르도 베르톨루치, 1972)와 〈살로 소돔의 120일〉(피에르 파올로 파졸리니, 1975) 등이 대표적이다.[10] 〈살로 소돔의 120일〉에 대해 린다 윌리엄스는 "마르키 드 사드(사드 후작) 풍의 고급 예술 영화들" 중 하나라는 인상적인 언급을 하기도 했다. 일본도 오시마 나기사의 〈감각의 제국〉(1976)을 위시한 일본적

성애 예술 영화를 제작했다.[11] 프랑스 68혁명의 좌파적·진보적 기치는 영화평론가들에게도 영향을 끼쳐서, 그들은 이러한 영화를 고품격의 모더니즘 작품으로 해석하고 치켜세웠다. 그 결과 성적 자유와 성 혁명은 정치적 저항과 동일시되어 미국의 베트남전 반대운동과 히피 문화에 깊게 뿌리내렸다. "싸우지 말고 사랑하라(Make Love, Not War)"는 미국의 지식인, 학생, 도시 노동자 및 중산층 근로자가 국가권력과 정치경제적 지배층에 대항해 봉기하도록 촉구하는 정치적 표어가 되었다.[12]

성애 영화가 세계적으로 떠오른 또 다른 이유는 영화가 텔레비전과 상업적 경쟁을 벌여야 했기 때문이다. 1990년대에 비디오 혁명이 일어나 성애물이 비디오 출시 전용으로 제작되기 전까지, 극장 개봉용 35mm 필름 영화에 삽입된 선정적인 장면들은 높은 수익성을 보장했다. 그래서 당대에 많은 장르와 영화가 성공했다. 할리우드의 에로틱 스릴러가 그 좋은 예로, 로렌스 캐즈단의 〈보디 히트〉(1981), 에이드리언 라인의 〈나인 하프 위크〉(1986)와 〈위험한 정사〉(1987)가 대표적이다. 중국에서는 장이머우 같은 제5세대 영화감독이 성적인 암시를 차용해 〈붉은 수수밭〉(1987)과 〈국두〉(1990) 등을 만들었고, 일본은 핑크영화가 휩쓸었다. 프랑스에서는 쥐스트 쟈캥이 35mm 소프트 포르노 영화인 〈엠마뉴엘〉(1974), 〈르네의 사생활〉(1975), 〈차타레 부인의 사랑〉(1981) 등을 만들었다. 쟈캥의 〈엠마뉴엘〉은 역대 프랑스 영화 중 세계적으로 성공한 영화로 수십 편의 후속작은 물론이고, 수많은 아류 영화가 외국에서 제작되었다. 최초의 에로방화인 〈애마부인〉(정인엽)은 제작사에서 한국 관객이 〈엠마뉴엘〉을 떠올리도록 의도적으로 작명했다고 전해질 정도이다.[13]

## 에로방화, 그 약사

세계 영화사를 고려하면, 1960년대부터 지속된 한국 영화의 성애화는 문화적 퇴폐나 역사적 퇴행으로 설명될 수 없는 현상이다. 엄밀하게 따지면 방화의 성애화는 최초의 키스 장면이 등장한 1954년에 시작됐다고 할 수 있는데, 때로는 논란을 일으켜 법적 분쟁으로 이어지기도 했다. 1954년 스파이 멜로드라마 영화 〈운명의 손〉(한형모)에 최초로 등장한 키스 장면은 두 연기자의 입술이 살짝 스치는 정도였음에도 문제가 될 정도였다.[14] 1965년에 한국 최초로 뒷모습 전라 장면이 들어간 실험 영화 〈춘몽〉을 연출한 유현목은 검열 당국에 고소되어 법정에 서기까지 했다. 소송에서 패한 유현목은 한국 영화사상 전례가 없던 '음화 제조' 혐의로 징역형을 선고받았다.[15] 음화 제조 혐의는 1960년대 말에 또다시 〈내시〉(신상옥, 1968), 〈벽 속의 여자〉(박종호, 1969), 〈너의 이름은 여자〉(이형표, 1969) 등 세 편의 영화에 적용되었다. 따라서 1960년대 한국 영화계에는 '음란성'과 '사상'의 검열이 정치적·법적으로 가장 민감한 주제로 떠올랐다. 영화감독 김수용은 정부의 가혹한 검열이 1960년대에 만개한 국내 영화 산업의 발전을 "가장 악랄하고 가혹하게 (…) 분쇄"했다고 회상했다.[16]

영화 검열이 한국 영화에 얼마나 큰 악영향을 끼쳤을까? 1960년대 말부터 1990년대 초까지 한국 영화 산업이 여러모로 장기적 침체를 겪었다는 사실에는 의문의 여지가 없다. 그러나 충무로의 성애화는 대체로 이러한 위기를 가져온 원인이라기보다 오히려 위기에 대한 대응에 가까웠다. 영화 산업의 침체는 박정희 정권의 엄격한 금욕주의적 문화 정책과 1970-80년대 한국 극장계를 접수한 뉴 할리우드 영화들, 1960년 대 말부터 각 가정에 보급된 텔레비전의 여파가 복합적으로 결합해 나타났다. 이런 상황에서 충무로는 방화에 부분적 신체 노출을 감행하며 성적 주제를 내포함으로써 텔레비전과 외국 영화에 빼앗긴 관객들을 영화관으로 끌어들이고자 했다.[17]

1970년대 한국 성애 영화에서 가장 두드러지는 소재는 여성이 성 노동자로 '전락'하는 과정에 대한 자극적 묘사이다. 실제로 포르노그래피의 근대적 개념은 18세기 유럽에서 매춘을 다룬 외설적 회화나 소설을 가리키며 만들어졌다.[18] 장르적으로 호스티스 영화로 분류되는, 포르노그래피에 준하는 1970년대 성애 영화들은 여성 성 노동자를 둘러싼 호기심, 위선, 금기를 아주 적극적으로 묘사했다. 순진한 시골 처자가 도시에서 윤락업에 종사하게 되는 과정을 플롯으로 삼아 술집 작부, 클럽 호스티스, 콜걸, 홍등가 여성 등 다양한 성 노동자를 그렸다. 호스티스 영화의 유행은 〈별들의 고향〉(이장호, 1974)과 〈영자의 전성시대〉(김호선, 1975)가 극장가와 평단에서 대성공을 거두면서 시작되었다. 이 두 영화는 당대의 또 다른 유행 장르였던 청춘 영화로도 곧잘 분류되는데, 청춘 영화는 시골 출신 젊은이가 급속한 산업화와 도시화로 인해 삶이 부서지는 과정에 주목했기 때문이다. 이장호와 김호선이 연출한 영화의 주제와 스타일에 영향받아 후배 감독들은 기존의 발랄한 청춘 남녀가 아니라, 좀 더 어둡고 음울한 호스티스와 그녀의 고객들을 영화의 주인공으로 삼았다. 호스티스 영화 제작은 1970년대 말에 최고조를 찍고, 1980년대 초부터 에로방화의 하부 장르가 되어 그 안에 섞여 들어갔다.

에로방화라는 장르의 등장에는 호스티스 장르와 더불어 김기영이나

하길종과 같은 작가주의 감독의 공이 있다. 이들은 자신만의 독창적인 스타일과 주제에 에로티시즘과 예술성을 혼합하려 시도했다.[19] 이러한 관점에서 보자면, 1970년대 한국 영화의 예술적 에로티시즘은 당대 유럽의 에로틱 모더니즘 영화들로부터 영향받으며 궤를 같이했다고 할 수 있다.

1970년대의 영화적 에로티시즘에 뒤이어 에로방화는 1980년대 충무로의 상부 장르가 되었다. 에로방화는 유사 장르인 호스티스 영화와 전통 멜로드라마를 흡수하며 만들어져 코미디, 스릴러, 공포 영화, 범죄극, 사극 등의 장르와 결합했다. 이에 따라 에로방화는 성애적 캐릭터를 호스티스로부터 과부, 이혼녀, 가정주부, 여대생, 사무직 및 전문직 여성으로 확장해 나갔다. 1970년대의 충무로가 성매매를 벗어난 에로티시즘의 표현에 상당히 신중했던 반면, 1980년대 에로방화의 확장성은 전두환의 군사정권 아래 별 탈 없이 허용되었고 관객들은 이를 거리낌 없이 받아들였던 것으로 보인다.[20]

그렇다면 전두환 정권은 에로방화의 출현에 어떤 역할을 했을까? 많은 이들이 소위 3S 정책, 즉 정부가 국민의 정치와 사회참여에 관한 관심을 성(Sex), 영화(Screen), 스포츠(Sport)로 돌리도록 장려한 정책과 불가분한 관계에 있었다고 말한다. 실제로 전두환 정권은 (쿠데타로 집권해) 정치적 적법성을 결여해 잦은 대중 시위에 직면했고 이러한 국민의 정치적 열정을 대중오락으로 누그러뜨리려 했다. 전두환 신군부는 영화 검열에서, 특히 에로티시즘에 대한 검열을 완화하고 극장의 심야 상영을 허용함으로써 성인 관객만을 위한 특수 관람이 가능하게 했다.

그러나 에로방화에 대한 가장 큰 선입견은 바로 에로방화가 3S 정책

〈애마부인〉(1982)에서 '말을 사랑한다'는 뜻의 이름을 가진 애마가 침대에 누워 승마에 관해 상상하고 있다.

의 부산물에 불과하다는 인식이다. 그러나 3S 정책에 큰 공이 있다 하더라도, 영화적 완성도와 더불어 관객의 놀라울 정도의 열광적인 지지가 없었다면 에로방화는 1980년대에 그토록 번성하지 못했을 것이다. 1982년 2월 6일 진정한 의미에서 최초의 에로방화라 할 수 있는 〈애마부인〉이 서울극장에서 심야 개봉했다. 1945년부터 매일 자정에서 새벽 4시까지 전국적으로 시행된 통행금지령이 발효된 지 37년 만이었다. 들뜬 관객들이 떼를 지어 극장으로 몰려들었다. 〈애마부인〉은 개봉관에서 3개월간 상영되어 서울에서만 30만 명의 관객을 동원하는 기록을 세웠다.[21] 〈애마부인〉의 대성공으로 주연배우 안소영은 일약 스타가 되었고 에로방화 제작이 활성화되었다. 1982년에 만들어진 방화의 60% 이상이 에로물이었고, 에로방화는 1980년대 제작된 영화 대부분을 차지했다. 〈애마부인〉은 1990년대 말까지 10편 이상의 속편이 제작되었다.[22] 이렇게 3S 정책은 에로방화가 출현하는 데에 필요한 환경을 제공했으나, 그것만으로는 에로방화의 성행이 설명되지 않는다. 〈애마부인〉의 흥행과 성애 영화에 대한 한국 관객의 지칠 줄 모르는 열정이 없었다면,

에로방화 제작은 자취를 감추거나 몇 편의 성공작만을 남기고 사장되었을 것이다.

게다가 에로방화의 유행은 3S 정책의 정치적으로 보수적인 목표에 부합하지 못했다. 한 작가의 말처럼 대다수 국민, 특히 대학생들은 "낮에는 전두환의 폭압 정치에 맞서 돌을 던지고 밤에는 전두환의 자유화 정책에 발맞춰 싸구려 에로영화를 보며 킬킬댔던 것이다."[23] 뒤에서 살펴보겠지만, 에로방화의 내용 역시 선입견과 달리 상당히 정치적이었다. 따라서 3S 정책이 1980년대 한국 영화계를 에로화했던 유일한 원인은 아니다. 에로방화는 오히려 충무로의 침체, 텔레비전의 급부상, 전두환 정권이 의도적으로 자유화한 문화 정책, 영화적 에로티시즘의 등장, 한국 관객의 호기심 등이 서로 복잡하게 얽히면서 탄생했다.

1990년대에는 극장을 건너뛰고 비디오 대여점으로 바로 배급되는 에로 비디오가 출현하면서 영화적 에로티시즘의 영역이 확대되었고, 상업성이 한층 강화되었다.[24] 영화계에 큰 파장을 일으킨 기술 중 하나인 비디오카세트녹화기(VCR)가 등장한 직후 전국적인 비디오 대여점 체인망이 형성됐다. 더욱 저렴한 8mm나 16mm 필름으로 촬영해 비디오 체인점에 바로 배급된 준포르노 영화들은 주류 영화의 적법성에 대한 압력과 무관했고 정부의 검열로부터도 비교적 자유로웠다. 이러한 에로 비디오에서는 신체적 노출과 성행위 장면이 최대치의 빈도와 선정성을 띠고 등장해도 사회적으로 물의를 빚지 않았다. 하지만 에로 비디오는 하드코어 포르노처럼 성기 노출이나 실제 성행위를 보여 줄 만큼 노골적이지 않았다.

에로방화는 당연히 에로 비디오보다 선정성과 포르노적인 수위가 매우 약했다. 그러나 성적인 볼거리가 에로방화의 존재 이유라는 것은 의심할 여지가 없다. 게다가 내가 '에로 시퀀스'라 이름 붙인 신체 노출 장면, 다양한 성행위 장면, 황홀경에 빠진 표정 등은 에로방화를 구성하는 아이콘적인 특징이다. 그런데 흥미로운 사실은 에로방화에 등장하는 에로 시퀀스들은 별로 빈번하지 않고 그다지 야하지 않다는 것이다.[25] 오히려 검열을 의식해 남녀의 완전한 신체적 노출을 피하기 위한 눈가림 전략을 무수하게 구사한다. 성행위와 관련한 장면은 영화의 서사와 무관한 장면으로 반드시 넘어가는데, 카메라가 실내 장식(천장, 벽, 창문, 벽난로, 그림, 가구, 조명 장치 등)이나 풍경(하늘, 산, 물, 눈, 나무, 돌, 허허벌판 등)을 비춘다. 에로방화 배우들은 카메라 앞에서 신체를 노출하고 성행위를 꾸며내는 데 대단히 몸을 사렸기 때문에, 관객은 에로 시퀀스가 매우 인위적이고 부자연스럽다고 느낄 수밖에 없다. 게다가 이런 장면은 조도가 너무 낮아서 신체의 어느 부분이 노출되는지조차 구분하기 어려울 때가 많다. 아이러니하지만 에로 시퀀스는 신체 노출과 성행위를 보여주기보다 가리는 데 집중했고, 오히려 그 덕에 에로방화는 더 야하게 느껴졌다.

에로방화는 억제되고 가끔은 이상하다고까지 할 수 있는 에로티시즘을 구사했다. 그러나 에로방화는 하드코어 포르노는 물론이고, 가끔 극장에서 개봉되는 작품 외에는 외국의 소프트 포르노조차 구하기 어렵던 1980년대에 합법적 준포르노 기능을 했다. 그런데 1990년대에 에로비디오가 출현하면서 방화 제작자들은 시대에 어울리는 더욱 야한 장면을·담아내야 한다고 압박받기 시작했다. 1980년대 에로방화의 점잖은 에로티시즘은 점차 더욱 사실적인 성행위 장면으로 대체되기 시작했다. 에로 비디오에 밀려 미성년자 관람 불가 영화 제작이 감소했다. 극장가에서 성공한 마지막 에로방화는 〈서울무지개〉(김호선, 1989)였으며, 1987년에 이미 에로방화는 전체 제작 편수의 30%밖에 되지 않았다.[26] 에로방화의 쇠퇴와 더불어 에로 비디오가 주는 오명으로 인해 주류 영화계에서 에로라는 장르 명칭은 점차 사라졌다. 그 결과 많은 영화감독은 청소년 영화, 청춘 영화, 로맨틱코미디, 액션 영화 등 에로와 무관한 장르로 방향을 틀었다. 1990년대에 미성년자 관람 불가 성애 영화는 곽지균, 박철수, 장선우, 김기덕, 임상수 등의 감독에 의해 간간이 연출되며 명맥을 유지했다. 이들은 작품에서 정치적 주제를 역설적으로 강조하기 위해 에로티시즘을 활용하곤 했다.

지금까지 국내외 맥락을 살피며 1950-90년대에 전개된 한국의 영화적 에로티시즘의 역사를 살펴보았다. 충무로의 성애화는 1950년대 말부터 시작되어 1960년대에는 일본의 핑크영화 열풍과 소프트 포르노 장르의 전 세계적 유행에 발맞춰 점차 심화했다. 1970년대는 호스티스 영화가 흥행했고, 이것은 매끄럽게 1980년대의 에로방화라는 거대한 제작 흐름으로 연결되며 성장했다. 에로 장르의 제작은 1990년대 이후 한국 영화의 르네상스와 함께 쇠퇴했다. 에로방화의 흥망성쇠에서 알 수 있듯, 특정 영화 장르와 영화 제작 경향은 관객의 호의적인 반응 없이는 유지될 수 없다. 이제 에로방화의 특수성, 특히 그 문화정치적 특수성을 더욱 면밀하게 검토해 1980년대의 정치적·문화적 격변 속에서 에로방화가 진보와 퇴행을 오가며 역진하는 영화가 된 양상에 대해 살펴보고자 한다.

## 에로방화의 문화정치학: 진보와 퇴행 사이에서

마리아 미즈(Maria Mies)는 가부장제, 자본주의, 근대성이 여러 차례의 "진보와 퇴보의 변증법"을 거쳤다는 흥미로운 관점을 제시한 바 있다. "진보와 퇴보의 변증법"이라는 표현을 통해 미즈는 근대 유럽과 미국의 사회경제적 발전(진보)이 내포하는 퇴보성에 주목한다. 미즈는 "가정주부화"를 통한 여성 노동의 가치 폄하와 제국주의 중심부로 자본이 축적되도록 설계된 생산구조에 예속·수탈된 식민지 노동이 사회 진보를 가능하게 한 숨은 조건이라고 주장한다.[27]

미즈가 개념화한 진보와 퇴보 사이의 갈등은 에로방화가 1980년대 한국 사회에서 우세하게 작용한 사상들(민중사상과 페미니즘)에 대해 취했던 '진보적 양면성'에도 적용해 살펴볼 수 있다. 일반적인 통념과 달리 에로방화는 전두환 정권의 정책을 순순히 따르지 않았고, 반라의 여성을 보고 싶어 하는 일부 한국 남성들의 가부장적 관음증을 해소해 주기만 한 것도 아니었다. 또한 에로방화는 할리우드나 미국 대중문화를 일방적으로 수용해 발현된 병적 증상이 아니었다. 이 절에서 주장하려는 것이지만, 관객들이 극장을 찾아 많은 에로방화를 관람한 이유는 바로 그 영화들이 민중사상이나 페미니즘을 위시해 당대를 대표하는 대항문화 세력의 사상과 중첩되는 주제를 드러냈기 때문이다. 앞으로 보겠지만, 에로방화의 주제는 대항문화적 사상을 다양하게 포용해 스스로 대항발전주의를 표방하는 영화적 레토릭으로 발전했다. 나는 대항발전주의를 민족주의, 마르크스주의, 페미니즘, 개인주의 등을 포괄적으로 관통하는 용어로서 주창하고자 한다. 대항발전주의 관점에서 보면 섹스와 에로티시즘은 에로방화 출현의 충분조건이 아니며, 1970-80년대에 성인 관객을 극장으로 유인한 유일한 미끼도 아니었다. 다수의 에로방화가 제대로 된 서사적 구성을 갖추고 납득이 가는 캐릭터를 등장시켰으며 관객의 공감을 살 수 있는 주제와 메시지를 전달했다. 이 영화들이 단순한 상업적 눈요깃거리가 아니라 진지한 작품이었다. 따라서 이 영화들이 1980년대 한국 사회의 주요 담론에 정치·경제·사회·문화적으로 개입하는 방식에 대한 독해가 필요하다.

에로방화와 3S 정책의 연관성이 과대평가 되었다는 점과 별개로 에로방화에 대한 또 하나의 근거 없는 견해는, 이 장르가 한국 영화 발전에 퇴행을 가져왔다는 것이다. 이 관점은 미국의 페미니즘 영화 이론과 한국 민중사상의 영향을 받은 1980년대의 1세대 페미니스트 비평가들이 주로 내세웠다. 주진숙, 유지나, 강소원과 같은 페미니스트 영화학자들은 "남성 페티시즘", "남성 관음자들을 위한 시각적 쾌감", (반라) 여성 신체의 "볼거리" 등의 기치 아래 전개된 미국의 반포르노 페미니즘의 정전들을 빌어 다양한 방식으로 에로방화를 지탄했다.[28] 주진숙은 에로티시즘 자체가 한국 영화의 윤리성을 훼손한다고 보았고, 유지나는 에로방화의 영상과 서사뿐 아니라 영화 포스터와 홍보 전략까지도 여성을 성적으로 착취하는 방식에 대해 문제를 제기했다.[29] 영화 속 여성들을 유교적 윤리가 여전히 지배적인 한국 사회에서 순결과 정조를 잃은 "타락한 존재"로 그려 냄으로써 이러한 착취가 강화된다는 것이다. 강소원은 에로방화를 "표현의 수위가 아니라 그 영화의 수용 기제와 기능, 그리고 본질의 차원에서는 포르노그래피와 다르지 않은 것"으로 보았다.[30] 이들은 에로방화를 근원적으로 여성에 대한 한국 남성의 성적·정치적 지배를 이념적으로 영속시키는 성 착취적 기획물로 보았다.

주지해야 할 것은, 반포르노 페미니즘이 젠더 개념을 '능동적 남성 가해자와 구경꾼(spectator)'에 대한 '수동적 여성 피해자와 구경거리(spectacle)'라는 이분법적 사유에 기대고 있다는 점이다. 미국에서는 이미 그러한 관점에 대한 비판적인 주장이 여러 번 제기되었다. 예를 들어 앨리스 에콜스는 수전 브라운밀러, 안드레아 드워킨, 로빈 모건, 다이애나 러셀, 캐슬린 배리와 같은 1970-80년대 반포르노운동가들을 "문화적 페미니스트"라 부르며, 이들이 지배적인 남성 문화에 맞서 "여성 해방과 여성적 대항문화의 발전 및 보존"을 동일시한다고 통찰한 바 있다.[31] 에콜스는 퀴어적 관점에서 문화적 페미니즘을 논평하며, 문화적 페미니즘이 규범적 젠더 본질주의를 그대로 투영함으로써 '포르노그래피는 여성에 대한 남성의 성폭력에 불과하다'는 환원주의적인 관점에 빠졌다고 비판했다. 모건이 쓴 "포르노그래피는 이론이고 강간은 그 실천이다"라는 표현이 대표적이다.[32] 에콜스와 비슷한 맥락에서 린다 윌리엄스(Linda Williams)는 반포르노 페미니즘의 논리가 "페미니스트와 가부장의 동맹"이라 비판한다. "남근적 섹슈얼리티가 (가부장주의적) 권력에 오염되어 있다면, 여성의 성은 정반대로 비폭력적이고 비변태적인, 즉 권력에 오염되지 않은 천연의, 순수한 쾌락으로 정의되어야만" 한다는 것이다.[33] 젠더와 포르노그래피가 사회적으로 구성된 범주인 만큼, 윌리엄스는 포르노를 "하나의 단일체가 아닐 뿐더러 비정치적 쾌락도 불쾌한 권력도 아니"라고 강조한다.[34] 따라서 그는 포르노그래피를 "역사적·장르적으로 문맥화해 (반검열주의 페미니스트들이 성적으로 선정적인) 영상들을 해석할 수 있도록" 하자고 제안한다.[35] 또한 "하드코어 포르노그래피는 계속 변화해 왔고 (…) 다른 영화 장르들과 비교해 차이점보다 유사점이 더 많으며, 여전히 매우 가부장주의적이지만 가부장주의적 단일체는 아니"라고 역설한다.[36]

에콜스와 윌리엄스의 페미니즘에 대한 비판적 개입은 1980년대에 에로방화에 대해 거부 반응을 보였던 한국의 시네 페미니스트에게도 적용할 수 있다. 실제로 포르노를 포함한 에로영화 장르에 반대하는 한국과 미국의 학자들은 젠더 본질주의적 사유를 그 근거로 삼는다. 그들은 많은 여성이 에로틱하고 포르노적인 콘텐츠를 소비했고 지금도 소비한다는 사실을 인정하지 않는다. 게다가 일부 포르노그래피는 여성취향(여성향)의 내용과 형식을 갖추며 진화했다. 또한 에로방화 속의 여성들은 영상적·서사적으로 복잡한 존재들인 경우가 많다. 비록 반나체로 황홀경에 빠져 입을 벌린 채 남성 관객을 성적으로 유혹하는 것이 그녀들의 명백한 임무라 하더라도, 그들은 서사와 응시의 대상으로만 존재하지 않고 그 주체가 되기도 한다. 이는 〈애마부인〉을 위시한 에로방화의 영화표 구매자들이 젊은 남성뿐 아니라 중년의 가정주부가 대다수였던 이유와 직결된다. 중년 여성들은 전통적으로 한국 영화 산업에서 극장 흥행의 열쇠를 쥐고 있던 관람층이다.[37] 기존의 에로방화 연구는 이런 영역을 간과해 왔다. 즉 여성 관객, 여성의 페티시즘, 남성의 신체적 노출에 대한 여성의 응시, 그리고 이러한 것들의 퀴어적 잠재성 등을 말이다.

주진숙은 앞서 언급한 에로방화의 윤리성 비판에서 더 나아가 1980년대 한국 영화를 에로영화와 민중영화로 나누고, 에로영화는 정치적으로 퇴행적이고 민중영화는 진보적이라 평했다.[38] 이를 바탕으로 〈애마부인〉과 같은 에로영화는 〈바람 불어 좋은 날〉(1980)과 같은 사회 비판적 영화가 "진보"시킨 한국 영화를 역행시켰다고 비판했다. 여기서 다시 한 번 에로방화의 신체 노출과 에로티시즘은 3S 정책에 순응한 영화인의 비예술적 선택의 결과물로 치부된다.

그러한 치부와 달리 많은 에로방화는 군사독재 정권의 개발주의에 대해 비판적이었을 뿐 아니라, 영화라는 매체의 예술적 혁신을 위해 이루어진 투자의 산물이었다. 실제로 이러한 영화들 가운데 여럿이 저명한 국제영화제에서 인정받았다. 이두용의 〈여인 잔혹사 물레야 물레야〉(1983)는 한국 영화 최초로 칸영화제에 초청받았고 하명중의 〈땡볕〉(1984)은 베를린영화제와 몬트리올영화제의 경쟁 부문에 올랐다. 임권택의 〈씨받

무더운 여름날 몇 날 며칠을 갑갑한 방에 갇힌 채 부채질하는 〈씨받이〉의 주인공.

이〉(1986)는 베니스영화제에서, 그의 〈아다다〉(1987)는 몬트리올영화제에서 각각 여우주연상을 받았다. 이 작품들은 모두 에로 사극으로, 전근대 조선의 가부장적 신분제 아래서 억압받는 한국 여성을 다양하게 그렸다. 따라서 나는 에로방화가 민중영화와 대척점에 있었던 것이 아니라, 오히려 에로방화의 여주인공들이 체제에 의해 부당한 대우를 받은 한국인, 즉 민중을 상징적으로 구현했다고 주장하고 싶다. 이 영화들은 친민중적 메시지를 영화인의 장인 정신 속에 녹여 내 한국인에 대한 예술적 민족지학의 기능을 한 것이다.

에로방화에 대한 또 다른 비판으로, 박승현이 1980년대 한국 영화의 "예술적·기술적 침체" 원인을 에로틱한 매너리즘에서 찾은 것을 들 수 있다. 그는 에로방화의 "플롯과 작품성은 저품격이고 신체 노출과 에로티시즘은 고품격"인 것을 방화의 매너리즘이라 보았다.[39] 그러나 사실은 에로방화를 통해 동시녹음과 같은 중요한 기술적 발전이 이루어졌다. 1980년대 초까지 방화에서는 소리를 동시에 녹음하지 않고, 촬영 후에 전문 성우나 그 영화에 출연한 배우가 따로 재녹음하는 것이 일반적이었다. 이와 같은 오래된 문제점은 정진우, 이두용 같은 감독들에 의해 마침내 해결되기 시작했는데, 그들은 에로방화 〈앵무새 몸으로 울었다〉(정진우, 1981)와 〈여인 잔혹사 물레야 물레야〉에서 최초로 동시녹음을 시도했다.[40] 이후 동시녹음은 한국 영화계의 표준이 되었다.

에로와 민중은 실상 전혀 상호 배타적인 것이 아니었다. 따라서 당대의 가장 중요한 작가주의 감독 중 한 명이었던 이장호는 이 두 요소를 혼합하는 영화를 많이 만들었다. 예를 들어 이장호의 〈바람 불어 좋은 날〉은 친민중영화로 높이 평가되는데, 그의 데뷔작 〈별들의 고향〉은 에

어우동이 나들이에서 착용한 전모와 접어 올린 치맛단은 한국 영화사에서 가장 유명한 패션 아이콘 중 하나가 되었다. 〈어우동〉(이장호, 1985).

로 장르에 속한다. 이 데뷔작은 이후 에로 민중영화인 〈무릎과 무릎 사이〉(1984)와 〈어우동〉(1985)의 향방을 예고했다고 할 수 있다. 〈무릎과 무릎 사이〉는 반미주의적 감성을, 〈어우동〉은 반권위주의적 감성을 반영한 에로방화였다. 에로와 민중의 혼합은 임권택, 이두용, 정지영, 배창호와 같이 잘 알려진 감독들의 작품에서도 찾을 수 있다. 민중주의의 영향을 받은 에로방화로 〈애마부인〉, 〈적도의 꽃〉(배창호, 1983), 〈무릎과 무릎 사이〉, 〈깊고 푸른 밤〉(배창호, 1985), 〈뽕〉(이두용, 1985), 〈어우동〉, 〈매춘〉(유진선, 1988), 〈서울 무지개〉 등을 꼽을 수 있다.

가장 성공한 민중 에로영화인 이장호의 〈무릎과 무릎 사이〉와 배창호의 〈깊고 푸른 밤〉은 민중사상의 반미적·반서구적 지향성과 함께 노골적으로 민족주의적 주제를 드러낸다. 이러한 "민족주의 에로영화"들은 미군 주둔 아래 급속한 산업화와 서구화를 겪으며 민족적 정체성을 상실하고 있는 한국의 준식민지적 위상에 대한 좌파 민족주의적 우려를 표현한다.[41] 다른 에로방화들 또한 민중사상의 진보적 레토릭을 구사해 한국의 압축 근대화와 산업화 과정 뒤의 허점을 지적한다. 그중 여러 영화가 유교적 가부장제와 국가 주도적 개발주의 정권에 의해 억압받고 박해받는 한국 여성의 모습을 강조하며 여성 친화적 서사를 추구했다.

거의 모든 에로방화가 부와 명성을 좇는 경쟁에서 승리하는 것만이 인생의 유일한 목표인 남성 캐릭터를 회의적으로 그린다. 민중 담론의 반자본주의적 취지에 일부 동조하는 에로방화의 이러한 비판적 기능을 대항발전주의라 부를 수 있다. 이러한 대항발전주의적 정신은 에로방화의 젠더 재현과 교차해 표출된다. 에로방화는 비윤리적으로 성공을 지향하는 사회를 문제화하며 관객에게 부와 명성, 커리어의 의미에 대해 성찰할 것을 촉구한다. 이런 의미에서 많은 에로방화는 브루스 커밍스(Bruce Cumings)가 "한국인들이 자국을 억지로 20세기의 무한경쟁 속으로 끌어들이기 위해 한 (…) 엄청난 희생"이라 부른 과정에 대한 대응이라 볼 수 있다.[42] 예를 들어 〈애마부인〉의 여주인공은 외도하는 일 중독자 남편과 섹스리스 부부 생활을 유지하며 고통받는다. 이를 통해 영화는 행복한 가정이 부부 공동의 노력과 상호 신뢰에 바탕을 두어야 한다는 점을 강조한다. 나아가 "여성이 (…) 중심이 되는 장소인 가정에 비해 국민의 이타적 노력이 중시되는 영역인 사회를 중시하는 한국 사회"에 이의를 제기함으로써 사적 영역의 의미를 재평가한다.[43]

에로방화의 또 다른 공통 주제는 여성이 감행하도록 강요받았던 희생에 대한 복수로, 이는 대항발전주의적 메시지를 구현하고 확장한다. 이러한 복수극은 에로방화의 단골 주제로서 많은 영화에서 다양하게 발견된다. 〈안개는 여자처럼 속삭인다〉(정지영, 1983), 〈사랑의 노예〉(고영남, 1982), 〈색깔 있는 남자〉(김성수, 1985), 〈티켓〉(임권택, 1986), 〈늑대의 호기심이 비둘기를 훔쳤다〉(송영수, 1988), 〈매춘〉, 〈성공시대〉(장선우, 1988), 〈물의 나라〉(유영진, 1989) 등이 대표적이다. 이 영화들은 페미니즘 맥락에서 한국의 근대화와 산업화 과정에서 여성의 노동이 얼마나 중요한 역할을 했는지 보여 준다. 신시아 인로(Cynthia Enloe)는 1970-80년대의 개발도상국들이 "방직업과 같이 전 지구적으로 경쟁력이 있는 산업"에서 "상품을 저렴하게 생산하기 위해 의도적으로 여성을 고용"하는 관행을 도입했다고 주장했다.[44] 이에 따라 에로방화는 야망에 찬 남자 친구의 신분 상승을 도운 뒤 버림받고 복수심을 불태우는 여성 노동자, 여공, 호스티스를 그렸다. 한국에서 중산층이 완전히 형성되어 많은 도시 여성이 직장 대신 가정에 머무르게 되면서, 문화적으로 용인되는 규범적 이상형의 여성상이 여공에서 어머니와 가정주부로 바뀐 것은 1970년대 중반이다. 에로방화도 이에 재빨리 부응해 가정주부로 사는 삶에 좌절과 소외를 느끼는 중산층 여성을 내세우기 시작했다.

한국 여성의 가정주부화와 더불어 에로방화가 다루는 또 하나의 사회문제는 1980년대에 더 크게 확산된 성 산업이었다. 1986년 아시안게임과 1988년 서울올림픽을 개최하면서 외국인 관광객들이 대거 한국으로 몰려왔다. 그중에는 1960-80년대에 한국에서 가장 수익성이 높은 관광 형태의 하나였던 소위 기생 관광(성 관광)을 목적으로 하는 여행객이 상당히 많았다.[45] 이진경은 한국의 남성주의적 정부와 문화를 비판하며, 하층민 남성과 여성이 산업화 시대와 그 이후에도 군사 노동자와 성 노동자로 복역해야 했음을 논한 바 있다.[46] 이진경은 "천대"받으면서 목숨 걸고 일해야 했던 성 노동과 군사 노동을 "죽음정치적 노동"으로 개념화하며, 이를 미국의 군사주의 즉 "미국의 군사적 개입이 만들어 내는 상호 작용이 (…) 한반도와 동남아시아에서 이루어지며 만들어지는 미국의 경제적 지배력"과 연결시킨다.[47] 따라서 한미 관계의 신식민주의적 성격 역시 많은 에로방화의 단골 주제였다. 〈깊고 푸른 밤〉, 〈무릎과 무릎 사이〉, 〈여왕벌〉(이원세, 1986), 〈밤의 열기 속으로〉(장길수, 1985), 〈아메리카, 아메리카〉(장길수, 1988), 〈추락하는 것은 날개가 있다〉(장길수, 1990) 등이 이를 재현한 대표적 사례이다. 그 가운데 〈엑스〉(하명중, 1983)는 기생 관광의 현실을 담은 드문 사례이다.[48]

영화 장르로서 에로방화는 이처럼 지배층의 도덕적 부패, 성 노동과 군사 노동의 죽음정치적 특성, 가정주부화된 여성 노동의 착취, 미국의 한국에 대한 과도한 군사적·경제적 지배 등과 같은 사회문제를 종종 젠더적 관점에서 조명했다. 그러나 에로방화는 진보적이라 평가할 만한 이러한 담론적 기능과 더불어 퇴행적인 차원 역시 지니고 있다. 에로 민중영화나 민족주의 영화는 여성 신체를 알레고리로 활용하는데, 여성의 정조가 한국의 인종적 순혈성 혹은 민족·민중의 결백함을 상징하는 것으로 여겨지기 때문이었다. 즉, 영화 속 여성의 수난을 통해 압축 근대화가 일으킨 한국의 민족적·문화적 위기를 보여 주었다. 〈깊고 푸른 밤〉과 〈무릎과 무릎 사이〉에서는 외국인 남성에게 성적으로 유린당하는 여성의 신체를 통해 한국의 근대화와 서구화 과정에서 잃어버린 문화정치적 정체성을 민족적 알레고리로 표현하기도 했다.[49] 에로 사극에서는 전근대 사회 여성이 당대의 백성이나 현대 민중을 상징적으로 표상하고는 하는데, 이는 전통적 가부장제의 젠더적 폭력을 왕조 체제하의 신분적 차별에 대한 장르적 비판으로 희석하는 결과를 낳기도 한다. 한국 여성 전체를 민중으로 환원시키는 이러한 남성주의적 재현에서는 여성의 다양한 욕망, 생각, 고민에 대한 어떠한 고려도 반영되지 않는다.

에로방화 중 특히 사극 장르는 가부장주의적으로 편향되었을 뿐 아니라 오리엔탈리즘을 유도하는 경향이 있다. 앞에서 말했듯 1980년대는 한국 영화가 내셔널 시네마로 변화하는 데에 분수령이 되는 시기였다. 이두용, 임권택, 하명중과 같은 감독들의 작품이 유럽 영화제에서 호평받았다. 그러나 한국 영화가 해외에서 주목받은 것은 많은 부분 사극 영화의 이국적 오리엔탈리즘 덕이 컸다. 이는 근대 이전 한국인의 생활양식을, 최정봉의 표현을 빌자면 "영화적 스펙터클이 민족적 스펙터클과 결합해 생긴 일부 공시성의 쾌락이 만든 황홀한 매력"으로 재현한 것이다.[50] 〈여인 잔혹사 물레야 물레야〉, 〈씨받이〉, 〈땡볕〉, 〈어우동〉, 〈자녀목〉(정진우, 1984), 〈내시〉(이두용, 1986), 〈사노〉(엄종선, 1987), 〈업〉(이두용, 1988), 〈사방지〉(송경식, 1988) 등의 에로 사극은 한국의 과거를 신화화하며 토착적 풍경을 환기하는 경우가 많았다. 이러한 영화들은 전통 사회와 문화를 본질주의적으로 투사하며 한국의 이미지를 왜곡된 오리엔탈리즘의 시선으로 구성하는 데 일조했다.

따라서 에로방화는 때로는 과거로 퇴행하고 때로는 여성과 그들의 신체를 알레고리로 활용하며 역진했다. 이러한 반여성주의적 퇴보는 과도하게, 공적이고 정치적인 존재로서의 민중을 사적이고 리비도적이며 문화적인 차원의 대중과 대치시킴으로써 여성적 관심사를 사소한 사안으로 묵살한 결과일지 모른다. 이러한 이유로 민중운동은 "더 많은 사람을 포용"하지 못해[51] "혁명적 에너지를 소진"하고 말았다.[52]

## 에로방화와 그 유산

이 글은 1980년대의 에로방화를 계급, 젠더, 인종이 교차하는 국내외의 문화정치 속에서 진보와 퇴행 사이를 진동했던 장르로 재정의한다. 이러한 진동은 지금까지 많은 한국 영화 연구에서 고려된 적이 없다. 에로방화는 대체로 한국 영화의 역사적·미학적 퇴행이라고만 해석되어 왔다. 그러한 비평적 관점은 에로방화가 대항발전주의라는 진보적인 주제를 다루었다는 사실을 가려 왔다. 대항발전주의는 1980년대의 주요한 대항 헤게모니 담론이었던 민중사상, 페미니즘과 일맥상통하는 면이 있었다. 그러나 에로방화는 진보적이었다 할지라도 혁명적이지는 않았다. 그것은 대중문화의 한 형태로서 "사람들의 일상생활과의 연관성"을 제공했지만, "지배 구조를 반대하거나 경시하는 급진적 예술 형태"는 아니었다.[53] 에로방화는 퇴행적 측면도 있어서 가부장적 민족주의, 내재화된 오리엔탈리즘과 결탁하기도 했다. 이처럼 진보와 퇴행 사이를 오갔다는 점에서 에로방화를 역진하는 영화라 볼 수 있다.

1990년대 이후 한국의 주류 영화계에서 성인영화는 매우 드물게 제작되었다. 미성년자 관람 불가 영화는 꾸준히 제작되었지만, 에로물이 아니라 폭력과 유혈이 극심해지는 작품이 대부분이었다. 에로 비디오 시장 또한 2000년대 초반부터 비디오 대여점이 몰락함에 따라 축소되기 시작했고, 2005년 무렵에는 인터넷 다운로드 사이트와 스트리밍 웹

사이트가 부상하며 완전히 붕괴했다. 에로영화는 2000년대 후반에, 특히 사극 장르에서 잠깐 재유행했다. 이 새 천년의 작은 유행은 몇 편의 흥행작을 낳았는데, 〈음란서생〉(김대우, 2006), 〈미인도〉(전윤수, 2008), 〈쌍화점〉(유하, 2008), 〈방자전〉(김대우, 2010) 등이 대표적이다. 에로틱한 현대극 중에서는 〈연애의 목적〉(한재림, 2005)이 제법 흥행했고, 정지우 감독은 〈해피엔드〉(1999)라는 관능적인 성공작 이후 〈은교〉(2012)로 인상적인 성애물 연출에 복귀했다. 그러나 성애 영화의 재부흥은 〈간신〉(민규동, 2014), 〈마담 뺑덕〉(임필성, 2014), 〈순수의 시대〉(안상훈, 2014) 등의 상업적·비평적 실패로 제동이 걸렸다.

2017년을 기준으로 에로방화의 유산은 제법 적지 않아서 임상수, 유하, 정지우, 김대우, 민규동 같은 재능있는 감독들이 에로티시즘과 정치, 미학, 윤리와의 교차점을 소재화하는 데 관심을 보이고 있다. 주류 한국 영화에 더 이상 에로라는 라벨을 붙이지는 않지만, 성애 영화 제작은 절멸하지 않고 21세기 한국에서 진화의 과정을 거치고 있다. 릭 알트만(Rick Altman)은 영화 장르를 "발신인과 수신인 사이의 투명한 의사소통관"이 아니라, "복잡한 상황, 즉 식별 가능한 패턴에 따라 규칙적으로 반복되는, 서로 연결된 일련의 사건들"로 정의했다.[54] 그의 정의를 따라 에로방화 역시 소통의 장인 동시에 장르적 공식, 특히 에로틱 시퀀스가 검열, 관객 반응, 국내외 인접 장르와의 관계와 같은 환경 여건들에 의해 재구조화되고 재구성되는 다면적인 상황으로 볼 수 있다.

에로방화는 1980년대에 '유행'과 '정책'이라는 국내외 영화 제작 환경이 관람객의 높은 관심과 맞아떨어지면서 독보적으로 영향력 있는 장르가 되었다. 비록 민중사상, 페미니즘과 긴밀한 친연성이 있었으나, 에로방화는 국가 주도의 군사독재 개발주의에 항거하기보다 물러나 있었다. 결국 에로방화의 대항발전주의는 때로는 진보적이었고 때로는 퇴행적이었다. 에로방화는 현대 자본주의의 무한 경쟁과 생존을 위한 비윤리적 고투로부터 역진했을 뿐 아니라, 전근대 시대에 가능하다고 믿었던 민족적 순혈성 동원과 한국 여성을 민족적 알레고리로 만드는 기획 속으로 역진했다. 그러나 진보적이었든 퇴행적이었든 1980년대의 에로방화는 압축 근대화를 겪은 한국인의 감성 구조를 반영했다. 따라서 오늘날 이를 재검토하는 것은 역사적·문화적으로 중요한 의의가 있다.

# 호혜의 시너지

## 1980년대 한국 SF와 민주화운동

박선영

김준범의 만화 〈기계전사 109〉(1989)에는 인간의 뇌를 가진 사이보그 셰르(Cher)가 당당하게 서서 사이보그해방전선의 깃발을 휘두르는 장면이 나온다.[1] 사이보그 저항군이 더 우수한 무기를 갖춘 인간 군대에 포위되어 사실상 패배에 직면한 상태였다. 때는 21세기 초반으로 사이보그가 인간 주인의 억압에 대항해 시위를 벌인다. 2010년대 과학혁명전쟁 시기에는 과학 친화적인 인간들이 더 전통적인 입장의 인간 세력을 상대로 승리하는 데 사이보그가 결정적인 역할을 했다. 그러나 이후 사이보그와 인간의 관계는 점점 악화했다. 사이보그에 의해 길러진 인간인 데모스(Demos)의 지도 아래 사이보그들은 여러 해에 걸쳐 해방을 위한 전쟁을 치르며 그들의 권리를 주장했다. 거대한 에너지 단지를 점령하고 그곳을 사이보그 세력의 중심지이자 피난처로 만드는 데 성공했다. 그러나 이제 모든 것이 끝나 버렸다. 데모스는 총에 맞아 사망했고 단지는 포위되었다. 셰르는 끝까지 전투에 임할 것을 용감하게 맹세한다. "사이보그해방전선은 마지막 요원이 쓰러질 때까지 우리의 기지를 지킬 것이다."[2] 머지않아 셰르는 음모에 휩싸여 자신의 전 남편이자 인간군의 수장인 MX-16에 의해 사살된다. 인간군이 셰르를 잔인하게 죽이자 더 많은 사이보그가 인간군을 향한 저항에 적극적으로 가담해 최후의 항전을 치른다.

한국 만화의 전성기였던 1980년대에 발표된 다른 여러 작품처럼 〈기계전사 109〉도 할리우드 영화들에서 많은 영감을 받았다. 가령 사이보그와 인간 사이의 계급 갈등은 리들리 스콧(Ridely Scott)의 〈블레이드 러너〉(1982)를 연상시킨다. 또한 작중 셰르라는 사이보그 캐릭터는 제임스 카메론(James Cameron)의 〈터미네이터〉(1984)의 사라 코너와 비슷하고, 데모스의 이미지는 같은 영화의 아놀드 슈왈제네거와 닮았다. 김준범은 작중 배경으로 여러 카페와 식당의 이름을 인용해 오마주하는 방식으로 1980년대 초반 사이버펑크 영화들에 대한 경의를 표했다. 2008년 인터뷰에서 언급한 것처럼 이 만화가는 할리우드 블록버스터의 오랜 팬이었고, 만화의 상업적 성공을 위해 동 세대 젊은 독자들의 비슷한 취향을 고려했다.[3]

그러나 시각적 면모에서 드러나는 영화적인 요소들에만 집중하면 다른 영감의 원천들을 놓칠 수 있다. 작중 사이보그 봉기와 유사한 비극적 사건이 1980년 5월 한국의 광주에서 실제로 일어났다. 당시 정부는 1980년 민주화운동을 끌어낸 대중 시위를 진압하기 위해 공권력을 투입했다. 1989년 작품인 〈기계전사 109〉는 정부에 의해 벌어진 광주 학살을 참조한 듯하다. 희생적인 여자 주인공 셰르는 "해방전선의 꽃"으로

인간의 뇌를 가진 사이보그 셰르가 당당하게 서서 사이보그해방전선의 깃발을 휘두르고 있다. 〈기계전사 109〉(김준범, 1989).

여겨지는데, 이는 광주항쟁 당시 전옥주가 시민들에게 저항에 참여할 것을 호소한 이후 "광주의 목소리"로 알려진 과정을 떠올리게 한다. 또한 〈기계전사 109〉에 등장한 사이보그들의 감옥 안 봉기 에피소드는 삼청교육대에서 일어난 사건을 연상시킨다. 삼청교육대는 1980년 8월에서 1981년 1월까지 운영된 강제 수용 시설로 전두환 정권의 폭력 남용의 상징이었다. 그리고 텔레비전 타워에 올라간 사이보그의 투신과 이어진 장례식은 1980년대 시위자들의 자살과 그들을 기리는 장례 행렬을 연상시킨다. 정치적 긴장이 고조되었던 역사적 시기에, 노진수가 줄거리를 짜고 김준범이 작화를 맡았던 〈기계전사 109〉는 할리우드의 환상적 표현 양식을 사용해서 민주화를 위한 당대의 투쟁을 상징적으로 재현했다.

〈기계전사 109〉에 드러나는 1980년대 한국의 민주화운동과 대중문화의 연관 관계는 문화 연구에서 아직 깊이 다뤄지지 않은 주제이다. 거기에는 몇 가지 이유가 있다. 먼저, 역사적으로 한국 민주화운동의 공식적인 미학 양식은 리얼리즘이었고, 〈기계전사 109〉와 같은 SF 혹은 다른 대중문화 장르들과는 상통하는 바가 없는 것처럼 여겨졌다. 또 다른 이유는 1980년대와 대중문화라는 단어를 결부시키는 것이 익숙하지 않기 때문이다. SF나 미스터리 같은 '가벼운' 장르는 조금 더 자유주의적이고 민주적인 시대였던 1990년대에 들어서야 발전했다고 여겨져 왔다.

이 글에서는 SF 소설과 1980년대 민주화운동의 관계를 살펴보면서 위의 두 가지 견해를 재고해 보도록 하겠다. 리얼리즘적 미학만이 민중문화를 대표하는 것은 사실이나, SF를 포함한 다른 장르 작가들이 당대 사회운동의 정신을 어떻게 재현했는지를 연구하는 것도 문화사 복원에 중요하다. 또한 만약 SF 장르가 1990년대에 폭발적으로 발전했다면 그러한 발전이 이전 십 년간의 성취에 기반한 바 있음을 간과해선 안 될 것이다.

이 글은 크게 두 부분으로 구성된다. 우선 이 글의 논의와 관련해서 1980년대 한국 민중문화운동의 개괄적인 특성을 정리·설명한다. 그리고는 당대의 중요한 문학작품 가운데 하나인 복거일의 대체역사소설 《비명(碑銘)을 찾아서》를 소개·분석할 것이다. 이어 결론에서는 다음과 같은 이 글의 주안점을 제시한다. 1980년대 말 SF와 민주화운동은 호혜의 시너지를 나누는 관계에 있었다. SF 작품들은 민주화의 주요 가치들을 더 널리 파급시켰고, 그에 대한 답례로 민주화 세력은 SF라는 새로운 문화 형식에 정치적 정당성을 부여했다. 바로 그런 점에서 두 영역은 서로를 고취하는 호혜 관계에 있었다고 할 수 있다.

## 민중정치학, 문화, 사변소설

1980년 초반 광주 5·18 민중항쟁은 한국 민주화운동의 전환점이었다. 학생, 노동자, 시민은 1979년 박정희 암살에 이어 일어난 전두환의 쿠데타에 맞서 시위를 조직했다. 시위 과정에서 군부대의 진압 공격으로 200명가량의 사망자와 3,000여 명의 부상자가 발생했다.[4] 군사정권은 곧바로 언론을 통제해 학살의 기억을 지우려 했다. 그러나 생존자들의 증언과 해외 기자들의 녹화 비디오가 알려지면서 많은 기억과 정보가 살아남을 수 있었다. 실제 사실과 언론 보도에 차이가 생기자 시민들의 정부에 대한 불신이 커졌고, 30년간 이어진 군사독재 시스템 전반에 대한 의문이 제기되었다. 그 과정에서 노동운동 탄압부터 문화 검열, 계엄령 남발, 군사정권에 대한 미국의 정치적 원조까지 거론되었다.[5] 개발도상국의 모범으로서 긍정적인 평가를 받던 한국의 모습과 군사독재 아래서의 일상 경험 사이에 생겨난 모순, 광주에서의 야만성에서 극적으로 드러난 그 모순이 체제의 붕괴와 새로운 주체에 의한 역사 다시 쓰기를 시대적 요구로 만들었다.

1980년대 사회운동과 거리 시위에는 지식인, 학자, 기자, 학생 등 다양한 연합 세력이 참여했다. 이들이 여러모로 대격변의 문화적 기반과 정당화를 제공했다. 그렇다면 그러한 민중문화를 뒷받침한 이데올로기적 영감은 무엇이었을까? 1980년대 초반 드러난 가장 뚜렷한 사상적 흐름은 마르크스주의의 재발견과 그 이론을 한국 사회 분석에 적용하는 과정에서 이루어진 세계체제론과 종속이론의 도입이었다.[6] 물론 이러한 사상을 담은 텍스트는 모두 불법이었고 대부분 대학가 서점 등의 지하 네트워크를 통해서 유통되었다.[7] 그런 사상적 조류에 감응한 이들은 1980년대의 한국을 본질적으로, 일반 시민의 이익이 정부와 지배 엘리트 계층의 이익과 상반된 양극화되고 적대적인 사회로 개념화했다. 정통적 좌파 이론이 계급을 자본에 맞서는 투쟁의 기본 패러다임으로 삼는다면, 1980년대 한국에서는 여러 그룹이 각기 민족의 진정한 유산과 정신의 대변자를 자처했다. 민중정치의 기조에서 눈에 띄는 특징은 계급적 사안과 민족(nation)적 사안이 섞여서 나타났다는 것이다. 그 같은 지역적 특징은 한국적 문화와 가치를 담아내는 '민중'이라는 개념에 분명히 드러난다.[8]

민중 의식은 반제 반식민 민족주의 형태로 나타났다. 이는 박정희 정권 시기인 1965년에 수교를 맺은 식민 지배국 일본이나 신제국주의로 간주한 미국 등의 외세를 모두 배제했다. 미국은 1945년 북한과 남한의 분단 결정을 주도한 당사자였고, 한미연합사령부의 사령관이 미군이었으므로 학살을 막지 않은 데 대해 비판받았다.[9] 이 같은 미국의 부정적인 역사적 영향에 대한 반발은 지식인들이 북한과 주체사상에 관심을 가지는 것으로 이어지기도 했다.[10] 따라서 이후 해빙된 북한과의 관계는 한국의 탈식민지적 민주화 과정의 중요한 성과이자 운동의 핵심 계기가 되었다.

1980년대 운동 문화에서 두드러지는 또 하나의 특징은 한국 근현대사를 근본적으로 다시 쓰는 작업이 필요하다는 인식의 광범위한 대두였다. 경쟁적인 가치관들이 맞부딪치던 시기에 민중정치학의 상당 부분은 한민족의 대안적·반헤게모니적인 역사 서사를 구성하는 방향으로 나아갔다.[11] 수정주의 역사관은 식민지 종속이 1945년을 기점으로 해서 해방으로 완벽히 이행되었다는 기존의 서술에 이의를 제기했다. 나아가 일본 제국의 식민 지배와 미국의 감독 아래에 있는 한국 정부의 상황 사이에 연속성이 있다고 보았다. 예컨대, 독립이라는 역사적 사건을 넘어 해방 전후 지방 관리들의 직급과 인사 조처 사이의 연속성을 언급했다.[12] 여러 연구에서 1980년대 역사학자들은 국가보다 민중을 역사적 주체로 간주하는 대항 역사 서술에 집중했고, 그들의 그러한 시도는 민족사를 다원화하는 데 기여했다. 그 결과 한국 역사는 단선적이고 목적론적인 서사를 넘어 복수의 서사들이 경쟁하며 진실을 향한 논쟁을 벌이는 장이 되었다.

1980년대 논쟁으로부터 한국 역사와 사회에 대한 반체제적·수정주의적 관점이 대두되자 한국 사회는 민중과 엘리트 특권층으로 양극화된 것처럼 보였다. 그러한 관점에서 엘리트 특권층은 신제국주의적 해외 권력과의 결탁으로 지배를 공고화한 세력이었다. 주로 역사학자와 사회과학자가 그러한 관점을 일관되게 이론화하는 작업을 담당했다. 하지만 그 외의 중요한 문화적이고 정동적 역할은 소설가, 시인, 영화감독과 같은 창작자들의 몫이었다. 특히 언어를 매체로 삼는 문학은 대항 이데올로기를 확산시키는 데 효과적이었고, 그 허구적인 장치 덕에 검열을 피해 민족사를 민중의 시각에서 전유하기에 최적인 문화 영역이었다. 먼저 그 시대에 가장 주목받은 작품으로 조정래의 《태백산맥》을 들 수 있다. 이 소설은 한국전쟁기에 북한 정권 편에서 빨치산으로 활동하게 된 남한 주민의 서사를 담아낸다. 주인공에게 이입한 소설의 묘사는 한국의 냉전 문화정치의 금기를 부순다. 열 권 분량의 이 대하소설은 역사적 사실에 대한 풍부하고 자세한 기록을 바탕으로 당대의 실증주의적인 르포르타주 형태의 문학작품의 전범을 제시했다.[13] 소위 "민족적 리얼리즘"으로 명명된 사실주의의 원칙은 미학적으로 뿐만 아니라 정치적으로도 매우 중요한 기준이었다. 언론이 검열되고 역사 기록이 정권의 합리화 수단으로 존재하던 시대에 '역사 다시 쓰기'란 사실상 불가능한 문화적 책무였다. 정치적 균형이 위태롭기만 했던 1980년대 한국에서는 사실을 기록하고 알리는 과업이 문학이라는 장치에 기댈 수 있었던 소설가들의 어깨에 짊어져 있었기에, 그들은 많은 위험을 감수하고 글을 써 내려갔다.[14]

긴급한 역사적 상황에서 리얼리즘 문학이 1980년대 한국의 문화 지형에서 가졌던 영향력에 대해선 이론의 여지가 없다. 여러 사례에서 알수 있듯이 "한국적 리얼리즘"이라는 명칭은 현대 독자를 근대 리얼리즘 소설의 전통으로 이어주었다. 그러나 동시에 1980년대 리얼리즘의 문화적 헤게모니에는 다른 주목할 만한 문화적 산물들을 가리는 부정적인 기능이 있었다. 예를 들어 SF, 판타지, 공포물, 미스터리 등을 포함하는 소위 사변소설(speculative fiction) 양식의 창작물이 피해를 보았다. 우선 한국 평단의 리얼리즘과 모더니즘 양립 구도는 필연적으로 사변소설 혹은 장르 문학의 연구에 대한 학술적 관심을 고갈시켰다. 또한 리얼리즘 미학의 "핍진성"에 대한 선호도 비사실적이거나 반사실주의적인 것으로 정의되는 장르들과 맞지 않았다. 시대의 정치적 긴박성을 차치하고라도, 루카치 죄르지(Lukács György)와 같은 사상가들의 리얼리즘 옹호론은 평론가들에게 강력한 이론적 기반을 제공했다. 리얼리즘을 지향하는 비평가들은 대중에게 자본주의적 환상을 유지하고 계급의식의 자각을 지연하는 데 일조한다는 점에서 추상적이고 환상적인 텍스트들을 거부했다.[15] 역설적으로, 문화적 생산물을 이데올로기적으로 통제하려 했다는 점에서 리얼리즘 옹호자들은 문화에 대해 정부의 검열관과 비슷한 접근 방식을 취했다. 성향은 달랐으나 정부와 리얼리즘의 옹호자 모두 SF, 판타지, 호러와 같은 '나태'하다고 의심받는 문화적 스타일을 억압했다. 운동가이자 지식인이었던 이들은 급박한 민족 격동의 시대에 사변소설이 충분히 전복적이지 않다고 판단했을 것이다. 한편 검열 당국은 정부 정책을 충실히 따르지 않는 문학과 영화의 저항적 요소들을 계속해서 주시하고 있었다.[16]

이러한 악조건에서도 1980년대에 SF와 다른 사변적 장르들은 서서히 성장하고 있었고 때로는 대중적인 성공을 거두기도 했다. SF의 경우, 민주화를 통해 분출된 전복적이고 해방적 에너지가 1980년대 후반 장르 출판을 전체적으로 증진했다고 할 수 있다. 특히 시민의 민주적 승리 이후 SF 작가들이 성장하면서 복거일의 《비명을 찾아서》(1987), 신일숙의 페미니스트 순정 만화 《1999년생》(1998), 김준범의 《기계전사 109》, 신기활의 종말론적 풍자만화 《핵충이 나타났다》(1985-87, 1989년에 재출간)와 같은 작품들이 등장했다. 2000년대 초반까지 특수 효과와 관련한 기술적 어려움 때문에 국내 영화 제작 분야에서 SF 장르의 성공은 찾아보기 어려웠다. 그러나 이미 1995년에 영화감독 강제규가 만든 《은행나무 침대》는 한국형 SF 판타지 블록버스터의 생산을 이뤄 낸 바 있다.[17] 이러한 작품들의 예술적 성취와 상업적 성공은 현재 한국의 SF 문학, 영화, 만화가 흥행하는 데 초석이 되었다.

현재의 비평 담론에서 연구가 미비한 부분을 고려했을 때 SF와 다른 대중 장르물을 1980년대의 정치 상황 내에 맥락화해서 재분석하는 작업은 중요하다. 1980년대 SF의 발전에서 민주화운동은 어떠한 영향을 끼쳤을까? 또한 한국 사회를 민주화하는 데 SF 작품은 어떤 담론적 역할을 했을까? 이러한 질문들을 통해 이 글은 한국 SF 텍스트를 역사적 맥락에서 다시 독해할 것을 제안한다. 이러한 관점은 SF를 외래 문화의 부산물로 보거나 가속화하는 기술적 근대성에 대한 수동적 반영물로만 간주하는 태도와 거리를 둔다. 1980년대에 미국 SF 문화물이 한국에서 큰 성공을 거두었음은 분명하다. 당시 한국 사회의 지속적인 산업 발전과 개인 컴퓨터의 보급이 대중의 관심을 증진하는 데 일조했다는 점도 확실하다. 그러나 세계적 영향과 기술적 진보만으로는 1980년대 SF 작품의 형식적·주제적 특수성을 충분히 설명할 수 없고 지역적 맥락에서 수행한 그 담론적 역할을 설명할 수 없다. 따라서 우리는 개별 텍스트를 세심히 읽고 그 문화적·사회적 특수성 속에서 형성된 장르의 특징에 대해 고민할 필요가 있다.

그러한 작업의 일환으로 이 글에서는 주요 작품 중 하나인 복거일의 《비명을 찾아서》를 분석하고, 이를 통해 1980년대 한국 SF의 사회적·정치적 중요성에 대해 논의할 것이다. 이후 논의에서도 상술하겠지만, 복거일의 대체역사소설은 민주화운동과 동떨어진 공상물이 아니라 그 시대정신의 연속선상에 있던(형식적으로는 아닐지라도) SF 작품이었다. 1980년대 SF물의 사상적 경향을 고려해서 "민중 SF"라는 명칭을 제안한다. 이런 명명 작업은 우리가 특정 문화 현상을 의미화하기 위해 만든

표지판과 같다. 만약 그러한 분류가 완전히 임의적이지만은 않다는 데 동의할 수 있다면, 우리는 1980년대 한국에서 비판적 장르로 기능했던 SF를 학술적으로 다루기 시작한 성과를 하나 얻었다 할 수 있을 것이다.

## 식민지적 현재로 돌아가기: 복거일의 《비명을 찾아서》

《비명을 찾아서》(이후 《비명》)는 복거일이 39세에 처음으로 발표한 장편 소설이다. 이 작품을 계기로 복거일은 SF 작가로서 활발히 활동하기 시작한다. 후속작으로는 16세기 조선으로 시간 여행하는 21세기의 한국인 이야기를 담은 《역사 속의 나그네(전6권)》(1988-90)와 달 기지를 배경으로 남한과 북한의 경쟁을 그린 미래 소설 《파란 달 아래》(1992)가 있다.[18] 복거일은 금융계에서 중견 매니저로 일하다 비교적 늦은 나이에 문예 창작을 시작했다. 그의 회상에 따르면, 어린 시절 미군 기지 근처에서 자라면서 서구 SF 소설을 처음 접한 이후 직장을 다니면서도 계속해서 영어로 쓰인 SF 소설을 수집하고 읽었다 한다.[19]

소설은 1980년대에도 한반도가 여전히 일본의 식민 지배를 받는다는 지정학적인 대안 역사적 전제에서 전개된다. 이러한 전제는 1960년대 일본과 독일의 지배에 놓인 미국을 상상한 필립 K. 딕의 《높은 성의 사내》로부터 서사적 영감을 받았다.[20] 한국문학 계보에서는 최인훈의 《총독의 소리》(1967-76), 《태풍》(1973)과 같은 탈식민주의 대체역사소설의 부류에 속한다. 《총독의 소리》는 한국의 재식민지화를 위해 잠복해 들어온 가상의 일본 총독이 전하는 라디오 방송 서사 형태를 띤 연작소설이고,[21] 《태풍》은 태평양전쟁 말기와 그 이후를 새롭게 상상해 한국과

복거일의 《비명을 찾아서》(1987) 표지.

동아시아 지역이 급격히 탈식민화되고 외부의 제국주의적 영향으로부터 자유를 얻는다는 유토피아적 비전을 제시한 작품이다.[22] 작가는 필립 K. 딕의 소설로부터 받은 영감에 대해서는 분명히 밝혔지만, 최인훈 작품들과의 연관성에 대해서는 언급한 바 없다. 비슷한 장르의 한국 소설이 있다는 사실을 알지 못한 듯하다. 최인훈의 작품이 대부분 모더니즘 계열로 알려져 있었다는 점을 고려할 때 복거일이 최인훈의 작품 중 비주류에 해당하는 대체역사소설을 읽지 않았을 수 있다. 의식적인 연속성의 유무와 상관없이, 대체역사소설 장르가 대안 역사적 탐구의 가능성을 품고서 탈식민주의 주제에 관심을 가진 한국 작가들에게 어떤 미적 가능성을 제공했는지는 생각해 볼 만한 문제다.

《비명》이 수용되는 과정에서 가장 눈에 띄는 사실은 이 소설이 언뜻 SF 와 사변 장르에 무심한 것 같았던 대중 독자들에게 큰 인기를 끌었다는 점이다. 물론 이러한 성공의 원인으로 비슷한 시기에 〈터미네이터〉와 〈백 투 더 퓨처〉(1985)와 같은 할리우드에서 수입된 시간 여행 영화가 크게 흥행했다는 사실을 들 수 있다. 하지만 또 다른 중요한 이유는 《비명》이 한국의 민주화운동이 정점에 달한 시기에 쓰였다는 점이다. 역사에 관한 깊은 성찰, 생생한 역사적 현실의 전유, 역사의 재서술 및 '역사적 현실' 그 자체의 신빙성에 의문을 던졌다는 점에서, 복거일의 소설은 민중을 중심에 둔 서사를 통해 한국의 역사적 경험을 재해석할 필요를 인식하기 시작한 많은 대중의 공감을 얻었다.

소설의 부제인 "경성, 쇼우와 62년"이 보여 주듯이 《비명》의 줄거리는 1987년 식민지 서울(경성)이라는 가상의 시공간에서 출발한다. 우리는 일본과 넓은 식민지 제국을 아우르는 히로히토 천황(연호 "쇼와") 시대 62년에 있다. 복거일은 직접 쓴 짧은 서문을 통해 소설의 설정과 특징을 설명했다. 역사적 사실과 다르게, 전 조선통감이었던 이또우 히로부미는 1909년 하얼빈에서 독립운동가 안중근에 의해 살해되지 않았다. 암살 시도로부터 살아남은 이또우는 1910년 일본의 한반도 식민 지배에 맞춰 총독이 되었고 한반도를 일본 제국으로 완전히 통합시키는 정책을 폈다. 정책은 성공적이었고 조선인은 1940년까지 "완전히 동화" 된 것으로 알려졌다. 이러한 가상의 역사에서 일본은 총리 도우조우 히데끼의 지휘 아래 정치적 중립성을 유지하면서 2차 세계대전을 무탈하게 통과한다. 일본의 넓은 영토는 조선에서부터 만주, 타이완, 태평양의 마셜 제도에까지 이르렀고, 일본은 미국과 소련이라는 강대국 사이에서 자주권을 행사하는 강력한 제국이 된다. 이렇듯 재구성된 세계 질서에서 분단국가로 나뉜 건 조선이 아니라 폴란드이다. 한 번도 분단된 적 없는 통일 조선은 일본 제국의 번영하는 식민지이고 이제 1988년 올림픽의 성공적 개최국이 되려 한다. 이러한 설정은 당시 서울의 상황과 흡사하다.

쇼와 62년의 기록으로서 《비명》은 달력의 월별 이름을 딴 열두 개 장으로 구성된다. "1월"은 독자에게 한국인 주인공 기노시다 히데요가 면도하고 세수하고 화단에 물을 주면서 아침을 시작하는 모습을 보여 주는 것으로 문을 연다. 경성제국대학 졸업생인 히데요는 39세로 알루미늄을 생산하는 중소기업 한도우(牛島)경금속주식회사에서 중견 관리자로 일한다. 사무직인 그는 조선인 아내 세쯔꼬, 십 대 딸 게이꼬와 함께 중산층 아파트에서 편안하게 살고 있다. 히데요는 궁핍하지는 않지만 엄청난 부자도 아니다. 그의 아침 사색에서 알 수 있듯이, 히데요는 1980년대 실제 한국에서 부르주아 삶의 상징이 되었던 자동차를 살 여력이 아직은 없다.

일본 산업 단지에서 관리직을 맡을 정도로 잘 적응된 제국의 국민으로서 히데요는 다른 중산층 조선인들과 같이 별로 특별한 것 없는 보통의 삶을 살아가고 있다. 하지만 독자는 곧 그가 한국어를 전혀 모른다는 사실을 눈치챈다. 작가가 서문과 소설 곳곳에서 드러낸 것처럼 일본 식민 정부는 수십 년간 조선의 문화와 그 기억을 한반도에서 완전히 제거하는 작업을 수행해 왔다. 이에 히데요는 조선이 수 세기 동안 정치적·문화적·언어적 자주권을 가진 국가였다는 사실을 완전히 망각해 버렸다. 그는 이후 금서를 통해 이전 "조선 정부"의 존재를 읽고 놀란다.[23] 또

11장 호혜의 시너지

한 그의 삼촌한테 조선의 고대 왕조인 신라 건국자 박혁거세 신화를 듣
는 일에 심취한다.[24] 하지만 그는 중국 서점에서 찾은 조선어 시집에서
"낯선 글자"를 발견하고서도 한글을 전혀 알아보지 못한다.[25]

　《비명》은 조용한 일상적인 삶의 배경에서 시작해 여러 사건을 연속해
서 배치한 후 주인공을 결국 살인자이자 도망자로 만든다. "1월"에서 알
수 있듯 히데요는 시인이면서 독서광이다. 어릴 적부터 일본 고전 시가
에 관심을 가져 온 히데요는 불교 사상과 자연주의 철학을 주제로 한 시
집을 발표하고 싶어 한다. 그는 대부분 종교와 영성에 관한 책을 읽었고
그것을 통해 남다른 지적 호기심을 채우는 듯 보였다. 그러나 어느 날
일본인 동료이자 같은 독서 애호가인 다나까 슈우지가 조심스럽게《도
우꾜우, 쇼우와 61년의 겨울》의 필사본 소설을 히데요에게 건넨다. 다나
까는 이 소설이 금서이며 비밀리에 유통되고 있다고 알려 준다. 다나까
도 동경제국대학의 친구로부터 비밀리에 복사본을 받은 것이었다. 그
소설의 작가는 다까노 다쯔끼찌라는 필명을 가졌는데, 이는 널리 알려
진 노동운동가와 무명의 반제국주의 저항운동가의 (가상의) 이름을 합친
것이었다.[26] 히데요는 다나까가 반제운동의 일원임을 즉시 알아차린다.
그리고 소설을 읽자마자 금지된 이유를 이해한다.《도우꾜우, 쇼우와 61
년의 겨울》은 히데요가 알던 역사와는 너무 다른 역사를 생생한 세부 묘
사를 통해 사실적으로 그려 냈다. 그때까지 히데요가 알고 있던 사실과
다르게 이또우 히로부미는 1909년 그를 향한 위협에서 살아남지 못했
다. 그 이후 일본은 2차 세계대전에서 대패했고 그 사건은 1945년 조선
의 독립으로 이어졌다. 조선 독립에 대한 대체역사적 상상은 히데요에
게 깊은 인상을 남겼다. 그는 처음으로 일본 제국 내 소수민족으로서 조

선인이 가진 이등 시민의 지위에 의문을 제기한다.

이후《비명》은 히데요가 일본 제국과 그 일부로서 존재해 온 조선의 실제 역사를 알아가는 과정으로 나아간다. 히데요가 읽은 또 다른 금서는 일본인 역사학자 사노 히사이찌의《독사수필》이었다. 히데요의 처남이 동경 서점에서 구해다 준 낡은 사본은 히데요에게 조선이 오늘날의 중국과 베트남같이 고유의 문화와 언어를 가진 주권국이었음을 알려준다. 그리고 이러한 놀라운 사실은 히데요의 호기심에 불을 지핀다. 경성의 헌책방에서 그는 일본인 학자가 주석을 단 조선의 고전 시가집을 찾아낸다. 시가 낭송을 듣고 싶은 마음에 히데요는 산속에 있는 먼 절에 사는 노승을 찾아가기로 한다. 승려는 히데요에게 또 다른 금서를 전달한다. 그 금서는 유명한 불교 승려이자 20세기 초 조선의 민족주의 지식인이었던 한용운의 시집이었다.

역사의식을 자각한 뒤 더 이상 무지한 식민지 백성이 아니게 된 히데요는 다시 평온했던 일상으로 돌아가지 못한다. 그는 조선과 관련한 책을 찾을 목적으로 일본 지사 파견을 요청한다.[27] 그리고 그곳에서 서점과 도서관을 다니며 거의 잊힌 조선 역사에 대한 증거를 찾아낸다. 마침내 그는 교토제국대학 도서관에서 문화 말소 정책으로 구석에 치워져 있던 한글 서적들을 발견한다. 그는 한글 사전, 역사서, 시집을 조선에 밀수하려 계획한다. 그러나 공항에서 그의 계획이 발각되고 경찰에 의해 체포된다. 히데요의 죄목은 생각보다 심각했고 정치적 흐름 또한 그가 처한 상황을 악화시킬 뿐이었다. "7월" 장에서는 민주 정권에 대한 제국 군대의 쿠데타 결과로 군사정권이 새로이 교토에 세워진다. 히데요는 과거의 실수를 만회하고 앞으로 자기 생각을 교정하겠다는 다짐을 하는 "전향"을 강요받는다.[28] 결국 이전에 전향했던 "사상범"과의 교화 과정을 거쳐 히데요는 전향과 제국에 대한 충성을 서약한다. 보호관찰을 조건으로 석방된 그는 감시받는 사상범 신분 때문에 더 이상 직장 생활을 유지하기 어렵다는 사실을 깨닫는다. 그나마도 미국인 직장 동료인 마이클 브라우넬의 개입 덕분에 임시로 자리를 유지할 수 있을 뿐이었다. 히데요의 회사와 파트너십을 맺은 미국 다국적 기업의 직원인 브라우넬은 직장 내 괴롭힘과 차별로부터 조선인 친구를 보호하기 위해 여러 방면으로 애쓴다.

그러나 결국 비극은 히데요의 집에까지 찾아온다. 히데요는 아내 세쯔꼬가 아오끼 소좌와 벌인 혼외 관계를 알게 된다. 아오끼는 세쯔꼬 친구의 남편으로 히데요의 석방을 주선한 관리였기에 히데요는 이 상황을 받아들일 수밖에 없었다. 히데요 역시 시를 좋아하는 일본인 대학생 시마즈 도끼에게 감정을 가졌으나, 도끼에는 히데요의 미국인 동료 앤더슨과 결혼한다. 호의의 표시로 히데요는 세쯔꼬의 생일 파티를 열어 아오끼를 포함한 손님들을 초대한다. 그러나 술에 취한 아오끼가 화장실에서 딸 게이꼬를 강간하려는 시도를 히데요가 목격하면서 그날 밤 파티는 끝이 난다. 여기서 《비명》의 서사적 긴장이 정점에 달한다. 격분한 히데요는 아오끼를 목 졸라 살해한다. 그 같은 복수 행위는 히데요를 더 이상 일본 제국의 국민으로 존재할 수 없게 만든다. 다음 날 아침 히데요는 중국 상하이행 비행기를 타기 위해 도망친다. 미국 잡지 《뉴스월드》의 식민주의 특집을 읽다 알게 된 조선임시정부에 합류하려는 계획이었다. 소설은 주인공 히데요가 그가 처한 상황에 대해 사색하는 것으로 끝이 난다. "나는 도망자가 아니다. (⋯) 나는 내 자신으로 살아갈 수 있는 땅을 찾고자 하는 망명자다."[29]

《비명》의 도입에 등장하는 디스토피아적 상황을 대하는 독자들은 우선 이 대체역사소설 속의 세계는 가상일 뿐이라는 사실에 안도하고 텍스트 밖의 현실을 다행스럽게 여길 것이다. 필립 K. 딕의《높은 성의 사내》처럼《비명》에서도 다른 권력이 지배한 세계에 대한 상상은 실제 역사가 그렇지 않다는 사실을 통해 많은 독자에게 안도감을 준다. 그러나 동시에《비명》은 암울한 상상의 세계와 1980년대 한국 현실의 유사성을 여러모로 암시한다. 특히 정부의 감시와 언론출판 검열과 같은 실제 상황을 반영하면서 경찰에 의한 고문이나 초법적인 살인,[30] 그리고 통상적으로 지하 경로를 통해 정보를 확보하는 사회적 관행 등을 재현한다.[31] 예를 들어 소설의 핵심 사건인 쿠데타는 박정희 대통령 암살 직후 고위 장군들이 권력을 탈환한 1979년 전두환의 쿠데타를 연상시킨다. 진실에 대한 추구가 가져올 "병적"·"유해적" 영향, 일반 대중으로부터의 소외감에 대한 히데요의 공포는 독재 정권 치하에서 느꼈을 시민의 감정과 비슷하다.[32]

《비명》에 재현된 식민지 조선의 사회 현실이 당시 독자들에게 너무나도 친숙하고 일상적이라는 점에서 소설이 현실에 대한 의문을 던지는 것으로 평가될 수 있었다. 이런 식으로 복거일의 소설에서 활용된 대체역사라는 장치는 현재 상황을 더욱 효과적으로 비판할 수 있는 이중의 거리 두기라는 결과를 만들어 낸다. 독자들은 초반에 히데요의 세계와 반대되는 상황에 안도감을 느끼겠지만, 이내 히데요의 현실이 독자의 현실을 모델로 삼아 구성되었다는 것을 알아차리고 끔찍하다고 느끼게 된다. 가상 역사의 허구를 통해 현실이 아닌 다른 세계를 묘사하면서 복

11장 호혜의 시너지

거일은 검열을 우회해 갈 수 있었다. 또한 사변소설이라는 양식을 알맞게 활용함으로써 동시대에 대한 비평에도 힘을 실을 수 있었다.

'대체역사'라는 용어는 1980년대 후반의 담론 지형에서 거의 알려지지 않았다. 하지만 SF에 등장하는 디스토피아적 역사에 대한 상상은 당대 수입된 문화물 상당수에서 찾아볼 수 있었다. 그런 이유에서《비명》의 편집자 서문이 이 소설을 "가상의 역사"로 정의했고, 저자는 또 그 선례로 조너선 스위프트와 조지 오웰의 사변적 작품 등을 언급했다.[33] 역사의 아이러니지만, 조지 오웰의《동물농장》과《1984》는 한국에서 독재 정권들의 지지를 받은 반공주의 베스트셀러였다.[34]《비명》에서는 관료제의 감시 체제와 국가의 통제라는 전통적인 반공주의적 주제가 전유되어 한국 사회에 대한 비판으로 전환되었다. 이 대체역사소설의 힘은 당대 한국 일상에서의 편집증적 감각을 일본 식민 지배 아래의 디스토피아적 삶으로 연결한 데 있다.

또한 앞서 언급한 것처럼 필립 K. 딕의《높은 성의 사내》와 비슷하게 《비명》은《도우꾜우, 쇼우와 61년의 겨울》(이하《도우꾜우》)이라는 '책 속의 책' 구조를 특징으로 가진다. 딕의 소설에서도 *The Grasshopper Lies Heavy*라는 소설의 줄거리는 실제 세계와 상당 부분 비슷한 (연합군의 2차 세계대전 승리) 세계를 묘사하면서도 현재 세계와는 다르다. 예를 들어 진주만 전투는 발생하지 않았고 히틀러는 전범 재판에서 처형되지 않고 살아난다. 이에 따라 역사의 우연성이 강조되는데, 이는 딕이 고대 중국 고전《역경》을 읽고 생각했다고 한다. 그와 비슷하게《비명》에서《도우꾜우》로 묘사되는 세계는, 일본이 2차 세계대전에서 패망하고 그 결과 한국이 1945년 독립하는 역사적 사실을 담고 있다는 점에서 실제 세계와 닮았다. 그러나 차이점도 분명한데 홋카이도가 소련으로, 오키나와가 미국으로, 만주가 중국이 아닌 타이완으로 흡수된다는, 실제 역사와 다른 일본의 영토 상실 설정이 그러하다. 복거일은 또한 대안적인 역사를 품은 대체역사라는 딕의 아이디어를 활용했다. 그 결과 소설은 역사적 과정에 내재한 수많은 가능성을 겹겹이 겹쳐서 보여 주는 효과를 낸다. 두 작가 모두에게 사변소설은 사실이 아님에도 사실일지 모르는 현실을 재현할 수 있게 해 주는 양식이다. 《비명》의 독자가 《도우꾜우》를 마주할 때 독자는 형이상학적 현기증을 느낄 수밖에 없다. 우리가 《비명》의 현실을 상상하고 있는가, 아니면 우리의 현실이 이 소설의 상상력의 산물인가? 우리는 모두 《도우꾜우》의 등장인물인가? 《비명》이 《도우꾜우》를 내포하는가, 반대로 《도우꾜우》가 《비명》을 내포하는가?

《비명》은 《높은 성의 사내》와 역사 과정의 우연성에 대한 감각을 공유한다. 또한 이를 더욱 발전시킨 서사에 의해 구성되기 때문에 궁극적으로 정치적인 역사의 속성을 성찰한다. 《비명》에서 히데요의 식민지적 상황에 대한 자각은 그가 현 정부 아래서 배운 공적 역사와 반대되는 역사책들을 점진적으로 발견하면서 나타난다. 《비명》에서 역사의 구성적 성격은 중요한 주제이자 소설의 가상공간을 넘어서는 탐구의 주제로 계속해서 강조된다. 텍스트 곳곳에 놓인 많은 인용문과 제문은 실제 인물들뿐 아니라 허구 인물들을 출처로 하는데, 이는 역사의 은폐·조작·창조 가능성을 끊임없이 지적하는 효과를 낸다. "지금까지 씌어진 모든 역사는 근본적으로 정치사다"(사노 히사이찌),[35] "인민대중은 작은 거짓말보다는 커다란 거짓말에 훨씬 쉽게 속는다"(아돌프 히틀러),[36] "역사는 씌어지는 것이 아니다. 역사는 고쳐 씌어지는 것이다"(다까노 다쓰끼찌)[37]가 그것이다. 소설의 주제를 드러내는 순간에 《1984》의 유명한 인용문이 강조된다. "과거를 통제하는 자가 미래를 통제한다. 현재를 통제하는 자가 과거를 통제한다."[38] 거대 역사 서사의 구성성에 대한 언급은 필연적으로 역사적 과거에 대한 다원적 해석으로 이어진다. 소위 현실에 대한 공식적 이해에 점차 환멸을 느끼는 자기 모습을 돌이켜 보면서 히데요는 역사의 진실에 대한 상대주의적 관점을 옹호하게 된다. "… 현실주의자와 이상주의자를 구분하는 것은 별 뜻이 없다 (…) 현실이란 것은 그냥 보이는 것이 아니고, 세상을 바라볼 수 있는 어떤 관점을 가졌을 때 비로소 보인다…."[39] 히데요에 따르면 역사는 절대 무고하지 않다. 목적론적 방향에 구속되지 않는 미래는 과거와 함께 무한한 가능성을 가진 열린 공간이 된다.

소설의 군사정권에 대한 비판과 마찬가지로, 《비명》의 역사적 구성성에 대한 성찰은 1980년대 민주화 문화의 정치적 환경과 공명하는 주제였다. 1980년대에는 현실을 재조명하고 미래의 방향을 설정하는 방법으로 역사 다시 쓰기 작업이 필요하다는 생각이 크게 대두되고 있었다. 히데요가 마침내 조선 역사가 일본 정권에 의해 체계적으로 삭제되었다는 것을 알았을 때, 그는 선뜻 믿지 못하면서도 희열을 느끼는 것 같은 반응을 보였다. "내가 지금 꿈을 꾸고 있는 것도 아니고…. 서른아홉 해 동안 내가 배우고 믿은 역사가 모두, 적어도 조선에 관한 것은 모두, 꾸며낸 것이라는 얘기가 되는데…."[40] 《비명》을 읽는 많은 이들이 이 대사에 공감했을 것이다. 독자들 역시 대부분 1980년 광주에서 벌어졌던 폭력적인 탄압에 대한 금서를 읽거나 비디오 녹화 자료를 보면서 역사적인 인식을 깨우쳤을 것이기 때문이다. 당시 그러한 행위는 일종의 대항문화적 의례였다.

히데요가 제국의 주체로서 겪은 고난의 연대기라는 점에서《비명》은 또한 식민성, 제국의 의미, 그 역사적 결과에 대한 한국 특유의 민족주의적 비평이라고 할 수 있다. 구체적으로 소설에서 복거일은 일본의 지속적인 조선 지배라는 가상 설정을 20세기에 있었던 한국의 실제 식민지적 경험과 신식민지적 경험을 검토하는 수단으로 삼았다. 그것은 1910년부터 1945년까지 일본에 종속되었던 상황, 1948년부터 이어진 분단과 뒤이어 미국에 의존하게 된 상황을 의미한다.《비명》의 줄거리는 1980년대 당시 실제로 제기되었던, 미국에 의한 한국의 비공식 복속에 대한 대항문화 논쟁과 밀접한 관련이 있다. 마이클 브라우넬과 앤더슨 같은 등장인물들은 주인공의 친구이되, 동시에 그들의 지배적 권력 때문에 상관의 위치를 차지한다는 점에서 상징적이다. 사내 프로젝트에서 성공적으로 협업했다는 이유로 브라우넬은 히데요에게 우호적이다. 또한 그를 보호하기 위해 일본인에게 영향력을 행사하는 것을 주저하지 않는다. 그러나 동시에 앤더슨은 도끼에를 히데요로부터 빼앗는 인물이다. 다시 언급하겠지만, 그 상황에서 히데요가 겪는 수치심은 한국의 반식민지적 상황에 대한 지정학적 검토를 가능하게 하는 서사적 장치이다.

《비명》이 미국에 대한 한국의 동시대적 종속을 우회적으로 암시했다면, 그 줄거리는 과거 일본 지배 아래에서 조선이 겪었던 식민의 경험을 직접적으로 환기한다. 소설 전체에서 1910-45년의 식민지 시대를 참조한 대목들이 나타난다. 이는 조선인에 대한 인종적 차별과 정부 주도로 이뤄진 민족 언어·문화 말살 정책, 조선 민족주의 지식인들에게 강요된 사상적 전향을 포함한다. 순응에서 저항의 길로 나아가는 히데요의 여정은 염상섭의《만세전》(1924)과 같은 식민지시기 소설의 인물들을 연상시킨다. 염상섭의 소설에서도 주인공은 일본 식민지 체제에 통합되어 가는 지식인이다. 그리고 히데요처럼《만세전》의 주인공 인화 역시 조선의 종속이라는 고통스러운 현실을 점차 자각한다. 결국 히데요와 인화 모두 그들의 식민지적 상황을 "발견"하며 이는 그들을 변화시킨다. 또한 그들은 한국인 여성과 결혼하지만, 더 젊고 근대화된 일본인 여성에게 매력을 느낀다. 그런 점들을 고려할 때《비명》에 나타난 식민지 시대에 대한 기억의 복구는 복거일의 소설적 세계와 1980년대 한국의 참여 문화 사이에 존재하는 중요한 공통점이라 할 수 있다. 식민지 경험에 대한 재고는 1980년대 문화정치에서 핵심이었다. 복거일의 소설은 그처럼 식민지 시대를 1980년대 한국이라는 현실과 겹쳐 SF적 표현을 통해 제시한다.

《비명》은 민족과 식민지 상황에 대한 성찰을 통해 1980년대 한국에서 논의되었던 민족주의 주제들에 새로운 서사적 형식을 제공했다. 그 주제들 중 일부는 오늘날까지 거론되고, 또 일부는 더 이상 유효하지 않다. 복거일의 소설이 조선인 여성을 개별 주체성을 지닌 주체가 아니라 식민지국의 상징으로 이용한 경우를 보자. 아오끼 소령의 세쯔꼬 유린은 히데요의 식민지적 모멸의 절정을 이룬다. 또한 히데요가 벌인 아오끼라는 제국 관료에 대한 살인은 그의 아내를 "소녀처럼 청순"한 존재로 지켜 낸다.[41]《비명》에서 세쯔꼬가 히데요를 감옥에서 구출하기 위해 혼외 관계에 동의하는 대목을 주목해 보자. 이러한 행동은 세쯔꼬에게 강요된 것으로, 그녀가 심사숙고한 선택을 내렸다고 읽어 내기는 어렵다. 여성의 역할은 복거일/히데요의 가부장적 세계에서 아오끼 소좌나 앤더슨과 같은 외국인 남성에게 빼앗기는 일종의 소유물에 그친다. 이제 세쯔꼬는 민족 공동체로서의 조선에 대한 상징이 되고 그녀의 단정함은 조국의 자연적 아름다움과 동일시된다. 식민지 여성에 대한 "모독"은 조선의 식민지화에 대한 감정적인 분개의 재현일 뿐이다. 《비명》은 가부장적 멜로드라마를 배경으로 여성을 통제하고 그들의 성적 자기 결정권을 감시해야 한다는 당위성과 민족적 자부심을 혼합한 담론을 만들어 냈다. 여성운동이 확대되던 시기에 그와 같은 가부장적 표현이 민주화운동을 이끌던 남성 지도자 사이에서 더욱 보편적으로 발견되었다.[42]

《비명》은 1980년대 한국에서 중요했던 논쟁의 많은 주제를 소설로 형상화했다. 이 소설을 민주화운동 시대의 시대정신과 정치적 감수성의 전형으로 여긴다 해도 과장이 아닐 것이다. 식민지 기억의 소환으로부터 정치적 내러티브로서의 역사에 대한 성찰, 대체역사적인 디스토피아에 당대의 사건들을 기입하는 것까지 《비명》은 동시대 한국 정치의 중요한 사안들을 사변적 양식으로 재현했다. 한국 사회가 역동적인 변혁을 겪고 새로운 미래 가능성이 열리던 시기에 복거일의 소설은 역사적 우연성을 주요한 주제로 삼았다. 거기서 그치지 않고 딕의 우연성이라는 주제를 역사적 과정의 "유연성"으로 탁월하게 변형시켰다. 푸코가 지적했듯이 역사는 담론으로 서술되며, 따라서 언제나 정치적이다. 1980년대 한국에서 널리 인식된 것처럼 사람들은 과거를 재해석할 수 있고 이를 통해 민족의 운명을 재구상할 수 있다. 이러한 점에서 《비명》의 소설적 전제는 1980년대 한국에서 "공상적"이었다고만은 할 수 없다. 소설의 예상치 못한 성공은 작가를 문학적 선풍의 주인공으로 만들었다.

그 과정을 통해 《비명》을 포함한 SF 소설들도 당대까지는 리얼리즘 문학에서 주로 다뤘던 정치적 현안에 대해 발언할 수 있다는 암묵적 인정을 받기에 이른다.

## SF와 민주화운동

1980년대 전반에 걸쳐 많은 한국인은 민중—군사정권이나 그를 지지하는 외세의 이해관계와 대립되는 대다수의 사람들—의 시각으로 현재를 재배치하고 과거를 다시 쓰는 역사적 작업에 참여했다. 그 결과 한국의 미래를 두고 벌어진 문화적·정치적 대치를 통해 오늘날의 진보와 보수 진영이 형성되었고, 이런 의미에서도 1980년대는 한국 역사의 분수령이었다. 앞서 살펴보았듯 진보적인 성향의 작품 중에는 기존에 거의 다뤄지지 않았던 SF 소설도 있었다. 복거일의 《비명을 찾아서》에서 민중운동의 민족주의적·반제국주의적·반군사주의적 이념은 가상의 식민지 조선의 일상생활을 규정하는 식민성에 대한 신랄한 재현을 통해 대체역사적이고 판타지적으로 표현된다.

그 외에도 민주화운동의 정신과 가치를 지지하는 다른 SF 작품들이 있었다. 예를 들어 앞에서 살펴본 것처럼 사이보그 반란을 그린 액션물인 김준범, 노진수의 만화 《기계전사 109》는 날카로운 계급의식을 드러낸다. 또 다른 만화인 신기활의 《핵충이 나타났다》는 핵전쟁 결과 인간이 멸종된 괴기하고 포스트 아포칼립스적인 세계를 배경으로 한다. 이러한 설정은 냉전 시대 군비 확장 경쟁과 잇따른 한국 내 미국 핵미사일 설치에 대한 비판을 반영한 것이다.[43] 이러한 작품들은 각각의 방식으로 대중문화와 1980년대 민주화운동을 연결하는 생산적인 교차 지점을 만들어 냈다. 당대 대중문화의 작지만 중요한 흐름을 주목하기 위해 "민중 SF"라는 새로운 용어를 제시할 수도 있을 것이다. 그러한 용어와 장르의 존재는 1987년 시민의 민주적 승리를 이끈 민중문화운동의 다양성과 활력을 증명한다. 물론 그건 당시 발전하던 참여 문화의 자그마한 일부분에 불과할지 모른다. 그러나 이는 문화적 전복의 순간이자 1990년대와 그 이후 시기 한국의 SF 작가들에게 영향을 미칠 선례였다.

만약 SF 장르가 민주화운동의 이념을 대중화하는 데 일조했다면 그 역의 작용, 다시 말해 민주화운동이 SF의 발전에 일조한 것에도 주목할 필요가 있다. SF 작가들은 당시 시대정신의 흐름에 참여함으로써 수혜를 입은 바 있다. 많은 사례에서 SF의 정치적 소재는 독자들로부터 작품의 정당성을 얻는 데 도움을 주었다. 이러한 정당화는 사변적이고 비사실주의 계열에 속하는 작품들이 통상 무시되고 공공연한 비판의 대상이었던 나라에서 더욱 중요했다. 예를 들어 참여적인 문화 풍조에서 복거일의 대체역사를 소개하면서 문학과지성사는 조심스럽게 "가상" 역사소설의 출판이라는 선택을 정당화했다. 소설의 "날카로운 통찰력"과 "기발한 플롯"을 높게 평가하면서 내재한 "리얼리즘"의 요소로 현실을 풍자적으로 재현했다는 점을 특히 강조했다.[44] 《기계전사 109》가 민주화의 중요한 경험을 재현하고 몇몇 액션 장면에서 계급 갈등의 주제를 첨예하게 묘사하지 않았다면 당시에 네 번이나 재출판될 수 있었을지는 미지수다. 역사적 관점에서 보면, 1980년대 후반 SF의 정치적 정당성 확보는 이후 한국 대중의 장르 이해를 증진하는 데 크게 기여했다. 여전히 많은 이들이 SF를 상업적인 청소년 장르로만 간주하고 있다 해도 말이다.

이 글에서 주요하게 다룬 민주화운동의 민중문화와 SF 사이의 상호적 관계는 기존의 가정들에 반론을 제기한다. 첫째, 한국의 SF를 단순히 외국 문화의 부산물로 간주하는 시각에 딴지를 건다. 물론 1980년대 후반 한국에서 SF 장르의 부흥은 할리우드 SF 영화의 큰 성공과 일본 SF 만화영화의 지속적인 텔레비전 방영으로부터 많은 영향을 받았다. 하지만 앞서 살핀 것처럼, 이러한 문화 현상은 또한 한국 사회에서의 역사적 맥락과 결부시켜 이해해야 한다. 한국 민주화운동의 역사적 특수성을 참조하지 않고서는 《비명》과 같은 작품의 의의를 정확히 평가할 수 없기 때문이다. 둘째, 민중 SF 장르의 흥행은 한국 문화를 1980년대와 1990년대라는 두 시대 사이의 완전한 단절을 가정해 이해하려는 현재, 한국 문화사 서술을 재고하게 한다. 1980년대 미학의 주류는 민중 리얼리즘이었다는 사실에 반박할 사람은 거의 없을 것이다. 민중 리얼리즘은 평이하고 쉽게 이해되는 방식의 르포르타주 글쓰기를 통해 중산층과 노동자 계층의 일상적 경험을 재현했다.[45] 그런 측면에서 1980년대 문화는 대개 "포스트모던적"이고 "포스트 이데올로기적"이었던 장르 소설과 대중문화에 우호적인 1990년대의 문화에 대적한다고 인식되어 왔다.[46] 그러한 설명은 실제로 두 시대의 일반적인 특징에 부합할지도 모른다. 하지만 이러한 이분법적 구분은 1980년대가 한국의 문화적 현재와 거의 관련이 없었다는 잘못된 인식을 낳았다. 사실상 《비명》, 《기계전사 109》와 같은 당대의 문화적 산물들에서 증명되듯이 1980년대는 다음 시기에 성황을 이루게 된 중요한 흐름의 탄생을 목격한 시기였다.

1980년대 한국에서 미스터리, 호러, 판타지, SF와 같은 대중 장르물은 알레고리와 비유의 기법을 이용해서 검열 아래서도 효과적으로 사회 비평을 수행할 수 있었다. 1987년까지 이러한 장르들은 방식은 달랐지만, 정권과 리얼리즘 위주의 참여 문화 모두에 의해 금기시되었다. 그럼에도 불구하고 1990년대의 문화적 융성은 정치적 에너지를 대중문화로 이끌었던 1980년대가 있었기에 가능했다. 돌이켜 보면 민주화운동을 통해 분출된 진보적 에너지가 포스트 민주화 시기의 인식론적·미학적 틀로 유입되었다고 볼 수 있다. 이러한 한국 SF의 중요한 동맥은 오늘날에도 듀나, 정소연, 김보영, 박민규와 같은 작가들의 글과 봉준호, 장준환, 장윤정과 같은 감독들의 영화에서 찾아볼 수 있다.[47] 그들의 전복적인 상상에서는 프롤레타리아트와 프레카리아트가 반복적으로 외계인과 좀비의 형상으로 나타나고 포스트 아포칼립스적인 디스토피아가 익숙한 계급투쟁의 현장으로 전환된다. 또한 다른 시대와 대안적 현실에 대한 암묵적 욕망이 넘쳐나기도 한다. 그리고 그 가운데서 1980년대 민주화운동의 유산은 여전히 살아 있다.

## 나가며

이진경

이 나가는 글에서는 1960년대부터 1980년대 말까지 이어진 군사독재 시기의 정치와 미학 사이에 존재한 특정 관계를 (재)검토하고자 한다. 전두환과 노태우가 집권하던 1980년대의 한국 문화계는 앞선 여러 글이 지적한 것처럼 몇몇 의미 있는 차이와 변화가 있었다. 하지만 대체로는 박정희 시대의 지속이자 심화였다. 여기서는 1980년대를 포함하는 권위주의 시기 동안, 국가와 자본주의 및 반정부 세력이 역학 관계로 얽혀 있는 정치경제학 분야와 "반국가 좌파 민족주의"라고 내가 특징짓는 문학과 미학 분야 간의 관계를 여러모로 살펴볼 것이다.[1] 먼저 이승만 정권 치하에서 정치적인 것을 국가와 민족의 독점적인 연결이라고 규정한 것에 대해 살펴본다. 그런 다음 좌파 민족주의가 권위주의적 국가에 저항하는 과정에서 대중과 민족을 다시 연결해 정치적인 것의 의미를 정부의 그것과 상응하면서 대립하는 개념인 민중으로 재정립하는 데 도움을 주었다고 주장한다. 마지막으로 권위주의 시기인 1960-80년대의 한국문학 및 문화 상품의 해석을 어떻게 다르게 정치화할 수 있는지를 자크 랑시에르(Jacques Rancière)의 "불일치의 정치미학(dissensual politico-aesthetics)" 개념을 통해 탐색해 보고자 한다.

이 글은 권위주의 지배하 30년 동안의 문학계를 재고하기 위해 정치와 미학에 관한 자크 랑시에르의 이론에 주목한다. 정치와 미학은 서로 구분되는 별개의 독립체이기 때문에 "이 둘을 서로 연관시켜야 할지 말아야 할지"[2] 주저하는 서양과 근대 한국의 통념을 논박하기 위해서, 랑시에르는 정치를 상황 의존적인 개념으로 보는 사고의 틀을 제시한다. 여기서 정치란 해체적이고 무질서한 활동으로서 인식할 수 있는 것과 인식할 수 없는 것, 감각할 수 있는 것과 감각할 수 없는 것, 보이는 것과 보이지 않는 것, 그리고 들을 수 있는 것과 들을 수 없는 것을 규정하고 구별하는 기존의 법질서가 혼란에 빠질 때 발생한다. 그래서 랑시에르에게 정치란 미학의 더욱 오래전 의미를 말하는 용어로서 감각에 의한 인식을 말한다. 랑시에르에게 불일치의 미학이란 불일치의 정치와 마찬가지로 "인식, 사고, 행위의 기존 틀과 받아들여지지 않는 것을 맞닥뜨림으로써" 감각할 수 있는 것에 대한 저항적 재구성 혹은 재배열을 의미한다.[3] 서양뿐 아니라 한국에서도 지배적인 정치의 개념은 점점 정체성주의를 전제로 하거나, '노동자', '여성', '소수자'와 같은 다양한 집단을 구체화하는 것에 기반하거나, '보수' 혹은 '진보'와 같이 특정한 메시지나 성향에 의존한다. 랑시에르는 이러한 개념에서 벗어나 정치는 필연적으로 상황 의존적으로 작동하며 분쟁의 공간에서 운용되는 "논쟁적인 보편성(polemical universal)"이라고 여긴다.[4]

이 시점에서 정체성주의 정치에 대한 앤절라 데이비스의 좀 더 구체적인 비판에 도움을 받아 랑시에르가 계급, 젠더, 인종, 성적 지향 등과 같은 분석 범주에 가한 추상적이고 "원리주의적"인 비판을 이해하고자 한다. 데이비스는 특정한 이슈에 대해 정체성을 기반으로 한 다양한 집단을 동원하는 복잡하면서도 유연한 전략을 제안한다. 즉, 이런 집단들이 기존 정체성의 경계를 넘도록 만들어서 끊임없이 해체하고 재구성하도록 하는 것이다. 데이비스는 미국 유색 인종 여성이라는 범주를 각각 별개의 인종 집단들로 구성된 "연합체"가 아니라, 특정한 이슈나 문제를 위해 상황에 따라 협력하는 "정치적 구성체"로 이해해야 한다고 주장한다. 데이비스에 따르면 "유색 인종 여성 구성체는 이민이라는 주제에 대해 함께 일할 수 있다. 이런 정치적 책임감은 인종에 따라 구분된 공동체나 그 공동체의 구성원이 공유하는 특정한 역사에 기반한 것이 아니라, 오히려 참여하는 사람 모두가 동의하는 하나의 의제를 만들어 낸다. 내 생각에 유색 인종 여성 구성체가 지닌 가장 흥미로운 잠재력은 바로 이 정체성을 정치화할 수 있다는 것이다. 즉 정치의 기반을 정체성에 두는 것이 아니라 정체성의 기반을 정치에 두는 것이다."[5] 다른 이론가에 의해서도 사용된 이 "정치적 구성체"라는 개념은 미국과 서양의 맥락에서 정체성 정치의 기초로 굳어진 구분들, 이를테면 계급, 젠더, 인종, 성적 지향에 따른 집단 등과 반드시 모순되는 것은 아니다. 오히려 이런 주요 분석적 범주와 사회 집단들에 대해 해체적인 방법으로 상호 보완적이라 할 수 있다. 우선 앞서 언급한 "구분들"과 더불어 국가와 좌파 민족주의 반체제운동들을 정치적 구성체로 볼 수 있다. 이를테면 국가 구성체, 계급 구성체, 인종/민족 구성체, 젠더 구성체, 성 구성체와 같이 볼 수 있다. 구성체라는 더 유동적이고 과정적인 개념은 끊임없이 변화하는 국가와 자본, 이들의 제도와 전략의 역사성에 대한 이해를 복잡하게 만든다. 그뿐만 아니라 빠르게 변화하는 구분, 억압, 부상(浮上)과 사람/인구, 이슈/상황, 저항적 생각/운동으로의 수렴과 이들의 관계에 대한 이해도 더욱 복잡화한다.

식민지가 끝난 후 한국에서 정치와 미학이 상호 침투하는 모습을 살펴보기 위해서, 우선 첫 번째 부분에서는 지도층 엘리트와 그 반대 세력 모두에게 활용 가능했고 실제로 그들 모두에게 이용된 사상과 분석의 핵심 범주들, 즉 국가, 민족, 계급이라는 범주를 살펴본다. 수십 년간의 권위주의 지배 아래 이 범주들/구성체들은 (신)제국, (국제적) 인종/민족, 젠더, 성과 같이 당시에는 덜 정치화되었지만 이후 더 많이 정치화되는 다른 범주들/구성체들을 억압하거나 은폐했다. 탈식민화된 한국에서 역사적으로 가장 중요한 개념들/개체들은 (전근대 시대부터 견고하게 자리 잡았으며 식민지 시기 동안은 피식민자가 저항했던) 국가라는 범주, (식민지국에 반하는 체제 전복적 근대 범주로서 나타난) 민족이라는 범주, (식민지 시기에 수입된 서양 개념으로서 이후의 주권 국가와 합쳐지기도 하고 분리되기도 하는) 계급이라는 범주였다. 이 인식과 인지의 범주, 다시 말해 에피스테메들은 지배 구조와 지배 이념에 의해서 가능하고 유지된 범주들인데, 지배 이념에는 마르크스주의와 같이 대립적이고 체제 전복적인 사상도 포함되었다. 두 번째 부분에서는 반체제운동들이 사용한 계급이라는 이념적/인식론적/미학적 범주가 1960-80년대에 지속된 군사독재 정권하의 산업화 시기 동안 국가와 민족을 해체했음을 주장한다. 권위주의 시기에 국가, 민족, 계급이라는 더 전통적인 개념의 범주들이 "구성체"라는 개념보다 활성화됨을 말하지 않을 수 없다. 권위주의 시기 동안 펼쳐진 반체제 정치는 이 장의 주제이기도 하다. 세 번째 부분은 정전(canon)과 이로부터 소외된 문학 및 대중문화를 다르게 읽으면, 이런 범주들 너머에 존재하는 지배와 저항의 복잡한 구성체들이 더욱 분명하게 드러난다는 것을 주장한다. 그리고 마지막으로는 이 세 부분을 바탕으로 젠더, 인종/민족, 성적 지향과 같은 다른 범주들이 어떤 방식으로 사람들에게 인지되기 시작했는지를 살핀다. 나아가 그 범주들이 민주화 이후 시기인 1990년대 중반부터 경쟁 상대도 없고 도전조차 받지 않는 정치적 정체성, 통치성(governmentality), 동원, 정치화라는 방식으로 어떻게 국가, 민족, 계급을 무너뜨렸는지를 살펴본다. 그리고 더 나아가 이런 신생 범주들과 구성체들을 어떻게 해체할 수 있는지 생각해 보면서 마무리 지을 것이다.

다음으로 넘어가기 전에, 한국어에는 내가 본문에서 사용하는 의미로 영어의 'the political'과 'politicization'이라는 용어에 상응하는 단어가 없다는 것을 말해 둔다. 한국어로 정치라는 단어는 보통 영어로는 'politics'라고 번역되는데, 이는 통치 혹은 정부 등의 맥락에서 정치를 뜻한다. 영어로 'the political'과 'politicization'이라는 단어/개념은 기존의 정치나 정치적 쟁점을 진보적이고 전복적인 방향으로 문제화시킨다는 것을 암시하는 경우가 많다. 한국어의 맥락에서는 진보 혹은 저항과 같이 대체로 정치와는 다른 단어를 사용해야 앞에서 의미하는 정치적 문제화 혹은 저항의 의미를 담을 수 있을 것이다. 그러므로 이 글에서 쓰이는 정치적인 것(the political)을 두 층위에서 개념화하고자 한다. 첫 번째는 랑시에르가 정의했듯이 기존 질서를 혼란에 빠뜨리는 논쟁적인 보편성의 개념이다. 그리고 두 번째는 정치적인 것이 한국의 권위주의라는 특수한 시공성(chronotope)에서 의미를 형성해 가는 과정과 대응하는 구체적이고 특정한 의미이다.

## '정치적인 것'을 재고하기: 국가와/국가로서의 민족

일본으로부터 갓 해방되고 미국에 의한 신식민지화가 곧이어 진행되었던 당시의 한국에서 민족은 정치적인 것의 핵심부를 계속해서 차지하고 있었다. 민족을 정의하는 일은 정부 지지 세력과 그 반대 세력 양측을 포함해 대립적인 엘리트, 정치인, 지식인에게 메타(meta-) 정치적인 과제였다. 한국전쟁 이후 이승만 정권은 국가와 민족을 독점적으로 연결하는 데 성공했고, 이후 수십 년간 이어져 온 권위주의 정권의 기초를 닦는 데 핵심적인 역할을 했다. 국가는 중요한 두 가지 방식으로 민족의 독점을 주장했다. 우선 반식민주의, 특히 반일 민족주의의 선봉으로서 스스로 자리매김했고 반공주의를 주요 원칙으로 내세웠다. 즉 이러한 민족주의적 국가는 구체적으로 정치적인 것의 영역을 '(일본) 제국 대 (한때 식민지였던 조선) 민족'의 구도와 '공산주의 대 반공산주의'로 규정했으며, 그 외 이 규정과 불일치할 가능성이 있는 요소는 정치적인 것의 영역에서 배제했다.

연이어 등장한 박정희와 전두환의 군사독재 정권 역시 계속해서 민족 담론을 독점했고 이를 국가 권력의 유지에 최대한 활용하려고 했는데, 이는 민족주의와 경제 개발을 융합시키는 방식으로 이루어졌다. 경제 개발은 승공을 보장한다고 본 국가는 경제 개발을 강조함으로써 반공주의의 기치를 회복시킬 수 있다고 보았다. 이전의 이승만 정권과 달리 박정희 정권은 국가가 주도해서 민족, 개발, 반공주의를 하나로 수렴시켰고 경제의 성과를 또렷하게 볼 수 있게 되었다. 다른 말로 경제는 불일치의 차원에서 정치화되었으나, 동시에 그리고 순식간에 민족주의적 국가라는 이미 존재하던 정치적인 것의 범위 안으로 재흡수되면서 "(다시) 비정치화"되는 결과를 낳았다. 박정희 이후 한층 더 군사화된 전두환이 정권을 잡고 더욱더 폭력적이며 억압적인 정권을 유지하기 위해 경제 개발 우선 정책을 유지했다. 권위주의 정부는 삶의 모든 영역을 군사화하고 언제나 민족과 강하게 연결했으며, 이는 국가가 더욱더 민족국가주의를 독점하도록 했다. 군국주의적인 민족주의는 무의식적으로 식민 통치 시기를 상기시켰다. 그러나 의식의 영역에서는 이를 거부했고, 그래서 정치적인 것의 영역을 재구성할 수도 있었을 다양한 종류의 불일치 요소들이 더욱 억제되었다.

박정희와 전두환의 권위주의적 개발주의 국가에서 정치적인 것은 포스트-반식민주의적인 민족주의 관점에서 정의되었고, 계속 진행 중인 자본화의 초국가적이고 신식민주의적인 과정을 전이(displace)시켰다. 사실 한국이라는 국가는 자본주의의 급속한 세계화와 극심한 계층화 과정의 한가운데에서 인종차별적 국가(racial state)[6]로 기능하고 있었다. 다시 말해 인종으로 구분되는 노동자 계급을 신식민지의 주인에게 중개시키는 역할을 한다. 한국 노동자 계급이 베트남에서 군인으로, 미군의 성 노동자로, 서독의 광부와 간호사로, 일본의 성 노동자와 일용직으로, 중동의 건설 노동자로, 미국의 값싼 이민자 노동자로 노동력을 제공할 때, 이러한 초/국가적인 맥락에서 잠재적으로 불일치 요소일 수 있는 계급, 인종, 젠더 및 이들의 교차점들은 정치적인 것의 영역에서 배제되었다. 이런 "인구학적" 부분들은 당시 아직 정치적으로 인지되지 않았고, 경제적 동원과 착취의 범주로 작동하면서 민족국가주의적인 한국뿐 아니라 한국, 미국, 일본, 다른 국가들의 다국적 자본을 위해 일했다. 민족국가주의적이고 개발주의적인 국가는 정치적인 것이 될 수 있었던 이런 잠재적 범주들을 흡수해 버렸거나, 아니면 노동력이라는 훨씬 더 복잡한 구성체와 인구를 감추거나 삭제해 버렸다. 이런 구성체들은 인종/민족, 계급, 젠더 등의 범주와 필연적으로 상호 교차했고 필연적으로 초/국가적이었다. 이 구성체들을 인지해 내기란 불가능했다.

경제 개발이라는 다급한 과제 앞에서 국가와 민족이 더욱 효과적으로 결합했던 30년 동안 토론과 저항의 조건을 정하는 것은 융합과 혼란이었다. 즉 군사독재 정권에 대한 반대는 민족주의적 층위에서만 반정부운동으로 개념화되고 구성될 수 있었다. 다음에서 이 상동적(homological)인 제약을 더 자세히 살펴볼 것이다.

## 반국가 반체제 좌파 세력과 민족의 상동적 재결합

1970년대의 반체제운동이 노동과 경제적 정의의 문제에 점점 더 집중하게 되면서,[7] 한국전쟁 이후 이승만 정권이 공산주의를 미리 방지하기 위해 실행한 반공화 과정에 따라 지하로 숨어들었던 마르크스주의가 점진적으로 부활했다. 반체제 좌파 세력은 계급을 불일치 원칙(dis-sensual principle)으로 내세우면서 민족을 국가로부터 분리하는 데 성공했다. 그러나 민족이라는 테두리 안에서 계급의 재정치화가 필연적이고 정교하게 일어났다. 1970년대 말과 1980년대 초반, 반체제운동은 노동자 계급 혹은 민중을 민족 역사의 주요한 주체로서 더욱더 분명하게 재구성하기 시작했고, 이에 따라 민중은 권위주의 국가, 대기업, 이들과 공모한 신제국주의의 구성체들을 대체했다. 이 과정에서 노동자 계급이 또다시 전체주의적이고 정체성주의적인 양태로 민족과 결합하면서, 복잡한 삶의 경험으로서나 분석적 범주로서 계급이 가지고 있던 더욱 혼종적이고 파괴적인 잠재력이 축소되었다. 1970년대 박정희의 권위주의 국가와 1980년대 전두환의 신군사정권은 국가 주도 개발주의를 다른 무엇보다도 최우선시하면서 논쟁의 조건과 참여의 규칙을 설정했고, 반체제 운동은 반정부적이면서도 친민족주의적인 반대파의 모습으로 만들어지고 있었다. 다시 말해 좌파운동은 민족주의적이 되었으며, 계급을 아(亞)국가적(subnational)이거나 초국가적(supranational), 혹은 횡(橫)국가적(transnational)인 개념과 실제로써 이용할 가능성이 배제되었다. 민족주의화된 노동자 계급은 정치적인 것의 정의 그 자체가 가지는 특권적 위치를 차지하게 되었고 민족, 국가, 세계화, 신식민주의적이고 초국가적인 자본주의가 복잡하게 얽힌 교차점들을 해체할 수 있는 잠재력을 상실했다. 계급과 민족이 교차하며 접촉할 때 필연적으로 생기는 젠더, 성, 인종과 같은 여러 개념과 범주가 더욱 감춰지고 생략되었다. 이미 많은 이들이 지적했듯이, 박정희와 전두환 정권 시기의 반체제 세력에서 정치적인 것이란 특정한 인구학적 부문, 즉 고급 인력의 민족주의적인 남성 노동자를 지칭하게 되었다.[8]

반국가적 좌파 민족주의 반체제 세력을 재구성하기 위해 계급을 정치적인 것의 영역 안으로 집어넣은 것과 마찬가지로, 한국이 자유민주주의와 이민자 하위제국(subempire)으로 변화한 지난 20년 동안 젠더, 성적 지향, 인종, (인구학적·경제적 범주로서 최근 중요하게 떠오른 "비정규직"과 같은) 고용 형태 등의 인구학적 분석 범주가 정치적 것을 재정의하는데 동원되었다. 그 결과 정치적인 것은 한층 더 복합적인 요소들로 구성되어

갔으며, 민족과 계급이라는 축에서 벗어나 여러 축의 집합으로 향해 갔다. 그러나 미국에서 그러했듯이 남한에서 이런 범주들 역시 노동자 계급, 여성, 소수민족, 성적 소수자, 시간제 노동자 등과 같이 좀 더 정체성을 바탕으로 한 집단으로 형성되고 변화해 갔다. 이런 분석적 개념이나 인구학적 부문들이 여전히 불일치의 역할을 해 낼 수 있지만, 이들이 손쉽게 정체성 기반의 집단으로 실체화된다는 점은 더욱 급진적인 개입이 일어날 가능성을 여전히 제한한다.

## 권위주의 시기의 문학적·사상적 분리와 정전의 형성

마지막 절에서는 문학 및 문학비평이 권위주의 정권 아래서 두 파로 나뉘어 서로 대립했다는 생각을 넘어서 사고할 가능성에 대해 간략히 살펴보려고 한다. 민족주의적 좌파 문학 진영으로서 이후 민중문학으로 불리게 되는 민족 문학은 1970년대 초의 주도적인 구성체로 등장한 이후 1990년대까지 반체제운동의 문화적 표상, 연합, 리더로서 강한 영향력을 유지해왔다. 민족 문학이 부상하고 점차 우세해지면서 문학계는 식민지 시대까지 그 역사를 추적해 내려갈 수 있는 두 진영, 즉 참여문학 대 순수문학이라는 분열을 다시 만들어 냈다. 소위 참여문학 진영과 순수문학 진영 모두는 정치적인 것을 이미 결정되어 있는 사안들의 특정한 집합으로 간주하고 활동했는데, 그중 가장 중요한 것이 계급과 국가 간의 배타적 결합이다. 참여문학 진영에서는 정치적인 것이라는 이 특정한 관념이 규범적인 역할, 심지어는 검열의 역할을 했다. 즉 한때는 표현할 수 있는 것, "말할 수 있는 것," "들을 수 있는 것," "볼 수 있는 것"

에 대한 경계를 허물고 확장해 갔지만 결국에는 이들을 규제하고 근본적으로 제한했다. 참여문학의 우세가 계속되면서 무엇을 어떻게 정치적인 것으로 여겨야 하는지에 대한 사고의 외연 자체가 축소되는 결과를 낳았다. 따라서 이 시기의 "정치 문학"은 명분 자체를 최우선시하면서 맹렬히 정치화를 진행했지만, 결과적으로는 비정치화라는 효과를 만들었다. 순수문학 진영에서도 예술과 미학이 초정치적(suprapolitical)이거나 비정치적(apolitical)이어야 한다고 여겼다. 이것은 곧 정치적인 것을 인식론적 질서 속에 필연적으로 얽혀 있는 가변적인 원리로 파악하기보다 사안들의 구체적인 집합이라고 간주하고 있었음을 보여 준다. 순수문학 진영은 "정치적"인 사안과 좌파 민족주의적인 관점으로부터 스스로 거리를 두었고, 이러한 거부 혹은 반발은 이들이 결과물을 형성하는 데 영향을 주었다. 이로써 순수문학을 실천하려면 다른 사안을 다루거나, 아니면 같은 사안을 다른 시각에서 접근하도록 했다. 그렇다면 비록 아직은 이렇게 인식하거나 해석하지는 않지만, 순수문학이 비정치적이거나 탈정치적(depoliticized)이었다고 생각하기보다는 다르게 정치화의 기능을 수행했다고 재고해 볼 수 있다.

그 근거가 될 만한 몇 가지 예들을 아래에 나열해 본다. 이 대표적 예시들은 내가 공교롭게 숙지하게 된 것이지만, 이 방법론적 원칙이 현존하는 정전 전체에 더 넓게 적용될 수 있기를 바란다. 우선 1950년대와 1960년대의 김동리, 오영수, 황순원의 문학작품을 살펴보자. 권위주의 정권 수십 년 동안 이 작품들의 해석과 평가는 계급이라는 경화된 개념과의 관계나, 순수문학 진영은 보수 국가와 암묵적인 연합 관계가 있다는 믿음과 연관해 이루어졌다. 그러나 권위주의 시대 이후를 사는 우리가 이 작품들을 다시 해석해 본다면 당시 한국 사회를 재구성하고 있던 구성체들의 다른 주축을 되살려 낼 수 있을 것이다.

권위주의 시대와 1990년대에 학생운동이 그 정점을 지나고 한국에서 페미니즘과 페미니스트 문학비평이 점차 뿌리를 내리기 시작했을 때, 여성 작가들은 "여류 작가"라는 경시적인 말로 불리었다. 그러나 오늘날에는 이제 막 정치적이 된 젠더/젠더 구성체라는 시각을 통해 이들의 작품을 재해석하고, 계급을 포함한 사회구성체의 여러 세력과 교차적으로 바라볼 수 있다. 구체적으로 임옥인, 강신재, 정한숙, 손소희와 같은 여성 작가들의 작품처럼, 이미 정전화되었지만 동시에 탈정치를 표방하는 남성 중심적 문학비평이 위신을 실추시킨 작품들을 다시 해석하고 재정전화할 수 있다. 그 예시로 1950년대의 여성 작가들은 전후 한국의 기지촌 현상에 대해 그들의 해석을 써왔다. 그리고 이들의 글은 민족문학운동의 등장과 함께 1960년대 중반부터 한국의 지적 상상력을 장악한 기지촌에 대해 남성 중심적인 좌파 민족주의가 그려낸 표상과 대조를 이룬다.

최근의 이문열이 아닌 1970-80년대의 이문열은[9] 좌파 민족주의 문학의 주류에 속하지 않았던 작가를 대표하면서도 동시에 예외적이었다. 그의 작품들이 정전에 포함되었다는 점에서 예외적이고, "이단적"인 비주류에 속하면서도 여전히 중요하고 주요하다는 평가를 받는다는 점에서 대표적이다. 이런 맥락으로 볼 때 이문열의 단편집 《구로 아리랑》은 좌파 민족주의 문학계의 통념과 민중의 대의를 대변한다는 그들 특유의 방식을 따르지 않으면서도 노동자 계급에 대해 기존과 다르게 유희적이고 다채로운 표상을 제공한다.

이 반대의 경우로 임철우와 윤정모를 살펴볼 수 있다. 이들의 작품은 여러 가지 면에서 1980년대의 문학이 가졌던 정치적 사명의 전형이면서, 그 십 년간의 정치적·문화적 표현이 사상적으로 맹목적이었다는 것을 입증하는 징후였다. 혹독하리만치 억압적이었던 전두환의 군사정권 아래서 일어난 광주 학살을 추도하고 신성화하는 임철우의 작품들은 충실할 정도로 남성주의적이고 심지어 여성 혐오적이기도 하다. 그점에서 그 시대의 여성 노동자 계급과 여성운동가의 복종이라는 폭력과 비존재화를 담고 있다고 재해석해 볼 수 있다. 마찬가지로 윤정모의 작품들은 일본과 미국에 의한 식민 지배와 신식민 지배의 연속성을 대담하게 폭로했으며, 이전까지는 파헤쳐지지 않았던 제국주의에 의한 한국 여성의 성적 착취 문제를 저항적 좌파 반(反)-신식민주의 민족주의의 주요한 주제로 만들었다는 점에서 명성을 얻었다. 윤정모의 작품들은 명백히 페미니스트적인 성향이 있었다. 그럼에도 여성이 제국에 의해 성적으로 지배당하는 것을 우화로 이용하는 것은, 궁극적으로 인종화되고 젠더화된 노동자 계층의 섹슈얼리티 문제를 반-신제국주의적인 저항이라고 여겨지는 "더 높은" 대의명분인 남성주의적 반국가 좌파 민족주의보다 부차적인 것으로 만드는 결과를 가져왔다고 본다. 나는 사상적 혁신이라는 윤정모의 기여에 대한 기존의 평가에 동의하면서도, 그녀의 작품을 정전화하는 태도는 윤정모의 작품이 단순화의 경향이 있다는 점을 간과하는 것이라 본다. 윤정모의 작품은 한국의 신식민지적 역사가 가지는 복잡성을 개념화하는 데에는 부족하다. 다시 말해 그녀의 문학은 "대중적인" 서사 형식과 단순성을 더 "심각한" 정치적 주제와 융합시킨다. 문학계가 윤정모의 작품들을 신성화한다는 점 자체가 좌파 민족주의의 지적 우세함에 기반한 정치적 의제가 다른 더 복잡한 종류의 사회적·경제적·정치적 구성체를 가려 버리는 경향이 있다는 것을 상기시킨다.

## 다르게 정치화한 문화

문학과 비평계의 분열이 만들어 낸 유산은 오늘날 한국에서 문학의 생산, 보급, 정전화의 과정에 여전히 강력한 영향력을 끼치고 있다. 지나간 시대의 좌파 민족주의 문학과 "순수"문학을 (다시) 검토하고 (다시) 씀으로써 젠더, 성, 인종/민족과 같은 우선순위가 낮다고 여겨졌거나 고려할 필요가 없다고 판단된 범주와 구성체가 어떻게 국가, 민족, 계급과 필연적으로 교차하며 그 당시 역사의 표상 안에서 운용되었는지 살펴볼 수 있을 것이다. 이런 의미에서 이 책의 11개 장은 1980년대 문화의 불균질성(hegerogeneity)에 대한 탐구의 외연을 확장하고 중요한 틈을 메꾸면서 우리가 권위주의 시대의 문화 일반을 어떤 식으로 재검토할 수 있을지에 대한 좋은 본보기가 된다.[10]

우선 1부의 이남희와 황경문의 글은 지속적인 이념적 분열을 기정화하는 최근 한국의 사학사를 재평가하며, 점점 더 우경화해 가는 현대 한국에서 역사성에 대한 진보 진영의 날카로운 인식이 계속해서 불일치의 원칙으로서 파괴적으로 작동하고 있음을 보여 주었다. 2부에서 김재용과 루스 배러클리프는 한국 반체제 세력의 초국가적 연결망을 1980년대 아시아, 아프리카, 라틴아메리카의 제3세계 비동맹운동과 필리핀, 타이완, 인도네시아, 스리랑카의 학생운동 등 지식인의 저항과 아래에서부터의 저항 모두를 통해 보여 주었다. 역시 2부에 실린 이솔의 글은 민중 미술의 초국가적 연결을 보여 주면서 한국이 북한과는 단절되고, 일본 에는 종속적이며, 미국에는 주변부라는 인식을 지탱하고 있던 일련의 이분법적 구도를 날카롭게 해체했다. 3부에서 천정환과 김창남은 1980년대에 새롭게 등장한 노동자 문화를 살펴보았다. 천정환은 노동 자들의 문학 모임, 김창남은 민중가요를 살펴보며 노동자 계급의 주체 들이 1980년대 동안 이루어진 문화적 저항에 어떠한 방식으로 중요한 역할을 해 왔는지를 밝혔다. 이들의 글은 노동자 계급에 대한 우리의 인 식을 깨뜨릴 뿐만 아니라, 엘리트 주도의 반체제운동과 노동자의 관계 에 대한 선입견을 해체하는 데 크게 기여했다. 4부에 실린 이혜령과 어 경희의 글은 여성에 대한 표상뿐 아니라 문학 및 대중문화의 전선에서 창조적 행위자로서의 여성을 어떻게 다시 개념화할 수 있는지 살펴보 았다. 어경희의 글에서 특히 흥미로웠던 점은, 여성과 인종/민족에 대한 표상에서는 소위 "고급" 문학보다 대중문화가 더 체제 전복적이었다는 것이다. 마지막으로 5부에서는 다양한 대중문화의 주제를 다루었다. 이 윤종은 1980년대의 에로방화를 다뤘고 박선영은 이 시기 동안의 SF 문 학을 살펴보았다. 내가 앞에서 다룬 주제들과 연결해 본다면, 권위주의 시대에 "고급" 문학이 문화적 저항이라는 영역에서 지배적인 힘으로 작 용했던 것이 대중문화를 주변화시킨 근인(近因)이라는 것이 분명해진다.

최근의 케이팝이라 부르는 한국 가요와 한류의 부상으로 이전 시대 의 대중문화 상품이 많은 학문적 관심을 받고 있다. 대중문화와 그 소비 의 역사에 관한 최근 연구는 노동자 계급의 사회적 · 경제적 · 문화적 구 성체를 다시 검토하는 차원에서 매우 필요한 작업이다. 민중문학, 다른 말로 좌파 민족주의 문학운동은 엘리트가 주도한 대중문화운동으로 노동자의 참여를 격려하기 위한 노력까지 포함되어 있었다. 권위주의 시기 동안 노동자 계급이 즐기고 소비한 대중문화 대부분은 바로 반체제 엘리트 세력이 듣지 못하고 보지 못한 소리들과 이미지들이었다. 이 책의 글들은 "대중적(popluar)"이고 "민중적(populist)"인 문화와 미학에 대해 대안적이면서 더욱 복합적인 이해를 가질 수 있게 한다.[11]

웬디 브라운(Wendy Brown)은 정체성의 정치를 통해 자본이 생략되고 계급이 삭제되는 미국의 맥락에서 "보이지 않고 말할 수 없는 계급"에 대해 말한 바 있다.[12] 개발 이후의 한국에서도 여성, 이민자와 이주자, 성소수자를 중심으로 정체성의 정치가 등장하면서 미국과 유사하지만 중요한 부분에서는 다른 방식으로 계급이 가려지고 있다. 미국 대중문화의 구조와 문법이 보이지 않은 채로 더 단단하게 자리 잡은 것은 한국의 대중문화 상품에서 뿐만이 아니다. 정치의 영역 또한 통치/통치성, 저항/대립에 대한 토의가 모두 의식적이든 무의식적이든 정체성에 기반한 미국의 다문화주의를 따라가고 있다.

다양하면서도 중첩되어 새로움과 더불어 이전의 침전물까지 모두 품고 있는 "포스트"의 시대, 즉 포스트 학생운동, 포스트 권위주의, 포스트 냉전의 시기에 한국 내부의 지정학적 지형은 극히 복합적이다. 만일 오늘날 한국의 뉴라이트가 전 시기의 보수적 사고가 되살아난 망령이라면, 사상적인 좌파 역시 끊임없이 변화하고 더욱 복잡해진 한국의 정치적 구성체를 다시 생각하는 데 과연 스스로 얼마나 진화했는지 자문해야 할 것이다.

나가며

# 주 + 참고문헌

## 들어가며

1 1980년대 민주화운동에 대한 역사적 설명은 Lee, Namhee. *The Making of Minjung*; Wells, Kenneth M. ed. *South Korea's Minjung Movement*; 민주화운동기념사업회, 《한국 민주화운동사 3》 참조.

2 '민중'의 기원에 대해서는 Em, Henry. "Minjok as a Modern and Democratic Construct" 참조.

3 Lee, Namhee. *The Making of Minjung*, 5. 1980년대에 이 용어를 재정립하는 중요한 순간으로 종교, 문학, 영화, 연극, 순수 예술계의 반체제 지식인들이 각자의 경계를 허물고 1984년 4월 세운 민중문화운동협의회의 창립을 꼽을 수 있다.

4 민주화운동기념사업회, "광주항쟁의 결과와 의의," 사료로 보는 민주화 운동. https://contents.kdemo.or.kr/sub07/sub07_06.html

5 1970년대 사회문화운동의 역사에 대해서는 Barraclough, Ruth. *Factory Girl Literature*; Nam, Hwasook. *Building Ships, Building a Nation* 참조. 광주항쟁과 탄압에 대한 영어권 저술로는 Shin, Gi-Wook, and Kyung Moon Hwang, eds. *Contentious Kwangju* 참조. 광주에서 일어난 사건들이 가혹한 검열의 대상이 됨에 따라 1980년대 초에는 부득이하게 이에 관한 문화적 재현이 거의 없었다. 이러한 상황은 1985년 전남사회운동협의회가 편찬한 《죽음을 넘어 시대의 어둠을 넘어》가 출판(과 동시에 금서로 지정)되면서 변화하기 시작했다. 한국 대중음악, 문학, 영화에서 광주에 대한 재현은 정유하, 《그래도 우리는 노래한다》; 강진호, 〈5·18과 현대소설〉; Kim, Kyu Hyun. "Post-Trauma and Historical Remembrance in A Single Spark and A Petal," 107-35 참조.

6 1980년대 한국의 민주화운동에 대한 미국의 반응은 Adesnik, A. David, and Sunhyuk Kim. "South Korea," 283-85 참조.

7 1980년대 사회운동에 관한 중요한 자료들은 Lee, Namhee, and Kim, Won, eds. *The South Korean Democratization Movement*에서 영문으로 볼 수 있다. 노동자들의 투쟁에 관해서는 Lee, Namhee. *The Making of Minjung*과 Koo, Hagen. *Korean Workers* 참조. 여성운동에 대해서는 Louie, Miriam Ching Yoon. *Minjung Feminism* 참조. 농민 투쟁에 대해서는 Abelmann, Nancy. *Echoes of the Past* 참조. 도심지 이동 논쟁에 관해서는 Porteux, Jonson N., and Sunil Kim. "Public Orders and Private Coercion"과 Moon, Seungsook. *Militarized Modernity and Gendered Citizenship in South Korea* 4장 참조.

8 민중운동에서 마당극의 역할에 대해서는 Lee, Namhee. *The Making of Minjung*, 187-212와 Choi, Chungmoo. "The Minjung Culture Movement" 참조. 민중문학과 영화운동에 대해서는 Choi, Hyun-moo. "Contemporary Korean Literature"와 Lee, Nam. "Repatriation and the History of Korean Documentary Filmmaking" 참조.

9 이러한 불연속 담론의 영향을 보여 주는 예로 Kim, Kyung Hyun, and Youngmin Choe, eds. *The Korean Popular Culture Reader*(2014)가 있다. 이 저술은 수십 년간의 한국 현대 대중문화를 심도 있게 다루지만 1980년대에 관한 내용이 거의 없다. 이에 반해 Shin, Gi-Wook, and Paul Y. Chang, eds. *South Korean Social Movements*에서 볼 수 있는 것처럼 사회과학 분과에서는 여러 기고자가 1980년대를 조망하

고 있다.

**10** 이 책은 기존 역사 서술에서 1980년대의 문화가 가지는 위치를 재고하는 한국 학계의 최신 연구들과 공명한다. 예를 들어, 천정환, 〈1980년대 문학·문화사 연구를 위한 시론〉과 김정한 외, 《한국현대 생활문화사 1980년대: 스포츠공화국과 양념통닭》 참조.

**11** 부분적으로 자서전적 형식을 띤 김재용과 배러클러프의 글은 현재 한국의 학자들이 국사라는 공적인 기록보다 개인적·집단적 기억을 통해 1980년대를 회복시키고자 할 때 발생하는 논쟁들에 기여하는 바가 있다. 김원, 《잊혀진 것들에 대한 기억》; 김귀옥·윤충로, 《1980년대 민주화운동 참여자의 경험과 기억》 참조.

**12** Crenshaw, Kimberlé. "Demarginalizing the Intersection of Race and Sex" 참조. 킴벌리 크렌쇼의 이론화 작업에 따르면, 상호교차성 페미니즘은 인종, 계급, 젠더, 성적 지향 등에 관한 입장이 복합적이라고 보는 페미니즘의 한 형태이다. 이 사회적 범주의 이해관계들이 때때로 대립하더라도 개별 여성의 정체성을 형성하는 데는 중첩적으로 작용하기 때문이다. 이 이론적 관점은 1980년대 한국의 여성해방운동에 적절하게 적용될 수 있는데, 당시의 담론에서 여성으로서의 정체성은 시민적 주체성과 신식민주의라는 역사적 곤경의 대상이라는 사실로부터 불가분하게 연결되었기 때문이다.

**13** Choe, Sang-Hun. "Protest against South Korean President Estimated to Be largest Yet."

**14** "2016년 11월 민중 총궐기", 나무위키.

**15** Koo, Hagen. "The State, Minjung, and the Working Class," 149.

"2016년 11월 민중 총궐기", 나무위키, https://namu.wiki/w/(2016.12.8. 검색).

강진호. 〈5·18과 현대소설〉, 《현대소설연구》 64, 2016, 5-33.

김귀옥·윤충로. 《1980년대 민주화운동 참여자의 경험과 기억》, 민주화운동기념사업회, 2007.

김원. 《잊혀진 것들에 대한 기억》, 이매진, 2011(1999).

김정한 외. 《한국 현대 생활문화사 1980년대: 스포츠공화국과 양념통닭》, 창비, 2016.

민주화운동기념사업회 한국민주주의연구소. 《한국민주화운동사 3: 서울의 봄부터 문민정부 수립까지》, 돌베개, 2010.

전남사회운동협의회 편. 《죽음을 넘어 시대의 어둠을 넘어》, 풀빛, 1985.

정유하. 《그래도 우리는 노래한다: 민중가요와 5월운동 이야기》, 한울, 2017.

천정환. 〈1980년대 문학·문화사 연구를 위한 시론〉, 《민족문학사연구》 56, 2014, 389-416.

Abelmann, Nancy. *Echoes of the Past, Epics of Dissent: A South Korean Social Movement*. Berkeley: University of California Press, 1996.

Adesnik, A. David, and Sunhyuk Kim. "South Korea: The Puzzle of Two Transitions." In *Transitions to Democracy: A Comparative Perspective*, edited by Kathryn Stoner-Weiss and Michael McFaul, 266-89. Baltimore: Johns Hopkins University Press, 2013.

Barraclough, Ruth. *Factory Girl Literature: Sexuality, Violence, and Representation in Industrializing Korea*. Berkeley: University of California Press, 2012(루스 배러클러프, 김원·노지승 옮김, 《여공문학: 섹슈얼리티, 폭력 그리고 재현의 문제》, 후마니타스, 2017).

Chang, Paul Y. *Protest Dialectics: State Repression and South Korea's Democracy Movement, 1970-1979*. Stanford: Stanford University Press, 2015.

Choi, Chungmoo. "The Minjung Culture Movement and the Construction of Popular Culture in Korea." In *South Korea's Minjung Movement*, edited by Kenneth M. Wells, 105-18.

Choi, Hyun-moo. "Contemporary Korean Literature: From Victimization to Minjung Nationalism." Translated by Carolyn So. In *South Korea's Minjung Movement*, edited by Kenneth M. Wells, 167-78.

Crenshaw, Kimberlé. "Demarginalizing the Intersection of Race and Sex: a Black Feminist Critique of Antidiscrimination Doctrine, Feminist Theory and Antiracist Politics." In "Feminism in the

Law: Theory, Practice and Criticism." Special issue, *Chigago Legal Forum* (1989): 139-67.

Em, Henry. "Minjok as a Modern and Democratic Construct: Sin Ch'aeho's Historiography." In *Colonial Modernity in Korea*, edited by Gi-Wook Shin and Michael Robinson, 336-61. Cambridge: Harvard University Press, 2001.

Kim Kyung Hyun. *The Remasculinization of Korean Cinema*. Durham:Duke University Press, 2004.

Kim, Kyung Hyun, and Youngmin Choe, eds. *The Korean Popular Culture Reader*. Durham: Duke University Press, 2014.

Koo, Hagen. *Korean Workers: The Culture and Politics of Class Formation*. Ithaca: Cornell University Press, 2001.

Koo, Hagen. "The State, Minjung, and the Working Class in South Korea." In *State and Society in Contemporary Korea*, edited by Hagen Koo, 131-62. Ithaca: Cornell University Press, 1993.

Lee, Nam. "Repatriation and the History of Korean Documentary Filmmaking." *Asian Cinema 16*, no. 1 (2005): 16-27.

Lee, Namhee. "From Minjung to Simin: The Discursive Shift in Korean Social Movements." In *South Korean Social Movements: From Democracy to Civil Society*, edited by Gi-Wook Shin and Paul Y. Chang, 41-57. New York: Routledge, 2011.

Lee, Namhee. *The Making of Minjung: Democracy and the Politics of Representation in South Korea*. Ithaca: Cornell University Press, 2007(이남희, 유리·이경희 옮김,《민중 만들기: 한국의 민주화운동과 재현의 정치학》, 후마니타스, 2015).

Lee, Namhee, and Kim Won, eds. *The South Korean Democratization Movement: A Sourcebook*. Sngnam: Academy of Korean Studies Press, 2016.

Louie, Miriam Ching Yoon. "Minjung Feminism: Korean Women's Movement for Class and Gender Liberation." *Women's Studies International Forum* 18, no. 4 (1995): 417-43.

Moon, Seungsook. *Militarized Modernity and Gendered Citizenship in South Korea*. Durham: Duke University Press, 2005.

Nam, Hwasook B. *Building Ships, Building a Nation: Korea's Democratic Unionism under Park Chung Hee*. Seattle: University of Washington Press, 2002.

Porteux, Jonson N., and Sunil Kim. "Public Orders and Private Coercion: Urban Development and Democratization in South Korea." *Journal of East Asian Studies* 16 (2016): 371-90.

Ryu, Youngju, ed. *Cultures of Yusin: South Korea in the 1970s*. Ann Arbor: University of Michigan Press, 2018.

Ryu, Youngju. *Writers of the Winter Republic: Literature and Resistance in Park Chung Hee's Korea*. Honolulu: University of Hawai'i Press, 2015.

Shin, Gi-Wook, and Paul Y. Chang, eds. *South Korean Social Movements: From Democracy to Civil Society*. New York: Routledge, 2011.

Wells, Kenneth M., ed. *South Korea's Minjung Movement: The Culture and Politics of Dissidence*. Honolulu: University of Hawai'i Press, 1996.

## 1장

1 Nora, Pierre. "Between Memory and History", 17. 노라의 프로젝트는 다분히 프랑스 민족의 중요성과 그가 말하는 "기억의 영역"—오랜 시간 동안 민족의 집단적 과거의 일부를 구성한 의례, 장소, 생각, 그리고 전통의 집합체—을 지탱할 프랑스 민족문화의 역량이 전반적으로 위축되고 있다는 인식에서 출발했다.
2 박영균, 〈민중운동과 반자본적 주체〉, 14.
3 고미숙,《비평기계》, 158-59.
4 위와 같음, 159.

**5** Lee, Namhee. *The Making of Minjung*, 70-108 참조.

**6** Eperjesi, John R. "Communists Meet Gangnam Style." 2003년에 건국대학교 학생 두 명이 카를 마르크스의《자본론》, 루이 알튀세르의《마르크스를 위하여》, 조지 카치아피카스의《신좌파의 상상력》을 인용한 팸플릿을 자신들이 직접 만들어 철거촌에 배포했다가 국가보안법 위반으로 구속되었다.

**7** Ibid.

**8** Ibid.

**9** Kwon, Heonik. *The Other Cold War*, 6.

**10** Doucette, Jamie, and Se-Woong Koo. "Distorting Democracy," 3.

**11** 북한 여행기 작가인 신은미는 2014년 12월 자기 책과 다수의 공공 포럼에서 북한을 "지지하는 언급"을 했다는 혐의로 온라인과 오프라인 풀뿌리 조직들에 의해서 종북좌파라고 비난받았다. 한국 정부는 21일간의 구금과 심문 뒤에 그녀를 미국으로 추방했고 5년간 입국 금지 명령을 내렸다. Lee, Hyun. "A Korean American Housewife Confronts South Korea's National Security Law" 참조.

**12** 종북좌파 담론의 궤적은 여기에 서술한 것보다 더 복잡하다. 담론의 시작은 좌 성향 정당에서 시작되었는데 주체사상을 고집스럽게 추종한다고 생각되는 동료 당원들을 비판하기 위해서였다. 이와 무관하게 나는 이 글에서 전적으로 사회적 차원에서 발화되고 기능하는 종북좌파 담론을 조명한다.

**13** 1990년대에 신조어로 등장한 '386세대'는 당시 30대로 1980년대에 대학을 다니고 1960년대에 태어난 세대를 일컫는다.

**14** Lee, Namhee. "From Minjung to Simin," 51-57.

**15** Therborn, Göran. "After Dialectics," 70.

**16** Ibid., 71.

**17** Dirlik, Arif. *Postmodernity's Histories*, 46.

**18** Ibid.

**19** Waters, Sarah. "1968 in Memory and Place," 15.

**20** Krystal, Arthur. "The Long Goodbye," 84.

**21** Waters, Sarah. "1968 in Memory and Place," 15.

**22** Cullen, David. "Review of *Happy Days and Wonder Years*."

**23** Marlière, Philippe. "Sarkozysm as an Ideological Them Park," 382.

**24** Christofferson, Michael Scott. "An Antitotalitarian History of the French Revolution," 557.

**25** Ibid.

**26** Heilbrunn, Jacob. "Germany's New Right," 85.

**27** Eley, Geoff. "What Produces Democracy?," 178.

**28** Ibid., 179.

**29** Ibid.

**30** Castells, Manuel. *Information Age*, 3(Dirlik, *Postmodernity's Histories*, 51에서 재인용).

**31** Anderson, Perry. "Jottings on the Conjuncture," 9.

**32** 예를 들어 우파의 신진 스타였던 신지호는 2014년에 책을 출판하면서 김대중과 노무현의 진보 정부가 추구한 모든 경제 정책이 현재의 경제적 대혼란을 일으켰다고 한탄했다. 이러한 주장을 제외한다면, 사실 이 책의 내용은 전반적으로 균형 잡힌 시각을 유지한다.

**33** 한국정치연구회 편,《박정희를 넘어서》.

**34** Slotkin, Richard. *Gunfighter Nation*, 5-6.

**35** Feldman, Allen. "Political Terror and the Technologies of Memory," 61.

**36** Ibid.

**37** Connerton, Paul. *How Societies Remeber*(Feldman, Allen. "Political Terror and the Technologies of Memory," 61에서 재인용).

**38** Feldman, Allen. "Political Terror and the Technologies of Memory," 61.

**39** Ibid.

**40** Gramsci, Antonio. *Prison Notebooks*, 3:168.

**41** 조갑제, 《내 무덤에 침을 뱉어라》, 13(전재호, 〈박정희로부터 역사를 구출하자〉, 45에서 재인용).

**42** 김정렴, 《최빈국에서 선진국 문턱까지》. 김정렴은 이미 1991년에 회고록을 출간한 바 있는데, 이때의 회고록은 박정희가 경제 개발에서 맡은 역할에 초점이 맞추어져 있었다. 그의 두 번째 회고록인 《아, 박정희》는 〈중앙일보〉 연재를 마친 뒤 1998년에 책으로 출판되었고, 2006년에 증보판이 나왔다.

**43** 전재호, 〈박정희로부터 역사를 구출하자〉, 44에서 재인용.

**44** 위와 같음.

**45** 위와 같음.

**46** 홍윤기, 〈다극적 현대성 맥락 속의 미완의 파시즘과 미성숙 시민 사회〉, 76.

**47** Nietzsche, Friedrich. *The Use and Abuse of History*, 17.

**48** 한만수, 〈90년대 베스트셀러 소설, 그 세계관과 오락성〉, 200.

**49** 하정일, 〈파시즘의 신화, 단선적 근대관의 역설〉, 67-68.

**50** 위와 같음, 68.

**51** 위와 같음, 67.

**52** 위와 같음, 70-71.

**53** 이인화, 《《인간의 길》에 나타난 근대성 문제》, 276(이충훈, 〈'영웅'의 정치학〉, 254에서 재인용).

**54** 인터뷰에서 이인화가 언급한 책의 제목은 《료마가 간다》가 아니라 《대망》이다. 《대망》은 도쿠가와 시대에서부터 러일전쟁까지 일본의 국가 건설 과정에 나타난 정치·경제·문화·군사적 측면에 관해 일본인 소설가 세 명이 쓴 작품을 총 3부로 구성한 한국어 번역본이다.

**55** 손정수, 〈인간의 길, 자각의 길〉, 134.

**56** 강영희, 《《인간의 길》로 박정희 부활》, 81.

**57** 설준규, 〈소문난 잔치의 먹을거리〉, 425-26.

**58** 김진명, 《무궁화꽃이 피었습니다》 참조.

**59** 이혜원, 〈지치고 버림받은 아버지들의 자화상〉.

**60** 특히 한만수, 〈90년대 베스트셀러 소설, 그 세계관과 오락성〉 참조.

**61** 특히 고미숙, 《비평기계》 참조.

**62** 복거일, 〈목성잠언집〉, 234, 238(강준만, 〈복거일의 소설에 소설로 답하다〉, 185에서 재인용).

**63** 〈변명을 찾아서: 복거일論〉.

**64** 강준만, 〈이문열을 알면 한국 사회의 '문법'이 보인다〉.

**65** 이문열, 《술단지와 잔을 끌어당기며》, 50; 김동민, 〈다시 이문열에 대하여〉 참조.

**66** 강준만, 〈이문열을 알면 한국 사회의 '문법'이 보인다〉, 137.

**67** 위와 같음, 138.

**68** 예수의 제자들을 핍박하려는 목적으로 예루살렘을 떠나 다마스쿠스에 다다른 길 위에서 갑자기 밝은 빛을 보고 실명한 후 열성 기독교인으로 전향했다는, 신약의 핵심 인물 중 하나인 사도 바울에 관한 성경 이야기를 빗댄 용어. 다마신(Damascene)은 지명인 다마스쿠스의 형용사이며 '다마스쿠스 사람'이란 뜻이 있다(옮긴이).

**69** Koschmann, J. Victor. *Revolution and Subjectivity in Postwar Japan*, 247.

**70** Ibid.

**71** 정해구, 〈뉴라이트 운동의 현실 인식에 대한 비판적 검토〉, 223-24.

**72** Em, Henry. "Historians and Historical Writing in Modern Korea," 670.

**73** Ibid., 673.

**74** 정해구, 〈뉴라이트 운동의 현실 인식에 대한 비판적 검토〉, 219-20.

**75** Miller, Owen. "The Idea of Stagnation in Korean Historiography," 10.

**76** Ibid.

**77** 김영환, 저자와의 인터뷰.

**78** 특히 Rüsen, Jörn. "Historical Enlightenment in the Light of Postmodernism" 참조.

**79** Em, Henry. "Historians and Historical Writing in Modern Korea," 674.

**80** 윤해동, 〈뉴라이트 운동과 역사 인식〉, 238-39.

**81** 위와 같음.

**82** Rüsen, Jörn. "Historical Enlightenment in the Light of Postmodernism," 117-20.

**83** Habermas, Jürgen. *A Berlin Republic*, 11.

**84** Ibid.

**85** Ibid., 44.

**86** Maier, Charles S. *The Unmasterable Past*, 136.

**87** Habermas, Jürgen. *A Berlin Republic*, 13.


강영희, 〈《인간의 길》로 박정희 부활의 깃발을 든 이인화〉, 《사회평론 길》 97권 6호, 1997, 78-87.

강준만, 〈복거일의 소설에 소설로 답하다〉, 《인물과 사상》 47권 3호, 2002, 184-202.

강준만, 〈이문열을 알면 한국 사회의 '문법'이 보인다〉, 《인물과 사상》 47권 3호, 2002, 130-54.

고미숙, 《비평기계》, 소명출판, 2000.

교과서포럼, 《대안교과서 한국 근현대사》, 기파랑, 2010.

김동민, 〈다시 이문열에 대하여〉, 《황해문화》 33권 2001 겨울호, 390-96.

김영환, 저자와의 인터뷰, 서울, 대한민국, 2005.7.28.

김정렴, 《최빈국에서 선진국 문턱까지: 한국 경제 정책 30년사》, 랜덤하우스, 2006.

김정인, 《《선택》(이문열 1997)과 나》, 《한국역사연구회회보》 31권 1호, 1998, 31-34.

김정현, 《아버지》, 문이당, 1996.

김진명, 《무궁화꽃이 피었습니다》, 해냄, 1994.

박영균, 〈민중운동과 반자본적 주체〉, 《철학연구》 102권 5호, 대한철학회, 2007, 13-36.

박정희, 《민족의 저력》, 광명출판사, 1971.

〈변면을 찾아서-복거일論〉, alt.SF: An Alternative SF Fanzine, 2011.2.1, https://altsf.wordpress.com/2011/02/01/sp04.

복거일, 〈목성잠언집〉, 《문예중앙》 96호, 2001 겨울호, 226-79.

설준규, 〈소문난 잔치의 먹을거리: 세계관의 대립?〉, 《창작과 비평》 21권 4호, 1993, 425-28.

손정수, 〈인간의 길, 작가의 길: 이인화론〉, 《작가세계》 15권 4호 (2003): 117-37.

신승회, 《《선택》과 〈익명의 섬〉에 나타난 이문열의 여성관 규명》, 《아시아문화연구》 40권 12호, 2014, 55-85.

신지호, 《고개 숙인 대한민국》, 21세기북스, 2014.

윤해동, 〈뉴라이트 운동과 역사 인식: '비판적 역사'〉, 《민족문화논총》 51권 8호, 2012, 227-63.

이문열, 《선택》, 민음사, 1997.

이문열, 〈술단지와 잔을 끌어당기며〉, 《현대문학》 47권 10호, 2001년 10월호, 32-55.

이인화, 《인간의 길》, 살림, 1997-98.

이인화, 《《인간의 길》에 나타난 근대성 문제》, 《상상》 5권 3호, 1997, 258-76.

이충훈, 〈'영웅'의 정치학: 박정희 신드롬의 국가주의 대(對) 민주적 사회 통합〉, 《정치비평》 3권, 1997, 258-76.

이혜원, 〈지치고 버림받은 아버지들의 자화상: 1997년의 화제작 김정현의 《아버지》〉, 《웹진 대산문화》 2006년 가을호, http://www.daesan.or.kr/webzine_read.html?uid=1195&ho=18

전재호, 〈박정희로부터 역사를 구출하자〉, 《정치비평》 7권, 2000, 35-58.

정해구, 〈뉴라이트 운동의 현실 인식에 대한 비판적 검토〉, 《역사비평》 76권 8호, 2006, 215-37.

조갑제, 《내 무덤에 침을 뱉어라! 조갑제 기자가 쓰는 〈근대화 혁명가〉 박정희의 비장한 생애》 총 8권. 조선일보사, 1998-2001.

하정일, 〈파시즘의 신화, 단선적 근대관의 역설: 긴급진단 2. 시대착오적 국가지상주의자, 이인화〉, 《실천문학》8권, 1997, 65-77.

한국정치연구회,《박정희를 넘어서》, 푸른숲, 1998.

한만수, 〈'90년대 베스트셀러 소설, 그 세계관과 오락성〉,《한국문학연구》20권 3호, 1998, 189-211.

홍윤기, 〈다극적 현대성 맥락 속의 미완의 파시즘과 미성숙 시민 사회〉,《사회와 철학》2권 10호, 2001, 57-103.

Anderson, Perry. "Jottings on the Conjuncture." *New Left Review* 48 (2007): 5-37.

Castells, Manuel. *Information Age: Economy, Society, and Culture. Vol. 1 of The Rise of the Network Society.* Malden, MA: Blackwell, 1997.

Christofferson, Michael Scott. "An Antitotalitarian History of the French Revolution: François Furet's Penser la Révolution française." *French Historical Studies* 22, no. 4 (1999): 557-611.

Connerton, Paul. *How Societies Remember.* Cambridge: Cambridge University Press, 1989.

Cullen, David. *Review of Happy Days and Wonder Years: The Fifties and the Sixties in Contemporary Cultural Politics,* by Daniel Marcus. H-Net, August 2005, https://networks.h-net.org/node/19474/reviews/19994/cullen-marcus-happy-days-and-wonder-years-fifties-and-sixties

Dirlik, Arif. *Postmodernity's Histories: The Past as Legacy and Project.* Lanham, MD: Rowman & Littlefield, 2000.

Doucette, Jamie, and Se-Woong Koo. "Distorting Democracy: Politics by Public Security in Contemporary South Korea." *Asia-Pacific Journal* 11, issue 48, no. 4 (December 2, 2013).

Eley, Geoff. "What Produces Democracy? Revolutionary Crises, Popular Politics and Democratic Gains in Twentieth-Century Europe." In *History and Revolution: Refuting Revisionism,* edited by Mike Haynes and Jim Wolfreys, 172-201. New York: Verso, 2007.

Em, Henry. "Historians and Historical Writing in Modern Korea." In *Oxford History of Historical Writing,* edited by Daniel Woolf and Axel Schneider, 5:659-77. Oxford: Oxford University Press, 2011.

Eperjesi, John R. "Communists Meet Gangnam Style: Alain Badiou and Slavoj Žižek in South Korea." *Huffington Post,* October 8, 2013, https://www.huffpost.com/john-r-eperjesi/communists-meet-gangnam-style_b_4047098.html

Feldman, Allen. "Political Terror and the Technologies of Memory: Excuse, Sacrifice, Commodification, and Actuarial Moralities." *Radical History Review* 85 (Winter 2003): 58-73.

Furet, François. *Penser la Révolution française.* Translated by Elborg Forster. Cambridge: Cambridge University Press, 1981.

Gramsci, Antonio. *Prison Notebooks.* Vol. 3. Translated by J. A. Buttigieg. New York: Columbia University Press, 2007.

Habermas, Jürgen. *A Berlin Republic: Writings on Germany.* Translated by Steven Rendall. Lincoln: University of Nebraska Press, 1997.

Heilbrunn, Jacob. "Germany's New Right." *Foreign Affairs* 75, no. 6 (1996): 80-98.

Koschmann, J. Victor. *Revolution and Subjectivity in Postwar Japan.* Chicago: University of Chicago Press, 1996.

Krystal, Arthur. "The Long Goodbye: Notes on a Never-Ending Decade." *Review of The Sixties Unplugged: A Kaleidoscopic History of a Disorderly Decade,* by Gerard J. DeGroot, 81-88. Harper's Magazine, October 2009.

Kwon, Heonik. *The Other Cold War.* New York: Columbia University Press, 2010. 권헌익, 이한중 옮김,《또 하나의 냉전: 인류학으로 본 냉전의 역사》, 민음사, 2013.

Lee, Hyun. "A Korean American Housewife Confronts South Korea's National Security Law."

*Asia-Pacific Journal* 3, issue 4, no. 3 (January 26, 2015).

Lee, Namhee. "From Minjung to Simin: The Discursive Shift in Korean Democratic Movements." In *South Korean Social Movements: From Democracy to Civil Society*, edited by Gi-Wook Shin and Paul Y. Chang, 51-57. New York: Routledge, 2011.

Lee, Namhee. *The Making of Minjung: Democracy and the Politics of Representation in South Korea*. Ithaca: Cornell University Press, 2007(이남희, 유리·이경희 옮김,《민중 만들기: 한국의 민주화운동과 재현의 정치학》, 후마니타스, 2015).

Maier, Charles S. *The Unmasterable Past: History, Holocaust, and German National Identity*. Cambridge: Harvard University Press, 1997.

Marlière, Philippe. "Sarkozysm as an Ideological Theme Park. Nicolas Sarkozy and Right-Wing Political Thought." *Modern & Contemporary France* 17, no. 4 (2009): 375-90.

Miller, Owen. "The Idea of Stagnation in Korean Historiography: From Fukuda Tokuz to the New Right." *Korean Histories* 2, no. 1 (2010): 1-12.

Nietzsche, Friedrich. *The Use and Abuse of History*. Translated by Adrian Collins. 1949. Reprint. Indianapolis: Bobbs-Merrill, 1957.

Nora, Pierre. "Between Memory and History: Les Lieux de Mémoire." *Representations* 26 (Spring 1989): 7-25.

Rüsen, Jörn. "Historical Enlightenment in the Light of Postmodernism: History in the Age of the 'New Unintelligibility'." Translated by Bill Temper. *History and Memory* 1, no. 2 (1989): 109-31.

Slotkin, Richard. *Gunfighter Nation: The Myth of the Frontier in Twentieth-Century America*. New York: Maxwell Macmillan International, 1992.

*New Left Review* 43 (January-February 2007): 63-114.

Ventresca, Robert A. "Mussolini's Ghost: Italy's Duce in History and Memory." *History and Memory* 18, no. 1 (2006): 86-119.

Waters, Sarah. "1968 in Memory and Pleace." *Introduction to Memories of 1968: International Perspectives*, edited by Ingo Cornils and Sarah Waters, 1-22. New York: Peter Lang, 2010.

## 2장

**1** 역사학연구소,《함께 보는 한국 근현대사》, 425. 이 역사 개설서는 이 이슈뿐만 아니라 다른 문제에 대해서도 좌파 민족주의적 시각을 잘 요약해서 보여 준다.

**2** 노용필,《한국 현대사 담론》, 297-301.

**3** 최장집,《민주화 이후의 민주주의》, 113.

**4** 안병욱, 〈민주화운동에 대한 평가와 인식의 전환을 위하여〉.

**5** 위와 같음, 36-38. 미국 주도의 세계 질서에서 한국이 어떤 위치를 차지하는지에 관한 생각이 촉발한 사회구성체론은 좌파적 입장의 전제인 마르크스주의의 단계론적 역사 발전론과 대립하고 있었다. 이들은 각기 NL(National Liberation, 민족해방)과 PD(People's Democracy, 민중민주)로 불렸다.

**6** 한홍구,《지금 이 순간의 역사》, 153-57.

**7** Lee, Namhee. *The Making of Minjung*.

**8** 위의 책과 Chang, Paul. *Protest Dialectics* 참조.

**9** 인텔의 중앙처리장치에서 이름을 따온 "386세대"는 1990년대에 흔하게 사용되었는데, 이들은 21세기의 시작과 함께 정치계, 학계, 시민 사회에서 기성의 질서로 편입해 갔다.

**10** 예를 들어 박석홍, 〈제국주의 침략과 공산화 극복하고 선진국에 진입한 한국 근현대사의 쟁점 연구〉 참조. 한국 현대 역사학에서 뉴라이트의 위상과 뉴라이트가 민족주의적 이분법에 도전하면서 흥미롭지만 아직은 "미약하게" 전용하는 탈식민주의적 방법론에 대해서는 Em, Henry. *The Great Enterprise*, 155-58 참조.

**11** 교과서포럼,《대안 교과서 한국 근·현대사》, 14-17, 217-47.

12 예를 들어, 한국 민주화의 의의에 대한 설명은 Cumings, Bruce. *Korea's Place in the Sun*, 319-403; Hwang, Kyung Moon. *A History of Korea*, 23-24장, 26장 참조.

13 예를 들어 Oberdorfer, Don. *The Two Koreas* 참조.

14 이영훈,《대한민국 역사: 나라 만들기 발자취, 1945~1987》, 44.

15 Brazinsky, Gregg A. *Nation Building in South Korea* 참조.

16 역사학연구소,《함께 보는 한국 근현대사》, 415.

17 노용필,《한국 현대사 담론》, 283-92.

18 Moon, Seungsook. *Militarized Modernity and Gendered Citizenship in South Korea*, 특히 4장. 책의 제목에서 볼 수 있듯이 문승숙은 대중의 지위가 "순종적인 국민"에서 "민주화 담론"과 하나가 된 시민으로 전환한다고 보았다. 그러나 시민 형성의 이러한 과정은 명확하게 젠더화되어 있었고, 이는 민주화에 민중을 성에 따라 이원적으로 동원한 결과였다. 문승숙은 1960년대부터 1980년대까지 반공 개발주의를 위해 군사화되고 젠더화된 대중 조직이 한국 국민, 특히 여성을 산업화와 가정성(domesticity)이라는 가부장적 비전에 봉사하게 하면서 경제적으로 소외시켰음을 지적한 바 있다.

19 역사연구소,《함께 보는 한국 근현대사》, 426.

20 교과서포럼,《대안 교과서 한국 근·현대사》, 222-23.

21 지주형,《한국 신자유주의의 기원과 형성》, 특히 4장과 9장. 1974년에 공직 생활을 시작한 김재익은 1980년 가을에 전두환의 경제수석비서관이 되었다.

교과서포럼,《대안 교과서 한국 근현대사》, 기파랑, 2008.

노용필,《한국 현대사 담론》, 한국사학, 2007.

박석흥,《제국주의 침략과 공산화 극복하고 선진국에 진입한 한국 근현대사의 쟁점 연구》, 국학자료원, 2013.

안병욱, 〈민주화운동에 대한 평가와 인식의 전환을 위하여〉, 안병욱 편,《한국 민주화운동의 성격과 논리》, 선인, 2010.

역사학연구소,《함께 보는 한국 근현대사》, 서해문집, 2004.

이영훈,《대한민국 역사 나라 만들기 발자취, 1945-1987》, 기파랑, 2013.

지주형,《한국 신자유주의의 기원과 형성》, 책세상, 2011.

최장집,《민주화 이후의 민주주의: 한국 민주주의의 보수적 기원과 위기》, 후마니타스, 2002.

한홍구,《지금 이 순간의 역사》, 한겨레출판, 2010.

Brazinsky, Gregg A. *Nation Building in South Korea: Koreans, Americans, and the Making of a Democracy*. Chapel Hill: University of North Carolina Press, 2009.

Chang, Paul. *Protest Dialectics: State Repression and South Korea's Democracy Movement, 1970-1979*. Stanford: Stanford University Press, 2015.

Cumings, Bruce. *Korea's Place in the Sun-A Modern History*. Rev. ed. New York: W. W. Norton, 2005.

Em, Henry. *The Great Enterprise: Sovereignty and Historiography in Modern Korea*. Durham: Duke University Press, 2013.

Hwang, Kyung Moon. *A History of Korea: An Episodic Narrative*. 2nd ed. London: Palgrave Macmillan, 2016.

Lee, Namhee. *The Making of Minjung: Democracy and the Politics of Representation in South Korea*. Ithaca: Cornell University Press, 2007(이남희, 유리·이경희 옮김,《민중 만들기: 한국의 민주화운동과 재현의 정치학》, 후마니타스, 2015).

Moon, Seungsook. *Militarized Modernity and Gendered Citizenship in South Korea*. Durham: Duke University Press, 2005.

Oberdorfer, Don. *The Two Koreas: A Contemporary History*. New York: Basic Books, 1999.

## 3장

**1** 데이비드 E. 먼젤로, 이향민·장동진·정인재 옮김,《진기한 나라 중국: 예수회의 적응주의와 중국학의 기원》.
**2** 실시학사 고전문학연구회 엮음,《변영만 전집 (하)》, 67.
**3** 최근에 나온 장편소설《제주도우다》는 그 결정판이라 할 수 있다.
**4** 문부식,《잃어버린 기억을 찾아서》, 93.
**5** 김학준 외, 변형윤 옮김,《제3세계의 이해》, 7.
**6** 일본 아시아·아프리카 작가회의, 신경림 옮김,《민중문화와 제3세계: AALA 문화회의 기록》.
**7** 백낙청·구중서 외,《제3세계 문학론》참조.
**8** 栗原幸夫,《歷史の道標から》, 139-40.
**9** 이 대회가 1958년 제1회 아시아·아프리카 작가회의의 연장선에 있음은 이 책의 서문을 쓴 일본 아시아·아프리카 작가회의 의장 홋타 요시에(堀田善衞)의 글에서도 잘 드러난다. 일본 아시아·아프리카 작가회의, 신경림 옮김,《민중문화와 제3세계: AALA 문화회의 기록》, 6-7 참조.
**10** Tagore, Rabindranath. *Selected Writings on Literature and Language*, 138-50.

김재용,《북한 문학의 역사적 이해》, 문학과지성사, 1994.
김재용·이상경·오상호·하길종,《한국근대민족문학사》, 한길사, 1998.
김학준 외, 변형윤 옮김,《제3세계의 이해》, 형성사, 1979.
데이비드 E. 먼젤로, 이향민·장동진·정인재 옮김,《진기한 나라 중국: 예수회의 적응주의와 중국학의 기원》, 나남, 2009.
문부식,《잃어버린 기억을 찾아서》, 삼인, 2002.
백낙청·구중서,《제3세계 문학론》, 한벗, 1982.
변영만,《세계삼괴물》, 광학서포, 1908.
브루스 커밍스, 이교선·이진준·김동노·한기욱 옮김,《브루스 커밍스의 한국현대사》, 창비, 2001.
신동엽,〈조국〉,《월간문학》1969년 6월, 162.
신채호, "만주 문제에 취하여 재론함",〈대한매일신보〉1910.1.19-22.
신채호, "지구성미래몽",〈대한매일신보〉1909.7.5-8.10.
실시학사 고전문학연구회 엮음,《변영만 전집 (하)》, 성균관대학교출판부, 2006, 67.
안함광,〈민족문화란〉,《민족과 문학》, 문화전선사, 1947, 3-24.
염상섭,《효풍》, 실천문학사, 1998.
이인직,《혈의 누》, 광학서포, 1907.
일본 아시아·아프리카 작가회의, 신경림 옮김,《민중문화와 제3세계: AALA 문화회의 기록》, 창작과비평사, 1983.
임헌영,《분단시대의 문학》, 태학사, 1992.
임화,〈민족 문학의 이념과 문학운동의 사상적 통일을 위하여〉,《문학》3, 1947년 봄, 8-16.
조정래,《태백산맥》, 한길사, 1989.
조정환,〈민주주의 민족문학론에 대한 자기비판과〈노동해방문학론〉의 제창〉,《노동해방문학》1989년 봄, 240-67.
한설야,〈모자〉,《문화전선》1946년 7월, 198-215.
현기영,〈거룩한 생애〉,《마지막 테우리: 현기영 중단편전집 03》, 창작과비평사, 1994, 24-56.
현기영,〈아스팔트〉,《아스팔트: 현기영 중단편전집 02》, 창작과비평사, 1986, 33-69.
황석영,《무기의 그늘》, 창작과비평사, 1992.
栗原幸夫,《歷史の道標から》, れんが書房新社, 1989, 139-40.
Kurihara, Yukio. *Rekishi no dhy kara: Nihon-teki "kindai" no aporia o kokufukusuru shis no kairo* [From a signpost to history: the circuit of thoughts to overcome the aporia called Japanese "modernity"]. Tokyo: Renga Shob Shinsha, 1989.

Tagore, Rabindranath. *Selected Writings on Literature and Language*. Edited by Sukanta Chaudhuri. New Delhi: Oxford University Press, 2001.

## 4장

1 제니퍼 천(Jennifer Chun)과 주디 한(Judy Han)은 이와 같은 여행 규제가 감시와 경제 보호주의에 대한 군사 국가의 욕망을 충족시켜 주었으며, 1989년은 "한국 시민이 국제적으로 이동하는 전환점"이 되었다고 평가했다. Chun, Jennifer, and Judy Han. "Language Travels and Global Aspirations of Korean Youth," 571.

2 온라인으로 출판한 WSCF 아시아-태평양 역사를 바탕으로 썼다(http://www.wscfap.org/national movements/index.html).

3 위와 같음.

4 Van Mersbergen, Audrey. "The Rhetorical Reduction of the 13th World Festival of Youth and Students."

5 Piccini, Jon. "There Is No Solidarity'," 193.

6 Peacock, Margaret. "The Perils of Building Cold War Consensus."

7 Piccini, Jon. "There Is No Solidarity'," 192.

8 Taylor, Karin. *Let's Twist Again*, 53−57.

9 축전 기획위원회의 활동을 도우러 간 오스트레일리아 공산당의 공식 대표단조차도 축전이 체코슬로바키아에서 일어나고 있는 개혁에 적절히 응답하지 못하는 것에 대해 비판의 목소리를 냈다. Piccini, Jon. "There Is No Solidarity'," 194−95.

10 Fitzpatrick, Sheila. "Australian Visitors to the Soviet Union," 24.

11 Appadurai, Arjun. "Cosmopolitanism from Below."

12 Duberman, Martin. *Paul Robeson*.

13 Sparrow, Jeff. "Paul Robeson."

14 Curthoys, Ann. "Paul Robeson's Visit to Australia and Aboriginal Activism, 1960."

15 폴 로브슨은 오스트레일리아에서 가장 상징적인 건물의 역사와 함께한다. 폴 로브슨이 펼친 즉흥 공연은 시드니 오페라하우스의 첫 콘서트로 기억되고 있다. 연극, 기록영화, 자서전, 라디오 쇼, 그리고 역사책이 오스트레일리아 문화와 정치 생활에서 로브슨의 역할을 계속해서 고찰한다. 극작가 낸시 윌리스(Nancy Willis)가 1987년에 쓴 희곡 〈Deep Bells Ring〉은 로브슨의 삶, 노래, 그리고 오스트레일리아 방문을 소재로 하고 있으며, 오스트레일리아 순회공연 동안 극장, 대학, 건설 현장에서 공연되었다. 오스트레일리아 국립미술관은 로브슨의 오스트레일리아 순회공연에 관한 전시를 고려하고 있다(2016년 8월에 큐레이터 소피 젠슨(Sophie Jensen)과 나눈 대화).

16 Smith, Alex Duval. "Secret London Activists."

17 아프리카국민회의를 돕기 위해 사파리 관광이라는 비위협적인 여행으로 위장한 뒤 남아프리카공화국에 무기를 밀반입한 내용에 대해서는 기록영화 〈The Secret Safari〉(2001) 참조.

18 Ronnie Kasrils, quoted in Jeffries, "The Leaflet Bombers".

19 김원 외, 《민주노조, 노학연대 그리고 변혁: 1980년대 노동운동의 역사》.

20 Arnal, Oscar. *Priests in Working-Class Blue*.

21 Murphy, Francis. "Review of Priests in Working-Class Blue," 652.

22 Gellman, Erik. "Black Freedom Struggles."

23 Ballantyne, Tom. "Expelled Missionary Wants to Go Back," 5.

24 오스트레일리아 노동당 의원 크리스 헤이스크(Chris Hayesrk)가 'Asian Women at Work' 창립 20주년을 축하하는 연설 참조(http://www.chrishayesmp.com/index.php/media-centre/fowler-speeches/40-speeches-2013/779-14-november-2013-asian-women-at-work).

25 Amnesty International, "Medical Concern."

**26** *Hansard Parliamentary Debates*, November 30, 1989, 3202.

**27** 김원이 *The South Korean Democratization Movement*에서 밝힌 바와 같이, 김세진은 서울대학교 KSCF 회원이자 전방입소훈련에 항의하는 "직접적 반제국주의" 운동의 지도부 중 한 명이었다. 학생들은 한미 연합군 체계 속에서 한국 군대는 미국에 종속된 협력자의 역할을 하므로 "미국 용병"이나 다름없다고 주장했다(Lee, Namhee, and Kim Won, eds. *The South Korean Democratization Movement*, 233–50). 김세진이 스스로 목숨을 끊기 전 부모님에게 남긴 마지막 편지가 디지털 아카이브에 복원되어 있다(http://m.blog.naver.com/open-archives/220695276122).

**28** 1980년대 말 내가 한국에서 만난 그 누구도 "사회주의"라는 말로 자신의 정치적 성향을 표현하지 않았다. 대신 그들은 노동자 중심, 민중 지향, 친민주주의, 혹은 자신에게 "빨갱이"라는 조롱의 표현을 썼다. 내가 공적인 대화에서 사회주의라는 말을 들은 것은 1996–97년에 있었던 총파업 때였다.

**29** Appadurai, Arjun. "Cosmopolitanism from Below," 32.

**30** 2014년 진 필립스는 "토레스 해협 제도 원주민에 대한 지지와 다음 세대의 원주민 기독교 지도자를 양성한" 노고에 대한 지역 봉사 활동 메달을 받았다(http://unitingcareqld.com.au/news-andpublications/news/2014/10/17/queensland-volunteers-recognised-for-communityservice). 자신의 인상적인 말을 이 글에 인용할 수 있도록 허락한 진 필립스 이모에게 감사를 표한다.

김원 외, 《민주노조, 노학연대 그리고 변혁: 1980년대 노동운동의 역사》, 한국학중앙연구원 출판부, 2017.

Amnesty International. "Medical Concern: Continued Detention of Kim Chin-yop." September 3, 1990. Index no. ASA 25/041/1990.

Appadurai, Arjun. "Cosmopolitanism from Below: Some Ethical Lessons from the Slums of Mumbai." *Salon* 4 (2011): 32–43.

Arnal, Oscar. *Priests in Working-Class Blue: The History of the Worker Priests (1943–54).* New York: Paulist Press, 1986.

Ballantyne, Tom. "Expelled Missionary Wants to Go Back." *Sydney Morning Herald*, June 27, 1978.

Barraclough, Ruth. *Factory Girl Literature: Sexuality, Violence, and Representation in Industrializing Korea.* Berkeley: University of California Press, 2012(루스 배러클러프, 김원·노지승 옮김, 《여공문학: 섹슈얼리티, 폭력 그리고 재현의 문제》, 후마니타스, 2017).

Chun, Jennifer, and Judy Han. "Language Travels and Global Aspirations of Korean Youth." *positions: east asia cultures critique 23*, no. 3 (2015): 565–93.

Curthoys, Ann. "Paul Robeson's Visit to Australia and Aboriginal Activism, 1960." In *Passionate Histories: Myth, Memory, and Indigenous Australia*, edited by Frances PetersLittle, Ann Curthoys, and John Docker, 163–84. Canberra: ANU EPress, 2010.

Duberman, Martin. *Paul Robeson: A Biography.* New York: New Press, 1988.

Fitzpatrick, Sheila. "Australian Visitors to the Soviet Union." In *Political Tourists: Travellers from Australia to the Soviet Union in the 1920s–1940s*, edited by Sheila Fitzpatrick and Carolyn Rasmussen, 1–39. Melbourne: Melbourne University Press, 2008.

Gellman, Erik. "Black Freedom Struggles and Ecumenical Activism in 1960s Chicago." In *The Pew and the Picket Line: Christianity and the American Working Class*, edited by Heath Carter, 115–42. Champaign: University of Illinois Press, 2016.

*Hansard Parliamentary Debates*, November 30, 1989, 3202.

Hayes, Chris. "Asian Women at Work Congratulatory Speech." *Parliament of Australia House Debates.* November 14, 2013. http://www.chrishayesmp.com/index.php/media-centre/fowler-speeches/40-speeches-2013/779-14-november-2013-asianwomen-at-work

Jeffries, Stuart. "The Leaflet Bombers." *Guardian*, December 6, 2015. https://www.theguardian.com/world/2015/dec/06/ronnie-kasrils-apartheid-london-recruits-southafrica-bombs

Lee, Namhee, and Kim Won, eds. *The South Korean Democratization Movement: A Sourcebook*. Sngnam: Academy of Korean Studies Press, 2016.

Murphy, Francis. Review of "Priests in Working-Class Blue." *Catholic Historical Review* 74, no. 4 (Oct. 1988): 652–53.

Peacock, Margaret. "The Perils of Building Cold War Consensus at the 1957 Moscow World Festival of Youth and Students." *Cold War History* 12, no. 3 (2012): 515–35.

Piccini, Jon. "'There Is No Solidarity, Peace or Friendship with Dictatorship': Australians at the World Festival of Youth and Students, 1957–1968." *History Australia* 9, no. 3 (2012): 178–98.

*The Secret Safari*. Directed by Tom Zubrycki. Ronin Films, 2001.

Smith, Alex Duval. "Secret London Activists Who Became Anti-Apartheid's Un-Sung Heroes." *Observer*, July 1, 2012. http://www.theguardian.com/world/2012/jul/01/london-activists-anti-apartheid-anc

Sparrow, Jeff. "Paul Robeson: A Stellar Career Sacrificed for a Dream." *Drum*, November 25, 2014. http://www.abc.net.au/news/2014-11-25/sparrow-paul-robeson-a-stellarcareer-sacrificed-for-a-dream/5913508

Taylor, Karin. *Let's Twist Again: Youth and Leisure in Socialist Bulgaria*. Vienna: LIT Verlag, 2006.

T. K. *Letters from South Korea*. Translated by David L. Swain. Tokyo: Iwanami Shoten, 1976.

Van Mersbergen, Audrey. "The Rhetorical Reduction of the 13th World Festival of Youth and Students." Paper presented at the Annual Meeting of the Speech Communication Association, Chicago, Illinois, October 29 – November 1, 1992.

## 5장

**1** 이남희, 《민중 만들기》; Sim, Kwang-hyun. "The Min Joong Cultural Movement and Modernization Process in Korea."

**2** 1961년 도쿄에서 열린 아시아·아프리카 작가 워크숍과 이후 JAALA의 창립이 서로 관계가 있다고 추정해 볼 수 있다. JAALA에 대한 연구는 일본 안에서도 밖에서도 매우 적다. JAALA의 발자취와 전시회 목록은 JAALA가 엮어서 *History of JAALA: 1977–1993*(Tokyo: JAALA, 1994)로 출판했으며, 이는 JAALA의 웹사이트(https://jaala2015.jimdo.com)에서 누구나 볼 수 있다.

**3** 아시아의 개발도상국에 대한 이런 식의 연구는 한편으로는 일본 제국의 식민지적 방식을 물려받은 것이었고, 다른 한편으로는 1990년대부터 아시아에서 시작된 국제교류기금(Japan Foundation)의 업적을 예고하는 것이기도 했다. JAALA는 민족주의적인 관점을 극복하고자 노력했다는 점에서 눈에 띈다. 1990년대 초에는 하리우 이치로(Hariu Ichirō)도 후쿠오카아시아미술관과 국제교류기금이 운영한 주류 국제 교류 프로그램에 대해 이미 잘 알고 있었다. Hariu, Ichirō. "The Past and the Future of JAALA," 6–7.

**4** Hariu, Ichirō. "South Korean Minjung Art," 15. 도노 요시아키, 나카하라 유스케와 함께 전후 일본 미술의 영향력 있는 3대 비평가로서 하리우 이치로와 하리우가 1960년대 일본 미술을 "국제적 현재성"이라고 규정한 것에 대해서는 Tomii, Reiko. "'International Contemporaneity' in the 1960s" 참조.

**5** Zachmann, Urs Matthias. "Blowing Up a Double Portrait in Black and White"; Nishida, Kitaro. "The Logic of the Place of Nothingness and the Religious Worldview"; Karatani, Kōjin. "Japan as Museum."

**6** Nanjo, Fumio. 도쿄에서 저자와의 인터뷰, 2017.1.20. 1970년대에도 한국 미술은 일본 미술 외의 유일한 다른 아시아의 현대미술이라고 여겨졌다. 1974-75년에 한국 단색화가 도쿄에서 성공적으로 데뷔한 후 한국 단색화가 일본의 주요 미술비평가 및 화랑 운영자들 사이에서 아시아에 대한 인식의 구조적 변화에 박차를 가했을 가능성도 있다. Kee, Joan. *Contemporary Korean Art*, 233–59 참조.

**7** Hariu, Ichirō. "The Past and the Future of JAALA," 6–7. 하리우가 일본에 사는 소수의 재일조선인과 자신을 동일시한 것은 1968년 5-6월에 파리의 거리에서 사람들이 외친 표어, "우리는 다 독일 유대인이다"를

연상시킨다. 자크 랑시에르가 분석하듯이, 프랑스인과 자신을 탈동일시하는 이 윤리적인 행위는 학생들과 파업 중인 노동자들이 자신의 정치적 주체성을 나타내는 행위였다. 같은 맥락에서 일본 좌파의 탈동일시와 탈위치에 대한 욕구 역시 같은 맥락에서 스스로 정치적 주체화하는 개념적인 출발점으로 볼 수 있다.

**8** 사회학자 모리 요시타카에 따르면 하리우가 표현한 한일 좌파 연대 의식에 대한 열망은 한국의 민주주의 항쟁뿐만 아니라 재일조선인이 일본 사회운동에 참여했던 1932년의 아소 석탄 파업과 같은 일본 전전의 선례, 이후 1959-60년의 미이케 탄광 파업 등과 같은 최근 사건들이 일본 좌파 의식에 지워지지 않았기 때문일 것이다. 도쿄에서 저자와의 인터뷰, 2017.1.20. 재일조선인의 역사에 관해서는 Smith, W. Donald. "Digging through Layers of Class, Gender, and Ethnicity" 참조.

**9** Inagaki Saburo, 도쿄에서 저자와의 인터뷰, 2017.1.19.

**10** 이한열의 죽음은 다른 6명의 학생운동가의 죽음과 함께 6월항쟁 동안 가장 큰 시위를 촉발한 사건이었다. 당시 사용된 현수막과 대형 제작된 영정 사진들은 공간 및 참여 시민의 활성화를 위해서 필수였다.

**11** Valerie Smith, a letter sent to Reverend James P. Morton of St. John of the Divine on September 22, 1988. The Artists Space archive of NYU Bobst Library.

**12** Sung, Wan-kyung. "Two Cultures, Two Horizons," 14.

**13** Lippard, Lucy. "Countering Cultures Part II," 19.

**14** 성완경, "한국의 민중미술전, 그 성과의 안팎," 39.

**15** 캐나다의 주요 일간지 *Globe and Mail*에 존 벤틀리 메이스(John Bentley Mays)가 기고한 논평 "생기 있는 정신과 날카로운 아이러니로 가득한 한국 작품들"에 따르면, 그 전시회는 "밝고 도발적이고 생기 있는 힙합의 정신으로 흥분되어 있었으며, 이 모든 것이 북아메리카의 사회참여적 예술의 일반적인 경향과는 바로 구별이 가능한 특징으로 작용했다." *Globe and Mail, January* 9, 1987. 토론토대학교의 신문 *Varsity*는 한 면을 가득 채운 논평과 함께 김봉준의 걸개그림 〈초혼도〉 사진을 실었다. 중앙의 큰 벽에 걸린 김봉준의 작품을 정면에서 찍은 사진은 주 2회 발행되는 한글 주간지 〈민중신문〉에 실렸으며, 전시회에 대한 논평 이외에도 원동석의 "민중미술의 논리와 전망"이 실렸다. "민중아트전에 관심 대단 개막 전날 4백 명 몰려," 〈민중신문〉, 1987.1.9.

**16** Lippard, Lucy. "Countering Cultures Part II," 22.

**17** ibid., 19, 22.

**18** Sung, Wan-kyung. "Two Cultures, Two Horizons," 9.

**19** 박모, "태평양을 건너서," 96.

**20** 성완경이 1988년에 묻지 않은 이 질문들을 1994년에 던진 것은 박모였다. 성완경은 "뱃속"까지 신경 쓰이기 때문에 "민중미술" 전시회에 대해서는 "입을 다물고" 평가하기를 거부한다. 박모, "태평양을 건너서," 96; 성완경, "한국의 민중미술전, 그 성과의 안팎," 39.

**21** 성완경, "한국의 민중미술전, 그 성과의 안팎," 36.

**22** Lippard, Lucy. "Countering Cultures Part II," 20.

**23** Min, Yong Soon. "Min Joong," 16.

**24** Kim, Gyeong Hui. "Art Exhibition Dedicated to Reunification," *Pyongyang Times*, August 12, 1989.

**25** '걸개그림'이라는 신생어는 '괘화(掛畵)'라는 한자어를 번역한 것으로, 진보적이고 친민주적인 한국 장로교가 후원한 공공 모임을 위해 미술동인회 '두렁'이 커다란 그림을 여러 장 제작했을 때 처음으로 사용되었다. 라원식, "'80년대 광장의 미술: 걸개그림," 127-28.

**26** 이 단체들은 민미협 소속이었으며 '민미연건준위(민족민중미술운동 전국연합건설준비위원회)'라는 이름 아래 협력해 활동했다. 대학의 학생운동 미술 단체와 더 강한 연대를 형성하는 것이 목적이었다.

**27** 평양은 한 해 전에 하계 올림픽을 개최한 서울과의 경쟁으로 2년 동안 세계청년학생축전을 준비했다. 축전의 좌우명은 "반제국적인 연대, 평화, 그리고 우정을 위해"였으며, 177개국의 대표단이 평양의 축전에 참여하는 기록을 세웠다. 한국의 엄격한 국가보안법 때문에 한국의 임수경이 참여하리라고는 예상하지 못했다. 임수경, 《어머니, 하나된 조국에 살고 싶어요》.

**28** 박계리, 〈백두산: 만들어진 전통과 표상〉, 56.

**29** 박계리, 서울에서 저자와의 인터뷰, 2017.1.13.

**30** 공인된 복제품은 국가의 인증이 첨부되며, 그림 대부분에는 원작을 그린 화가의 (복제된) 서명이 그려져 있다. 북한의 대가들이 그린 작품의 해외 전시도 워싱턴 D. C.의 현대미술관(American University Museum)에서 2016년 6월 18일부터 8월 14일까지 열린 *Contemporary North Korean Art: The Evolution of Socialist Realism*에서처럼 이런 공식적인 복제품을 포함하는 경우가 많다.

**31** Hoffman, Frank. "Brush, Ink, and Props," 145–80. 호프만은 정영만의 〈강선의 저녁 노을〉(1973)처럼 매체를 넘나드는 북한 대작들의 복제를 구체적으로 설명한다.

**32** 안미옥, 서울에서 저자와의 인터뷰, 2017.1.25.

**33** 〈로동신문〉은 1989년 6월 23일 신문에 첨부 사진 없이 "남조선 청년 학생들과 인민들이 보내온 통일 념원 미술 전람회 개관"이라는 글을 실었다. 그리고 1989년 《조선 예술》 12월호는 〈민족해방운동사〉 가운데 4개를 단색으로 재현해 실었다. 3번째 그림 "반일 전투적 저항"을 두고 한국에서 만든 슬라이드와 이 잡지가 재현한 그림을 자세히 비교하면, 그림 속 한 전사를 둘러싼 구름 일부가 미세하게 다르다. 총 11점의 그림 중 최소한 3점은 손으로 다시 그렸다고 추측할 수 있다.

**34** Lee, Sunok. "The Anger and Eager Desire Represented by The History of the National Liberation Movement," 109–43.

**35** Harootunian, Harry D. "Japan's Postwar and After, 1945–89," 21.

**36** 대규모 전시회치고는 기획 과정과 기한이 상당히 짧았다. 민중미술 전시회 계획은 1993년 4월에 공식적으로 발표되었으며, 미술관이 초청한 민중화가들은 초안을 1993년 9월에 미술관으로 보냈다. 전시회 규모는 공공이라는 개념이 공식적 위치라는 개념으로 어떻게 큰 규모에서 번역되었는지 보여 준다. 전시회는 평등의 원칙에 대한 다소 서툰 이해에 따라 한 화가당 한 개의 작품을 전시했다. 미술관 큐레이터였던 최태민은 전시회가 민중미술의 미학적 정당성을 인정하는 것이 아니라 민중미술의 실체를 가시화하는 데 집중했다고 지적했다. "인터뷰: 최태만," 37.

**37** 성완경, "민중미술 15년전, 한 사건의 의미," 28.

**38** 박모, "태평양을 건너서", 97.

**39** 성완경, "민중미술 15년전."

**40** 이주헌, "민중미술 15년. 그 회고와 전망."

**41** 강승원, "90년대 미술 운동의 발전을 위한 비평적 소고," 38.

**42** 성완경, "〈민중미술 15년〉전, 한 사건의 의미," 34–36.

강승원, "90년대 미술운동의 발전을 위한 비평적 소고," 〈가나아트〉 1994년 3월·8월, 38–41.

라원식, 〈80년대 광장의 미술: 걸개그림〉, 《미술세계》 89, 1993년 5월, 126–33.

박계리, 〈백두산: 만들어진 전통과 표상〉, 《미술사학보》 2011년 6월, 2011, 43–74.

박모, 〈태평양을 건너서〉, 《미술세계》, 1994년 8월, 94–97.

성완경, "민중미술 15년전, 한 사건의 의미," 〈가나아트〉 1994년 5월·8월, 28–36.

성완경, "한국의 민중미술전, 그 성과의 안팎," 〈가나아트〉 1989년 1월·2월, 39–44.

"인터뷰: 최태만," 〈가나아트〉 1994년 3월·8월, 37.

이남희, 유리·이경희 옮김, 《민중 만들기: 한국의 민주화운동과 재현의 정치학》, 후마니타스, 2015.

이주헌, 〈민중미술 15년. 그 회고와 전망〉, 《문화예술》 176, 1994년 3월, http://www.arko.or.kr/zine/artspaper94_03/19940314.htm(2017.1.31. 접속)

임수경, 《어머니, 하나된 조국에 살고 싶어요》, 돌베개, 1990.

Hariu, Ichir. "South Korean Minjung Art in My View." In *Art for Society: Realism in Korean Art 1945–2005*, edited by Ko Seongjun, 15–22. Kwach'n: National Museum of Contemporary Art, Seoul; and Niigata: Niigata Bandaijima Art Museum, 2007.

Hariu, Ichir. "The Past and the Future of JAALA." In *History of JAALA: 1977–1993*, 6–7. Tokyo:

JAALA, 1994.

Harootunian, Harry D. "Japan's Postwar and After, 1945–1989: An Overview." In *From Postwar to Postmodern: Art in Japan 1945–1989*, edited by Doryun Chong et al., 17–21. New York: Museum of Modern Art, 2012.

Hoffman, Frank. "Brush, Ink, and Props: The Birth of Korean Painting." In *Exploring North Korean Arts*, edited by Rudiger Frank, 145–80. Vienna: Verlag, 2012.

Karatani, Kjin. "Japan as Museum: Okakura Tenshin and Earnest Fenollosa." In *Japanese Art after 1945: Screams against Sky*, edited by Alexandra Munroe, 33–39. New York: Harry N. Abrams, 1994.

Kee, Joan. *Contemporary Korean Art: Tansaekhwa and the Urgency of Method*. Minneapolis: University of Minnesota Press, 2013.

Lee, Sunok. "The Anger and Eager Desire Represented by The History of National Liberation Movement." *Journal of Democracy & Human Rights* 14, no. 1 (2014): 109–43.

Lippard, Lucy. "Countering Cultures Part II." In the exhibition catalogue *Min Joong Art: A New Cultural Movement from Korea*, 19–24. New York: Artists Space, 1988.

Min, Yong Soon. "Min Joong." *Art & Artists*, June/July 1987, 3, 16.

Nishida, Kitaro. "The Logic of the Place of Nothingness and the Religious Worldview." In *Last Writings: Nothingness and the Religious Worldview*, translated by David A. Dilworth, 47–123. Honolulu: University of Hawai'i Press, 1987.

Ross, Kristin. *May '68 and Its Afterlives*. Chicago: University of Chicago Press, 2002.

Sim Kwang-hyun. "The Min Joong Cultural Movement and Modernization Process in Korea." In the exhibition catalogue *Min Joong Art: A New Cultural Movement from Korea*, 4–8. New York: Artists Space, 1988.

Smith, W. Donald. "Digging through Layers of Class, Gender, and Ethnicity: Korean Women Miners in Prewar Japan." In *Women Miners in Developing Countries: Pit Women and Others*, edited by Kuntala Lahiri-Dutt and Martha Macintyre, 111–30. Farnham: Ashgate, 2006.

Sung Wan-kyung. "Two Cultures, Two Horizons." In the exhibition catalogue *Min Joong Art: A New Cultural Movement from Korea*, 9–15. New York: Artists Space, 1988.

Tomii, Reiko. "'International Contemporaneity' in the 1960s: Discoursing on Art in Japan and Beyond." *Japan Review* 21 (2009): 123–47.

Zachmann, Urs Matthias. "Blowing Up a Double Portrait in Black and White: The Concept of Asia in the Writings of Fukuzawa Yukichi and Okakura Tenshin." *positions: east asia cultures critique* 15, no. 2 (Fall 2007): 345–68.

## 6장

**1** 이 글은 〈그 많던 '외치는 돌멩이'들은 어디로 갔을까: 1980-90년대 노동자문학회와 노동자 문학〉(역사문제연구소,《역사비평》106호, 역사비평사, 2014)를 저본으로 *Revisiting Minjung*에 실린 글을 일부 재수정한 것이다. 이 글이 발표된 이후 1970-90년대 노동자문학(회)와 노동자 독서(회)에 관한 연구가 상당히 깊고도 넓게 전개되고 있다. 여기서 미처 정리할 여유는 없지만, 새로운 연구들은 이 글의 문제 제기를 이미 넘어서서 1970-90년대 문학사에 대한 상을 바꾸고 문학문화사의 연구 지평을 구체적이고도 크게 넓히고 있어 고무적이다. 필자도 지역 노동자문학회와 노동자 독서 문제에 대해 좀 더 연구하려 한다.

**2** '민중의 문학' 개념은 천정환, 〈서발턴은 쓸 수 있는가〉 참조.

**3** 이에 대한 수집과 정리, 평가 작업이 시급하다.

**4** 이는 곧 '한국 노동계급의 형성'과 조응하는 것이다. 관련해서 구해근, 신광영 옮김,《한국 노동계급의 형성》; 김원,《그녀들의 反역사, 여공 1970》등의 선구적 연구가 있다. 그러나 남화숙,《배 만들기 나라 만들

기〉는 이 같은 노동자상에 문제를 제기한다. 한편 이 '형성'을 특히 '문화정치'의 견지에서 1980년대 이후에 초점을 맞춰 논한 연구는 별로 없는 듯하다.

**5** 노동자 문학 연구의 의의는 천정환, 〈서발턴은 쓸 수 있는가〉; 김원, 〈서발턴의 재림〉; 장성규, 〈1980년대 노동자 문집과 서발턴의 자기 재현 전략〉; 김성환, 〈1970년대 논픽션과 소설의 관계 양상 연구〉 등 참조. 이 논문들이 발표된 이후 상당히 활발한 노동자 문학에 관한 연구가 전개되었다. 이를 다 정리해 반영하지 못함을 양지하기 바란다. 대신 이미영, 〈여는 말: 1980년대 문학 연구의 현재성과 그 너머〉; 배하은, 〈혁명성과 진정성의 탈신비화〉, 151-92 등에서의 정리를 참조하라.

**6** 이 시각에 관해서 천정환, 〈서발턴은 쓸 수 있는가〉 참조.

**7** 각각 영국과 프랑스 산업 노동자의 문화를 다룬 Hoggart, Richard. *The Uses of Literacy*와 Rancière, *Proletarian Nights*에서 따온 말이다. 랑시에르는 이 책에서 "노동과 휴식의 정상적 연쇄에서 떨어져 나온" "밤들의 역사"를 다룬다. 낮의 "정상적" 사태 진행이 중단되어 "불가능한 것이 준비되고 꿈꿔지고 이미 체험되는 밤"이다. 그것은 "육체노동에 종사하는 이들을 사유의 특전을 누려온 이들에게 종속시키는 전래의 위계를 유예시키는 밤, 공부의 밤, 도취의 밤"이다. 즉 이는 종속되어 노동하는 낮과 대비되는 노동자의 주체의 시간이자 해방의 밤이다.

**8** 김윤태, 〈노동자문예운동의 현황과 과제〉, 227.

**9** 김윤태는 이런 사실을 내가 속한 '노동자글쓰기연구모임'의 집담회(2013.9.7)에서 말해 주었다.

**10** 김윤태, 〈노동자문예운동의 현황과 과제〉, 226-27.

**11** 김명인, 〈90년대 문학운동의 과제와 방법에 대하여〉, 208-09.

**12** 김윤태, 〈노동자문예운동의 현황과 과제〉, 223.

**13** 성훈화, 〈더불어 따뜻하게 살아갈 수 있는 삶을 위하여〉, 397.

**14** 천정환, 〈1920년대 독서회와 '사회주의 문화'〉 참조.

**15** 오하나, 《학출》, 125.

**16** 천성호, 《한국야학운동사》 참조.

**17** 〈구로 노동야학에서 다문화 교육으로: 구로 교육 약사〉, http://guro.grandculture.net/Contents/Index?contents_id=GC03001672

**18** 민중의 일기 쓰기에 관한 연구가 필요하다. 경북 일대의 초등학교에서 가난한 농민의 아들딸들(성장해 도시 하층민이나 노동자가 될)의 글쓰기를 연구하고 가르친 이오덕의 일기 교육론 등에 대한 재검토가 필요하다. 실제로 이오덕은 야학 노동자들의 글쓰기에 관여하기도 했다. 한편 최근 문학 교육이나 문학 치료 분야를 넘어 일기 등을 위시한 자기 증언, 자기 역사 등의 중요성이 부각되고 있다. 정병욱 · 이타가키 류타 편, 《일기를 통해 본 전통과 근대, 식민지와 국가》 참조.

**19** 정인화는 "그런 미각성 상태"는 부마항쟁과 광주항쟁을 보고 난 뒤 1985년 《5월의 노래, 5월의 문학》 등에 시를 발표하며 해소되었다고 했다("작가 정인화 씨 6월抗爭 문학으로 형상화", 〈경향신문〉 1988.11.29.). 이런 경험은 노동자 문학의 전개에 관한 하나의 전형에 속한다고 할 수 있다.

**20** 〈경향신문〉, 1983.12.15.

**21** 김기동, 〈안양근로문학회(글길문학)의 걸어온 길〉, 85.

**22** 유동우 · 김원, 〈대담: 돌맹이는 아직도 외친다〉.

**23** 위의 글에서 유동우의 표현.

**24** 석정남, 〈인간답게 살고 싶다〉, 188(김원, 《여공 1970 그녀들의 反역사》, 761에서 재인용).

**25** 천정환, 〈서발턴은 쓸 수 있는가〉.

**26** 유동우 · 김원, 〈대담: 돌맹이는 아직도 외친다〉, 88.

**27** 《공장의 불빛》은 책으로 공간(1984)되기 전인 1978년, 김민기에 의해 노래극으로 제작되고 '불법' 카세트 테이프로 유통되어 1980년대 문예운동과 저항 문화의 한 형태를 창출했다.

**28** 유경순, 《나 여성 노동자》, 100.

**29** 대공장 노동자나 1980년대 남성 노동자에게는 인용문과 같은 정도의 비문해 상황은 드물었다고 본다.

〈표〉 1970년대 여성 노동자의 사업장 규모별 학력 차이

| | 소규모(50~150인) | | 중규모(150~300인) | | 대규모(300인 이상) | |
|---|---|---|---|---|---|---|
| | 명수 | % | 명수 | % | 명수 | % |
| 무학 | 1 | 1.0 | 0 | 0 | 1 | 0.6 |
| 국민학교 중퇴, 졸업 | 65 | 63.8 | 36 | 27.5 | 50 | 32.3 |
| 중학교 중퇴, 졸업 | 34 | 33.3 | 65 | 49.6 | 75 | 48.4 |
| 고등학교 중퇴, 졸업 | 1 | 1.0 | 28 | 17.6 | 28 | 18.0 |
| 무응답 | 1 | 1.0 | 2 | 1.5 | 1 | 0.6 |
| 계 | 102 | 100.0 | 131 | 100.0 | 155 | 100.0 |

출처: 노동청, 〈여성 노동자의 고용 관리 실태와 보호 방안에 관한 연구〉, 서울대학교 행정대학원 부설 행정조사연구소, 1973(장미경, 《근대화와 1960, 70년대의 여성 노동자》, 287에서 재인용).

**30** 박정희 정부는 1977년 3월부터 중·고등학교 과정인 특별학급 및 산업체부설학교 개설 정책을 폈다. 이후 여성 노동자들은 학교에 가기 위해 특정 기업체를 일부러 선택해 취업하기도 했다. 이는 당시 배움에 목말라 있던 여성 노동자들에게 대체로 환영받았다. 장미경, 《근대화와 1960, 70년대의 여성 노동자》, 296.

**31** 천성호, 《한국야학운동사》, 402.

**32** 김진숙, 《소금꽃 나무》, 46-47.

**33** 천성호, 《한국야학운동사》, 704.

**34** 《페다고지》가 처음 번역된 것은 1979년 한국천주교평신도사도직협의회에 의해서였다.

**35** 편집부, 《박노해 현상》, 182.

**36** 〈일간스포츠〉 1989.4.13. 원래 이 시는 《노동해방문학》 1989년 4월(창간호)에 수록되었다.

**37** 채광석, 〈민족문학과 민중문학〉, 《박노해 현상》, 259. 원래는 김병걸 외, 《80년대 대표평론선 2. 민족, 민중, 그리고 문학》에 수록.

**38** 김정환, 〈민중문학의 전망에 대한 몇 가지 생각〉.

**39** 김윤태, 〈노동자문예운동의 현황과 과제〉에서의 평가.

**40** 따라서 민중적 민족문학론은 불완전한 것이었고, 이후의 투항이나 청산에 문을 열어 둔 것이었다.

**41** 〈예술은 이념 도구 아니다: 전 대통령, 문화예술인들과 오찬〉, 《경향신문》 1985.10.30 등 참조.

**42** 유경순, 《아름다운 연대: 들불처럼 타오른 1985년 구로동맹파업》, 76.

**43** 위와 같음, 77.

**44** 위와 같음, 138-39의 자료 참조.

**45** "부천노동자문학회, 일터에서 샘솟는 창작 의욕 진술", 〈한겨레〉 1991.2.17.

**46** 위와 같음.

**47** 위와 같음.

**48** "구로노동자문학회 유시주 간사(30, 여)"의 다음 기사 속에서 말이다. "노동자 문학 모임 활발", 〈동아일보〉 1990.12.22.

**49** 유경순, 《아름다운 연대: 들불처럼 타오른 1985년 구로동맹파업》, 418-19.

**50** "고단하고 지친 노동 현장 분노 담아", 〈한겨레〉 1989.12.7.

**51** 한 자료는 "89년 7월 20일 현재 노동 문학의 발표 성과"를 다음과 같이 정리하고 있다. "시에 박노해·백무산·박영근·김해화·정인화·김기홍·최명자·정명자·김신용 등의 작품과 소설에는 방현석·정화진·김한수·박해운·한백·김남일·김인숙·홍희담·정도상 등의 작품, 여기에 노동 연극 대본〈쇳물처럼〉·〈어떤 생일날〉·〈껍데기를 벗고서〉·〈들불로 다시 살아〉·〈현장일지〉·〈아버지의 행군〉 등을 들 수 있다. 이 밖에도 송효순·석정남·유동우·장남수·오길성·전태일 등의 수기(手記)와 일기(日記), 이태호·석중석 등의 르포와 권용목의 《현대그룹 노동운동사》가 발표되었다." 이응백·김원경·김선풍 교수 감수, 《국어국문학자료사전》.

**52** "노동자 작가들, 왜 쓰고 어떻게 쓰나", 〈연합뉴스〉 1990.3.27.

**53** 민족문학사연구소, 〈민중·민족문학의 양상: 1970-80년대 문학〉, 368 등을 참조.

〈구로 노동야학에서 다문화 교육으로: 구로 교육 약사〉, 《디지털 구로 문화대전》, http://guro.grandculture.

net/Contents/Index?contents_id=GC03001672

구해근, 신광영 옮김, 《한국 노동계급의 형성》, 창작과비평사, 2002.

김기동, 〈안양근로문학회(글길문학)의 걸어온 길〉, 안양문인협회, 《안양문학60년》, 우인북스, 2008, 85.

김명인, 〈90년대 문학운동의 과제와 방법에 대하여〉, 《문예중앙》 1990년 봄, 중앙일보사, 1990.

김병걸 외, 《80년대 대표평론선 2. 민족, 민중, 그리고 문학》, 지양사, 1985.

김성환, 〈1970년대 논픽션과 소설의 관계 양상 연구〉, 《상허학보》 32, 2011.

김원, 《그녀들의 反역사, 여공 1970》, 이매진, 2006.

김원, 〈서발턴의 재림〉, 《실천문학》, 2012 봄, 실천문학사, 2012.

김윤태, 〈노동자문예운동의 현황과 과제〉, 《문예중앙》 1990년 봄, 중앙일보사, 1990.

김정환, 〈민중문학의 전망에 대한 몇 가지 생각〉, 《한국문학》 1985년 2월호, 한국문학사, 1985.

김진숙, 《소금꽃 나무》, 후마니타스, 2007.

남화숙, 《배 만들기 나라 만들기: 박정희 시대의 민주노조운동과 대한조선공사》, 후마니타스, 2013.

민족문학사연구소, 〈민중·민족문학의 양상: 1970~80년대 문학〉, 《새 민족문학사 강좌》 2, 창비, 2009.

배하은, 〈혁명성과 진정성의 탈신비화: 1980~90년대 문학 연구의 동향과 과제〉, 《상허학보》 66호, 2022.

석정남, 〈인간답게 살고 싶다〉, 《대화》 1976년 11월호, 크리스챤아카데미, 1976.

성훈화, 〈더불어 따뜻하게 살아갈 수 있는 삶을 위하여〉, 유경순 편, 《나, 여성노동자 1권: 1970~80년대, 민주 노조와 함께한 삶을 말한다》, 그린비출판사, 2011.

오하나, 《학출: 80년대 공장으로 간 대학생들》, 이매진, 2010.

유경순, 《아름다운 연대: 들불처럼 타오른 1985년 구로동맹파업》, 메이데이, 2007.

유동우·김원, 〈대담: 돌멩이는 아직도 외친다〉, 《실천문학》 110호, 2013 여름, 실천문학사, 2013.

이미영, 〈여는 말: 1980년대 문학 연구의 현재성과 그 너머〉, 《구보학보》 (25).

이응백·김원경·김선풍 교수 감수, 《국어국문학자료사전》, 한국사전연구사, 1998.

장미경, 〈근대화와 1960, 70년대의 여성 노동자〉, 이종구 외, 《1960~1970년대 노동자의 생활세계와 정체 성》, 한울아카데미, 2005.

장성규, 〈1980년대 노동자 문집과 서발턴의 자기 재현 전략〉, 《민족문학사연구》, 2012.

정병욱·이타가키 류타 편, 《일기를 통해 본 전통과 근대, 식민지와 국가》, 소명출판, 2013.

천성호, 《한국야학운동사》, 학이시습, 2009.

천정환, 〈1920년대 독서회와 '사회주의 문화'〉, 《대동문화연구》 64호, 2008년 12월, 2008.

천정환, 〈서발턴은 쓸 수 있는가: 1970~80년대 민중의 자기 재현과 '민중문학'의 재평가를 위한 일고〉, 문사 연, 《민족문학사연구》 47, 2011.

천정환, 〈그 많던 '외치는 돌멩이'들은 어디로 갔을까: 1980~90년대 노동자문학회와 노동자 문학〉, 역사문제 연구소, 《역사비평》 106호, 역사비평사, 2014.

편집부, 《박노해 현상》, 등에, 1989.

Hoggart, Richard. *The Uses of Literacy*. London: Pelican Books, 1957.

Rancière, Jacques. *Proletarian Nights: The Workers' Dream in Nineteenth-Century France*. New York: Verso, 2012.

## 7장

1 이 글은 〈민중가요의 대중음악사적 의의〉(《민족문화논총》, 영남대학교 민족문화연구소, 2007)란 제목으로 처음 발표되었고 약간의 수정을 거쳐 영문판 *Revisiting Minjung*에 수록되었다. 이 글은 원래의 글과 영문판에 수록된 글을 토대로 필자가 다시 한번 수정한 것이다.

2 그 시절 사회운동에서 '민중(民衆)'은 정치적으로 탄압받고 경제적으로 착취당하는 사회 내의 피억압 계층 이며 새로운 사회를 만들고 이끌어 갈 주체란 의미로 사용되었다. 민중가요는 바로 그런 민중의 세계관을 드러내는 가요라는 뜻을 가진다.

3 이영미, "민중가요 작품 경향의 흐름과 현 상황, '21세기 민중음악의 새길 찾기'," 25.

**4** 김영주, 〈1990년대 이후 한국 청년 대중음악 문화의 특성〉.

**5** 이영미, 《한국대중가요사》.

**6** 이혜숙·손우석, 《한국대중음악사》.

**7** 김창남, 《대중문화와 문화실천》.

**8** 김창남 외, 《노래1: 진실의 노래와 거짓의 노래》.

**9** 김창남 외, 《노래2: 인간을 위한 음악》.

**10** 노래를찾는사람들의 역사와 활동, 평가 등에 관해서는 한동헌 외, 《노래를 찾는 사람들 지금 여기에서》 참조.

**11** 서구 사회 청년 세대의 저항적 하위문화의 성격과 양상에 관해서는 Hebdige, Dick. *Subculture: The Meaning of Style* 참조.

**12** 이영미, "민중가요 30년사: 한국 노래 문화 속에서 민중가요의 위상과 흐름".

**13** 펑크 그룹 섹스피스톨즈의 음악이나 라스타파리안의 대변자였던 밥 말리의 레게 음악이 대표적이다

**14** 서태지의 음악을 저항적 하위문화의 개념으로 분석하고 있는 예로 김현섭의 《서태지 담론》을 들 수 있다.

**15** 사이먼 프리스 외, 장호연 옮김, 《케임브리지 대중음악의 이해》.

**16** 위와 같음, 133.

**17** 1970년대 펑크 음악씬과 1980년대 얼터너티브 음악씬의 밴드들은 의도적으로 로우파이 방식의 사운드로 주류인 팝과 록의 관행에 도전하며 큰 인기를 끌었고, 이를 통해 도리어 더 진정성 있는 음악으로 인정받았다. 그런가 하면 한국에서도 로우파이 방식으로 녹음된 고속도로용 메들리 음악이 큰 인기를 끈 적이 있다. 이런 고속도로 사운드가 주류일 수는 없지만 대중음악인 것은 분명하다.

**18** 〈공장의 불빛〉은 김민기가 1979년에 검열을 거치지 않은 불법 카세트테이프로 제작한 노래극이다. 노동자들이 노동조합을 결성하기 위해 사측과 투쟁하는 과정을 노래극 형식으로 담았다.

**19** 이는 우리나라만의 현상이 아니다. 카세트 테크놀로지는 저렴한 비용과 휴대성 때문에 1970년대 산업화되지 않은 세계에 널리 보급되었고, 이런 나라의 로컬 음악 문화에 폭넓고 심오한 영향을 미쳤다. Wallis, R. & Malm, K. *Big Sounds from Small Peoples.*

**20** 브라이언 롱허스트, 이호준 옮김, 《대중음악과 사회》.

**21** 사이먼 프리스, 권영성·김공수 옮김, 《사운드의 힘》, 139. 음반 산업의 산업성에 관해서는 이 책과 사이먼 프리스 외, 장호연 옮김, 《케임브리지 대중음악의 이해》, 78 참조.

**22** 록 음악의 하위문화적 성격에 관해서는 사이먼 프리스, 권영성·김공수 옮김, 《사운드의 힘》 참조.

**23** 민중가요의 가장 중요한 미디어가 카세트테이프였다는 것도 민중문화의 일상성과 관련해 중요한 의미가 있다. 개인용 카세트레코더는 대중음악을 개인의 공간으로 진입시킨 가장 중요한 테크놀로지였고, 카세트테이프는 가장 개인적인 공간에서 음악을 수용할 수 있도록 해준 미디어였다.

**24** 1970년대 전반기 젊은 청년 세대를 중심으로 포크 계열의 음악이 크게 유행했다. 이를 흔히 통기타 음악이라고 불렀다. 당시 기성세대의 주류 장르였던 트로트와 구별되는 통기타 포크 문화는 당시 대학생들 사이에서 유행했던 청바지, 생맥주, 장발 등과 함께 청년 문화를 대표하는 것으로 인식되었다.

**25** 운동권 전반에 민족주의 성향이 강했던 당시 노래운동 진영 일부에서는 서구화된 대중음악의 양식에서 벗어나 한국의 전통 민속음악에 기반한 민중가요가 나와야 한다고 주장했다. 한편 클래식 음악계에서는 민중가요가 결국 조성 체계라는 지배적 음악 어법에서 벗어나지 않는다는 점에서 노랫말운동에 불과하다고 비판하기도 했다(김창남, 〈노래운동, 노래말운동, 음악운동〉, 《노래2: 인간을 위한 음악》).

**26** 현대사회에서는 클래식이나 민속음악 역시 테크놀로지를 통해 산업적으로 생산되고 소비된다는 점에서, 그리고 수용 집단의 정체성을 드러내는 수단이라는 점에서 넓은 의미의 대중음악에 속한다고 할 수 있다. 하지만 우리가 관습적으로 사용하는 좁은 의미의 대중음악은 대체로 클래식이나 민속음악과는 구별되는 통속적 형식의 음악을 말한다.

**27** 1990년대에 자주 거론되었던 록 정신 담론은 민주화라는 변화된 상황에서 새롭게 현실주의적 음악 문화의 방향을 모색하고자 했던 노력과 관련된다. 다소의 개념적 차이는 있지만, 록 정신은 1980년대의 민중성을 새로운 어법으로 표현한 것으로 봐도 크게 틀리지 않는다. 강헌, 〈문제는 록 정신(rock spirit)이다〉, 29 참조.

**28** Bennett, Tony. "The Politics of the Popular and Popular Culture."

강헌, 〈문제는 록 정신(rock spirit)이다〉, 《계간 리뷰 1호》, 1994년 겨울, 1994, 29.

김영주, 〈1990년대 이후 한국 청년 대중음악문화의 특성: 장르상의 특성을 중심으로〉, 김창남 편, 《노래5: 대중음악과 노래운동 그리고 청년문화》, 한울, 2004.

김창남 외, 《노래1: 진실의 노래와 거짓의 노래》, 실천문학사, 1984.

김창남 외, 《노래2: 인간을 위한 음악》, 실천문학사, 1986.

김창남 편, 《노래5: 대중음악과 노래운동 그리고 청년문화》, 한울, 2004.

김창남, 《대중문화와 문화실천》, 한울, 1995.

김현섭, 《서태지 담론》, 책이있는마을, 2001.

로이 셔커, 이정엽·장호연 옮김, 《대중음악사전》, 한나래, 1999.

민주화운동기념사업회, 〈노래는 멀리멀리: 1977-1986 민중가요 모음(상, 하)〉, 2006.

민주화운동기념사업회, 〈노래는 멀리멀리: 1987-1989 민중가요 모음〉, 2007.

민주화운동기념사업회, 〈노래는 멀리멀리: 1990-1992 민중가요 모음(상, 하)〉, 2008.

브라이언 롱허스트, 이호준 옮김, 《대중음악과 사회》, 예영, 1999.

사이먼 프리스 외, 장호연 옮김, 《케임브리지 대중음악의 이해》, 한나래, 2005.

사이먼 프리스, 권영성·김공수 옮김, 《사운드의 힘》, 한나래, 1995.

신승렬 외, 《90년대를 빛낸 명반 50》, 한울, 2006.

이영미, "민중가요 작품 경향의 흐름과 현 상황, "21세기 민중음악의 새길찾기"", 〈한국민족음악인협회 월례포럼 자료집〉, 2003.

이영미, "민중가요 30년사: 한국 노래 문화 속에서 민중가요의 위상과 흐름, 〈2005광명음악밸리축제 밸리레코드3 한국민중음악30년사 자료집〉, 2005.

이영미, 《한국대중가요사》, 시공사, 1999.

이영미·안석희, 〈1990년대 후반 이후 노래운동 민중가요의 변화〉, 김창남 편, 《노래5: 대중음악과 노래운동 그리고 청년문화》, 한울, 2004.

이혜숙·손우석, 《한국대중음악사》, 리즈앤북, 2003.

한동헌 외, 《노래를 찾는 사람들 지금 여기에서》, 호미, 2005.

Adorno, Theodor. "On Popular Music." In *On Record: Rock, Pop, and the Written Word*, edited by Simon Frith and Andrew Goodwin, 256–67. New York: Routledge, 1990.

Bennett, Tony. "The Politics of the Popular and Popular Culture." In *Popular Culture and Social Relations*, edited by Tony Bennett, Colin Mercer, and Janet Woollacott, 6–21. New York: Open University Press, 1986.

Hebdige, Dick. *Subculture: The Meaning of Style*. New York: Methuen, 1984.

Wallis, Roger. *Big Sounds from Small Peoples: The Music Industry in Small Countries*. Hillsdale, NY: Pendragon, 1984.

## 8장

**1** 이 글은 〈빛나는 성좌들: 1980년대, 여성해방문학의 탄생〉(《상허학보》 54, 상허학회, 2016)라는 제목으로 발표되었으며, *Revisiting Minjung*에는 편집자 박선영 선생의 여러 제언을 받아들여 수정해 수록했다.

**2** 리타 펠스키, 심진경·김영찬 옮김, 《근대성의 젠더》.

**3** 오자은의 다음 논문이 큰 시사가 되었다. 오자은, 〈중산층의 데모하는 딸들〉.

**4** 김원, 〈첫 번째 기억: 공장으로 간 여성이 본87년〉, 46-61.

**5** 1992년 영화화되기도 한 강석경의 《숲속의 방》에서 소양은 연일 시위가 있는 대학가의 술렁이는 분위기 속에서 휴학과 가출을 감행한 후 집에 돌아오나 끝내 자신의 방에서 자살해 생을 마감한다. 이 소설의 관찰자적 화자인 소양의 큰 언니는 피아노를 전공했으나 은행에 입사해 근무하다가 전형적으로 결혼 퇴직한 여성

으로 설정된다. 강석경과는 세대적으로 차이가 있는 386 작가인 공지영의 장편소설《더 이상 아름다운 방황은 없다》는 부르주아 가정 출신인 여대생 민수가 노동운동에 투신하기 위해 집을 나오는 데서 끝난다.

**6** 킴벌리 크렌쇼는 인종과 젠더를 모두 고려해야 한다는 흑인 페미니즘 이론을 참조해 "상호교차성 페미니즘"이란 개념을 만들어 낸다. Crenshaw, Kimberlé. "Demarginalizing the Intersection of Race and Sex." 나는 여기서 크렌쇼의 이 용어를 1980년대 여성운동의 다층적인 관점을 뜻하는 것으로 전유하고자 한다. 1980년대 한국의 여성운동은 인종, 계급, 젠더 이슈에 관해 다양한 범위에서 주의를 기울였다. 민중이란 패러다임 아래서 내적 긴장이 억제되거나 포섭되어 비록 실천에서는 복합성을 종종 놓쳤다고 하더라도 말이다.

**7** Louie, Miriam Ching Yoon. "Minjung Feminism: Korean Women's Movement for Gender and Class Liberation." 420.

**8** 권인숙,《하나의 벽을 넘어서》, 231, 271-73.

**9** 변혁운동은 1980년대 당시 한국 사회의 구조적 모순과 그로 인한 사회적 위기를 해결하기 위해 정치제도를 비롯해 사회제도 전반에 대한 심오한 변화를 추구하는 운동의 총칭으로 쓰였다. 특히 군사독재 철폐를 위시한 민주주의 혁명뿐만 아니라 사회주의 혁명을 함의한 용어로 통용되었다. '민족민주운동'은 1985-86년 전후 반독재 민주화운동, 한반도의 분단을 고착화하고 독재 정권을 용인한 미국을 제국주의로 규정한 반제국주의운동, 민중운동 전반을 의미했다. 특히 노동자, 농민, 빈민뿐만 아니라 지식인과 중간 계층 등을 광범위하게 포괄하는 통일전선적 변혁운동을 지향하는 그룹에 의해서 당시 운동의 한국적 특수성과 총체성을 함의하는 용어로 쓰였다. 이것이 조직적으로 실현된 예가 1989년 1월에 출범한 전국민족민주운동연합(약칭 전민련)이다. 전민련은 1987년 직선제 대통령 선거와 1988년 총선에서 운동권의 분열을 반성하며 운동 단체들의 결집과 의제의 통일을 위해 결성되었다(유기홍, 〈1980년대 민족민주운동과 민주화운동청년연합〉 참조). 1987년 2월 발족한 한국여성단체연합 또한 이 단체에 가입한다. 이 글에서는 이 시기 노동자운동 등 기층 민중운동의 대두와 반독재 민주화운동을 강조하는 차원에서 민중민주운동이라는 용어를 사용하고자 한다.

**10** 조주현, 〈여성 정체성의 정치학〉, 11.

**11** 좌익 여성 작가이자 비평가인 임순득은 여류 문학에 대한 비판적 대안을 고민하며 1930년대 말 '부인 문학'이란 용어 사용을 제안했다. 여류가 '부르주아' 여성만을 지칭하는 것에 반대해 '부인'으로 대체한 것이다(이상경,《한국근대여성문학사론》, 237 참조). '여성 문학'은 거의 1940년대 말까지 거슬러 올라가지만, 그 용어는《여성 문학》(1984)과《또 하나의 문화》와 같은 여성 문학지의 출판과 함께 1980년대 들어 새로운 관심을 얻었다.《여성 문학》은 박완서가 주도해《여성동아》로 등단한 여성 작가들이 만든 무크로, 언론 탄압 사건인〈동아일보〉사태에 대한 나름의 대응이었다. 한편《또 하나의 문화》2호에 고정희는〈한국 여성 문학의 흐름〉을 발표해 남성 중심적 비평에서 여성성이 탈사회적·탈역사적 성격으로 부각된 것을 재구축하고자 했다(고정희,〈한국 여성 문학의 흐름〉).

**12** 1980년대 여성운동의 중요한 기반 중 하나가 크리스챤아카데미(강원룡 목사가 설립) 중간집단교육의 일환인 여성 사회교육을 통해 길러진 여성들에 있었다. 박인혜,〈'여성인권운동'의 프레임과 주체 변화에 대한 연구〉, 54-83.

**13** 강남식,〈여성평우회 활동과 여성운동사적 의의〉. 주요 그룹이 평우회의 결성과 참여에 이르게 된 경위, 지향에 대해서는 최근 다음 연구가 자세하게 다뤘다. 유경순,〈1980년대 여성평우회의 기층 여성 중심의 활동과 여성운동의 방향 논쟁〉 참조.

**14** 공연이 끝난 후 해산하는 과정에서 경찰과 마찰이 생긴다. 경찰은 부산가톨릭센터나 평우회가 사전에 개입해 해고 노동자들을 조직적으로 참여시켰는지 심문했다고 한다. 노혜경,〈두 겹의 스침, 여성평우회와 부산〉, 138-141.

**15** 여성평우회,〈발기 취지문〉, 3.

**16** 여기에 개입된 이들이 민청련 여성부를 탈퇴해 평우회에 가담했다. 이들은 이후 살펴볼《여성》의 편집진이기도 하다. 강남식,〈여성평우회의 활동과 여성운동사적 의의〉, 53-58; 민족민주운동여성분과,〈80년대 여성운동과 90년대 여성운동의 전망 2〉, 53-54. 평우회 해산의 자세한 경위는 앞의 유경순 논문 참조.

17 김봉률,〈나무를 심은 씨앗, 여성평우회를 돌아보다〉, 128-32 참조.

18 무크는 당시 출판사 및 인쇄소 등록에 관한 법률상 "연 1회를 내는 경우 등록을 하지 않아도 되는 관계화된 특수 단행본"으로, 월간지나 계간지 등이 발행을 허가받기 어려운 상황에서 출판운동하는 지식인 집단이나 소규모 집단에 주목받았다. "창비사 등록 취소의 의미",〈동아일보〉, 1985.12.10.

19 나는《여성》발간 전후의 사정과 역사에 대해 당시 편집위원이었던 김영(부산대 사회학 교수), 이남희(전 여성가족부 행정관)와의 전화 인터뷰를 통해 들을 수 있었다. 또한 시카고대학교의 최경희 교수도 중요한 회고를 해 주었다. 세 분께 감사한다.

20 여성편집위원회,《여성》1집을 내면서〉, 5.

21 심정인,〈여성운동의 방향 정립을 위한 이론적 고찰〉, 201-12 참조.

22 이상경,〈한국 여성문학론의 역사와 이론〉, 21.

23 "여성사연구회 창립",〈동아일보〉, 1987.5.19.

24《여성》은 3호까지 발간된다. 1989년 10월 여성사연구회는 아현여성연구실과 통합해 한국여성연구소를 결성하고《여성과 사회》를 간행한다.

25 여성사연구회 편집부,〈한국 여성 해방 이론의 전개에 대한 비판적 검토〉, 182.

26 여성운동 내부의 갈등적 입장에 대해서는 다음을 참조할 것. 지은희·강이수,〈한국 여성 연구의 자성적 평가〉, 165-66. 지은희와 강이수는 제3세계 페미니즘을 적극적으로 참조한 1980년대에 이르러 한국적 상황에 맞지 않았던 미국 중심의 서구 페미니즘을 극복할 수 있는 여성운동의 실천 이론을 만들어 낼 수 있었다고 주장했다. 이들의 주장은 당시 심포지엄에서 이화여대를 중심으로 한 '여성학' 그룹에 대한 비판으로 받아들여졌다. 다른 한편 조혜정은 다음 글을 통해 또하나의문화를 이중체계론이자 자유주의로 비난했던 입장을 비판한다. Cho, Haejoang. "The 'Woman Question' in the Minjok-Minju Movement."

27 이들이 때로 가명이나 조직의 이름을 사용해야 했던 까닭은, 여성과 관련한 것이라 할지라도 마르크스주의 관련 "이념 도서"와 그 필자는 정부의 감시망에 있었기 때문이다. 당시 정권은 1987년 10월 19일 출판자율화조치의 하나로 1970년대 중반 이래 행정지도로 시행해 온 '시판중지종용' 도서, 즉 판금 도서 650종 중 66.3%인 431종의 출판을 허용하는 조치를 편다. 해금 도서에는《여성》은 물론이고《중국 여성 해방운동》,《여성 해방의 논리》,《여성의 지위》,《여성 해방의 선구자들》,《어머니》등이 들어 있었다. 그리고 사법 심사 의뢰 도서 목록에는《클라라 제트킨 선집》,《여성과 혁명운동》,《로자 룩셈부르크》등 여성 관련 서적이 포함되었다. "금서 431종 출판 허용", "판금해제·사법심사 의뢰 도서 목록",〈동아일보〉, 1987.10.19, 1·6면 참조.

28 한국의 마르크스주의 여성해방론과 관련해서는 조순경,〈한국 여성학 지식의 사회적 형성〉, 178-79 참조. 당대 마르크스주의의 정통주의적 성격 원인에 대해서는 김동춘,〈1980년대 후반 한국 맑스주의 이론의 성격 변화와 한국 사회과학〉, 304-06 참조.

29 1977년 이화여대에 '여성학' 강의가 개설된 것을 시작으로 1982년 이화여대 여성학 대학원 과정이 설치되었다. 1987년 6월 민주화운동 1년 후인 1988년 6월 현재 총 30여 개 대학에 여성학 강좌가 개설되었으며, 이듬해 봄 학기에는 설문에 응한 대학 중 11%인 61개 대학에서 여성에 관한 교과목이 개설되었다. Cho, Hye-joang. "The 'Woman Question' in the Minjok-Minju Movement," 332, 각주 25번.

30 실천문학사에서 간행된 1호는 민족문학작가회의 여성문학분과위원회, 풀빛에서 간행된 2호는 위상이 강화된 여성문학인위원회에서 편찬했다. 민족문학작가회의는 유신 체제의 언론과 문학 활동에 대한 탄압에 대응하기 위해 1974년 11월에 결성된 자유실천문인협의회가 1987년 6월 이후 지향과 조직 체계상 확대 개편한 것이다.

31 민족문학작가회의 여성문학인위원회,〈민족사의 진보와 함께 여성의 진보를〉, 1-2.

32 강인순,《한국여성노동자운동사》, 322.

33 여기에 대해서는 천정환,〈그 많던 '외치는 돌멩이'들은 어디로 갔을까〉 참조.

34 이남희, 유리·이경희 옮김,《민중 만들기》, 428-30.

35 이명호·김희숙·김양선,〈여성해방문학론에서 본 80년대 문학〉, 55-56. 필자들은 각각 영문학, 독문학, 국문학을 전공한 이들로 한국여성연구회 문학분과 회원으로 소개되었다. 한국여성연구회는 앞에서 언급

한 한국여성연구소로, 사단법인이 되기 전의 명칭이다.

**36** 이진경의 《서비스 이코노미》에서 기지촌 문학의 신체에 대한 확장된 논의를 볼 수 있다. 이진경, 나병철 옮김, 《서비스 이코노미》 참조.

**37** 김영혜, 〈여성 문제의 소설적 형상화〉, 67.

**38** 이명호 외, 〈여성해방문학론에서 본 80년대 문학〉, 67.

**39** 대개 한국여성연구소의 문학분과 회원으로서 이상경, 김양선은 대표적인 한국 여성문학사가로, 심진경과 김은하는 여성주의 비평가로 활동 중이다. 김영희, 이명호는 이 시기 여성주의 문학비평을 시작한 대표적인 영문학 연구자이다.

**40** "또 하나의 문화 탄생", 〈동아일보〉, 1984.12.11.

**41** 예컨대 다음 글을 볼 것. 김영희, 〈진보적 여성운동의 재검토〉. 그러나 또하나의문화는 1987년 전후까지 급박한 정치적 상황에서 요구된 운동에 연대의 의사를 표명해 왔다. 1985년 여성대회에서 "민족·민주·민중과 함께하는 1985 여성운동선언"에 함께했으며, 1986년 여성 단체들이 대책위원회를 세워 대응했던 부천 성고문 사건에 대한 항의운동에도 참여했다. 1987년 3월 8일 한국여성단체연합(여연) 결성 당시 구성 단체 중 하나였다. 그러다 1987년 대통령 선거를 앞두고 여연 중앙 간부들과 몇몇 단체들의 의사가 어긋나기 시작한 듯하다. 조혜정은 "당시 여연이 평민당을 지지한다고 공표했을 때, 또하나의문화를 비롯한 몇몇 단체들은 상당히 노여워했는데 많은 사람들이 양 김 중에 한 명을 지지하기보다는 야당 단일 후보가 나오기를 바랐기 때문"이라고 회고했다. 여연 지도부의 평민당 후보 지지는 사후에 보답받았다면서, 이름은 거론하지 않았지만 대선 당시 여연 상임부회장이 평민당의 부총재가 되었음을 지적한다. Cho Hye-joang, "The 'Woman Question' in the Minjok-Minju Movement," 350. 1989년 여연 총회에서 전국민족민주운동연합 가입이 다수결로 가결된 것을 계기로 또하나의문화는 여연에서 탈퇴한다.

**42** Cho, Hye-joang. "The 'Woman Question' in the Minjok-Minju Movement," 333.

**43** 편집부, 〈좌담 '또 하나의 문화'를 펴내며〉.

**44** 위와 같음, 27.

**45** 위와 같음, 28.

**46** 조혜정, 〈문화와 사회운동의 양식〉, 91-95. 여기서 조혜정은 한국의 사회운동 주체들에게서 행위자들이 공유하는 의미의 차원과 관련해 사회의 변화를 주장하는 문화주의, 체질론에 대한 거부감이 나타나는데, 이는 일제 통치를 거치면서 그것들에 '친일'이라는 딱지가 붙었기 때문이라고 주장한다. 또한 다른 글에서는 사회운동이 이론과 조직에 대한 교조적 헌신으로 인해 자기 성찰이 불가능해지고 있다면서, 현재 사회운동의 상황을 일본 점령하의 독립운동의 상황과 바꾸어 생각해 본다면 "사회주의자와 문화주의자의 분열은 대단히 불행한 과정이었기에 1990년대에 그 역사적 반복을 보고 싶지 않다"라고 말한다.

**47** 박완서 외, 〈좌담 페미니즘 문학과 여성운동〉, 27.

**48** 위와 같음, 26.

**49** 고정희, 〈한국 여성 문학의 흐름〉, 122.

**50** 위와 같음.

**51** 박완서, 〈저문 날의 삽화 2〉, 127.

**52** 위와 같음.

**53** 정희진, 〈인권의 관점에서 바라본 여성에 대한 폭력〉, 173-75.

**54** 신상숙, 〈젠더, 섹슈얼리티, 폭력〉, 11.

**55** 여성의전화의 창립자들은 주로 크리스챤아카데미의 여성사회교육에 참여한 이들 중 가정주부와 성매매 반대운동을 벌인 기독교 여성, 자유주의적 성향의 지식인이었다. 당시의 가정 중심적이고 계급 중심적인 사회운동 풍토에서 가부장제 안에서 발생하는 아내폭력은 포착되지 않았다. 이런 상황에서 아내폭력 상담 사업은 같은 여성운동가들로부터도 사회변혁과 거리가 먼 부르주아 중산층 여성운동이라는 비판에 직면했다. 따라서 초기 조사와 연구는 크리스챤아카데미 내부에서 출발했으나, 결국 아카데미와 분리된 조직체를 만들게 된다. 이것이 여성의전화였다. 박인혜, 〈'여성인권운동'의 프레임과 주체 변화에 대한 연구〉, 84-89.

56 신상숙, 〈젠더, 섹슈얼리티, 폭력〉, 14-16.

57 위와 같음, 19.

58 박완서, 〈팔자 좋은 여성들의 책임〉. 한편 고정희의 축시 〈평안도 계사니〉도 창간호에 실렸다.

59 박완서, 〈저문 날의 삽화 2〉, 123.

60 이는 1990년대 문학의 성과와 의의를 논의하는 비평가들의 좌담에서 논의된 바이며, 이때 가장 주목받은 여성 작가는 신경숙이었다. 황종연 외, 《90년대 문학을 어떻게 볼 것인가》.

61 또하나의문화 동인으로 독문학자이자 여성학자인 김영옥과의 인터뷰에서도 확인할 수 있다. 김항·이혜령 편, 〈김영옥과의 인터뷰〉 참조.

62 심진경, 〈2000년대 여성 문학과 여성성의 미학〉 참조. 구체적인 예로는 은희경, 〈역설의 여성성〉, 349-50(심진경의 책, 222에서 재인용).

63 김영옥, 〈90년대 한국문학 담론에 대한 비판적 고찰〉, 97.

64 1990년대 초반까지 논쟁에 대한 정리로는 다음을 참조. 김양선, 〈동일성과 차이의 젠더 정치학〉.

65 Lee, Hye-Ryoung. "From the Front Line of South Korea Contemporary Feminist Criticism," 215-41.

66 Kim, Hyun Mee. "'Sexuality and Public Politics'," 243-60.

강남식, 〈여성평우회 활동과 여성운동사적 의의〉, 여성평우회 창립 20주년 기념행사 준비위원회 편, 《여성평우회 발자취》, 2003.

강석경, 《숲속의 방》, 민음사, 1985.

강석경, 〈낮달〉, 《여성 해방의 문학: 또 하나의 문화》 제3호, 또하나의문화, 1987, 90-109.

강인순, 한국여성노동자협의회 기획, 《한국여성노동자운동사》, 한울아카데미, 2001.

고정희, 〈매 맞는 하느님〉, 《여성 해방의 문학: 또 하나의 문화》 제3호, 또하나의문화, 1987, 1-62.

고정희, 〈한국 여성 문학의 흐름〉, 《열린 사회, 자율적인 여성: 또 하나의 문화》 제2호, 또하나의문화, 1986.

공지영, 《더 이상 아름다운 방황은 없다》, 풀빛, 1989.

권인숙, 《하나의 벽을 넘어서: 부천서 성고문 사건 주인공의 자필 수기》, 거름, 1989.

김대숙, 〈8월 일기〉, 《여성운동과 문학》 1, 실천문학사, 1989, 169-87.

김동춘, 〈1980년대 후반 한국 맑스주의 이론의 성격 변화와 한국 사회과학〉, 《창작과 비평》 82, 창작과비평사, 1993.

김봉률, 〈나무를 심은 씨앗, 여성평우회를 돌아보다〉, 《정세연구》, 민족민주운동연구소, 1990, 128-32.

김양선, 〈동일성과 차이의 젠더 정치학: 1970·80년대 진보적 민족문학론과 여성해방문학론을 중심으로〉, 《한국근대문학연구》 6권 1호, 한국근대문학연구회, 2005.

김영옥, 〈90년대 한국문학 담론에 대한 비판적 고찰〉, 《상허학보》 9, 2002.

김영혜, 〈여성 문제의 소설적 형상화〉, 《창작과 비평》 64, 창작과비평사, 1989.

김영희, 〈진보적 여성운동의 재검토〉, 《페미니즘 연구》 2, 한국여성연구소, 2002.

김원, 〈첫 번째 기억: 공장으로 간 여성이 본 87년〉, 《87년 6월 항쟁》, 책세상, 2009.

김항·이혜령 편, 〈김영옥과의 인터뷰〉, 《인터뷰: 한국 인문학의 지각변동》, 그린비, 2011.

김혜순, 〈엄마의 식사 준비〉, 《여성 해방의 문학: 또 하나의 문화》 제3호, 또하나의문화, 1987, 74.

노혜경, 〈두 겹의 스침, 여성평우회와 부산〉, 여성평우회 창립 20주년 기념행사 준비위원회 편, 《여성평우회 발자취》, 2003.

리타 펠스키, 심진경·김영찬 옮김, 《근대성의 젠더》(1995), 자음과모음, 2012.

민족문학작가회의 여성문학인위원회, 〈민족사의 진보와 함께 여성의 진보를〉, 《여성운동과 문학》 2, 풀빛, 1990.

민족민주운동여성분과, 〈80년대 여성운동과 90년대 여성운동의 전망 2〉, 《정세연구》, 민족민주운동연구소, 1990.

박완서 외, 〈좌담 페미니즘 문학과 여성운동〉, 《여성 해방의 문학: 또 하나의 문화》 제3호, 또하나의문화, 1987.

박완서, 〈저문 날의 삽화 2〉, 《여성 해방의 문학: 또 하나의 문화》 제3호, 또하나의문화, 1987.

박완서, 〈팔자 좋은 여성들의 책임〉, 《베틀》 창간호, 여성의전화, 1983.

박인혜, 〈'여성인권운동'의 프레임과 주체 변화에 대한 연구: 〈여성의전화〉를 중심으로〉, 성공회대 사회학과 박사학위논문. 2011.

신상숙, 〈젠더, 섹슈얼리티, 폭력: 성폭력 개념사를 통해 본 여성 인권의 성정치학〉, 《페미니즘 연구》 8권 2호, 한국여성연구소, 2008.

심정인, 〈여성운동의 방향 정립을 위한 이론적 고찰〉, 여성편집위원회, 《여성》 1, 창작과비평사, 1985, 201-12.

심진경, 〈2000년대 여성 문학과 여성성의 미학〉, 《여성과 문학의 탄생》, 자음과모음, 2015.

여성사연구회 편집부, 〈한국 여성 해방 이론의 전개에 대한 비판적 검토〉, 《여성》 2, 창작과비평사, 1988, 182.

여성편집위원회, 《여성》 1집을 내면서〉, 《여성》 1, 창작과비평사, 1985, 5.

여성평우회, 〈발기 취지문〉, 여성평우회 창립 20주년 기념행사 준비위원회 편, 《여성평우회 발자취》, 2003, 3.

오자은, 〈중산층의 데모하는 딸들: 1980년대 김향숙 소설에 나타난 모녀 관계를 중심으로〉, 《한국현대문학 연구》 45, 한국현대문학회, 2015.

유경순, 〈1980년대 여성평우회의 기층여성 중심의 활동과 여성운동의 방향 논쟁〉, 《역사문제연구》 43, 역사 문제연구소, 2020.

유기홍, 〈1980년대 민족민주운동과 민주화운동청년연합〉, 《기억과 전망》 23, 민주화운동기념사업회 한국민 주주의연구소, 2010.

유시춘, 〈율리댁〉, 《여성운동과 문학》 1, 실천문학사, 1989, 72-92.

윤정모, 《고삐》, 풀빛, 1988.

윤정모, 《에미 이름은 조센삐였다》, 인문당, 1982.

은희경, 〈역설의 여성성〉, 김기택 외, 《21세기 문학이란 무엇인가》, 민음사, 1999.

이경자, 〈둘남이〉, 《여성 해방의 문학: 또 하나의 문화》 제3호, 또하나의문화, 1987, 150-71.

이남희, 유리·이경희 옮김, 《민중 만들기: 한국의 민주화운동과 재현의 정치학》, 후마니타스, 2015.

이명호·김희숙·김양선, 〈여성해방문학론에서 본 80년대 문학〉, 《창작과비평》 67, 창작과비평사, 1990.

이상경, 〈한국 여성문학론의 역사와 이론〉, 《한국여성문학사론》, 소명출판, 2002.

이진경, 나병철 옮김, 《서비스 이코노미》, 소명출판, 2015.

이혜령, 〈빛나는 성좌들: 1980년대, 여성해방문학의 탄생〉, 《상허학보》 54, 상허학회, 2016.

이혜숙, 〈노래소리〉, 《여성 해방의 문학: 또 하나의 문화》 제3호, 또하나의문화, 1987, 172-89.

정희진, 〈인권의 관점에서 바라본 여성에 대한 폭력〉, 《기억과 전망》 2003 여름, 민주화운동기념사업회, 2003.

조민희, 〈동그라미〉, 《여성운동과 문학》 1, 실천문학사, 1989, 148-68.

조순경, 〈한국 여성학 지식의 사회적 형성: 지적 식민성 논의를 넘어서〉, 《경제와 사회》 45, 비판사회학회, 2000.

조주현, 〈여성 정체성의 정치학: 80~90년대 한국의 여성운동을 중심으로〉, 《진보평론》 7, 2000.

조혜정, 〈문화와 사회운동의 양식〉, 《열린 사회, 자율적인 여성: 또 하나의 문화》 제2호, 또하나의문화, 1986, 91-95.

지은희·강이수, 〈한국 여성 연구의 자성적 평가〉, 학술단체연합심포지움 준비위원회 편, 《80년대 한국 인문 사회과학의 현 단계와 전망》, 역사비평사, 1988.

천정환, 〈그 많던 '외치는 돌맹이'들은 어디로 갔을까: 1980-90년대 노동자문학회와 노동〉, 《역사비평》, 역사 비평사, 2014.

편집부, 《평등한 부모 자유로운 아이: 또 하나의 문화》 제1호, 또하나의문화, 1995.

허윤, 〈1980년대 여성해방운동과 번역의 역할〉, 한국여성문학학회 젠더와번역 연구모임, 《젠더와 번역》, 소 명출판, 2013, 377-84.

황종연 외, 《90년대 문학을 어떻게 볼 것인가》, 민음사, 1999.

In *Gender Division of Labor in Korea*, edited by Cho Hyoung and Chang Pil-wha, 324-58. Ewha Womans University Press, 1994.

주+참고문헌

Cho Haejoang. "The 'Woman Question' in the Minjok-Minju Movement: A Discourse Analysis of a New Women's Movement in 1980s Korea."

Crenshaw, Kimberlé. "Demarginalizing the Intersection of Race and Sex: A Black Feminist Critique of Antidiscrimination Doctrine, Feminist Theory, and Antiracist Politics." *University of Chicago Legal Forum* (1989): 139-67.

Jones, Nicola Anne. *Gender and the Political Opportunities of Democratization in South Korea.* New York: Palgrave Macmillan, 2006.

Kim Hyun Mee, "'Sexuality and Public Politics': Temporality of the #MeToo Movement in Contemporary South Korea", *Azalea : Journal of Korean Literature & Culutre Vol. 14*, the Korean Institute, Harvard University, 2021, 243-60.

Lee Hye-Ryoung. "From the Front Line of South Korea Contemporary Feminist Criticism", *Azalea : Journal of Korean Literature & Culutre Vol. 14*, the Korean Institute, Harvard University, 2021, 215-41.

Louie, Miriam Ching Yoon. "Minjung Feminism: Korean Women's Movement for Gender and Class Liberation." *Women's Studies International Forum* 18, no. 4 (1995): 417-30.

## 9장

**1** 배인철, 〈쪼 루이스에게〉, 19.

**2** 배인철, 〈흑인부대〉, 298.

**3** 배인철, 〈흑인녀〉, 86.

**4** 이남희, 유리·이경희 옮김, 《민중 만들기》, 232.

**5** 위와 같음, 135.

**6** 이기숙, 〈대학 부설 여성연구소의 활동 현황과 그 과제〉, 16; 김영선, 〈1970년대 한국 여성학 학술운동의 계보와 장소성〉, 126.

**7** 차범석, 〈열대어〉, 187.

**8** 백낙청, 〈제3세계와 민중문학〉, 44.

**9** 최원식, 〈민족문학론의 반성과 전망〉, 359.

**10** 백낙청, 〈제3세계와 민중문학〉, 60-61.

**11** 위와 같음, 62.

**12** 박현채 외, 〈좌담: 민족통일운동과 민주화운동〉, 54.

**13** 위와 같음.

**14** 백낙청, 〈제3세계와 민중문학〉, 72-73.

**15** 이종욱, 〈아프리카 문학의 사회적 기능〉, 110.

**16** Lee, Jin-kyung, *Service Economies*, 51.

**17** 안정효, 《하얀 전쟁》, 117.

**18** Moon, Katherine H. S. *Sex among Allies*, 73.

**19** Lee, Jin-kyung, *Service Economies*, 181.

**20** 강석경, 〈낮과 꿈〉, 27.

**21** Lim, Jeehyun. "Black and Korean," 7.

**22** 위와 같음, 8.

**23** Lee, Jin-kyung, *Service Economies*, 168-69.

**24** Gilman, Sander L. *Difference and Pathology*, 89.

**25** Hackett, Robin. *Sapphic Primitivism*, 3.

**26** 강석경, 〈낮과 꿈〉, 12.

**27** 위와 같음, 14.

**28** 위와 같음, 13, 27.

**29** Mulvey, Laura. "Visual Pleasure and Narrative Cinema," 346.

**30** Gage, Sue-Je Lee. "Pure Mixed Blood," 134.

**31** Ibid.

**32** Ahn, Ji-Hyun. "Visualizing Race," 60.

**33** 배제성, "인순이 '흑녀'".

**34** 1920년대 재즈 시대의 자유분방하고 젊은 여성(옮긴이).

**35** Lee, Yun-Jong. "Cinema of Retreat," 51.

**36** Ibid., 14.

**37** Keeling, Kara. The Witch's Flight, 84-85.


강대선 감독, 〈흑녀〉, 삼영필름, 1982, DVD.

강석경, 《숲속의 방》, 민음사, 1985.

강석경, 〈낮과 꿈〉, 《밤과 요람》, 책세상, 2008.

김사겸 감독, 〈그대 가슴에 다시 한번〉, 합동영화사, 1971, DVD.

김영선, 〈1970년대 한국 여성학 학술운동의 계보와 장소성〉, 《현상과 인식》 2015년 봄.

맹문재, 〈배인철의 흑인시에 나타난 주제 의식 고찰〉, 《한국시학연구》 42, 2015, 99 - 126.

문순태, 〈느티나무와 어머니〉, 《울타리》, 이룸, 2006, 73-104.

박현채 외, 〈좌담: 민족통일운동과 민주화운동〉, 《창작과 비평》 16, 창작과비평사, 1988.

배인철, 〈쪼 루이스에게〉, 《문화창조》 2, 1947, 19.

배인철, 〈흑인녀〉, 《백제》 2, 1947, 86.

배인철, 〈흑인부대〉, 《현대문학》 9, 1963, 298.

배제성, "인순이 '흑녀'", 〈중앙일보〉, 2014.6.25.

백낙청, 〈제3세계와 민중문학〉, 《창작과 비평》 14, 창작과비평사, 1979

안정효, 《하얀 전쟁》, 세경북스, 2009.

이기숙, 〈대학 부설 여성연구소의 활동 현황과 그 과제〉, 《부산대학 여성 연구》 1, 1989.

이남희, 유리 · 이경희 옮김, 《민중 만들기: 한국의 민주화운동과 재현의 정치학》, 후마니타스, 2015, 232.

이상문, 《황색인》, 한국문화사, 1987.

이종욱, 〈아프리카 문학의 사회적 기능〉, 《창작과 비평》 14, 창작과비평사, 1979.

정한아, 《리틀 시카고》, 문학동네, 2012.

차범석, 〈열대어〉, 《차범석 희곡집》, 선명문화사, 1969.

최원식, 〈민족문학론의 반성과 전망〉, 《민족문학의 논리》, 창작과비평사, 1982.

Ahn, Ji-Hyun. "Visualizing Race: Neoliberal Multiculturalism and the Struggle for Koreanness in Contemporary South Korean Television." PhD diss., University of Texas at Austin, 2013.

Gage, Sue-Je Lee. "Pure Mixed Blood: The Multiple Identities of Amerasians in South Korea." PhD diss., Indiana University, 2007.

Gilman, Sander L. *Difference and Pathology: Stereotypes of Sexuality, Race, and Madness.* Ithaca: Cornell University Press, 1985.

Hackett, Robin. *Sapphic Primitivism: Productions of Race, Class, and Sexuality in Key Works of Modern Fiction.* New Brunswick, NJ: Rutgers University Press, 2004.

Halberstam, Jack. *Female Masculinity.* Durham: Duke University Press, 1998.

Keeling, Kara. *The Witch's Flight: The Cinematic, the Black Femme, and the Image of Common Sense.* Durham: Duke University Press, 2007.

Lee, Jin-kyung. *Service Economies: Militarism, Sex Work, and Migrant Labor in South Korea.* Minneapolis: University of Minnesota Press, 2010(이진경, 나병철 옮김, 《서비스 이코노미》, 소명출판,

2015).

Lee, Na Young. "The Construction of United States Camptown Prostitution in South Korea: Transformation and Resistance." PhD diss., University of Maryland, College Park, 2006.

Lee, Yun-Jong. "Cinema of Retreat: Examining South Korean Erotic Films of the 1980s." PhD diss., University of California, Irvine, 2012.

Lim, Jeehyun. "Black and Korean: Racialized Development and the Korean American Subject in Korean/American Fiction." *Journal of Transnational Studies* 5, no. 1 (2013): 1–27.

Mask, Mia. *Divas on Screen: Black Women in American Film*. Urbana: University of Illinois Press, 2009.

Moon, Katherine H. S. *Sex among Allies: Military Prostitution in U.S.-Korea Relations*, New York: Columbia University Press, 1997.

Mulvey, Laura. "Visual Pleasure and Narrative Cinema." In *Media and Cultural Studies: Keyworks*, edited by Meenakshi Gigi Durham and Douglas M. Kellner, 342–52. Oxford: Blackwell, 2006.

Paquet, Darcy. "The Korean Film Industry: 1992 to the Present." In *New Korean Cinema*, edited by Chi-Yun Shin and Julian Stringer, 32–50. Edinburgh: Edinburgh University Press, 2005.

## 10장

1 영어 원문 집필 당시인 2017년에는 본문에서 '에로영화'라는 표현을 썼으나, 2023년 현재 한국에서 에로 영화는 포르노 영화를 비롯한 전 세계의 모든 성애 영화를 아우르는 용어로 확장되었다. 따라서 포르노가 아닌 주류 영화 장르로서 1980년대 한국 에로영화를 지칭하기 위해 '에로방화'로 고쳐쓰기로 했다. '자국 영화'를 뜻하는 '방화(邦畫)'는 1990년대 초·중반까지 한국 사회에서 광범위하게 사용되었으나, 어느 순간 '한국 영화'가 이를 대체했다. 따라서 에로방화는 내가 오랜 고민 끝에 1980년대 한국 에로영화를 지칭하기 위해 개념화한 가장 최적의 용어라 생각한다. 조만간 나의 에로방화 연구서인《에로방화의 은밀한 매력: 1980년대 한국 대중 영화의 진보적 양면성》이 영화진흥위원회의 총서로 발간될 예정이다.

2 이효인, 〈1980년대 한국 영화에 대하여〉, 27; 주진숙 외,《여성 영화인 사전》, 276; Kim, Mee Hyun, ed. Korean Cinema from Origins to Renaissance, 272.

3 민중-민족주의에 대해서는 이남희, 유리·이경희 옮김,《민중 만들기》, 당시의 페미니즘운동에 관해서는 Louie, Miriam Ching Yoon. "Minjung Feminism," 119–38과 이 책의 이혜령이 쓴 8장 참조.

4 멜로드라마에 대한 페미니즘 영화 연구는 다음을 참조할 것. Gledhill, Christine. *Home Is Where the Heart Is*; Williams, Linda. *Playing the Race Card*; Williams, Linda. "Film Bodies"; Williams, Linda. "Melodrama Revised" 42–88; Williams, Linda. "Something Else Besides a Mother."

5 Williams, Raymond. *Marxism and Literature*, 132.

6 '에로'는 1912-26년 일본의 다이쇼 천황 시대에 처음 쓰였으며, 1920년대에 유행한 문화 현상을 지칭하는 에로-그로-넌센스(에로틱-그로테스크-넌센스) 중 하나였다. 그때부터 '에로'는 일본에서 매우 광범위한 의미로 쓰였으며 성애적이고 성적이며 외설적인 것, 심지어는 변태적인 특성을 지칭하는 데 쓰인다. 한국에서도 비슷한 뜻으로 쓰였으나 오늘날에는 1980년대의 에로영화, 즉 에로방화와 주로 연관되어 쓰인다. 근대 일본에서 쓰인 '에로'의 어원적 역사에 관해서는 Silverberg, Miriam. *Erotic Grotesque Nonsense*, 근대 일본 영화 담론에서의 쓰임에 관해서는 Bordwell, David. *Ozu and the Poetics of Cinema*, 한국에서의 수용에 관해서는 소래섭,《에로 그로 넌센스: 근대적 자극의 탄생》을 참조할 것.

7 Richie, Donald. *A Lateral View*, 156–69.

8 재스퍼 샤프(Jasper Sharp)에 따르면, 일본 스포츠 신문〈나가이 타임스〉기자 무라이 미노루가 최초로 에로 덕션 영화를 핑크영화라고 불렀다. 무라이는 매년 영화 비평가들과 기자들이 선정하고 수여하는 일본 (주류) 영화상인 블루리본상에 대응하는 핑크리본상을 개최하자고 제안했다. Sharp, Jasper. *Behind the Pink Curtain*, 53.

9 일본 에로틱 영화의 역사에 관해서는 다음을 참조할 것. Standish, Isolde. *Politics, Porn, and Protest.*

**10** 〈살로 소돔의 120일〉은 사드 후작의 소설《소돔의 120일》을 영화로 각색한 것이다.

**11** 〈감각의 제국〉은 프랑스인 아나톨 도망(Anatole Dauman)이 제작했는데, 도망은 오시마에게 성적인 예술 영화의 감독을 부탁했다. 따라서 영화 관계자들은 전부 일본인이었으나 영화는 많은 면에서 억압적인 정치권력에 저항하는 유럽과 미국의 혁명적 정신을 표현했다. 게다가 1960년대와 1970년대 일본의 경제적·문화적 위상은 아시아 국가들보다 서구 국가들과 더 가까웠다. 〈감각의 제국〉과 오시마 나기사에 관해서는 다음을 참조할 것. Williams, Linda. *Screening Sex.*

**12** Ibid., 155-80.

**13** 호현찬,《한국 영화 100년》, 문학사상사, 2003, 246.

**14** 이 장면을 보면서 관객 일부가 극장을 나갔고, 그중 몇 명은 토할 정도로 역겨워했다고 한다.〈TV 리포트〉, 2011.4.21.

**15** 김수용,《나의 사랑 씨네마》, 66. 이 영화는 다케치 테츠지의 핑크영화〈백일몽〉(1964)의 대본을 바탕으로 한국화해 다시 만든 작품이다.

**16** 위와 같음, 65.

**17** 호현찬,《한국 영화 100년》, 252.

**18** Hunt, Lynn, ed. *The Invention of Pornography, 1500–1800.* '들어가는 말'에서 헌트는 '포르노그래피라'의 어원을 1769년에 레티프 드 라 브르통느(Rétif de la Bretonne)가 출판한 소설 *Le Porno-graphe*로 본다.

**19** 계급 투쟁을 에로티시즘 및 성과 혼합하며 김기영은 〈화녀〉(1971),〈충녀〉(1972),〈이어도〉(1977),〈수녀〉(1979) 등 일련의 여성 영화를 연출했다. 하명중은 1970년대의 대표적인 청춘 영화〈바보들의 행진〉(1975)으로 더 잘 알려져 있는데,〈화분〉(1972),〈수절〉(1974),〈한네의 승천〉(1977)에서 정치권력과 에로티시즘 사이의 관계를 탐구했다.

**20** 김호선의 〈겨울 여자〉(1977)에는 매우 이례적으로 호스티스가 아닌 여대생이 주인공으로 등장한다. 주인공은 고등학생 때 사귄 남자가 그녀가 성행위를 거부하자 자살한 뒤, 주변의 불운한 남성들을 위로하기 위해 자신의 순결을 버린다. 이 영화가 〈별들의 고향〉이 세운 흥행 기록을 갱신했다는 사실은 한국 관객들이 (호스티스가 아닌) 일반 여성의 성생활에 관한 영화에 얼마나 열렬히 환호했는지를 보여 주는 일례라 할 수 있다.

**21** 1980년대에는 영화를 주로 서울에서 먼저 개봉해 일정 기간 상영된 후 필름을 지방의 극장으로 옮겨 상영했다. 본문에 있는 숫자는 영화진흥위원회가 특정 영화가 서울에서 상영되는 동안 동원한 관객 수를 산출한 결과를 바탕으로 한다.〈애마부인〉의 상영에 관해서는 호현찬,《한국 영화 100년》, 244-55; 강소원,〈1980년대 한국 '성애영화'의 섹슈얼리티와 젠더 재현〉, 18 참조.

**22** 주진숙 외,《여성 영화인 사전》, 287.

**23** 심산,〈'애마부인'의 아버지: 이문웅〉(Kim, Mee Hyun. ed. *Korean Cinema from Origins to Renaissance,* 278-79에서 재인용). 원문은 다음과 같다. http://www.cine21.com/news/view/?mag_id=1295

**24** 1990년대 한국에서 에로 비디오의 등장에 관해서는 이교동,〈젖소 부인을 위한 변명〉 참조.

**25** 1980년대의 한국 성애 영화에 대한 박사 논문에서 강소원은 영화 속 성행위 장면의 수를 기록했는데, 1980년대 초반에는 영화당 3개 이내였으나 1980년대 말에는 영화당 최대 7개로 늘어났다고 한다. 강소원,〈1980년대 한국 '성애영화'의 섹슈얼리티와 젠더 재현〉.

**26** 주진숙 외,《여성 영화인 사전》, 277.

**27** Mies, Maria. *Patriarchy and Accumulation on a World Scale,* 74-111.

**28** Mulvey, Laura. *Visual and Other Pleasures.* 다른 글에서도 언급했지만, 섹슈얼리티와 관객론에 대한 멀비의 논의는 남성 관음증 및 페티시즘과 대비해 '보여지는 것(to-be-looked-at-ness)'으로서의 여성을 지나치게 양극화해 대립시키는 면이 있다. 멀비의 기존 구도를 확장해 여성의 관객성, 여성 페티시즘, 그리고 다른 퀴어적 잠재력 등에 대해 고려할 필요가 있다. Lee, Yun-Jong. "Cinema of Retreat," 33-75.

**29** 유지나,〈여성 몸의 장르〉, 80-84.

**30** 강소원,〈1980년대 한국 '성애영화'의 섹슈얼리티와 젠더 재현〉, 57.

**31** Echols, Alice. "Cultural Feminism, 35.

32 Morgan, Robin. "Theory and Practice." 139.

33 Williams, Linda. *Hard Core*, 22 and 20.

34 Ibid., 170.

35 Ibid., 28.

36 Ibid., 269.

37 호현찬,《한국 영화 100년》, 246.

38 주진숙 외,《여성 영화인 사전》, 263.

39 Park, Seung Hyun. "Korean Cinema after Liberation", 21.

40 정진우와 이두용은 각각 〈앵무새 몸으로 울었다〉와 〈여인 잔혹사 물레야 물레야〉의 DVD판의 감독 설명에서 자신들이 성취한 기술적 혁신에 대해 자랑스럽게 말한 바 있다.

41 Lee, Yun-Jong. "Woman in Ethnocultural Peril," 101–35.

42 Cumings, Bruce. *Korea's Place in the Sun*, 388.

43 한국에서 공·사 구별의 젠더적 측면에 관해서는 다음을 참조할 것. Kendall, Laurel. *Introduction to Under Construction*, 1–24.

44 Enloe, Cynthia. *Globalization and Militarism*, 34. 신시아 인로는 박정희가 딸을 둔 시골의 부모들에게 도시의 공장에서 일하면 결혼을 잘할 확률이 높아진다고 설득해 수많은 한국의 젊은 여성을 저임금 노동자로 만든 과정에 대해 자세히 기술한다.

45 냉전기에는 서양과 일본에서 온 외국인 관광객들이 일반 한국인 고객보다 훨씬 더 부유했기 때문에 이런 관광객을 전문으로 상대하는 성 노동자를 근대적 기생, 즉 고급 콜걸이라 여겼다.

46 Lee, Jin-kyung. *Service Economies*.

47 Ibid.

48 한국의 압축 근대화에서 성 노동과 관광의 역할에 대해서는 다음을 참조할 것. 박정미, 〈발전과 섹스〉.

49 이 주제에 대해서 더 자세히 보려면 다음을 참조할 것. Lee, Yun-Jong. "Woman in Ethnocultural Peril".

50 Choi, Jung-Bong. "National Cinema," 183.

51 Choi, Chungmoo. "The Discourse of Decolonization and Popular Memory," 480.

52 Choi, Chungmoo. "The Minjung Culture Movement and the Construction of Popular Culture in Korea," 117.

53 Fiske, John. *Understanding Popular Culture*, 127.

54 Altman, Rick. *Film/Genre*, 99 and 84.

강소원, 〈1980년대 한국 '성애영화'의 섹슈얼리티와 젠더 재현〉, 중앙대학교 첨단영상대 박사학위 논문, 2006.

김수용,《나의 사랑 씨네마》, 씨네21북스, 2005.

박정미, 〈발전과 섹스: 한국 정부의 성매매 관광 정책, 1955-1988년〉,《한국사회학》48, 한국사회학회, 2014.

소래섭,《에로 그로 넌센스: 근대적 자극의 탄생》, 살림, 2005.

심산, 〈'애마부인'의 아버지: 이문웅〉,《씨네21》2001.4.3., http://www.cine21.com/news/view/?mag_id=1295

유지나, 〈여성 몸의 장르: 근대화의 상처〉, 유지나 등,《한국영화 섹슈얼리티를 만나다》, 생각의나무, 2004.

이교동, 〈젖소 부인을 위한 변명: 에로 비디오와 정치경제학〉,《문화읽기: 삐라에서 사이버문화까지》, 현실문화연구, 1999.

이남희, 이남희, 유리·이경희 옮김,《민중 만들기: 한국의 민주화운동과 재현의 정치학》, 후마니타스, 2015.

이효인, 〈1980년대 한국 영화에 대하여〉,《영화언어》1989년 겨울호.

주진숙 외,《여성 영화인 사전》, 소다, 2001.

호현찬,《한국 영화 100년》, 문학사상사, 2003.

Altman, Rick. *Film/Genre*. London: BFI Publishing, 1999.

Bordwell, David. *Ozu and the Poetics of Cinema*. London: BFI Publishing, 1988.

Choi, Chungmoo. "The Discourse of Decolonization and Popular Memory: South Korea." In *The Politics of Culture in the Shadow of Capital*, edited by Lisa Lowe and David Lloyd, 461–84. Durham: Duke University Press, 1997.

Choi, Chungmoo. "The Minjung Culture Movement and the Construction of Popular Culture in Korea." In *South Korea's Minjung Movement*, edited by Kenneth M. Wells, 105–18.

Choi, Jung-Bong. "National Cinema: An Anachronistic Delirium?" *Journal of Korean Studies* 16, no. 2 (2011): 173–91.

Cumings, Bruce. *Korea's Place in the Sun: A Modern History*. New York: Norton, 2005(브루스 커밍스, 이교선·이진준·김동노·한기욱 옮김,《브루스 커밍스의 한국현대사》, 창비, 2001).

Echols, Alice. "Cultural Feminism: Feminist Capitalism and the Anti-Pornography Movement." *Social Texts* 7 (Spring–Summer 1983): 34–53.

Enloe, Cynthia. *Globalization and Militarism: Feminists Make the Link*. 2007; New York: Rowman & Littlefield, 2016.

Fiske, John. *Understanding Popular Culture*. 1989; New York: Routledge, 2010.

Gateward, Frances, ed. *Seoul Searching: Culture and Identity in Contemporary Korean Cinema*. Albany: State University of New York Press, 2007.

Gledhill, Christine. *Home Is Where the Heart Is: Studies in Melodrama and the Woman's Film*. London: British Film Institute, 1987.

Gledhill, Christine, and Linda Williams, eds. *Reinventing Film Studies*. New York: Oxford University Press, 2000.

Hansen, Miriam Bratu. "The Mass Production of the Senses: Classical Cinema as Vernacular Modernism." In *Reinventing Film Studies*, edited by Christine Gledhill and Linda Williams, 332–50.

Heath, Stephen. *Questions of Cinema*. Bloomington: Indiana University Press, 1981.

Hunt, Lynn, ed. *The Invention of Pornography, 1500–1800: Obscenity and the Origins of Modernity*. New York: Zone Books, 1996.

Kaplan, E. Anne, ed. *Feminism and Film*. Oxford: Oxford University Press, 2000.

Kendall, Laurel. *Introduction to Under Construction: The Gendering of Modernity, Class, and Consumption in the Republic of Korea*, edited by Laurel Kendall, 1–24. Honolulu: University of Hawai'i Press, 2002.

Kim, Mee Hyun, ed. *Korean Cinema from Origins to Renaissance*. Communication Books, 2007.

Koo, Hagen. "The State, Minjung, and the Working Class in South Korea." In *State and Society in Contemporary Korea*, edited by Hagen Koo, 131–62. Ithaca: Cornell University Press, 1993.

Lederer, Laura, ed. *Take Back the Night: Women on Pornography*. New York: Morrow, 1980.

Lee, Jin-kyung. *Service Economies: Militarism, Sex Work, and Migrant Labor in South Korea*. Minneapolis: University of Minnesota Press, 2010(이진경, 나병철 옮김,《서비스 이코노미》, 소명출판, 2015).

Lee, Yun-Jong. "Cinema of Retreat: Examining South Korean Erotic Films of the 1980s." PhD diss., University of California, Irvine, 2012.

Lee, Yun-Jong. "Woman in Ethnocultural Peril: South Korean Nationalist Erotic Films of the 1980s." *Journal of Korean Studies* 21, no. 1 (2016): 101–35.

Louie, Miriam Ching Yoon. "Minjung Feminism: Korean Women's Movement for Gender and Class Liberation." In *Global Feminisms since 1945*, edited by Bonnie G. Smith, 119–38. New York: Routledge, 2000.

Mies, Maria. *Patriarchy and Accumulation on a World Scale: Women in the International Division of Labour.* London: Zed Books, 1998.

Morgan, Robin. "Theory and Practice: Pornography and Rape." In *Take Back the Night: Women on Pornography,* edited by Laura Lederer, 134 – 40.

Mulvey, Laura. *Visual and Other Pleasures.* 1989; New York: Palgrave Macmillan, 2009.

Park, Seung Hyun. "Korean Cinema after Liberation: Production, Industry, and Regulatory Trends." In *Seoul Searching: Culture and Identity in Contemporary Korean Cinema,* edited by Frances Gateward, 15 – 35.

Richie, Donald. *A Lateral View: Essays on Culture and Style in Contemporary Japan.* Berkeley: Stone Bridge Press, 1987.

Sharp, Jasper. *Behind the Pink Curtain: The Complete History of Japanese Sex Cinema.* London: FAB Press, 2008.

Silverberg, Miriam. *Erotic Grotesque Nonsense: The Mass Culture of Japanese Modern Times.* Berkeley: University of California Press, 2006.

Standish, Isolde. *Politics, Porn, and Protest: Japanese Avant-Garde Cinema in the 1960s and 1970s.* New York: Continuum, 2011.

Turim, Maureen. *The Films of Oshima Nagisa: Images of a Japanese Iconoclast.* Berkeley: University of California Press, 1998.

Wells, Kenneth M., ed. *South Korea's Minjung Movement: The Culture and Politics of Dissidence.* Honolulu: University of Hawai'i Press, 1995.

Williams, Linda. "Discipline and Fun: Psycho and Postmodern Cinema." In *Reinventing Film Studies,* edited by Gledhill and Williams, 351 – 78.

Williams, Linda. "Film Bodies: Gender, Genre, and Excess." *Film Quarterly* 44, no. 4 (1991): 2 – 13.

Williams, Linda. *Hard Core: Power, Pleasure, and the "Frenzy of the Visible."* 1989; Berkeley: University of California Press, 1999.

Williams, Linda. "Melodrama Revised." In *Refiguring American Film Genres: History and Theory,* edited by Nick Browne, 42 – 88. Berkeley: University of California Press, 1998.

Williams, Linda. *Playing the Race Card: Melodramas of Black and White from Uncle Tom to O. J. Simpson.* Princeton: Princeton University Press, 2002.

Williams, Linda, ed. *Porn Studies.* Durham: Duke University Press, 2004.

Williams, Linda. *Screening Sex.* Durham: Duke University Press, 2008.

Williams, Linda. "Something Else Besides a Mother: Stella Dallas and the Maternal Melodrama." In *Feminism and Film,* edited by E. Ann Kaplan, 479 – 504.

Williams, Linda Ruth. *The Erotic Thriller in Contemporary Cinema.* Bloomington: Indiana University Press, 2005.

Williams, Raymond. *Marxism and Literature.* New York: Oxford University Press, 1977.

## 11장

1 김준범의 〈기계전사 109〉는 만화 잡지 《아이큐 점프》에 처음 연재되었다. 그래픽 아티스트인 김준범은 노진수의 대본을 바탕으로 작품을 발표했다. 작품은 연재가 완결된 후 잡지를 출판한 서울문화사에서 4권 분량으로 1992-93년에 출판되었다. 그리고 1998년에 만화가 박무직의 새로운 커버 그림으로 재출판되었다. 이후 2002년 영어 타이틀 *Metal brain 109*로 그리미에서 세 권 분량으로 재출판되었다. 저자에 따르면 그는 영어 제목을 쓰려 했으나 출판사의 요청으로 한국 제목으로 바꼈다고 한다(http://twitter.com/road2012/status/44715884228526080). 2008-09년에 《기계전사 109》는 네이버에서 컬러 버전 웹툰 형식으로 연재되었다. 이 글은 1998년 판본과 웹툰 버전, 그리고 박석환의 서평 〈사이보그의 계급투쟁〉을 참고했

다. 이 서평은 네이버 만화 백과사전에 연재되었고 현재 저자의 블로그 웹사이트에서 이용할 수 있다.

**2** 김준범,《기계전사 109》4, 156.

**3** 김준범의 다음 인터뷰를 참고하라. 〈20년 만에 돌아온 '기계전사': 이제부터가 진짜 '시작'이다: 만화가 김준범〉.

**4** 민주화운동기념사업회, "광주항쟁의 결과와 의의," 사료로 보는 민주화 운동. https://contents.kdemo. or.kr/sub07/sub07_06.html

**5** Hwang, Kyung Moon. "Afterword: Kwangju," 133-42.

**6** 1980년대 한국의 마르크스주의 영향에 대해서는 다음을 참고. Lee, Namhee. *The Making of Minjung*, 164.

**7** 1991년 한 신문 기사는 잘 알려진 반체제 출판사 대표들을 인용하며 1980년대 사회과학 서적의 80-90%가 검열되었다고 보도했다. 그런데도 금서는 대학가의 지하 유통망에서 많이 팔렸다. 최형민, "'민중'이란 말 있으면 "자동 금서"".

**8** 민중 담론에 대한 학제 간 연구는 다음을 참고. Wells, Kenneth, ed. *South Korea's Minjung Movement*. 특히 강만길의 민중 역사 기술에 관한 연구인 Kang, Man'gil. "Contemporary Nationalist Movements and the Minjung," 35, 최현무의 민중문학운동의 프롤레타리아적이 아닌 내셔널리스트적 특징에 대한 언급으로 Choi, Hyun-Moo. "Contemporary Korean Literature," 172가 참고할 만하다.

**9** Cumings, Bruce. *Korea's Place in the Sun*, 377-78.

**10** Lee, Namhee, *The Making of Minjung*, 109-44.

**11** 한국 현대사 다시 쓰기 노력은 《해방 전후사의 인식》 시리즈에 의해 주도되었다. 핵심인 1권과 2권은 1975년과 1985년에 출판되었다.

**12** 《해방 전후사의 인식》을 제외한 당대 알려진 수정주의적 역사서로 한국민중사연구회의 《한국 민중사 연구》(1987)와 박세길의 《다시 쓰는 한국 현대사》(1988)가 있다.

**13** 《태백산맥》의 수용에 관한 연구는 백승종, 《금서, 시대를 읽다》를 참고하라. 조정래 소설의 다큐멘터리적 특징은 1994년 같은 제목으로 발표된 임권택의 영화 각색에 잘 드러났다. Kim, Kyung Hyun. "Is This How the War Is Remembered? Deceptive Sex and the Remasculinized Nation in The Taebaek Mountains," 197-222에 발표된 김경현의 '한국 영화사에서 《태백산맥》이 갖는 지위에 대한 논의'를 참고하라.

**14** 조정래는 1986년 첫 번째 권을 발표한 직후 살해 위협을 받았다. 그리고 1994년 공산주의를 찬양한 혐의로 보수 단체에 의해 고소되었다가 2005년에서야 무죄를 인정받았다. 조정래의 인터뷰, 〈태백 산백 문학관〉 참고. 또한 황석영의 사회참여적 문학 활동과 그의 정치적 학대에 대한 류영주의 논의 참고. Ryu, Youngju. *Writers of the Winter Republic*, 136-75.

**15** Lukács, György. "Realism in the Balance," 28-59.

**16** SF 애니메이션 검열에 대해서는 허인욱,《한국 애니메이션 영화사》, 신한미디어, 2002, 106을 참고하라. 허인욱이 언급했듯 SF 장르의 "허무맹랑"한 상상에 대한 억압은 시대의 검열 정책은 아니었으나, 검열 당국자들의 임의적인 정책 해석과 적용에 영향받았다.

**17** Lee, Hyunseon. "The South Korean Blockbuster and a Divided Nation," 261.

**18** 복거일은 《역사 속의 나그네》를 1988-90년에 〈중앙경제신문〉에 연재했다. 그리고 《파란 달 아래》는 당시 한국 최대 통신망이었던 하이텔에 1992년 5월부터 9월까지 연재되었다. 복거일은 오늘날 보수적 사회 논평자로 알려져 있다.

**19** 관련 정보의 출처는 2016년 7월 18일 서울에서 진행된 작가와의 개인적 인터뷰이다.

**20** 《높은 성의 사내(The Man in the High Castle)》(1962)는 2001년 한국어로 완역될 때까지 독자에게 널리 알려지지 않았다. 복거일은 영어 원서로 처음 읽은 경험을 회고한 바 있다. 《비명》의 서문에서 작가 스스로 밝혔듯, 워드 무어(Ward Moore)의 *Bring the Jubilee*(1953), 키스 로버츠(Keith Robert)의 《파반(Pavane)》(1968), 그리고 해리 해리슨(Harry Harrison)의 *Tunnel through the Deeps*(1972) 등이 작품에 영감을 주었다. 이 소설들은 1980년대 후반까지 한국어로 번역되지 않았다.

**21** 처음 세 편의 에피소드는 1967년과 1968년에 발표되었는데, 1964년 한국과 일본의 국교 정상화가 있던

시기와 가까웠다. 소설의 연재는 1976년 마지막 에피소드를 끝으로 완료되었다.

**22** 1973년 1월 1일부터 10월 13일까지 〈중앙일보〉에 최초로 연재되었다.

**23** 복거일,《비명을 찾아서》, 89.

**24** 위와 같음, 128.

**25** 위와 같음, 134.

**26** 위와 같음, 69.

**27** 위와 같음, 331.

**28** 위와 같음, 424.

**29** 위와 같음, 509. 망명을 떠나며 히데요는 자신의 조선인 정체성을 찾고자 노력한다. 소설 제목에 대한 한 가지 해석은 주인공이 자신의 묘지에 새겨질 이름을 찾는다는 것이다. 그것은 일본어 이름 기노시다 히데요일까, 한국어 이름 박영세일까? Kim, Dongshik, "Postcoloniality and Imagining the Post-human" 참고. 비명에 대한 또 다른 해석은 고구려 왕조에 대한 역사 기록인 광개토대왕비를 염두에 둔다. 광개토대왕비는 일본의 한반도 정복을 정당화하기 위해 식민지 시대에 일본 정부에 의해 위조되었다. 2002년, 소설을 바탕으로 감독 이시명에 의해 각색된 시간 여행 블록버스터 〈2009 로스트 메모리즈〉는 비명 안에 타임머신을 둠으로써 이 지점을 강조했다. 영화를 중심으로 한 소설 영화 비교 연구는 김명석, 〈SF 영화 2009 '로스트 메모리즈'와 소설 '비명을 찾아서'의 서사 비교〉 참조.

**30** 복거일,《비명을 찾아서》, 246-47, 391-92.

**31** 정부 당국에 의한 고문은 자주 재현된다. "물 먹인다"와 "전기 찜질한다"와 같이 1980년대 한국의 신문 기사에서 자주 인용되던 고문 기술 표현들도 보인다. 또한 복거일의 소설은 경찰 조사 과정에서 일어난 학생 시위자 우에다 시게루의 의문사를 언급한다(246-47). 이 에피소드는 특히 소설 출판 두 달 전인 1987년 1월 14일 경찰서 구금 중에 일어난 박종철의 죽음을 연상시킨다. 박종철의 죽음과 이후 경찰에 의한 사건 은폐 시도는 대중의 공분을 샀고, 결국 1987년 6월 10일 민주화운동의 정치적 승리로 이어졌다.

**32** 복거일,《비명을 찾아서》, 92, 167, 224.

**33** 가상 역사와 대체역사 모두 "alternate history"의 번역어이지만, 최근에는 대체역사가 점차 더 많이 사용된다. 비평 담론에서도 이 용어가 주로 쓰인다.

**34** 조지 오웰의 작품은 이미 1960년대에 한국어로 번역되었다. 정병조 번역, 〈동물농장/1984〉,《세계 문학 전집》79권(을유문화사, 1960)을 참고하라.《1984》는 1980년대 최소 두 번 더 번역되었다. 김병익(문예출판사, 1975)과 김일엽(지혜, 1984)의 번역본을 참고하라.

**35** 복거일,《비명을 찾아서》, 110.

**36** 위와 같음, 221.

**37** 위와 같음, 508.

**38** 위와 같음, 138.

**39** 위와 같음, 317.

**40** 위와 같음, 137.

**41** 위와 같음, 496.

**42** 《비명》의 가부장적 민족주의에 대한 날카로운 비평은 권명아, 〈국가 시대의 민족 이야기〉,《신춘문학》68, 2002, 35-57을 참조. 민족의 상징으로서의 여성의 역할은 복거일의 《역사 속의 나그네》에서 강화되었다. 이 소설은 20세기 시간 여행자 남성이 16세기 조선 시대에 민주 혁명을 조직한다는 대체역사 이야기다.

**43** 그래픽 소설《핵충이 나타났다》는 5개의 에피소드로 구성되는데《시대정신》에 처음으로 연재되었다 (1985-97).

**44** 복거일,《비명을 찾아서》, v.

**45** 1980년대 한국 영화와 문학에서 민중 리얼리즘적 미학에 대해서는 Choi, Hyun-Moo, "Contemporary Korean Literature"; Min, Eungjun, Junsook Jo, and Han Ju Kwak, "Korean National Cinema in the 1980s, 57-84; Park, Sunyoung, "The Colonial Origins of Korean Realism and Its Contemporary Manifestation," 165-92 참조.

46 예를 들어 황종연 등,《90년대 문학 어떻게 볼 것인가》, 민음사, 1999를 참조하라. 1980년대 전신의 연속
이자 갱신으로서의 1990년대 문학에 대한 좀 더 세심한 논의로는 작가와비평,《비평, 90년대 문학을 말
하다》, 참조.
47 예시들은 다음을 포함한다.《태평양 횡단 특급》(듀나),《옆집의 영희 씨》(정소연),《진화 신화》(김보영),《지구
영웅전설》(박민규),〈설국열차〉(봉준호),〈지구를 지켜라〉(장준환),〈그 이후... 미안해요〉(장윤정).

권명아,〈국가 시대의 민족 이야기〉,《신춘문학》68, 2002, 35–57.
김명석,〈SF 영화 2009 '로스트 메모리즈'와 소설 '비명을 찾아서'의 서사 비교〉,《문학과 영상》4, 2003.
    71–102.
김보영,《진화 신화》, 행복한책읽기, 2010.
김준범,《기계전사 109》, 서울문화사, 1998.
듀나,《태평양 횡단 특급》, 문학과지성사, 2002.
박민규,《지구영웅전설》, 문학동네, 2003.
박석환,〈사이보그의 계급투쟁: 기계전사 109, 김준범〉, 한국만화정전, 2015.7.31, http://navercast.naver.
    com/contents.nhn?rid=196&contents_id=16652&category_type=series
박세길,《다시 쓰는 한국 현대사》, 돌베개, 1988.
박소란,〈20년 만에 돌아온 '기계전사': 이제부터가 진짜 '시작'이다: 만화가 김준범〉,《민족 21》11월호,
    2008. http://www.minjog21.com/news/articleView.html?idxno=3482
박현채·조희연 등,《한국사회구성체 논쟁》1, 죽산, 1989.
백승종,《금서, 시대를 읽다: 문화투쟁으로 보는 한국 근현대사》, 산처럼, 2012.
복거일,《국제화 시대의 민족어》, 문학과지성사, 1998.
복거일,《비명을 찾아서》, 문학과지성사, 1987.
복거일,《역사 속의 나그네》(전3권), 문학과지성사, 1991.
복거일,《파란 달 아래》, 문학과지성사, 1992.
봉준호,〈설국열차〉, 모호필름·오퍼스픽쳐스, 2013.
송건호 외,《해방 전후사의 인식》(전6권), 한길사, 1989.
신기활,《핵충이 나타났다》, 길찾기, 2013.
이남희, 유리·이경희 옮김,《민중 만들기: 한국의 민주화운동과 재현의 정치학》, 후마니타스, 2015.
이시명,〈2009 로스트 메로리즈〉, 인디컴, 2002.
작가와비평,《비평, 90년대 문학을 말하다》, 여름언덕, 2006.
장윤정,〈그 이후...미안해요〉, 키노망고스틴, 2009.
장준환,〈지구를 지켜라〉, 사이더스, 2003.
정소연,《옆집의 영희 씨》, 창비, 2015.
조정래,《태백산맥》(전10권), 한길사, 1989.
최인훈,〈총독의 소리〉,〈태풍〉,《최인훈 전집》9, 문학과지성사, 2009.
〈태풍〉, 최형민, "비록 80년대 문화계 시련(28) | 5공의 금서갱유 이념 서적 수난 시대 | '민중'이란 말 있으면
    "자동 금서"",〈중앙일보〉, 1991.12.20.
"태백산맥 문학관 연 작가 조정래",〈연합뉴스〉, 2008.11.24.
한국민중사연구회,《한국 민중사 연구》, 풀빛, 1987.
허인욱,《한국 애니메이션 영화사》, 신한미디어, 2002.
황종연 등,《90년대 문학 어떻게 볼 것인가》, 민음사, 1999.
Barr, Marleen S. *Feminist Fabulation: Space/Postmodern Fiction*. Iowa City: Iowa University Press, 1992.
Choi, Hyun-Moo. "Contemporary Korean Literature: From Victimization to Minjung
    Nationalism." In *South Korea's Minjung Movement*, edited by Kenneth Wells, 167–78.
Cumings, Bruce. *Korea's Place in the Sun: A Modern History*. New York: W. W. Norton, 1997(브루스 커

주+참고문헌

밍스, 이교선·이진준·김동노·한기욱 옮김,《브루스 커밍스의 한국현대사》, 창비, 2001).

Dick, Philip K. *The Man in the High Castle*. In *Four Novels of the 1960s*, edited by Jonathan Lethem, 1–230. New York: Library of America, 2007(필립 K. 딕, 남명성 옮김,《높은 성의 사내》, 폴라북스, 2011).

Foucault, Michel. *The Archeology of Knowledge and the Discourse on Language*. Translated by A. M. Sheridan Smith. New York: Pantheon Books, 1972.

Hwang, Kyung Moon. "Afterword: Kwangju: The Historical Watershed." In *Contentious Kwangju: The May 18 Uprising in Korea's Past and Present*, edited by Gi-Wook Shin and Kyung Moon Hwang, 133–42. New York: Rowman and Littlefield, 2003.

Kang, Man'gil. "Contemporary Nationalist Movements and the Minjung." Translated by Roger Duncan. In *South Korea's Minjung Movement*, edited by Wells, 31–38.

Kim, Dongshik. "Postcoloniality and Imagining the Post-human: Bok Geo-il's In *Search of an Epitaph* and Djuna's *The Pacific Continental Express*." *Korean Literature Now* 20 (Summer 2013). Accessed July 31, 2015. http://koreanliteraturenow.com/features/postcoloniality-and-imagining-post-human-bok-geo-ils-search-epitaph-and-djunas-pacific

Kim, Kyung Hyun. "Is This How the War Is Remembered? Deceptive Sex and the Remasculinized Nation in The Taebaek Mountains." In *Im Kwon-Taek: The Making of a Korean National Cinema*, edited by David E. James and Kyung Hyun Kim, 197–222. Detroit: Wayne State University Press, 2002.

Lee, Hyunseon. "The South Korean Blockbuster and a Divided Nation." *International Journal of Korean History* 21, no. 1 (2016): 259–64.

Lukács, Georg. "Realism in the Balance." In *Aesthetics and Politics: The Key Texts of the Classic Debate within German Marxism*, by Ernst Bloch et al., translated and edited by Ronald Tayler, 28–59. New York: Verso, 1977.

May 18 Memorial Foundation, "History." Accessed July 31, 2015. http://eng.518.org/sub.php?PID=0201

Min, Eungjun, Junsook Jo, and Han Ju Kwak, "Korean National Cinema in the 1980s: Enlightenment, Political Struggle, Social Realism, and Defeatism." In *Korean Film: History, Resistance, and Democratic Imagination*, 57–84. Westport, CT: Praeger, 2003.

Park Min-gyu. "Road Kill." Translated by Esther Song. *Azalea: Journal of Korean Literature & Culture* 6 (2013): 135–55(박민규, 〈로드 킬〉,《자음과모음》 제12호, 자음과모음, 2011).

Park, Sunyoung. "The Colonial Origins of Korean Realism and Its Contemporary Manifestation." In "Aesthetics and Political Economy," edited by Tani E. Barlow. Special issue, *Positions: East Asia Cultures Critique* 14, no. 1 (2006): 165–92.

Ryu, Youngju. *Writers of the Winter Republic: Literature and Resistance in Park Chung Hee's Korea*. Honolulu: University of Hawaii Press, 2015.

Shin, Haerin. "Beyond Representation and Simulation: Surviving the Age of Mediation and Its Failure in Kim Young-ha's Quiz Show." *Journal of Korean Studies* 20, no. 2 (2015): 261–89.

Wells, Kenneth, ed. *South Korea's Minjung Movement: The Culture and Politics of Dissidence*. Honolulu: University of Hawaii Press, 1995.

Yŏm Sangsŏp. "On the Eve of the Uprising." In *On the Eve of the Uprising and Other Stories from Colonial Korea*, translated by Sunyoung Park and Jefferson Gatrall, 1–112. Ithaca: Cornell University Press, 2012.

**1** 한국에서는 반체제 세력을 지칭해 '반정부'라는 용어를 사용해 왔다. 그러나 내가 사용한 '반국가'라는 용어는 좀 더 폭넓고, 이론적인 면에서 국가에 대한 반대를 의미하며, 한국 이외의 다른 경우에도 사용할 수 있다.

**2** Rancière, Jacques. *Aesthetics and Its Discontents*, 25.

**3** Rancière, Jacques. *The Politics of Aesthetics*, 85.

**4** ibid., 51.

**5** Davis, Angela. cited in Lowe, *Immigrant Acts*, 74–75.

**6** Omi, Michael, and Howard Winant. *Racial Formation in the United States*, 77–91; Lee, Jin-kyung. *Service Economies*.

**7** 최장집이 주장했듯이 독재국가가 전통적으로 정의된 정치적인 것의 관계에서 경제 개발주의라는 새로운 정치적 쟁점으로 옮겨갔을 때, (이승만 정권에서 박정희 정권으로 바뀌면서) 반체제운동 또한 1960년대 후기와 1970년대 동안의 반정부운동의 주요 사안을 자유민주적인 욕망과 그것에 대한 억압에 저항하는 노동운동과 조합화운동으로 바뀌어야 했다. Choi, Jang Jip. "Political Cleavages in South Korea."

**8** Lee, Namhee. *The Making of Minjung*; Koo, Hagen. *Korean Workers*.

**9** 이 책에서 이남희가 쓴 1장, 반페미니스트이고 여성 혐오적이라는 맥락에서 이문열의 《선택》(1996)에 대해 논하는 부분.

**10** 김영찬의 글 〈1960년대 문학의 정치성을 '다시' 생각한다〉 참고. 김영찬은 이 글에서 1960년대 문학에서 정치의 다른 의미들을 재발견할 가능성에 대해 살펴본다. 김영찬은 김승옥, 최인훈, 이청준 등의 작품, 소위 모더니즘 문학이라고 부르는 것에서 다른 정치적인 가능성을 성공적으로 읽어 내며 내가 이 장에서 주장했듯이 이전 시대의 문학작품을 다시 읽을 것을 촉구한다.

**11** Hall, Stuart. "Notes on Deconstructing the Popular."

**12** Brown, Wendy. *States of Injury*, 61.

김영찬, 〈1960년대 문학의 정치성을 '다시' 생각한다〉, 《상허학보》 40호, 2014, 185-211.

Brown, Wendy. *States of Injury: Power and Freedom in Late Modernity*. Princeton: Princeton University Press, 1995.

Choi, Jang Jip. "Political Cleavages in South Korea." In *State and Society in Contemporary Korea*, edited by Hagen Koo, 13–50. Ithaca: Cornell University Press, 1995.

Hall, Stuart. "Notes on Deconstructing the Popular." In *Popular Culture: A Reader*, 64–71. London: Sage, 2005.

Koo, Hagen. *Korean Workers: The Culture and Politics of Class Formation*. Ithaca: Cornell University Press, 2001.

Lee, Jin-kyung. *Service Economies: Militarism, Sex Work, and Migrant Labor in South Korea*. Minneapolis: University of Minnesota Press, 2010(이진경, 나병철 옮김, 《서비스 이코노미》, 소명출판, 2015).

Lee, Namhee. *The Making of Minjung: Democracy and the Politics of Representation in South Korea*. Ithaca: Cornell University Press, 2007(이남희, 유리·이경희 옮김, 《민중 만들기: 한국의 민주화운동과 재현의 정치학》, 후마니타스, 2015).

Lowe, Lisa. *Immigrant Acts: On Asian American Cultural Politics*. Durham: Duke University Press, 1996.

Omi, Michael, and Howard Winant. *Racial Formation in the United States*. London: Routledge, 1994.

Rancière, Jacques. *Aesthetics and Its Discontents*. Translated by Steven Corcoran. Cambridge: Polity, 2009.

Rancière, Jacques. *The Politics of Aesthetics*. Translated by Gabriel Rockhill. New York: Continuum, 2004.

# 찾아보기

### 김재용

원광대학교 국어국문학과 교수로 재직하고 있으며 근대 이후의 한국문학 및 세계문학 선공이나.《혁녕 속의 여성, 여성 속의 혁명》등 여러 책을 썼다.

### 김창남

1996년부터 미디어콘텐츠융합자율학부 및 문화대학원 교수로 재직해 왔다. 한국대중음악학회 회장, 한국 대중음악상 선정위원장을 역임했고 현재는 (사)더불어숲 이사장으로 활동하고 있다.《대중문화의 이해(전면3 개정판)》,《한국 대중문화사》,《나의 문화편력기》, *K-Pop: Roots and Blossoming of Korean Popular Music*(케이 팝) 등 여러 책을 썼다.

### 루스 배러클러프

오스트레일리아국립대학교에서 한국문학과 역사를 강의하고 있다. 한역된 책으로《여공문학》이 있고, 공저 로 *Red Love Across the Pacific*(태평양을 횡단하는 붉은 사랑)과 *Gender and Labour in Korea and Japan: Sexing Class*(한국과 일본의 젠더와 노동)이 있다.

### 박선영

서던캘리포니아대학교의 동아시아학과와 젠더학 부교수로 재직하고 있다. 한역된 책으로《프롤레타리아의 물결》이 있고, 번역 편집서로 *On the Eve of the Uprising and Other Stories from Colonial Korea*(만세전 외 근 대 중·단편 선집), *Readymade Bodhisattva: The Kaya Anthology of Science Fiction from South Korea*(레디메이 드 보살: 한국 SF 선집)과 김보영 중단편 선집 *On the Origin of Species and Other Stories*(《종의 기원》외) 등이 있 다. 현재 '한국 SF 문화사'를 집필 중이며, 서던캘리포니아대학교 도서관을 통해 디지털 전시회 *Science Fiction in Korea: Between History, Genre, and Politics*(한국 SF 소설)를 기획했다.

### 어경희

연세대학교를 졸업하고 서던캘리포니아대학교에서 박사 학위를 받았다. 예일대학교 동아시아학과 조교수로 재직 중이다. 현재 한국 문화 속 소녀 감성에 관한 퀴어 리딩을 제시하는 연구서 *Erotics of Purity: The Making of the South Korean Girl Aesthetic*(순수의 성애학: 한국 소녀 감성의 형성)을 준비하고 있으며, 1세대 미주 이민 작 가 전낙청의 작품을 영문 번역 중이다.

### 이남희

캘리포니아대학교 로스앤젤레스(UCLA) 문리대 아시아학과 교수로 재직 중이며, 연구 분야는 20세기 사회 문화사, 근대와 민족주의, 사회운동, 사회적 기억과 역사의식, 역사와 문학이다. 한역된 책으로《민중 만들기》 가 있으며, *The South Korean Democratization Movement: A Sourcebook*(한국의 민주화운동)(공저), *Memory Construction and the Politics of Time in Neoliberal South Korea*(신자유주의 한국에서의 기억 구성과 시간 정치) 가 있다. 현재 *Cambridge Modern History of Korea*의 공동 편집을 맡고 있다.

### 이솔

뉴욕주립대학교 스토니브룩의 미술학과 미술사 부교수로 재직 중이며, 글로벌 근·현대미술을 연구한다. 한 국의 민주화운동 시기에 어떻게 급진적 정치의 탈식민지적 미학이 출현했는지, 그 다면적인 과정을 살펴보는 *Reimagining Democracy: The Minjung Art Movement and the Birth of Contemporary Korean Art*(민주주의를 상상하다)라는 첫 저서를 곧 출판할 예정이다. 그 외 북한 시각 문화의 세계적인 유통, 근대 불교미술, 페다고지컬 큐레이팅(pedagogical curating), 생태계와 예술에 관한 연구 등을 통해 미술과 사회의 접점에 관한 이론화를 지속하고 있다.

## 이윤종

이화여자대학교 아시아여성학센터 전임연구원. 캘리포니아대학교 어바인(UCI)에서 1980년대 한국 영화에 관한 연구로 박사 학위를 받았다. 계간지《문화과학》및 KCI 등재지《대중서사연구》(대중서사학회)와《사이》(국제한국문학문화학회),《영화연구》(한국영화학회)의 편집위원을 맡고 있다. 1980년대 한국 대중 영화와 민중운동의 접점과 상호 연관성, 문제점 등에 관한 연구, 최근에는 아시아여성학센터의 한국연구재단 연구 과제인 '인종과 젠더' 연구에 주력하고 있다. 주요 공저로《할리우드 프리즘》,《1990년대의 증상들》,《누가 문화자본을 지배하는가?》등이 있으며, 가장 최근 논문으로〈젠더와 계급 갈등 위에 교차된 인종화:〈버닝〉의 벤 캐릭터에 대한 재고찰〉(《아시아영화연구》, 2023)과〈미국의 인종 갈등 속 한인 여성의 위치: 영화〈웨스턴 애비뉴〉의 LA 폭동 재현과 강수연의 이미지〉(《극예술연구》, 2023) 등이 있다.

## 이진경

캘리포니아대학교 샌디에이고(UCSD) 부교수로서 한국문학과 비교문학을 가르치고 있다. 한역된 책으로《서비스 이코노미》가 있고, 공동 번역 편집서로 *Rat Fire: Korean Stories from the Japanese Empire*(쥐화: 일제시대 조선 중·단편 선집)가 있다.

## 이혜령

성균관대학교 동아시아학술원 교수로 재직 중이다.《문학을 부수는 문학들》(공저),《한국 근대소설과 섹슈얼리티의 서사학》,《한국소설과 골상학적 타자들》,《검열의 제국》(공저) 등을 썼고,《염상섭 문장 전집》을 편찬했다. 최근의 논문으로는〈1975년 세계여성대회와 분단 체험: 이효재, 목격과 침묵, 그리고 증언 사이에서〉(《상허학보》 68, 2023)와 "From the Front Line of Contemporary South Korean Feminist Criticism(현대 한국 페미니스트 평론의 최전선에서)"(*Azalea: Journal of Korean Literature & Culture*, 2021)이 있다.

## 천정환

성균관대학교 국어국문학과 교수로 재직 중이며 지성사와 현실의 문화정치에 관한 관심을 바탕으로 다양한 연구 성과와 문화 비평을 발표해 왔다.《근대의 책 읽기》,《조선의 사나이거든 풋뿔을 차라》,《근대를 다시 읽는다》(공저),《1960년대를 묻다》(공저),《대중지성의 시대》,《자살론》,《촛불 이후, k-민주주의와 문화정치》,《숭배 애도 적대》 등이 있다.

## 황경문

오스트레일리아국립대학교의 한국국제교류재단(Korea Foundation) 교수로 재직 중이며, 한국 역사와 사회에 관해 가르친다. 한역되어 나온 책으로《맥락으로 읽는 새로운 한국사》,《출생을 넘어서》가 있으며, 최근 저서로 *Fate and Freedom in Korean Historical Films*(한국 역사 영화에서의 자유와 운명)이 있다.

REVISITING MINJUNG:
New Perspectives on the Cultural History of 1980s South Korea Edited by Sunyoung Park
ⓒ 2019 by Sunyoung Park
Korean Translation ⓒ 202X by RED SALT
All rights reserved.
The Korean language edition published by arrangement with The University of Michigan Press
through MOMO Agency, Seoul.

# 민중의 시대

**1판 1쇄 발행** 2023년 11월 20일

**엮은이** 박선영 | **지은이** 김재용 김창남 루스 배러클러프 박선영 어경희
이남희 이솔 이윤종 이진경 이혜령 천정환 황경문 | **옮긴이** 박종우

**펴낸이** 임중혁 | **펴낸곳** 빨간소금 | **등록** 2016년 11월 21일(제2016-000036호)

**주소** (01021) 서울시 강북구 삼각산로 47, 나동 402호 | **전화** 02-916-4038

**팩스** 0505-320-4038 | **전자우편** redsaltbooks@gmail.com

ISBN 979-11-91383-38-6(93910)

• 책값은 뒤표지에 있습니다.